U0720832

吴震著作集·阳明学系列

吴震 著

# 泰州学派思想研究

上海人民出版社

# 目 录

# 目　　录

# 第一章 绪论:泰州学案的重新厘定[①]

## 第一节 引言

在 16 世纪中国思想史上,泰州学派是一个重要的思想流派,历来为研究者所重视。有不少学者认为晚明社会所出现的思想解放潮流与泰州学派有关。换种说法,泰州学派中的一些思想人物未免行为乖张、言论荒诞,与传统儒学之精神显得格格不入,这些思想及行为的异端因素成为打破传统、张扬个性、解放思想的重要动源。也有学者认为该学派的创始人王艮(号心斋,1483—1541)虽是王守仁(号阳明,1472—1529)的弟子,然而他所开创的泰州学派却是一个有别于阳明心学的独立学派。[②]关于泰州学派的归属问题,亦即泰州学派是否是阳明王门的一个流派,还是有别于阳明王门的一个独立学派,当今学术界

---

① 此章原题为:《泰州学案の诸问题》(疋田启佑译),发表于日本二松学舍大学阳明学研究所《阳明学》第 16 号,2004 年。中文稿请参见:《泰州学案的重新厘定》,载《哲学门》第五卷第 1 期,2004 年。由于篇幅关系,发表时做了删节。此次对全文做了修订,恢复了"李贽与泰州学派"一节。

② 参见侯外庐主编:《中国思想通史》第四卷(下),人民出版社,1960 年,第 971—972 页;侯外庐、邱汉生、张岂之主编:《宋明理学史》下卷,人民出版社,1987 年,第 416 页。

尚有争议,此一争议涉及究竟应当如何判定泰州学派的思想性质等重要问题。目前,人们似乎默认这样一种处理方法:一方面承认心斋在思想上渊源于王阳明,另一方面也把泰州学派视为一个专门的研究对象。

我的观点是,泰州学派属于阳明王门的一个流派,而且认为我们不必过分拘泥于泰州学派的归属问题。事实上正如有的学者所指出的那样,在泰州学派的形成及其发展的过程中,其思想上的传承关系往往是比较宽松的,而不具有严密的学术史意味,甚至可以说"泰州学派"之名称本身大有重新考察之余地①。的确,以往人们在对泰州学派进行思想研究之际,往往以黄宗羲《明儒学案》中的"泰州学案"作为一种前提预设,以为"泰州学案"中所罗列的人物便不容置疑地等同于"泰州学派"。在我看来,"泰州学派"作为一种名称设置,用来指称心斋所开创的、经由王襞(号东厓,1511—1587)、王栋(号一庵,1503—1581)以及颜钧(号山农,1504—1596)、何心隐(原名梁汝元,1517—1579)、罗汝芳(号近溪,1515—1588)等人构成的学术团体,这一点是毋庸置疑的。故从学术史的角度看,"泰州学派"之名称是可以成立的,若从哲学史的角度看,则可说该派人物的思想各有特色,且对阳明心学都抱有一种认同意识,这一点同样不容怀疑。至于我们究竟应当如何判定泰州学派的思想性质,则应首先对泰州学派中各主要人物的思想做一番仔细深入的研究,这才是首要的工作。

然而在着手这一工作之前,却有一项前提性的工作需要去做,亦即对"泰州学案"做一番概念上的厘定工作。事实上,所谓

---

① 参见张学智:《明代哲学史》第十六章"王艮及泰州之学的初创",北京大学出版社,2000年,第239页。

# 第一章 绪论:泰州学案的重新厘定

"泰州学派",通常是以黄宗羲所设定的"泰州学案"作为主要依据的。而泰州学案在《明儒学案》中占有相当大的比重,共达五卷,即卷三十二至卷三十六。不仅如此,而且该五卷泰州学案在整部《明儒学案》中可以称得上是最为奇特的"学案"。因为其中有两个问题令人感到困惑,也一直未得到妥善的解答:一、为什么黄宗羲在六个"王门学案"之外,另设一个泰州学案,并省去了"王门"两字? 是否有如某些学者所指出的那样,那是因为黄宗羲已经觉察到泰州学派是"有别于王学的独立学派"的缘故,抑或另有原因? 二、泰州学案作为一个思想群体,其中所列入的那些思想人物是否果真都是泰州学派中人? 显然,这两个问题与黄宗羲对阳明学的思潮发展以及明代思想的演变历史的总体把握有关。对此问题的解答,实际上也就关系到我们如何从思想史的角度确切把握泰州学派的思想特质,同时也必然要重新审视"泰州学派"之所以成立的思想依据。

如所周知,在总共五卷的泰州学案当中,有传且有语录可察者,共计 18 人。其中非泰州出身者占了绝大多数,尤以江西人居多。可以说,黄宗羲对泰州学案之设定,没有严格遵守以人物出生地以及以人物之间的师承关系为依据的设定原则,而是结合人物的思想类型来进行划分归类的。这一做法本身虽没有错,然而问题也就出在这里。比如,其中的赵贞吉(号大洲,1508—1576)、耿定向(号天台,1524—1596)、周汝登(号海门,1547—1629)这三系(各占 3 卷)的思想人物,就其各自的思想特征来看,是否应当被列入泰州学案? 是否都是泰州学派中人? 就很值得怀疑。关于"泰州学案"第五卷所列的周海门的学派归属问题,已有学者做了详细论考,结论是无论是从思想传承,还是从思想类型来看,周海门都应归入浙中王门的王畿(号龙溪,

1498—1583)门下,而并非是近溪一系的泰州学派之传人。①笔者基本同意这一见解,故而无须在此复述。这里主要就赵大洲、耿天台与泰州学派的关系问题略做讨论,最后,对于李贽(号卓吾,1527 1602)与泰州学派的关系也将提出一些商榷性的意见,以此作为泰州学派之研究的一个基础性的工作。

首先,有必要从《明儒学案》的编撰方法以及体例安排说起。

## 第二节　泰州学案之设定

我们知道《明儒学案》主要有两个刻本:一是贾润刻本(简称贾本),一是郑性刻本(简称郑本)。两者分别完成于康熙四十六年(1707)和乾隆四年(1739)。按照郑本的说法,贾本"杂以臆见,失黄子(按,即黄宗羲)著书本意。今续完万氏(按,指万言)之未刻"②。万言刻本始于康熙三十年(1691),其时黄宗羲还在世,后来该本成了郑本的底本,不过当时仅完成了三分之一。至于郑性为什么说贾本"杂以臆见",从而违背了黄宗羲的初衷,仅从上述这句话当中,难以了解此说的真实含义。黄的弟子全祖望(号谢山,1705—1755)对此有一个具体的说明:"故城贾氏颠倒《明儒学案》之次第,(郑性)正其误而重刊之。"③这是说,贾本在排列次序上,对《明儒学案》做了手脚。这在郑性看来,问题是相当严重的,已经违背了黄宗羲著述该书的"本意"。

现在通行的中华书局排印本之底本乃是郑本。该本开卷是

---

① 参见彭国翔:《周海门的学派归属与〈明儒学案〉相关问题之检讨》,载台湾《清华学报》新三十一卷第三期,2001 年。
② 黄宗羲:《明儒学案》卷首,郑性"序",中华书局,1985 年。
③ 全祖望:《鲒埼亭文集选注》上篇《五岳游人穿中柱文》,齐鲁书社,1982 年,第 135 页。

"崇仁学案"（即吴与弼，号康斋，1391—1469），其下依次是：白沙—河东—三原—姚江；贾本开卷则是"河东学案"（即薛瑄，号敬轩，1389—1464），其下依次是：三原—崇仁—白沙—姚江。撇开姚江学案不论，其实上述差异可以归结为这样两套组合：崇仁—白沙与河东—三原。对于这两套组合，究竟安排何者为先，这就构成了郑本和贾本的最大差异。换言之，是将崇仁—白沙置于首位，还是将河东—三原置于首位，这关系到开明代学术风气之先究竟应当归属于何者的大问题。

那么，黄宗羲《明儒学案》的原貌又是怎样的呢？就结论而言，郑本的安排（即以崇仁—白沙为开卷之首）是《明儒学案》的原来次序。这与黄宗羲对明代学术史的基本看法是吻合的。其基本看法可归纳为两点：一、阳明学是明代学术思想的中心；二、陈献章（号白沙，1428—1500）是宋明思想转型的关键性人物。总起来说，明代学术思想到了阳明那里才有了真正意义上的开展①。由于白沙之师乃是吴与弼，因此，把崇仁学案置于《明儒学案》之首，显然含有彰显陈、王一系心学的意味。由此可见，郑性说贾本有失黄宗羲著书之原意，是有相当道理的。同时也可看出，黄著《明儒学案》，在各个学案的设计安排上是下了一番苦心的，而不是毫无原则地随意安排的。进而我们也就可以说，"泰州学案"的设计也一定有其内在的道理，反映了黄宗羲对阳明学派的基本看法。

然而，正如有的学者业已指出的那样，关于《明儒学案》的结构安排问题，黄宗羲并没有具体说明②，同样，有关泰州学案的

---

① 黄宗羲指出："有明之学，至白沙始入精微。……至阳明而后大。两先生之学，最为相近。"（《明儒学案》卷五《白沙学案·序》，第78页）

② 关于《明儒学案》的版本以及刊行情况，参见拙译山井涌的论文：《〈明儒学案〉考辨》，吴震译，载吴光主编《黄宗羲论——国际黄宗羲学术讨论会论文集》，浙江古籍出版社，1987年，第483页。

设立,黄宗羲本人也并没有留下文字说明。因此,我们只能做一些推测。可以想象的一个理由是,在王门学案之外,特意设立"泰州学案",是因为在黄宗羲看来,其中的思想人物不能算是"正统"的阳明学派,故有必要做"另类"处理,将他们归类而另立学案。且不论黄宗羲的主观意图如何,就其实质性的意义而言,此举意味着他们被弃置于"王门学案"之外。就此而言,认为泰州学派本就是一个"假的阳明学派"①的观点,是有一定道理的。但是笔者并不同意把泰州学派剔除在阳明学派之外,理由是:从师承关系看,心斋毕竟是王阳明的入室弟子;再从思想上看,两者之间也有明显的承继关系。此外,黄宗羲对各学案的设计安排也可支持笔者的这一看法,比如在"白沙学案"之后,紧接着是"姚江学案",却不是白沙弟子湛若水(号甘泉,1466—1560)的"甘泉学案",在两者之间则是姚江学案至泰州学案的 9 个学案,这一设计安排意味着从姚江到泰州的 9 个学案在整体上必与阳明学派有关。据此,我们就有理由认为,泰州学案之设定并不意味着黄宗羲认为心斋在学术流派上与阳明心学完全无关。

问题是,我们究竟应当如何解释黄宗羲为何直称"泰州学案"而不像其他"王门学案"一样加上"王门"两字②?由于他本人没有向我们交代他的具体理由,所以我们现在只能说,根据黄宗羲的做法,完全有理由认为泰州学派被他剔除在了王门正传之外,这是因为在

---

① 参见《中国思想史》第四卷(下),第 971—972 页。二十余年后出版《宋明理学史》下卷也坚持了同样的观点,认为泰州学派是"一个独立学派"(第 432 页)。

② 按,在姚江学案之后,依次为"浙中王门学案""江右王门学案""南中王门学案""楚中王门学案""北方王门学案""粤闽王门学案",这些学案都被冠以"王门"两字。唯独后面的两个学案:"止修学案"和"泰州学案",缺"王门"两字。就是这一点小小的差异,引起了后世学者的种种揣测。

黄宗羲对学派的判断标准里面,有所谓"正传"和"别传"之分①。这从他的那篇《泰州学案》的序言中,也可以窥测到这一点。下面,我们不妨来看一下黄宗羲对泰州学派的一个总论性的评述:

> 阳明先生之学,有泰州、龙溪而风行天下,亦因泰州、龙溪而渐失其传。泰州、龙溪时时不满其师说,益启瞿昙之秘而归之师,盖跻阳明而为禅矣。然龙溪之后,力量无过于龙溪者,又得江右为之救正,故不至十分决裂。泰州之后,其人多能以赤手搏龙蛇,传至颜山农、何心隐一派,遂复非名教之所能羁络矣。顾端文(按,即顾宪成)曰:"心隐辈坐在利欲胶漆盆中,所以能鼓动得人,只缘他一种聪明,亦自有不可到处。"羲以为非其聪明,正其学术也。所谓祖师禅者,以作用见性。诸公掀翻天地,前不见有古人,后不见有来者。释氏一棒一喝,当机横行,放下柱杖,便如愚人一般。诸公赤身担当,无有放下时节,故其害如是。今之言诸公者,大概本弇州(按,即王世贞)之《国朝丛记》②,弇州盖因当时爱书③节略之,岂可为信?羲考其派下之著者,列于下方。(《明儒学案》卷三十二《泰州学案》,第 703 页)

---

① 例如黄宗羲在"三原学案"前言中说:"关学大概宗薛氏(按,指薛瑄),三原(按,指王恕)又其别派也。"(《明儒学案》卷九,第 158 页)又如:在"止修学案"前言中说:"见罗(按,即李材)从学于邹东廓,固亦王门以下一人也,而到立宗旨,不得不别为一案。"(《黄宗羲全集》第七册《明儒学案》卷三十一,浙江古籍出版社,1992 年初版,2005 年增订,第 778 页。按,中华书局排印本《明儒学案》无这段记述,《黄宗羲全集》本据莫晋刻本补入,莫本之底本实是贾本)。所谓"又其别派""别为一案"云云,应是黄宗羲在设计学案时所采取的一种变通法则。

② 按,《国朝丛记》,《千顷堂书目》卷五"别史类"有记载(第 137 页),今不见传。

③ 按,据黄宣民考证,"爱书"系指记录囚辞的文书,参见氏作《颜钧及其"大成仁道"》,载《中国哲学》第十六辑,岳麓书社,1993 年,第 346 页以及注④。

这段文字为人熟知。但细读之下,却有不少值得思考的地方。首先令人疑惑的是,讲泰州学却拉扯到了王龙溪。其实,自"阳明先生之学"到"盖跻阳明而为禅矣"的说法,源自刘宗周(号念台,世称蕺山先生,1578—1645):

> 然学阳明之学者,意不止于阳明也。读龙溪、近溪之书,时时不满其师说,而益启瞿昙之秘,举而归之师,渐挤阳明而禅矣,不亦冤哉!则生于二溪之后者,又可知矣。(《刘子全书》卷十九《答王金如》,第 31 页下)

这段话简明扼要地点出了龙溪和近溪之于阳明的思想关系,然其中并没有提到泰州学派。黄宗羲将"近溪"改成了"泰州",如此一来,便大大超出了蕺山的原意①,而成为他自己的观点。这说明在黄宗羲看来,龙溪与泰州属于"一丘之貉",同时也反映了他对阳明后学的一个基本判断。当然,黄宗羲的目的并不仅仅在于把王龙溪与泰州学派相提并论,而是通过比较性的叙述方法,进而强调指出泰州一派为害尤深。直至抨击泰州后学中的颜、何一系已"复非名教之所能羁络"。黄宗羲是想说,龙溪及心斋虽然"跻阳明而为禅",但其为害还只是停留于学术层面,而泰州后学则个个"能以赤手搏龙蛇",在行为上未免过于张皇。唯其如此,故为害尤烈,完全有叛离儒家正道之可能。②

不过,这里有一个问题,黄宗羲在"泰州之后"所罗列的人物

---

① 其实,蕺山之于心斋,并非持完全否定之态度,比如他对心斋的格物说,便有所肯定,详见本书第二章。

② 陈来以为,黄宗羲所说的"名教"二字并非是当时通常意义上的道德原则和价值体系,而是特指"士大夫儒学的思想、行为方式",黄宗羲借用"名教"一词以指责颜、何一系的泰州后学,正表明"正统儒家士大夫对于世俗民间儒者的排斥",此说可备一参,参见陈来:《明代的民间儒学与民间宗教》,《中国近世思想史研究》,商务印书馆,2003 年,第 474 页。

只有山农和心隐(他甚至不屑提及卓吾,此当别论)。因此,所谓个个"能以赤手搏龙蛇""遂复非名教之所能羁络",是否可以夸大解释为这是他对整个泰州学派的总体评价? 事实上,目前学术界便存在着这样理解的倾向。在笔者看来,上述黄宗羲所揭示的见解,很有可能只是针对个别离经叛道者的异端分子而言,综观其对泰州学派下的其他一些思想人物的叙述,可以看出黄宗羲并没有对泰州学派采取全盘否定的态度。当然,黄宗羲以颜、何为例,意欲指出"泰州之流弊"有如斯者,以为后人之警示,其用心之良苦亦不难理解。

要之,初步结论有四:一、阳明之学因泰州(撇开龙溪不论)而"风行天下",亦因泰州而"渐失其传",这是黄宗羲对泰州学的一个基本看法;二、其中,与"龙溪"并提的"泰州",乃是特指王心斋,而非概指泰州学派;三、"泰州之后"的种种流弊乃是特指颜、何之流,而非泛指整个泰州后学;四、其对顾宪成、王世贞有关泰州后学的批评表示了难以苟同的意向,欲从总体上整理出一部令人信服、符合历史真相的泰州学案。

然而黄宗羲到底为我们提供了怎样一部"泰州学案"呢? 此即本文开首提出的第二个问题。恕我直言,不得不说这是一部非常杂乱的学案。首先为了给大家有一个总体印象,以下做一个简单的图示,将泰州学案中的全部人物及其师承关系排列如下:

先就此图略做说明①:一、打有＊记号的 7 人,仅在《泰州学案一》卷首按语中附有略传,正文中无语录摘抄。二、朱恕、韩贞

_____

① 按,程玉瑛以《明儒学案》为依据,参诸其他史料,对泰州学派的传承关系做了详细考辨,参见氏著:《晚明被遗忘的思想家——罗汝芳(近溪)诗文事迹编年》附录一"泰州学派传承表",广文书局,1995 年。

王艮
- 王襞—韩贞
- 朱恕
- 徐樾
  - 赵贞吉
    - 邓豁渠*
    - 何祥
  - 颜钧*
    - 罗汝芳
      - 周汝登
        - 陶望龄
        - 刘塙
      - 杨起元
    - 何心隐*—耿定理
    - 程学颜*
    - 钱同文*
    - 方与时*
- 王栋
- 林春
- 耿定向
  - 管志道*
  - 焦竑—夏廷美
  - 潘士藻
  - 祝世禄
  - 方学渐

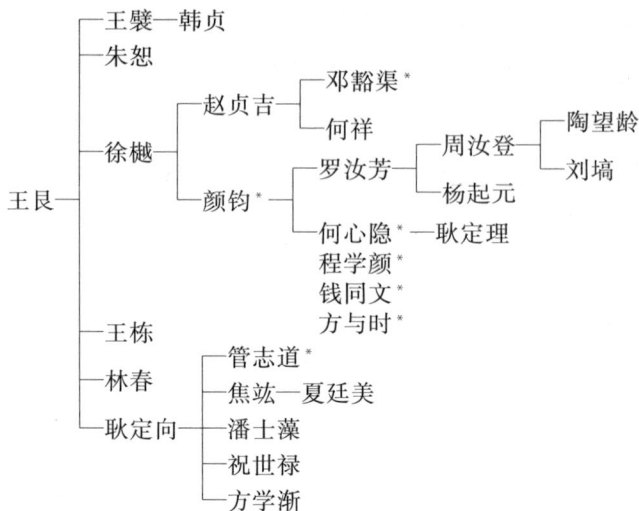

（号乐吾，1509—1585）、夏廷美 3 人附在王襞之后，有传无文。三、林春（号东城，1498—1541）略传附在《泰州学案一》之末，亦无文字摘录。据莫本《明儒学案》，在略传前另有按语约 43 字，在略传后摘有林春语录约 1 700 余字。四、夏廷美原附录于王襞传后，由于其师从焦竑，故附于天台一系；同样，耿定理虽是天台弟，由于其尝自述师从方与时、邓豁渠①、何心隐，故附于何心隐之后。五、从各卷的配置情况来看，《泰州学案一》记录王艮、

---

① 邓豁渠（名鹤，号太湖，生卒不详）为赵大洲弟子，但不久他便放弃仕途，游学四方，落发为僧。他虽与泰州后学有来往，然与之交往密切者毋宁是湖北黄安的耿氏家族。袁宏道（字中郎，1568—1609）指出："文肃别派为渠（按，即邓豁渠）上人。渠之传多在楚，而喜为任诞，公能矫之以行履。"（袁宏道：《袁宏道集笺校》卷五十四《寿何孚可先生八十序》，钱伯城笺校，上海古籍出版社，2008 年，第 1535 页）其中"文肃别派"云云，当是较为客观的评述。从某种角度看，他实是一位民间学者而已，抑或只是一位"游僧"而已，将邓归之于泰州学派，缺乏史实根据。关于邓豁渠的文献整理及其思想研究，可参见荒木见悟论文：《邓豁渠的出现及其背景》，载《中国哲学》第十九辑，岳麓书社，1998 年。

王襞、徐樾（号波石，？—1552）、王栋、林春，共 5 人；《泰州学案二》仅录赵贞吉 1 人，整卷为 1 人所占，这是唯一的特例①；《泰州学案三》为近溪、杨起元（号复所，1547—1599）所占；《泰州学案四》记录了天台一系，该系人丁最为旺盛，依次为耿天台、耿定理（字楚倥，1534—1577）、焦竑（号澹园，1541—1620）、潘士藻（号雪松，1537—1600）、方学渐（号本庵，1540—1615）、何祥②、祝世禄（号无功，1540—1611），共 7 人；最后一卷《泰州学案五》，首周海门、次陶望龄（号石篑、1562—1609），又次刘塙。此三人均为浙江出身，刘为周海门的弟子，陶之学则多得之周海门。总起来看，有传且有文字可察者，共计 18 人。而上述这些人物是否都属于泰州学派中人，实有深入探讨之必要。③

　　本来，所谓"学派"云云，盖指具有相同学术思想之倾向的某一群体，同时还必须考虑到互相之间的师承关系。泰州学派之名的由来，首先是取自于"泰州"这一地域名称，其次凡是与泰州学派的开创者心斋的思想具有相同或相近之倾向的人物以及彼此之间具有一定师承关系者，都可以被划归于该派名下，出生地是否是泰州则是次要的。例如，泰州学案中的人物非泰州出身

---

① 如此安排，是否意味着黄宗羲特别看重赵大洲？其实未必尽然，他对赵有一句评语，可看出其对赵的基本态度："英雄欺人，徒自欺耳！"（《明儒学案》卷三十三，第 749 页）

② 据卷前略传，何祥之学"出于大洲"，理应附在《泰州学案二》之后。黄宗羲指出，何祥虽出于大洲，"而不失儒者矩矱"（《明儒学案》卷三十五，第 845 页），但却未说明为何将他并入天台一系的理由。

③ 另须说明的是，以上所列泰州学派的人物，仅限于"泰州学案"中附有略传者，除此之外，还有不少属于泰州学派的人物未能列出。例如，北方王门中的张后觉曾从学于徐波石以及山农之兄颜钥，或可称为泰州学派的北方传人。参见《颜钧集》卷三《自传》以及同书卷九附录一《同治永新县志・颜应时颜钥传》，黄宣民点校，中国社会科学出版社，1996 年。

者实占据了大多数,其中尤以江西人居多。可见,泰州学案之设计,主要不是根据出生地之原则,而是根据思想倾向以及师承关系来确定的。然而,问题也就出在这里。其中赵大洲、耿天台、周海门这三系的思想人物,且不说其出身地域以及师承关系均与泰州学派无直接关联,即便就其各自的思想特质来看,是否应当被列入泰州学案,也很值得怀疑。以下主要就大洲、天台、卓吾与泰州学派的关系问题略做讨论。

## 第三节　赵贞吉与泰州学派

赵贞吉(1508—1576),字孟静,号大洲,四川内江人,嘉靖十四年(1535)进士,官至文渊阁大学士,谥文肃。此人曾深受卓吾之赏识,称其为"真圣人也"①。据笔者之管见,关于赵的思想,国内学界似尚无专题论文发表,不少有关明代思想的断代史或专论性著作,也大都付诸阙如。②以至于赵大洲的思想及其与泰州学派的关系问题,长期以来未能厘清,于是便不假思索地附和黄宗羲之说,将他视为泰州学派之传人。最早就其思想进行专题讨论,并对他的学派归属问题提出质疑的,当是日本学者荒木见悟先生③。

关于赵大洲与泰州学派的关系,天台有一句话,说得非常肯定:"徐方伯子直(按,即徐波石)承之(按,指心斋之学),传赵文肃。"④卓吾也

---

① 李贽:《焚书》卷一《复邓石阳》,中华书局,1975 年,第 11 页。按,卓吾还曾摘抄赵大洲的文集并施以眉批,成《赵文肃公文集钞》四卷,今存。
② 比如侯外庐等主编:《宋明理学史》下卷;张学智:《明代哲学史》。
③ 荒木见悟:《赵大洲の思想》,载二松学舍大学阳明学研究所《阳明学》第 4 号,1992 年。
④ 耿定向:《耿天台先生文集》卷十四《王心斋先生传》,文海出版社影印明万历二十六年序刻本,第 1410 页。

明确说道:"波石之后为赵大洲。"①黄宗羲注意到了卓吾的说法,指出大洲之学"李贽谓其得之徐波石"②。这也许就是黄宗羲将赵大洲列入泰州学案的主要理由。不过从宗羲的口气来看,他似乎也不能肯定赵与徐的师承关系,故而明言是引卓吾之说。我们知道,天台与卓吾曾有一段不愉快的是非恩怨,但从两人的交友关系及活动地域来看,两人之说或许是出自同一来源。有一点须提请注意的是,耿说出自《王心斋先生传》,而当时传记的写作,一般说来须由传主的家族提供"行实"一类的资料,以为参考和依据。③例如心斋逝世后不久,其弟子张峰④给心斋长子王衣、次子王襞写信,督促他们务必将"师生身出处""详录一册,以修年谱",并且不厌其烦地嘱咐道:

> 如师某年生?二岁何如?三岁至九岁、十岁何如?某岁自悟为学,其详何如?某岁见阳明夫子于某处,闻良知之教,其详何如?……凡有所知者,一一书之,以备纂修。此

---

① 李贽:《焚书》卷二《为黄安二上人三首》,第80页。
② 黄宗羲:《明儒学案》卷三十三《赵贞吉传》,第747页。
③ 例如,耿天台就曾向王龙溪请求为其父作传,并且提供了乃父的《事略》,龙溪读了该文后,说道:"知发祥有自,隐行如此。"(王畿:《龙溪王先生全集》卷十《答耿楚侗》第三书,中文出版社刊和刻本,第729页)龙溪后来是否写就传记,不得而知,但此事属实,似无可疑。
④ 按,张峰心斋的江西籍弟子,他在"江西泰州学"当中占有重要地位。据清袁承业编刻《王心斋先生遗集》附录《王心斋先生弟子师承表》载,该学术圈的传承系谱大致如下:徐波石—颜山农—何心隐、罗近溪。其中却未见张峰的地位。张峰(1501—?)字子奇,号玉屏,江西永丰县人,先世为泰和县人。嘉靖八年(1529)举人,屡应会试不第,授南海令,历官江浦知县等职。尝编校《心斋先生遗录》,付梓于江浦,后又刻于永丰,编有《心斋年谱》。参见胡直:《衡庐精舍藏稿》卷二十六《水部尚书郎张玉屏先生寿藏铭》,卷十《重刻王心斋先生遗录序》,文渊阁四库全书本。

其至要,兄可急记之! 凡为传为铭,皆有稽焉。生(按,张峰自称)至任,必差人来取。千万加意! (《王心斋先生遗集》卷五附录《张峰寄王衣王襞书》,第 18 页上)

从中我们可以获得一个信息:心斋之子须为乃父年谱以及传记、墓铭的纂修提供必要的原始素材。依时人的价值观来看,这是身为人子的一大孝行。饶有兴味的是,张峰还对写作方法做了详细说明,可以看出他对王氏家属的文字写作能力似乎有些担心。也许是由于张峰的督促,心斋家属完成了有关心斋传记的原始素材的纂辑工作,并拟订了这样一份作者名单:徐波石撰《行状》,赵大洲撰《墓铭》,龙溪撰《传》,邹守益(号东廓,1491—1562)撰《神道碑》。①然而,龙溪没有完成委托,故而有可能后来转而请求天台担当此任。至于耿与泰州后人的交往关系,容待后述。

由上所述,不难推测天台为心斋作传时,理应获得王氏家属提供原始记录等帮助。从该文的体裁来看,也有一点略异于其他的传记写法,天台在该文末尾特意加上一段"耿氏曰"的评语,对心斋思想进行评价,同时又对泰州后学中的"一二末学之狂诞"提出了直率的批评。耿的这段叙述很重要,反映了他对泰州学派的认知程度以及评判态度。不管怎么说,即便赵大洲果真是徐波石的门人,那么这种关系发生在何时何地? 由于赵的文集还在,那么赵本人又有何说法? 这应当是决定赵和徐之关系

① 参见王艮:《王心斋先生遗集》卷五附录《徐樾再寄王衣等书》,民国元年刊袁承业编校本,第 18 页下。按,徐樾所撰《行状》(后改名为《别传》),因其突然逝世而未完成,文见同上书卷四《谱余·补遗》;赵大洲所撰《墓铭》,附录于同上书卷四《谱余》嘉靖二十年条,又见赵贞吉:《赵文肃公文集》卷十八,内阁文库藏明万历年间刻本;王龙溪和邹东廓似乎没有完成。

的第一手资料。其他有关赵大洲的传记文字则可作为重要的旁
证资料。以下,先从第一点谈起。

山农曾经谈到他在北京与徐波石以及赵大洲相识的经过:

> 铎①自独违家乡,奋游四方,必求至人,参裁耿快。游
> 入帝里,忽遇一师,徐卿波石,讳樾,字子直,贵溪人,时为礼
> 部祠郎。当[时]有庶吉士赵贞吉,号大洲,内江人;敖铣,号
> 梦坡,高安人,先列游夏②座,引农(按,即山农)同门,师事三
> 年,省发活机,逢原三教,自庆际缘,何往不利! 师亦钟爱,
> 可与共学。(《颜钧集》卷三,第26页)

这段文字佶屈聱牙,文意不畅,不过大致意思尚能理解。大
意是说山农独自离开家乡,游学四方,拜师求友,行至京师,忽遇
徐波石,当时还有赵大洲和敖铣在京,他们先是与礼部尚书夏言
(号桂洲,1482—1548)相交,既而引荐山农入徐波石门下。于
是,颜在京师事徐波石三年。这段叙述,没有交代年月,据黄宣
民考证,事在嘉靖十五年(1536)左右,今姑从之。③赵与敖同为
嘉靖十四年进士,而徐波石则早一科,即嘉靖十一年进士。④三
人差不多同时在京任职,从而相识并相交,这并不奇怪。不过,
"引农同门"四字又应作何解释? 按黄宣民的分析,"同门"是指

---

① 按,即颜钧。颜本名钧,后为避万历帝之名讳,更名铎。
② 按,据黄宣民考证,"夏"指夏言,时为礼部尚书。夏为江西贵溪人,与
　徐波石同乡,嘉靖十五年(1536),以少傅兼太子太傅兼武英殿大学士
　入参机务,事详《明史》卷一九六本传。参见《颜钧集》卷十附录二,黄
　宣民:《颜钧年谱》嘉靖十五年条。
③ 参见《颜钧集》卷十附录二,黄宣民:《颜钧年谱》嘉靖十五年条。按,另
　据黄宣民:《颜钧及其"大成仁道"》的考证,山农兄颜钥于嘉靖十三年
　(1534)中举人,随任山东茌平教谕及新城知县,由此山农得以北游
　访学。
④ 参见《明清进士题名碑录索引》,第2517、2519页。

徐波石门下①。若此，则在山农之前，赵大洲已拜入徐波石门下。这一分析基本可信。②就此而言，这段资料可以作为上述天台、卓吾之说的补充。

问题是，这里也有反证资料，可以质疑上述山农之说。据胡直（号庐山，1517—1585）《少保赵文肃公传》，赵及第进士后，"与同志友尹公台、徐公樾、敖公铣等切劘，不与世比。逾岁，谒告归蜀"③。据此，徐与赵是同志关系。关于赵的师承，庐山该文并未言及。顺便提一句，胡直是欧阳德（号南野，1496—1554）和罗洪先（号念庵，1504—1564）的弟子，也算是王门中人，名列《明儒学案》"江右王门学案"，他在及第进士前，通过李春芳④，得以与泰州学人相识，从而尽闻心斋之学。天台《胡庐山公志铭》曰："庚戌（1550），馆兴化（按，即扬州府兴化县），尽闻心斋先生之学。服其杰出，而独恨其徒传失真。"⑤庐山自己也说："庚戌落第后，舍南翁先生宅。……仲夏，李石鹿⑥公（原注："讳春芳，字子实，兴化人。官元辅。"）延予过家，训诸子，因尽闻王心斋公之

---

① 参见上揭黄宣民论文：《颜钧及其"大成仁道"》。
② 当然这一分析是由于我们已经知道山农为波石门人。如果纯从该文的脉络来看，也可这样解读：徐、赵、敖三人前此都从学于夏言之门，后来向夏言引荐了山农，颜得以列为同门。显然这一读法亦可通，然而语意却甚为可疑。所以笔者还是赞同黄宣民的分析结论。
③ 《衡庐精舍续藏稿》卷十一，第 2 页上。
④ 李春芳（号石麓，1510—1584），隆庆年初，任内阁首辅。据传，李于嘉靖十年应试落第后，"归诣海陵王艮、东城林春，讲性学。已复师事湛公若水、欧阳公德"（王锡爵：《太师李文定公春芳传》，《国朝献征录》卷十六，上海书店，1987 年，第 606 页）。据此，李与泰州学派有一定的渊源关系，且与胡直同为欧阳德之门下。
⑤ 《耿天台先生文集》卷十二，第 1229—1230 页。
⑥ 按，"鹿"当作"麓"。

学,(原注:"讳艮,字汝止,安丰场人,阳明先生高弟子。")诚一时杰出。独其徒传失真,往往放达自恣,兴化士以是不信学。久之熟予履,乃偕来问学立会。冬杪,予归自仪真。"①可见,庐山对心斋很推崇,但对泰州后学则有所批评。要之,他对泰州一派的情况有相当程度的了解。因此他如果知道徐波石是大洲之师,那么在他所作的赵大洲传中,没有理由隐而不宣。这也正说明在庐山看来,徐与赵只不过是同志或同辈关系而已。

事实上,更为直接也更有说服力的证据,应当是当事者本人的说法。据查,在赵的文集中,以"吾师"称呼者有一人,即张治②,但两人是"座师"与"门生"的关系而非志同道合的同志关系,可置勿论。大洲有《与徐波石督学书》一信,称:"别久无缘奉书问,身无羽翮,思君实劳。君所念我,亦应尔也。"③可见,赵以"君"称徐。假设赵曾拜师波石,那么赵的这种语气是绝对不可想象的。此外,赵在《别江北谷令洪洞序》中云:"北谷子以告于波石徐子,徐子曰:'赵子(按,指赵大洲)恐子之学自见起。'"④其中赵和徐亦互以"子"相称。又,波石逝于云南之后,赵曾赋诗以示怀念,其中称徐为"子"和"丈夫"⑤。至此已明确,赵与徐是以"君"相称的同辈关系。荒木见悟据此指出:"大洲不大可能特意执贽入门(按,指徐波石之门)。"⑥此说当无可疑。

至此可以说,将徐波石与赵大洲设想为师徒关系,从而将赵

① 《明儒学案》卷二十二《宪使胡庐山先生直·困学记》,第522—523页。
② 参见《赵文肃公文集》卷十五《赠少宰张龙湖南征序》。
③ 《赵文肃公文集》卷二十一《与徐波石督学书》,第4页上。
④ 《赵文肃公文集》卷十五,第11页下。
⑤ 《赵文肃公文集》卷六《梦波石徐子》。
⑥ 荒木见悟:《赵大洲の思想》,《中国心学の鼓动と佛教》,中国书店,1995年,第107页。

也归入泰州学派的做法，是值得怀疑的。当然如果主张应把赵大洲从泰州学派中剔除出去，则需要做好两项前提工作：一、必须对赵的思想有一通盘之了解；二、同时也必须对心斋—徐波石一系的思想传承及其思想特征有一前期之了解。不过实际情况是，以上两项工作已非本节之主题，而应作为另一专题来讨论，在此仅做一简单提示。据笔者的初步观察，参诸荒木先生的论考，我们知道赵在早年便已习闻阳明之学①，故在出仕以后，不唯与泰州学派诸子，更与江右王门（如罗念庵、欧阳南野）、浙中王门（如龙溪）等阳明学思想圈内的人物交往频繁。从总体上看，其思想倾向于阳明心学，当可无疑，但是从他所留下的文字来看，其对泰州学之思想具有何种程度的认同则是不无疑问的。其实，赵在当时是一位著名的"大居士"，他对佛学理论颇为倾心，且有相当精深的研究，在思想上主张三教一源，晚年甚至欲作《二通》，分内外两篇，内篇曰《经世通》，外篇曰《出世通》，欲将儒佛会通为一，以此作为历史上所有学术思想之总括，然而未尽斯业，便遽然离世。②天台对赵大洲有一评语："夫近世士大夫好佛者，如吴旺湖、陆平泉之修洁，近佛之清净；赵大洲、陆五台之刚简，近佛之直截。"③清儒恽敬（1757—1817）则云："赵大洲、陶石篑诸儒何尝不立气节，何尝不建事功，何尝不敦伦纪？杂则有之，庸则免矣。"④可见，在后人眼里，大洲思想未免偏杂而近

---

① 按，赵大洲尝自述："吾生有知，即知诵说先生（按，指王阳明）之言。"（《赵文肃公文集》卷十六《重刻阳明先生文粹序》，第 1 页下）

② 参见《赵文肃公文集》卷二十三《内外二篇都序》《史业二门都序》《与少司马曾确庵论统部书》等。

③ 《耿天台先生文集》卷四《与吴少虞》第二书，第 382 页。

④ 《大云山房文稿》言事卷二《与李汀州》，《续修四库全书》第 1482 册，上海古籍出版社，2002 年，第 325 页。

佛。笔者认为,虽然他在思想上具有同情或认可阳明心学的一面,但我们没有理由认为其思想与泰州学派有何渊源关系。事实上,我们甚至很难以心学的那套义理进路来规范他的思想格局。总之,从徐波石到赵大洲,其间也许存在着某种精神上的共鸣之处,但两人在思想上有何承继关系则难以断言。荒木见悟既已洞察到了这一点,指出若从同时代的阳明学派的整体情况来看,彼此之间的思想传承往往并不明确,徐与赵的关系亦应当作如是观。[①]我认为,与其在赵的学派归属问题上争执不休、言长道短,还不如把他视为一般意义上的儒家学者来对待为妥。

基于以上的考察,笔者主张在泰州学派的研究领域中,可以暂且将赵大洲弃之不顾。归结而言,理由有二:一、从师承关系看,赵与泰州学派之关系并不确定;二、从思想特征看,赵与泰州学派的关联性也不明确。

## 第四节　耿定向与泰州学派

耿定向(字在伦,号天台,1524—1596),麻城县人,笔者前此曾有专文讨论其思想,但是没有深入涉及耿的学派归属问题,只是指出天台"学无常师",在思想上非常推崇阳明门下的心斋、东廓和念庵,并曾表示愿意"私淑"心斋。依照时下的说法,以上三人分属"左派"(或"现成派")、"正统派"(或"修正派")和"右派"(或"归寂派")[②],如果天台与此三人均有思想渊源的话,真可谓是一种奇妙的组合。所以我一向以为,有关阳明后学的学派划分只具有"方便法门"的意义,换言之,只有相对的意义,因

---

① 荒木见悟:《赵大洲の思想》,《中国心学の鼓动と佛教》,第 131 页。
② 关于阳明后学的左中右三派以及现成、修正、归寂三派之说,参见冈田武彦:《王阳明与明末儒学》,明德出版社,1970 年。

为按照后人的眼光对阳明后学各色人物加以区别归类之际，总免不了某种立场的预设，而有可能忽略阳明后学各派之间在思想观点上彼此重叠的复杂面相。①至于天台引以为志同道合的人物则有罗近溪、胡庐山、史桂芳（号惺堂，1518—1598）、王时槐（号塘南，1522—1605）等人，这批人的思想趋向也并不一致。尤其是他的仲弟耿定理对其思想有直接的影响。然而耿定理是卓吾的好友，被卓吾称为"吾师"，他与被定向骂为"三异人"的何心隐、邓豁渠、方与时也意气相投，或结师徒之谊，或结方外之交。以现在的观点看，定理的思想性格不拘一格，非常开放，似乎并不能以一般的儒者规范来衡定其思想。②如果说天台在思想上受到这样一批人物的影响，那么可以预料在决定天台的学派归属问题上将会遇到很多困难。就结论而言，我认为耿天台并不适宜归入泰州学派。

如上所述，除了耿的弟子管志道（号东溟，1536—1608）在《泰州学案》卷首仅附略传而未摘录其文章以外③，其余七人（包

---

① 参见拙文：《现成良知——简述阳明学及其后学的思想展开》，载《中国学术》第 4 辑，商务印书馆，2000 年。

② 以上参见拙著：《阳明后学研究》第八章"耿天台论"，上海人民出版社，2003 年，第 372 页。

③ 按，管东溟遗留下来的著作非常丰富，却不知何故没有引起黄宗羲的重视。黄宗羲尽管注意到东溟对泰州学派持批评态度，却仍然将他列入泰州派下，理由是东溟主张三教合一，"决儒释之波澜"，因此毕竟是泰州的"派下人也"（《明儒学案》卷三十二《泰州学案一》，第 708 页）。由此我们可以窥测到黄宗羲对泰州学派的界定有一个标准：在儒与佛、正统与异端之间，能否坚守儒家正统的一贯立场，否则便"终是其派下人也"。不容否认，黄宗羲将上述颜、何、方、管等诸人列入泰州派下，都是基于这一判断标准，而出身地域或师承关系却显得并不重要。同样，他将赵大洲归入泰州派，或许也是出于这一考虑。然而不得不说宗羲的这一判别标准很有问题，其后果必将使得泰州学派变成一种"大杂烩"。

第一章 绪论:泰州学案的重新厘定

括天台)列入《泰州学案四》,其中既有传略又有文章摘录,俨然
构成了整部"泰州学案"的重点。除耿氏兄弟以外,其余五人分
别是:焦竑、潘士藻、方学渐、何祥、祝世禄。他们都是由于天台
的缘故而被列入泰州学派。不用说,这五人的出生地均非泰州,
至于他们互相之间的思想倾向是否一致也有重新探讨的余地。
就以方学渐为例,他是方以智的曾祖父,安徽桐城人,其思想倾
向与其说属于泰州一派,还不如说与东林派更为相近。据其自
述,万历三十九年(1611)秋,他曾赴东林书院等地,与顾宪成
(号泾阳,1550—1612)、高攀龙(号景逸,1562—1627)等东林派
举行讲会。①而高攀龙为其《东游纪》校核,顾宪成及史孟麟(号
玉阳,生卒不详)则为其著《心学宗》撰序,对其批评心学末流的
做法大加赞赏。其子方大镇在《心学宗跋》中称,顾宪成、史孟
麟、高攀龙与乃父之间有一种"同声相应,同气相求"②的关系。
关于方学渐的师承,黄宗羲在其略传中指出:"先生受学于张甑
山③、耿楚倥④,在泰州一派,别出一机轴矣。"⑤这是说,方学渐
是泰州学派中的别派。这一说法反映出黄宗羲另有这样一种设
想:凡是与泰州学人有某些渊源关系,但在思想上与泰州学不尽
相同者,则可称为泰州"别派"。若此,则泰州学派内部还有所谓

① 参见方学渐:《东游纪·小引》,《四库未收书辑刊》四辑第21册所收清
光绪十四年刻桐城方氏七代遗书本。按,这场讲会他们多次提到王龙
溪、罗近溪,以此作为心学末流"无善无恶"论之典型而展开了批评。
② 方学渐:《心学宗》卷首,《四库全书存目丛书》子部第12册所收清康熙
年间刻本,第136页。
③ 按,即张绪(1520—1593)字无意,号甑山,湖北汉阳人。邹东廓弟子。
历官桐城教谕、南京国子学正等职。传见焦竑:《张甑山先生墓志铭》
(《澹园集》卷三十一,中华书局,1999年)。
④ 据方学渐《心学宗》卷首《自序》,"耿楚倥"原作"耿楚侗",当从之。
⑤ 《明儒学案》卷三十五《泰州学案四·明经方本庵先生学渐》,第839页。

"嫡系"与"别系"之分。然在笔者看来,与其说方学渐是泰州派的"歧出"者,还不如将他剔除在泰州学派之外①。

至于焦澹园、潘士藻、祝世禄等耿氏弟子与泰州派之关系,这里仅以焦澹园为代表略述几句。此人是学问大家,著述颇丰,其学术兴趣主要在于历史研究,在文献考据等方面有不少出色成就。他年轻时曾拜天台为师,然《明史》卷二八八《焦竑》本传却说:"讲学以汝芳为宗。"黄宗羲则说他"师事耿天台、罗近溪"②。今人李剑雄著《焦竑评传》不仅认同此说,甚至说他还曾师从王东厓,这个判断恐怕有误。③至于澹园与近溪的关系,李著指出焦与罗有两次会面,一次在嘉靖二十九年(1550),近溪在南京讲学,澹园侧席聆听,给他留下了"深刻的影响",然此时澹园年仅11岁,或可略而不计;第二次则在万历十四年(1586),近溪又至南京讲学,李著指出澹园"正式列于门墙"。④然据澹园自述,他只是与友人一起"诣之"问学而已⑤,并没有明确地说他自己拜罗为师。当然,澹园对近溪及其弟子复所的评价很高,曾

---

① 按,方学渐《心学宗》对心斋思想确有好感。该书从"万古一心""千圣一学"(《心学宗》卷首,章潢《序》)的立场出发,由尧舜讲起,一直讲到阳明,最后以心斋作为结束。从这一设定中可以看出,方对心斋所创立的泰州学派未必没有理解。只是他对泰州后学以及阳明各派没有涉及,目前我们还不能确知他对阳明后学的整体认知程度。

② 《明儒学案》卷三十五《泰州学案四·焦竑传》,第830页。

③ 参见氏著:《焦竑评传》第一章,第23—24页。按,焦竑《王东厓先生墓志铭》云:"先生(按,指东厓)所与游,皆当世贤豪长者,余无似,顾受益为深。"(《澹园集》卷三十一,第495页)其中"受益为深"四字不足以为澹园师从东厓之根据。

④ 以上参见氏著:《焦竑评传》第一章,第20页,以及附录二《焦竑年谱》,第342页。

⑤ 据《凤麓姚公墓表》载:"往丙戌(1586年),罗近溪先生至金陵,余与公(按,指姚汝循,号凤麓)诣之。"(《澹园集》卷二十七,第386页)

说"国朝之学"至阳明、心斋,"法席大行",而罗近溪"衍其余绪",光大其学而到了"无复余蕴"的地步,最后杨复所"禀学"近溪,"两先生珠联璧合,相讲于一堂,以为金陵倡。盖当支离困敝之时,直指本心以示之,学者霍然如梏得脱",又说"给谏祝君世禄尝从事罗先生(按,指近溪)之学"①,意谓祝世禄尝入近溪之门,但全文始终没有提到自己曾拜师近溪。看来,澹园是否为近溪弟子,值得怀疑。据容肇祖的焦竑研究,虽然近溪屡至南京,但是"只丙戌(1586)的一次,竑问学于他,见于记录,其他惜不可考"②。笔者以为容肇祖这一保守的说法,在无确切资料可证的情况下,倒是值得信从。其实由近溪方面的记载,可以证实澹园曾参与了嘉靖四十三年(1564)罗与耿在南京的明道书院联合举行的讲会③,只是没有迹象表明当时澹园曾拜近溪为师。从澹园的著作来看,他对心斋、东厓以及近溪等泰州学人都很有好感,但对某些泰州末流也有不少批评④。总之,澹园以及潘士

---

① 《澹园集》卷二十《罗杨二先生祠堂记》,第245页。不过,据李卓吾的记载,澹园后来对近溪思想不无微词,"闻近老(按,指近溪)一路,无一人相知信者。……及乎到南京,虽求一分相信,亦无有矣。……焦弱侯自谓聪明特达,方子及亦以豪杰自负,皆弃置大法师(按,指近溪)不理会之矣。乃知真具只眼者,举世绝少"(《焚书》卷一《答耿司寇》,第35页)。按,"及乎到南京"盖是指万历十四年(1586)近溪最后一次出游南京一事。

② 容肇祖:《焦竑及其思想》一《焦竑年谱》,《容肇祖集》,齐鲁书社,1989年,第406页。

③ 参见《盱坛直诠》卷下,第238—242页。并参拙著:《明代知识界讲学活动年表:1522—1602》"嘉靖四十三年"条,学林出版社,2003年。

④ 澹园曾说:"阳明公以理学主盟区宇,而泰州王心斋嗣起,其徒几中分鲁国,故海内言学者皆本两王公。心斋子东厓先生推衍其说,学士云附景从,至今不绝,盖以学世其家……而先生父子(按,指心斋和东厓)守所闻于古,至再世不稍变。呜呼,此岂可与浅见寡闻者道哉!"(《澹园集》卷三十一《王东厓先生墓志铭》,第493—495页)又云:"我明之学,开于白沙、阳明两公,至心斋则横发直指,无余蕴矣。一再传而顾为浮游诞妄者之所托,何教之难欤?"(《澹园集》卷二十八《荣府纪善圖泉朱公墓志铭》,第410页)

藻、祝世禄等人与泰州学派被扯上关系,完全是起因于天台。所以问题的关键还在于考察清楚天台与泰州学派到底属于一种什么性质的关系。

耿天台有两篇文章涉及泰州学派,亦即《王心斋先生传》和《里中三异传》。前者对心斋及其泰州派下的两位平民学者朱恕(亦名朱樵)、韩贞的思想生平进行了介绍和表彰,后者则对泰州末流何心隐、邓豁渠、方与时三人展开了严厉抨击。从天台与泰州学人的交往来看,耿与泰州后学的重要人物近溪相知最深,两人可谓莫逆之交。据相关史料记载,嘉靖三十五年(1556),天台及第进士之际,便在京与近溪相识。①据天台后来回忆,当时近溪"谈道直指当下"②,按即所谓的"当下论",在当时算是非常时新的"前沿"问题,不过其时天台未能领会其中的奥义。若干年后,耿在南京讲学期间,曾向龙溪重提这一问题,并表示自己对"当下本体"说的认同,认为"教人须识当下本体"③。这表明天台对于非常时尚的心学理论很有兴趣,但总的来说,仍然处在近溪及龙溪的思想笼罩之下。天台自南京讲学以后,开始逐渐对"当下论"有可能导致"当下即是"等思想弊端有所警觉④,到

---

① 据天台自传《观生纪》记载,天台与近溪相识于嘉靖三十七年(1558),天台《近溪子集序》(《耿天台先生文集》卷十一)以及《盱江罗近溪先生全集后叙》(《近溪全集》卷十附集)所载亦如是。然据《胡庐山公志铭》载:"丙辰(1556),成进士。初授比部主事。时时联余暨盱江罗惟德、安成邹继甫(按,即邹善)辈,昕夕切劘。"(《耿天台先生文集》卷十二,第1231页)我以为,耿与罗相识于丙辰,较为可信,详考从略,可参见拙著:《明代知识界讲学运动系年:1522—1602》"嘉靖三十五年""嘉靖三十七年"条。

② 《耿天台先生文集》卷十一《近溪子集序》,第1143页。

③ 参见《龙溪王先生全集》卷四《留都会纪》,第333—334页,第329—330页。

④ 参见《耿天台先生文集》卷七《慎术解·赠邹汝光》,第818—819页。

了后来,他对近溪热衷于"当下论"的思想倾向则表示了深深的
忧虑①。总的说来,耿与罗虽为"心友",两人在思想旨趣上也有
同有异。但是我们不能因为两人关系密切,便断定耿也属于泰
州学派,否则,便会使得对学派的规定毫无原则可言。事实上,
我们从近溪对待山农、心隐的态度以及天台对待两者的态度做
一比较便可发现,罗和耿在如何看待泰州学派的问题上实有很
大的不同。罗作为泰州学派的传人,对颜、何两人处处"回护",
在两人遭到逮捕之际,罗积极展开营救活动;另一方面,则有资
料显示天台与两人逮捕却有着某种说不清的瓜葛。关于这一
点,我们将在后面再谈,现在我们来看一下天台与东厓的关系。

据袁承业(1866—1928)整理的《王心斋弟子师承表》载:
"先生(按,指天台)之学,得之东厓者多矣。"就是这句含意模糊的
话成了后人断定天台为东厓门人的张本。这句话的意思很容易
解读:这是说天台的学问主要得之于东厓。但是人们却会联想:
既然说天台的学问多得之于东厓,那么肯定天台属于泰州一派,
说不定还是东厓的学生。其实在我看来,作为东台安丰人的袁
承业,他在整理家乡泰州地区的文献之际已有一个观念预设,他
是为了表彰家乡先贤,以重振泰州的人文传统,所以当他研究泰
州心斋学之际已免不了移情于其中。故此,他的上述说法显然
有张大门户之嫌疑,不足取信。

据《王东厓先生年谱纪略》记载,耿与东厓的相识经过是:
"(嘉靖)四十四年乙丑(1565),先生五十五岁。会讲金陵。楚
黄耿公定向督学南畿,聘请督建泰山安定书院。"②其中既没有

---

① 参见《耿天台先生文集》卷六《与同志》第四书,第674—677页。
② 《东厓王先生遗集》卷首,第648页。

说到耿向王问学之事,也没有说到耿与王相互论学的具体经过。不过,这个记述方式也有独特之处,容易引起联想,例如说天台"聘请"东厓"督建"书院,显然是抬高了东厓的地位。然而以上只是东厓方面的记录,若与天台方面的记录比照合观,则可发现情况出入很大。据载:"(嘉靖)四十二年癸亥(1563)。……四月,巡驻淮安。……王东厓壁(按,当作"襞")来晤,至则余校事未竣,不便晤也。乃语盐法徐岩泉矿先往晤之。"这里透露了三条信息:一、天台巡视至淮安,东厓主动来访;二、天台由于公务性质所限①,不便接见;三、天台派遣徐矿(按,未详)出面会见②。根据下文记载,天台通过徐矿的汇报而得知徐与王当时讨论了"克己"问题,天台非常欣赏东厓"真能承服父学"③。不过,通观《观生纪》嘉靖四十一年至隆庆元年,即天台在南畿督学六年期间的全部记录,除上述一条言及东厓以外,再没有任何有关东厓的信息。当然这并不等于说,在这期间东厓就未曾过访南京,其实参

---

① 按,天台时任南畿督学。而督学的职务主要是管理地方一级的教育事务,包括选拔各地的优秀学子进入地方学府学习,被选中者便可获得"庠生"等身份资格,成为可以免除劳役的生员阶层之一员。天台当时巡视各地,任务就是选拔地方学子,换言之,他实际掌控了南畿属下各府县的学子乃至生员的命运。据澹园记载:"先生(按,即天台)嘉靖壬戌以监察御史董学政,始来金陵……又拔十四郡之隽,群之学舍而造之。"(《澹园集》卷二十《先师天台耿先生祠堂记》,第243页)天台称由于"较事未毕"而不便与东厓会面,显然是为回避"请托",当有一定的可信度。顺便提一下,在心斋及其子的两代当中,除了心斋的族弟一庵以贡生出身历官教谕、学正以外,无一人进入生员行列,到了心斋长子王衣之子的一辈——王之垣(及其长子王元鼎)则得以厕身庠生,终于摆脱了布衣身份,进入了"准士大夫"的行列。当然,王之垣或王元鼎成为庠生与天台有何关联,已无从查考。
② 《耿天台先生全书》卷八《观生纪》,第12页上。
③ 同上书,第12页下。

诸其他史料,可以证明东厓曾多次在南京参与讲会。例如有三
条史料的记录就涉及耿、王在南京的会面,一是澹园《王东崖先
生墓志铭》,其云耿在督学南畿期间曾与东厓会晤,两人会谈之
后,天台"大赏其言,定为石交云"①;二是王元鼎《东厓先生行
状》,所载与澹园所说略同,只是这两种记载均未言明年次;三是
管志道的说法,既有时间又有地点的具体交代,说是在嘉靖四十
三年(1564)冬,在南京的明道书院,近溪和天台联举讲会,"泰
州布衣"东厓忽来与会,并逗留了约二十多天,其时东厓主要谈
了"当下本体"的问题,管志道为此而深受感动②。据此看来,东
厓与天台极有可能于嘉靖四十三年底在南京得以相会。另有史
料记载,东厓在南京与天台弟子来往密切,尽管没有直接记录东
厓与天台的会见场面,例如根据天台弟子杨希淳(字道南,生卒
不详)的记述,嘉靖四十四年(1565)仲秋,东厓赴南京讲学,其
间与杨希淳就"乐学"问题有过一番长篇对谈,会讲结束后,杨希
淳等八位同仁作《诗》送别东厓,杨希淳和张遂(号甄山,生卒不
详)分别为这些诗作撰《引言》和《跋》,张遂在跋文中称自己宦于
留都三数年来,凡三遇"东厓君"。准此,则东厓在嘉靖四十四年
之前的三年期间,至少不下三次赴南京讲学③。关于此次的活
动情况,详见本书第三章。不过,即便东厓多次赴南京,参与了
天台等人举办的讲会,也不能证明天台与东厓在思想上有何承
继关系。

---

① 《澹园集》卷三十一,第494页。
② 参见管志道:《理学酬谙录》卷下《自纪师友幽明印心机感大略》,转引
　自荒木见悟:《明末宗教思想研究——管东溟生涯思想》,创文社,
　1979年,第37—39页。
③ 以上参见《东厓遗集》卷上,第675、677页。

　　若干年后的万历二年(1574),天台道过维扬府,澹园偕同东厓迎之扬州,耿与王又有一次会晤,两人讨论了心斋"童仆之往来及中"①之说。不用说,这是王心斋、罗近溪都喜欢谈论的命题②。当时天台向东厓提出了一个质疑:听说先父(按,即心斋)年少时曾行商至山东,拜谒孔庙,于是发奋"学孔子之志","想当时商贩于山东诸侣之往来道上,皆此中也",但是为什么惟有先父会想到拜谒孔庙? 同样,而今士绅拜谒孔庙者"亦众矣",这些人"往来道上,亦此中也",但是为什么惟有先父会发愿要"学孔子"? 对这两个问题,东厓是怎样回答的,天台没有记录下来,只是说两人"商切逾数宿而别",这是常套话。其实天台的质疑,其中是别有深意的,他是在告诫东厓:如果说"童子之往来"以及"往来道上"之众人的行为本身便是"中"的体现,这只是一种抽象的大道理,重要的是必须注意和省视在"来来往往"之类的日常行为中各自抱有怎样的动机和目的,比如当年"往来"于山东道上的心斋便与同样是"往来"于山东道上的众商贩,就抱有不同的动机和目的。在天台看来,这才是一个值得追问和深思的问题。显而易见,天台通过上述隐讳的说法,委婉地批评了泰州后学中所存在的一味强调"当下即是""圣凡一致"等思想倾向。回想在嘉靖末年,耿与王相识之初,耿还曾用"当下心神"四字对东厓思想做了基本肯定,可是到了万历初年,却开始质疑东厓的"当下即是"说③。可见,在这短短的几年时间里,天台对泰州后

---

① 《耿天台先生全书》卷八《观生纪》,第16页上下。按,据《王东厓先生年谱纪略》万历二年条载,是年天台"迁南京户部尚书,聘先生(按,指东厓)主会金陵"(《东厓王先生遗集》卷首,第648页)。

② 详参第二章第二节、第七章第三节。

③ 按,从理论的逻辑上看,所谓"童仆之往来者中也"之说,无非就是泰州后学所津津乐道的"当下即是""即刻圆满"的学说主张。

学的态度已有了微妙的转变。这一转变意味着什么,须结合天台的思想观点才能有所了解,非三言两语所能说清。要之,约有二点可以归纳:一、天台与东厓的关系并不像后人所说的那样密切,两人仅有两次会晤;二、从天台方面的记录来看,他推崇心斋①,但对东厓既有表扬也有批评。初步结论是,说天台在思想上得自东厓者"多矣",很难置信。

现在,来谈一谈天台与泰州后学的另两位重要人物颜山农、何心隐的关系问题,由此可以进一步确认耿对泰州后学的态度,同时也可说明耿与泰州后学的一些主要人物之间并不存在特殊的同门意识。关于耿与颜之间的关系,天台方面没有记录下两人的任何交往。有趣的是,山农的记录则说,耿竟然是山农在嘉靖四十五年(1566)被官方逮捕时的幕后指使者,而且还说耿是他的门徒何心隐的门生,这样耿就成了他的徒孙。事件的大致经过是这样的:当时山农行游四方讲学,行至扬州,忽有太平府当涂县知县龚以正(南昌人,系山农讲学时的一日之门生)来见,此人称时任南畿督学的天台"命邀老师祖(按,指山农)往太平久处",山农欣然而往,"开讲三日,竟受擒","铎(按,即山农)始知为天台所擒获。……"其后的描述更是充满传奇色彩,这里不必赘述②。须指出的是,说耿为心隐门人,又说山农被捕系因耿的诱

---

① 据天台后来的回忆,他在嘉靖末年督学南畿的讲学期间,曾经以心斋之学开示学者,其曰:"余往在留都,间举心斋王先生语,以开示学人,冀有悟入。公(按,指刘应峰)闻之,寓书规余,大略谓:'世之学者,多喜高简疏旷,其流将猖狂而不知检。愿公(按,指天台)为流弊像防云。'余深颔之。"(《耿天台先生文集》卷十二《刘公墓志铭》,第 1263 页)
② 简单交代一下结果。这次山农被起诉的罪名是盗窃罪,说是"盗卖淮安官船",结果被处以罚款"三百五十两"并发配"充戍",同时也少不了一顿"刑棒",据称被打得"如浆烂"外加"监饿七日",昏死"三(转下页)

使,这两种说法唯见于山农晚年之作《自传》①,而不见于其他方面(包括天台的周围人物)的文字记录。不得不说,颜的说法甚为可疑。其实,耿与心隐是一时的讲学友,而耿与山农弟子、心隐同门近溪又是莫逆之交,耿有什么理由要诱捕近溪的老师?如果山农所述确实无误,那么此后耿与近溪的继续交往便难以想象。事实上,山农《自传》不免一种自我炫耀的味道,其中有不少揣测之词。钟彩钧曾指出山农《自传》及《履历》"其实更像一种圣迹传记","他的自述显露了其宗教家性格"②。此说甚是。的确,山农的所作所为有一种宗教家的狂热,其文字也往往带有某些宗教式的渲染成分,吾人切不可以常理视之,尽管他自

---

(接上页)次",还在牢中感染了"瘟痢",一共被折磨了将近"百日"。后来经他的得意弟子罗近溪的营救,将罚款如数交还,终获释出狱,充戍福建邵武,时间已是隆庆三年(1569)。据说服役期间得到了俞大猷的观照,被委以军前"参谋之用",二年后得以提前释罪还乡。以上是山农《自传》中的一面之词(均见《颜钧集》卷三《自传》,第 27—28 页)。按,关于盗卖官船的罪名,贺贻孙《颜山农先生传》所载略有不同,其称所谓"官船"乃是何迁(号吉阳,1501—1574)巡抚江西时相赠,以助其出游讲学。后来由于山农与同乡人尹台(号洞山,1506—1579)不和,所以被人诬陷,以致"下金陵狱,论死"(《颜钧集》卷九附录一,第 83 页)。据此,此事似与尹台有关。然而也有学者认为山农自述的被捕经过及贺贻孙的相关叙述均甚为可疑,特别是指实天台参与"指使"的那段记述,或是由于"先生(按,指山农)未加考察漫笔之耶?"(尹继美:《颜山农先生遗集凡例》,载《颜钧集》卷九附录一,第 96—97 页)又,至于近溪营救山农一事则是事实,参见《盱坛直诠》卷下,第 311 页。

① 该文落款末署:"万历壬午仲春朔。"即万历十年(1582),山农时年 79 岁。

② 参见钟彩钧:《泰州学者颜山农的思想与讲学》,载《中国哲学》十九辑,岳麓书社,1998 年。按,山农还有一篇自传之作《履历》,乃其 90 岁时所作,黄宣民指出:"细审此文,不仅错字多,文意亦常不相连贯,此系山农晚年记忆与思维混乱所致耶!抑或文稿为后人错乱所致耶!"(《颜钧集》卷十附录《颜钧年谱》,第 151 页)按,此类情况在山农的其它文字中亦屡屡可见。

以为《自传》所述都是"实状"①记录。不过话又说回来,为什么在天台与泰州后学的关系问题上,会有种种不利于耿的"传言"? 换一种问法:在泰州后学某些人的眼里,天台到底是什么样的人物? 关于这一问题,有必要从天台与心隐的关系说起。

关于何心隐的生平及其思想,我们将在第六章做专题讨论,这里只谈耿与何的交往。两人相识约在嘉靖三十九年(1560),地点在北京,引见者是罗近溪和程学颜。心隐为何跑到北京,个中原因留待第六章再做分析,这里只揭示一点:当时心隐是畏罪潜逃。再说两人见面后,何心隐给天台留下的印象是两个字:"癫狂"。不过天台也坦承,在会谈间,何也有一二句话令天台感到很中听。看来,天台是把他当朋友看待的,所以天台后来介绍心隐与张居正相识。居正时任国子监司业,尚未进入内阁,但此人的政治前途不可限量,这在京城似已渐成共识。据载,两人交谈的结果使得互相都很不愉快。何心隐说了一句据说是后来应验的话:"夫! 夫也,吾目所及不多见,异日必当国。杀我者必夫也!"②这是天台方面的记录,另据心隐自述,当时与居正会晤

① 按,"实状"一词为山农原话(见《颜钧集》卷三《自传》后跋,第28页)。《自传》中还提到吴悌。按,吴悌(号疏山,1502—1568)曾疏荐心斋,在泰州学派中声誉颇佳。然据《自传》载,颜入狱期间,吴悌时在刑部任职,却见死不救,简直就是"泯忘道交"之辈(《颜钧集》卷三,第28页)。由此看来,颜作《自传》的目的很明确,就是为了揭发在自己被迫害的过程中,谁是加害者,而且他采用了指名道姓的写法,故而自称其为"实状"。不过平心而论,其中疑点实在太多。
② 以上均见《里中三异传》(《耿天台先生文集》卷十六,第1625页)。按,据《观生纪》嘉靖三十九年条载,其时耿定理说了一句话,亦具暗示意味:"彼(按,指何心隐)离其本矣,无成,将有灾也。"(《耿天台先生全书》卷八,第10页上。按,又见《观生纪》隆庆六年条)所谓"灾"者,暗示万历七年心隐被捕而死于狱中一事。

31

后,何感叹道:"张公必官首相,必首毒讲学,必首毒元。"①这是心隐于万历七年被捕以后的回忆。依我看,这类回忆未必确切,因为其中已有了些许"事后诸葛亮"的味道。最有争议的是,心隐被捕前后,天台的所作所为。关于心隐被捕及死于狱中之事,历史上有两种说法,一是认为何之死是张居正的唆使;另一种看法认为与张无关,而是当地巡抚王之垣为献媚于张而擅自下的毒手②。前一种说法正应验了心隐于嘉靖三十九年在京与张会面后所说的"杀我者必夫也"那句谶言,似乎过于巧合,留有诸多疑点。后一种说法较为可信。③不过,卓吾却另有一说,他以为居正与此事绝无干系,幕后指使者是居正党羽、时任工部尚书的李幼滋。④然而引起今人议论纷纷的导火线却是黄宗羲,他根据

---

① 《何心隐集》卷四《上祁门姚大尹书》,中华书局,1960 年,第 77 页。

② 参见邹元标:《梁夫山传》:"巡抚王夷陵惟知杀士媚权,立毙杖下。"(《何心隐集》附录,第 121 页)按,王之垣,山东新城人,著《历仕录》一卷,为其杀心隐事辩解,可备一参。

③ 比如上注所引邹元标《梁夫山传》,还有卓吾《何心隐论》(《焚书》卷三)、耿定力《胡时中义田记》(《何心隐集》附录)。耿定力虽是天台弟,但所说却较为客观:"……而朝野舆论咸谓出江陵(按,即张居正)意,立毙杖下,竟践心隐'当国杀我'之言。夷陵(按,即王之垣)实江陵罪人矣。"(《何心隐集》附录,第 142 页)

④ 卓吾曰:"人之事应城(按,即李幼滋)者如事江陵。"(《焚书》卷一《答邓明府》,第 16 页)。按,对此耿定力则以自己在京的亲身经历表示了不同看法:"李氏《焚书》谓由李应城意,则传者之误也。……时不佞以驾部郎差还京,见应城,偶报至,应城蹙额相语,若恨夷陵之中程氏(按,指程学博)且中余家也。应城不知心隐而深知吾两家,故相关如是。"(《何心隐集》附录《胡时中义田记》,第 142 页)定力虽为天台弟,但所说较为诚实可信。后人称《胡时中义田记》为"实录"(参见解文炯:《梁夫山先生遗集序》,载《何心隐集》附录,第 130 页),非为无故。顺便指出,卓吾与定力一直关系良好,对他有这样一句评语:"耿叔台为人极谨慎。"(《续焚书》卷一《答来书》,第 17 页)

卓吾之言,推断卓吾是针对天台的袖手旁观之态度而痛加指责,其曰:

> 乃卓吾之所以恨先生(按,指天台)者,何心隐之狱,唯先生与江陵厚善,且主杀心隐之李义河又先生之讲学友也,斯时救之固不难,先生不敢沾手,恐以此犯江陵不说学之忌。先生以不容已为宗,斯其可已者耶?(《明儒学案》卷三十五《泰州学案四·耿定向传》,第816页)

显然,这是对天台的严厉指控,语意极其尖刻,他反讽天台向以"不容已"为思想宗旨[1],然在心隐落难之际,本可援手相救的他却忘记了"不容已"而袖手旁观。但在吾人看来,不得不说黄宗羲的指控缺乏史实根据。其实,李与耿之交恶,其主要原因是由于耿对邓豁渠的猛烈抨击以及耿指责卓吾在其家乡黄安言行不类、误人子弟。[2]在心隐被捕的问题上,即便卓吾对天台有所不满,但也没有明确表示耿在这一事件过程中有何道义上的过失。在黄宗羲引以为依据的卓吾《答邓明府》一书中,卓吾只提到李幼滋而并没有提到天台。由此看来,黄宗羲做出上述判断可能另有原因。关于这一点,我们将在本节末尾再谈。

在心隐事件之后,天台写下了《里中三异传》。其中,天台用"狂"字来概括何的为人性格以及思想性格,并直称其为"何狂"。天台一方面对于心隐志在学孔,不无同情;另一方面对其荒诞不经的言论举止则表示了深深的惋惜。不过细读之下亦可看到天台虽然将其与邓豁渠、方与时并列为"三异人",但对其批评的语气远比批邓和批方要缓和得多。这一点可以从该文末尾所附的

---

[1] 关于天台的"不容已",参见拙著:《阳明后学研究》第八章"耿天台论"。
[2] 参见《焚书》卷一《答耿司寇》。

"祭文"中得到确认。据耿自称,该文之作是为了"招魂"①,其中说道:"决命捐生汝何营?模孔陈迹失孔真。孔门宗旨曰求仁,蹈仁而死未前闻。仁与不仁②几微分,吾昔与子曾极论。子既去余,余又移汝《转心文》③。汝心匪石何弗悛?尘埃识相汝何明?"④从中不难看出,天台对何心隐既有同情也有批评。问题是,在时人的眼里,天台在心隐死去不久,便将其作为"异人"立传,言词中丝毫没有为死者讳的考虑,这就不免令人有一种"落井下石"之感。⑤

---

① 该文又见《耿天台先生文集》卷十二《招梁子词》,与《里中三异传》所附"招魂词"颇有异同。《招梁子词》题识云:"永丰梁子,其意学孔,其行类侠,不理于世,毙于楚狱。余伤其无归,且惧其为厉(按,意即"厉鬼"),为水旱灾也,因令其徒收骸为殡,而文以招之。"(第1289页)反映出天台对心隐之死颇存惋惜之意。据天台自述,何死后不久,他便命其徒收取何的尸骨,带到湖北孝感,将其与程学颜墓合葬(参见《耿天台先生文集》卷十六,第1630页)。

② 按,"仁与不仁"原为耿定理对何心隐所说的一番话,参见《观生纪》隆庆六年条,其云:"道二,仁与不仁而已。视子(按,指何心隐)学,犹缘木求鱼也。且有后灾矣。"(《耿天台先生全书》卷八,第16页上)

③ 按,《转心文》,不详。另据前引《招梁子词》,似指隆庆六年心隐离开黄安,告别耿家之际,天台特意相赠之文。从篇名可以推知,内含规劝之意。

④ 《耿天台先生文集》卷十六,第1631页。

⑤ 容肇祖认为卓吾在此问题上对"耿定向不无微词"(《李卓吾评传》,第14页),根据是两篇文字,即《何心隐论》和《答邓明府》。特别是前者,其中说道:"其坐视公之死,反从而下石者,则尽其聚徒讲学之人。"(《焚书》卷三《何心隐论》,第89页。按,《焚书》卷一《答邓明府》无此类隐晦说法)容氏据此认为:"这可见卓吾所以不满于耿定向和他招怨的来由了。"(前引书,第15页)显然这纯属推测,其因盖与作者同情卓吾的立场有关。事实上,在心隐被捕前后,天台也做了一些回护调停的工作,耿曾致函直接参与此事的当局者(按,指陈瑞和王之垣),指出心隐在学术上只是"所谓差毫厘而缪千里者",如果有人"所言有它,则重诬也"。甚至还给李幼滋去信,"托为解"。李回书报曰:"'政(转下页)

34

综上所述,有几点可以归纳:一、天台对心斋思想持赞赏态度,并愿私淑心斋,但对东厓以后的泰州后学则不无批评,其中特别是针对山农、心隐之流的言行有严厉指责;二、说天台为心隐门生,或者说他在颜、何的被捕事件中,扮演了幕后指使或落井下石的角色,实属揣测之词;三、卓吾对天台的批评起因于邓豁渠而与心隐事件无关,而黄宗羲对耿的判词则未免过于苛刻,缺乏事实依据;四、虽然山农等人对天台的指控缺乏依据,但其说却值得重视,因为从山农的言辞来看,天台绝对算不上是泰州学派中人。

最后还须探讨一个问题:既然天台在师承上与泰州学派毫无关联,在思想上对泰州后学又持批评态度,甚至泰州后学的一些人物对天台也有种种传言诽谤,为什么黄宗羲还要把他归入泰州学案?大致说来,似有两点原因可以考虑:首先,天台思想较为复杂,他对心斋、东廓、念庵、近溪等阳明后学诸子都很推崇,同时也热衷于阳明派下的讲学活动,与各等人物均有交往,特别是他受其弟耿定理的思想影响至深,而耿定理与所谓的"三异人"关系密切,这就使得天台在思想上容易受到来自各方面的影响,显得杂而无统而缺乏一贯宗旨。而在宗羲看来,不但天台的"不容已"说令人怀疑,而且其对阳明的良知宗旨也缺乏深切

---

（接上页）府左右且藉此中公（按,指天台）也,公兹从井救人耶?'狂（按,指何心隐）以是竟毙楚狱。"（以上见《耿太台先生文集》卷十六《里中三异传》,第1629—1630页）可见,天台在"政府左右"的眼里,其行为反而是"从井救人"。笔者以为,卓吾所说的"下石"者未必就是指天台,否则耿的叙述就完全变成了谎言。须指出在以往的卓吾研究中,天台往往处于一种非"直接在场"的角色,忽略了对耿的正面考察,以至于耿的思想形象被严重扭曲。

的体认①。根据上述杂而未纯者多被列入泰州派下这一黄宗羲对泰州学派的设定标准,加上耿氏一族与泰州诸子也确有交往历史等因素,由此天台被列入其中也就情有可原了。另一个原因也许要涉及天台的政治人格问题。此一问题不易说清,要而言之,天台受张居正改革的牵连,他的积极参与的行为在当时及后来的士人舆论当中,名声颇为不佳。比如东林党人顾宪成之弟顾允成(号泾凡,1554—1607)曾著《客问》一篇,对天台的政治人品极尽讽刺批评之能事,指责耿在督学南畿时,不疏救海瑞(号刚峰,1514—1587);在居正执政时,"袖手冷视"而不救洪垣(号觉山,生卒不详)等忠臣;此后又"怡然安之"而不救李材(号见罗,1519—1595)等贤者②。与东林党运动渊源颇深的黄宗羲当然对这篇文字非常看重,他称天台看到这篇文字后,也"无以难也"③。据笔者推断,天台遭时议贬斥及其在晚年与后来结成东林学派的某些人之间所发生的某些是非纠葛④,这些原本属于非学术因素却极有可能影响到黄宗羲对天台思想的判断:人品不纯则其思想必不足观也。这也说明黄宗羲在设定泰州学案时,已经掺入了某些道德判断的因素。

---

① 原话为:"先生之认良知,尚未清楚。"(《明儒学案》卷三十五《耿定向传》,第 816 页)

② 参见《小辨斋偶存》卷五。按,东林党人的这类指责给人造成的印象是,天台在人格上未免"虚伪"。万历八年进士伍袁萃曾转述了当时的一个说法,可以作为旁证:"君子谓:'楚倜非真品。'有以夫。"(伍袁萃:《林居漫录》多集卷三,台湾伟文图书出版社影印本,第 624 页)

③ 《明儒学案》卷三十五《耿定向传》,第 815 页。

④ 按,关于天台的政治品格问题,甚至在史书中也被留下一笔,参见《明史》卷二二一《耿定向传》。个中详情在此从略,参见拙著:《阳明后学研究》第八章"耿天台论"。

从思想史的角度看，天台对阳明后学以及泰州后学均有批评，俨然是一位以"卫道"自居的正统学者，他意图对阳明心学的运动方向有所纠正，但是宗羲却仍然将他归入泰州学派，这并不符合历史的实际情况。最后要说的是，若称天台为广义的阳明后学则可，若说他是泰州学派之传人则不妥。

## 第五节　李贽与泰州学派

历来有关泰州学派的研究，大多会提到李卓吾，认为无论从思想上还是从师承上看，卓吾都应被列入泰州学派，甚至是泰州学派中最有代表性的一位人物。这一看法似已成为当今学界的"定论"。然而吾人以为这一"定论"却有重新探讨的余地。关于卓吾思想是否属于泰州学派，可从两个问题着手讨论：我们以何种标准来判定泰州学派的思想特质？进而我们又以何种标准来判定卓吾的思想特质与泰州学派相吻合？显然这两个问题属于思想史研究的课题，这里无法深入涉及。本节主要从师承关系的角度来考察一下卓吾与泰州学派的关系。

目前大致有三条资料可以证明卓吾与泰州学派有承继关系。首先是卓吾自己的说法：

> 心斋之子东崖公，贽之师。东崖之学，实出自庭训，然心斋先生在日，亲遣之事龙溪于越东，与龙溪之友月泉老衲矣，所得更深邃也。东崖幼时，亲见阳明。（《续焚书》卷三《储瓘》，第90页）

这条资料被认为是卓吾属于心斋再传弟子的铁证。另外两条史料分别出自许孚远（号敬庵，1535—1604）和顾炎武（号亭林，1613—1682），摘录如下：

> 姚江之派复分为三：吉州（按，指江右王门）仅守其传；淮南

(按,指心斋)亢而高之;山阴(按,指龙溪)圆而通之。而亢与圆者,各有其流弊,颜、梁(按,指山农、何心隐)之徒本于亢而流于肆;盱江(按,指近溪)之学出于亢而入于圆;其徒姚安(按,指卓吾)者出,合圆与肆而纵横其间,始于怪僻,卒以悖乱。盖学之大变也。(《敬和堂集》卷五《答周海门司封谛解》,第31页上)

　　故王门高弟为泰州(原注:王艮)、龙溪(原注:王畿)二人。泰州之学一传而为颜山农,再传而为罗近溪、赵大洲;龙溪之学一传而为何心隐,再传而为李卓吾、陶石篑。(《日知录集释》卷十八《朱子晚年定论》,第1421—1422页)

这两种说法略有不同,许说卓吾是近溪弟子,顾说卓吾是龙溪、心隐一脉的传人。总结上述三种说法,可见卓吾的师从传授分别是:东厓、近溪、龙溪、心隐。那么,究以何者为是呢?按理说,卓吾的自述应当最为可信,然而却有可能做出不同的解释。这里先从许、顾两人的说法说起。

许敬庵比卓吾略为晚出,师从唐枢(号一庵,1497—1574),为湛若水(号甘泉,1466—1560)的再传弟子,明末大儒刘蕺山曾拜入其门下。从其学术渊源看,亦算是心学派中人物,然其晚年转向程朱,他对甘泉及阳明的后学均有批评,与天台有过一段交往,与近溪之交尤为密切①,然与卓吾是否相识,不得而知。证诸卓吾方面的资料,可断言许的上述说法难以成立。因为,尽

---

① 按,关于敬庵生平,参见叶向高:《苍霞草》卷十八《许敬庵先生墓志铭》,扬州广陵古籍刻印社,1994年。关于敬庵思想,参见柴田笃:《许敬庵の思想——朱子学と阳明学の间をめぐって》,载《荒木见悟教授退休纪念:中国哲学史研究论集》,苇书房,1981年。关于敬庵与天台、近溪的关系,参见许孚远:《敬和堂集》卷十《祭耿楚侗先生》,内阁文库藏明万历二十二年序刻本;罗汝芳:《近溪子集·庭训下》,《罗明德公文集》卷一《敬庵训语序》。

管卓吾与近溪曾有二次会面,分别在南京和云南[1],但是卓吾在《罗近溪先生告文》一文中已经十分明确地指出:"不曾亲受业于先生之门。"[2]可见,李与罗只是"知己"关系,如果卓吾是近溪门徒,他不会这样表述。也许敬庵只是判断卓吾在思想上非常亲近罗近溪,这一点的确可以从许多史料中得到确认。但是卓吾除了服膺近溪以外,其对龙溪之推赏和钦慕更是有过之而无不及[3](详见后述),若按敬庵的判断,应当说卓吾是龙溪的门人或传人,显然这样的推理逻辑没有实质性的意义。顾炎武指出心斋和龙溪是阳明的两大弟子,这一判断基本成立,与黄宗羲《泰州学案》的说法一致。但是令人困惑的是,他说龙溪传心隐,又说心隐传卓吾、石篑(陶望龄),就不知从何说起了。这反映出明末清初的学术界对泰州学派之传承情况的把握已呈混乱,同时也表明即便擅长考据如顾炎武,竟也不免对阳明后学的传承情况有所失考。也许顾的说法不是根据师承关系,而是从义理判断出发的,然而即便如此,我们也不得不说,他的义理判断很成问题而不符合思想历史的实际情况。

至于卓吾与东厓的关系,目前学术界大多以卓吾自称东厓为"赘之师"作为依据,甚至有学者断言:"此处'师'称,为文集中仅见。"[4]这个说法未免武断。事实上,卓吾还曾经称耿定理

---

[1] 参见《焚书》卷三《罗近溪先生告文》以及《盱坛直诠》卷下,第 274、276 页。

[2] 《焚书》卷三,第 124 页。

[3] 参见《焚书》卷三《王龙溪先生告文》、《龙溪先生文录抄序》、卷二《复焦弱侯》、《续焚书》卷一《与焦漪园太史》等。

[4] 林其贤:《李卓吾事迹系年》,台湾文津出版社,1988 年,第 198 页。

为"吾师",如他在《哭耿子庸·其二》中写道:"我是君之友,君是我之师。"①又在《答耿司寇》一书中说道:"彼(按,指耿定理)乃吾师。"②那么,是否可以据此断言卓吾是耿定理的门生弟子呢?结论显然是否定的。事实是,卓吾称东厓或耿定理是自己之"师",此"师"字绝非是通常意义上的师承传授之意,而是"心师"之意。不仅如此,卓吾还曾经称何心隐和张居正为"吾师",亦应做同样的理解,如:"不追其迹而原其心,不责其过而赏其功,则二老者(按,指何心隐和张居正)皆吾师也。"③值得注意的是,在"吾师"之前的"原其心"三字,此即"心师"之意。因此,若按通常的理解方式来看,那么卓吾的老师有四人:东厓、定理、心隐乃至居正。显然这种理解方式并不成立。总之,我们不能根据卓吾称东厓为"赘之师",就断然以为卓吾为东厓的弟子或传人,从而将卓吾归入泰州学派的传承谱系之中。

必须指出,卓吾的上述说法是建立在他的"师友"观的基础之上的。卓吾的思想与行为往往表现出不受世俗观念所拘限的性格特征,故而对他的文字绝不可完全按照世俗的读法来解释,同样也不可以世俗的师友观念来解读卓吾。这里我们不妨来看一下他对"师友"问题的独到见解:

> 余谓师友原是一样,有两样耶?但世人不知友之即师,乃以四拜受业者谓之师;又不知师之即友,徒以结交亲密者谓之友。夫使友而不可以四拜受业也,则比不可以与之友矣;师而不可以心腹告语也,则亦不可以事之为师矣。古人知朋友所系之重,故特加师字于友之上,以见所友无不可师

① 《焚书》卷六,第230页。
② 《焚书》卷三,第37页。
③ 《焚书》卷一《答邓明府》,第16页。

者,若不可师,即不可友。大概言之,总不过友之一字而已,
故言友则师在其中矣。

　　余谓学无常师,"夫子焉不学",虽在今日不免为套语,
其实亦是实语。吾虽不曾四拜受业一个人以为师,亦不曾
以四拜传授一个人以为友,然比世人之时时四拜人,与时时
受人四拜者,真不可同日而语也。……然则师之不在四拜
明矣。然孰知吾心中时时四拜百拜,屈指不能举其多,沙数
不能喻其众乎?(以上,《焚书》卷二《为黄安二上人三首·
真师二首》,第80—81页)

卓吾的上述观点不仅在当时即便在今天看来,也具有相当的开
放性。有学者早已指出,在传统的君臣、父子、夫妇、兄弟、朋友
的五伦关系中,唯独重视"友"伦,这是晚明思想界出现的一个新
动向,尤其是在卓吾那里,更有典型的表现。[1]应当说,在"师友"
观上,卓吾与何心隐的想法非常相近。当时,人们对何心隐有这
样的批评:"人伦有五,公(按,指何心隐)舍其四,而独置身于师友
贤圣之间。"[2]对此,卓吾却从正面做了肯定。根据何心隐的《师
说》《论友》等文章来看,卓吾与心隐在"友伦"问题上的观点也极
其相似,例如心隐提出"友其道于师""道而学尽于友之交也""交
尽于友也"[3]等命题,正与上述卓吾的观点相契合。要之,在卓
吾看来,友重于师、师寓于友,非友即非师,即师亦即友。正是基
于这一观念,在卓吾看来,传统意义上的师生门第观念并不足为
道,因为形式上的"拜师"已不再重要,重要的是"心中"是否"四

---

① 　参见森纪子:《何心隐论》;小野和子:《明季党社考》第四章第二节,同
　　朋舍,1996年。
② 　《焚书》卷三《何心隐论》,第90页。
③ 　《何心隐集》卷二,第27、28页。

拜百拜"。也正由此,卓吾可以称东厓为师,同样也可以称定理为师,甚至还可以称心隐、居正、澹园①为师。至此我们有理由认为,对于卓吾口中的"吾师",切不可简单理解为通常意义上的"师",而应理解为"心师"或"知己"甚至就是"朋友"。总之,结论是显而易见的:"东厓公,赞之师",这句话并不能解释成为卓吾是东厓的门人弟子,也不能成为卓吾是泰州学派之传人的根据。

然而迄今为止,不少卓吾思想研究都将他视为泰州学派传人,其中有些学者也并没有执定"东厓公,赞之师"这句话,而是根据卓吾的思想倾向来做出判断的。如 20 世纪 30 年代,嵇文甫就已指出卓吾虽不能算作是"正式的王门左派"②,但其思想却和王门左派极为密切,其言论乃至行为"最能把左派王学的精神充分表现出来"③。同样,岛田虔次对中国近世思想特别是阳明学的一系列研究也表明了类似的观点,认为卓吾是继泰州心学之后,最能体现中国"近代精神"的思想家之代表。④很显然,这些研究并不是着眼于卓吾的师承关系,而是从类型学的角度出发,将卓吾思想与泰州心学划归同一类型。应当说,这样的考察方式有其一定的道理。因为事实很显然,卓吾虽在师承上与泰州学派并无必然联系,但他在思想上对泰州诸子却是十分敬

---

① 卓吾曾说:"故宏甫(按,即卓吾)之学虽无所授,其得之弱侯者亦甚有力。……然惟宏甫为深知侯,故弱侯亦自以宏甫为知己。"(《续焚书》卷二《寿焦太史尊翁后渠公八秩华诞序》,第 55 页)以卓吾的师友观念,澹园亦可成为卓吾之师。
② 按,在嵇文甫的学术用语中,"王门左派"盖指泰州一派和龙溪一派。
③ 参见嵇文甫:《左派王学》第四章"李卓吾与左派王学",开明书店,1934 年,第 64 页。
④ 参见岛田虔次:《中国における近代思维の挫折》第三章"李卓吾",筑摩书房,1949 年。

佩的。这一点不容否认，后人之所以有一种印象以为卓吾是泰
州传人，这与卓吾自己对心斋以下之传人所表现出来的仰慕与
赞赏当有一定的关联。他曾说：

> 当时阳明先生门徒遍天下，独有心斋为最英灵。……
> 心斋之后为徐波石，为颜山农。山农以布衣讲学，雄视一世
> 而遭诬陷；波石以布政使请兵督战而死广南。云龙风虎，各
> 从其类，然哉！盖心斋真英雄，故其徒亦英雄也。波石之后
> 为赵大洲，大洲之后为邓豁渠；山农之后为罗近溪，为何心
> 隐；心隐之后为钱怀苏，为程后台；一代高似一代。所谓大
> 海不宿死尸，龙门不点破额，岂不信乎！（《焚书》卷二《为黄
> 安二上人三首·大孝一首》，第80页）

这段话为卓吾研究者所熟知。从中可以看出，卓吾不仅对
泰州学的传承历史有相当精当的把握，而且也充分表现出他在
思想上对泰州学派诸子抱有一种非同一般的敬慕之情。仅以这
段文字而观，我们似乎可以说卓吾即便非泰州学之传人，也完全
可以称得上是泰州学之"同党"，他对泰州诸子的赞美也正表明
他自己在精神上与泰州心学有着息息相通的一面。然而卓吾对
泰州心学的看法也有另外一面，他曾特别指出心斋虽"气魄力
量"有过人之处，但也不免为"气魄"所亏、为"意见"所拘，虽能
成为"名儒"，但也只能做到"殉名而已"，卓吾说：

> 心斋刻本壁入，幸查收。此老气魄力量实胜过人，故他
> 家儿孙过半如是，亦各其种也。然此老当时亦为气魄亏，故
> 不能尽其师说，遂一概以力量担当领会。盖意见太多，窠臼
> 遂定，虽真师真友将如之何哉！集中有与薛中离诸公辩学
> 处，殊可笑咤，可见当时诸老亦无奈之何矣。所喜东崖定本
> 尽行削去也，又以见儒者之学全无头脑。……若近溪先生，

则原是生死大事在念，后来虽好接引儒生，扯着《论语》、《中庸》，亦谓伴口过日耳。故知儒者终无透彻之日，况鄙儒无识，俗儒无实，迂儒未死而臭，名儒死节殉名者乎！最高之儒，殉名已矣，心斋老先生是也。一为名累，自入名网，决难得脱，以是知学儒之可畏也。（《续焚书》卷一《与焦漪园太史》，第27—28页）

可以看出，其中对王心斋的一些批评是有文本依据的，例如"与薛中离诸公辩学处"，只是由于东厓在审定《心斋集》之际，将这些书信尽行删去，故而我们现在难以认定卓吾以为"殊可笑咤"者为何。要之，有一点是可以确定的：在卓吾的眼里，"英灵"如心斋者亦绝非完人。在他看来，心斋之"气魄力量"确有过人之处，也值得赞扬和钦佩，但在理论上若以"力量担当领会"，却也不免坠入意见"窠臼"，最终未能确切领会阳明"师说"。相比之下，在卓吾的眼里，龙溪才是阳明心学得以传承延续的最大功臣。我们不妨来看几段卓吾有关龙溪的评价：

世间讲学诸书，明快透髓，自古至今，未有如龙溪先生者。（《焚书》卷二《复焦弱侯》，第47页）

王龙溪先生新刻全部，真是大了手好汉，可谓三教宗师。（《续焚书》卷一《与焦弱侯》，第25页）

至阳明而后，其学大明，然非龙溪先生缉熙继续，亦未见得阳明先生之妙处。此有家者所以贵于有得力贤子，有道者所以尤贵有好得力儿孙也。（《续焚书》卷一《与焦漪园太史》，第28页）

忆昔淮南儿孙布地，猗矣盛矣，不可及矣。今观先生（按，指王龙溪）源流更长，悠也久也，何可当哉！……虽生（按，卓吾自称）也晚，居非近，其所为凝眸而注神，倾心而悚听者，

第一章 绪论：泰州学案的重新厘定

独先生尔矣。先生今既没矣，余小子将何仰乎？（《焚书》卷三《王龙溪先生告文》，第121页）

显而易见，卓吾对龙溪的称赞已经到了无以复加的地步，他甚至赞美龙溪是"圣代儒宗，人天法眼；白玉无瑕，黄金百炼"①，这类措词在卓吾对王心斋及其泰州后学的评价当中是完全看不到的。相比之下，卓吾对心斋及其后学的评价虽高，然而却有所保留。这也从一个侧面说明，就卓吾自身而言，他对泰州学派并不抱有自觉的认同意识。

综上所述，黄宗羲所设定的"泰州学案"虽是取之于地域名称的一种设定，但是正如上面已经指出的那样，在一系列"王门学案"当中，唯有"泰州学案"缺"王门"两字，成为一个特殊的学派称谓。而且在其设定之初，黄宗羲已经设想了一套方案：出身地域以及师承关系并不是决定泰州学案之范围的唯一条件，其结果是除了泰州出身者以外，江西、湖北、四川等地的出身者不在少数，其中江西一系的泰州派尤为突出。显然他是根据人物的思想倾向来进行安排的。从师承关系看，除江西以外，湖北、四川、浙江等地的学者与泰州学派大多没有直接的师承关系。应当说，黄宗羲的这一设计自有其理由和依据，也肯定与其独特的思想史观有关。事实上，黄宗羲以类型学方式来判定人物的学派归属，这本身并没有错，问题在于其判断的"思想依据"是否可以为我们提供一种有效的历史解释，笔者是持怀疑态度的。

总之，我们无须受制于黄宗羲所设定的"泰州学案"的思想史观，应当认为卓吾是一位超出当时任何学派的学无常师而又特立独行的思想家。在此意义上，卓吾的学派归属问题完全可

---

① 《焚书》卷三《王龙溪先生告文》，第121页。

以消解。从历史上看,就在卓吾死前身后,学界已有了基本的判定:一则说他"背叛孔孟"(张问达、冯琦),一则说他"名教罪人"(于孔兼),明清之际的顾、王、黄三家亦作如是观。诚然,卓吾思想已脱离了理学传统的主流之外,甚至已非名教之藩篱所能"羁络",然而结合晚明思想已趋多元样态的背景以观卓吾思想,则其思想之总体格局仍然未能完全摆脱儒学的大传统——亦即儒学的一套价值体系,尽管其晚年已经落发为僧。

## 第六节　结语

上面我曾提及,以许敬庵、顾炎武有关阳明后学的叙述为例,晚明清初的学术界对泰州学派之传承情况的把握已呈混乱,这里还有一例可作补充说明。《万历野获编》的作者沈德符(1578—1642)引董其昌(1555—1636)有关阳明后学之流变的说法,反映出万历年间的某些学者对晚明心学演变的总体把握可谓是一团糟,其曰:

> 然姚江身后,其高足王龙溪辈传罗近溪、李见罗,是为江西一派;传唐一庵(按,即唐枢)、许敬庵,是为浙江一派;最后杨复所自粤东起,则又用陈白沙绪余,而演罗近溪一脉,与敬庵同为南京卿贰,分曹讲学,各立门户,以致并入弹章。而楚中耿天台、淑台伯仲又以别派行南中。最后李卓吾出,又独创特解,一扫而空之。今锡山诸公(按,指东林一派)又祖杨龟山(按,即杨时),特于朱陆异同辨晰精核,则二程渊源又将显著于中天矣。(《万历野获编》卷二十七《紫柏评晦庵》,第 689—690 页)

其中除了判定天台为阳明—龙溪之"别派",判定卓吾思想为"独创特解",尚有某种意义的参考价值以外,若对阳明后学之演变历史稍有知识者便可看出其中错谬百出,例如其称龙溪传罗近溪、李见罗、唐一庵、许敬庵,实在令人不明所以。这也从一个方面说明,万历以后人们对于阳明及心斋所开创的"学派"的认知程度已经很成问题。何以会有这样的情况产生,或许是由于这样一个原因:到了万历年后的晚明时代,士人之间的交往日趋频繁也日趋复杂,门生故吏、同年同僚、亲友知己、门人弟子等构成了一张关系独特而又错综复杂的人脉网络,相对而言人们对于"门派"的认同意识却渐渐趋于淡薄,以至于时人对阳明后学的师承授受之关系的了解也变得日益模糊。这里另有两个例子可以说明这一点,一是顾宪成,从师承上说,他应该是阳明的三传弟子,他师从薛应旂,薛师从阳明大弟子欧阳南野,然而顾宪成自己却从未对阳明心学有什么学派认同意识,因为这里所谓的"师从",其实是指考官与门生的关系,严格说来,他们之间并不存在思想上的传承关系;另一个显著的例子是刘蕺山,从师承上说,他是湛甘泉的三传弟子,他拜许敬庵为师,许拜唐一庵为师,唐则是湛甘泉的入室弟子,然而我们却从未听说过刘蕺山自认是甘泉学派的传人,毋宁说,蕺山哲学的问题意识始终是阳明心学。毋庸置疑,"泰州学案"的情况更要复杂得多,若不从思想传承的角度加以甄别,若不根据其本人的文献资料对其思想言说之立场加以衡定,便以为此一"学案"俨然构成了一个拥有共同哲学信念或思想立场的学术团体,也就未免太过轻率和盲从了。

　　总而言之,我们之所以对黄宗羲的"泰州学案"的设计方案表示了种种质疑,主要原因无非就是两点:一、黄宗羲在设计泰州学案时使用的三个标准:出身地域、师承关系、思想类型,本应是合理的,但他在具体操作时,却有失平衡,特别是他根据人物的思想类型所做出的判定不免显得混乱,其对天台一系的设定尤其如此;二、黄宗羲在对人物做思想判定的时候,他的标准是不够明晰和确定的,其结果使得那些所谓的"异端"人物都被归入泰州学派,以至于整部泰州学案几乎成了一个异端百出的"大杂烩"。比如,方与时、邓豁渠、管志道、何祥、方学渐等这样一批思想性格并不一致的人物何以被统统组合进泰州学案,实在令人百思不得其解。所以对于我们来说,就有必要通过对这些人物的思想学说的深入分析,来重新清理"泰州学案"。

另外,对于黄宗羲在"泰州学案"卷首语中所披露的针对泰州学派的判词,诸如"复非名教之所能羁络"云云,笔者亦心存疑虑。如果相信黄宗羲的这一判断是正确的话,那么其结果便有可能使得心斋—近溪一系的思想传承及其泰州学之精神特质反而晦而不彰。在我看来,黄宗羲这样做的目的无非有二:一是要突出阳明心学的历史地位,一是要维护阳明心学的纯粹性。必须承认,从根本上说,《明儒学案》的撰述是建立在正统与异端必须泾渭分明这·儒家道统观念之基础上的。站在今天的立场,吾人大可不必为正统与异端、正传与别传这套观念意识所束缚,而应当以一种开放多元的态度去面对思想和历史。

最后须指出的是,笔者以为有必要对"泰州学派"的构成人员做一番重新界定的工作,并对有关人物的思想进行具体深入的考察,只有在此工作的基础之上,才有可能揭示出作为一个思想群体的泰州学派的总体面相。具体而言,笔者认为应该着眼于以下这些人物的思想:淮南三贤(心斋、东厓、一庵)自不待言,心斋的第一代大弟子徐波石、林东城以及传人韩乐吾等虽然亦属重要,但是由于所存资料的限制，对其思想已难以窥见全豹①，故本书暂置不论；自山农以后，泰州学在江西获得了新的发展，其中山农及其传人何心隐、罗近溪在泰州学派中占有重要地位。当然，无论从思想深度还是从思想影响而言，近溪都远远超过了颜、何两人，因此近溪应成为考察泰州后学之思想的一个重点。甚至可以这样说，在整个泰州学派当中，除了个别人物有一些重要精彩的思想以外（如一庵的诚意慎独理论、山农的放心体仁之观点），唯有心斋和近溪在理论上有突出的建树，并且对于我们了解泰州学派的思想特质具有典型意义，值得我们加以集中探讨。至于大洲、天台、海门这三系的思想人物，笔者以为他们至多只能算是泰州学派的周围人物，因而本书不设专章讨论。

---

① 按，徐波石文集今不见传，唯有《泰州学案》所记录的零星资料可供参考，而林东城和韩乐吾虽有文集存世（《林东城集》，台北"中央图书馆"藏明嘉靖丙午王畿序刻本；《韩贞集》，附见《颜钧集》之末），但其中所含的思想内涵并不丰富。

# 第二章　王艮:泰州学的创立

## 第一节　家世与生平

### 一　安丰盐场

王艮(1483—1541),字汝止,号心斋,泰州府安丰场人,泰州学派的创始人。我们先从心斋的身世及其出生地说起。[①]

淮南安丰场偏处沿海地区,靠近淮河入海之处,历来以产盐而闻名。据史书记载,有"两淮盐利甲天下"[②]之称。有研究表明,每年交纳的盐税数额至万历年间,竟已占据全国各种税收的一半左右[③],而安丰场则是两淮地区最大的产盐地之一。两淮含指淮北和淮南,淮南指泰州,淮北指淮安和通州。根据明初在两淮盐场的建制,两淮设有都转运盐使司(治在扬州府城内),下分设三个"分司",亦即泰州分司(治在泰州东台)、淮安分司(治在安东县)、通州分司(治在通州),三司由都转运盐使司统领,各司之下又分设若干场,譬如泰州分司之下有安丰场盐课司、东台

---

① 关于王心斋的身世背景以及淮南安丰一带社会经济等诸般状况,森纪子已有详细论考。参见森纪子:《盐场の泰州学派》,载《东方学报》第58 册,1986 年。以下所引原文未注页码者,均引自该文。
② 清康熙年修《两淮盐法志》卷十五《风俗·灶俗》。
③ 佐伯富:《中国史研究》,第 190 页,转引自上揭森纪子的论文。

场盐课司等。①各“场”之下又由若干“团”组成,“团”是基本生产单位,由若干“灶户”组成,实行的是“聚团公煎”的生产体制,亦即公共生产体制,禁止各户私自煎盐。按照《大明律》的规定,各盐场的灶丁必须在团舍或灶舍共同煎盐,离团煎盐即被视为“私煎”。对于“私煎”以及私自买卖者,规定:“凡盐场灶丁人等,除正额盐外,夹带余盐出场及私煎货卖者”,“杖一百,徒三年”②,情节严重者,可以处斩。另据史籍记载:“每一场分几团,一团分几户,轮流煎办,以纳丁盐。此外多煎之数,名曰‘勤灶盐’,许卖商人,辏补挈挈。但不在本团煎办者,即是私盐,就便拿问。此是旧规。近年以来,豪灶有私立十处灶者,七八灶者,私煎私贩,名无忌惮。合无今后,但有不在团分煎办,私立灶者,就便拿问,枷号一月。”③按,其云“近年以来”的前后时间段没有明言,估计是在弘治、正德之间,亦即16世纪前后。要之,对于私盐的惩罚是相当严厉的。然而,私盐贩卖的现象屡禁不绝,实际上也无法从根本上做到彻底禁止。反过来说,私盐贩卖的盛行,是当时已经开始出现的商业经济的必然趋势,对于促成明代盐业的官营模式的解体起到了非常重大的作用。私盐贩卖现象早在明初的永乐年间就已出现,最初主要是由势要显贵(包括王府、内官)开始的,到了正统年间,已然成了一种普遍现象④。据现有资料显示,心斋的王氏家族其实就是通过贩卖私盐而起家的。

　　据有关心斋王氏一族的资料记载,王氏的始祖可上溯至六

---

① 参见《明太祖实录》卷十九“丙午二月己巳”条,并参见郭正忠主编:《中国盐业史(古代编)》,第494—495页。

② 《大明律》卷十三《盐法》。

③ 陈仁锡:《皇明世法录》卷二十九《盐法·聚团煎办》,第509—510页。

④ 郭正忠主编:《中国盐业史(古代编)》,人民出版社,1997年,第638页。

代始祖王伯寿,其出身为盐丁。此后的家系传承大致如下:王伯寿—王国祥—王仲仁—王文贵—王僖—王玒—王艮。①王氏一族的原籍为苏州,是在明初被迁移到安丰场的,其中有着重大的历史变故。根据史书记载,明朝开国皇帝朱元璋在平定江南之际,遇到坚守苏州城的张士诚的顽强抵抗。事后,朱元璋迁怒于当地居民,为示惩罚而将大量苏州城民迁居泰州,贬为灶民。②不过,王氏家族何以被强行迁移至泰州的具体理由及其经过均已不详,至于王氏家族是否参与了张士诚对朱元璋的抵抗,亦不宜过度揣测。从心斋方面遗留下来的文字资料来看,似乎给人以这样一种印象:王氏一族刻意隐瞒了其中的原委及其经过。唯一对于此间消息所有透露者,是心斋长孙王之垣的一段记载:

> 我太祖高皇帝汛扫胡羶,统一海内,宋元南渡者仍徙江北,复中原之故土。故吾族始祖伯寿公自姑苏徙淮南安丰场,此吾宗之鼻祖也。前代王氏世家不敢妄扳。吾族自心斋公七世而上及伯寿公始祖,七世而下,子孙曾玄凡一十三

---

① 参见清宣统二年袁承业刻本:《明儒王心斋先生遗集》(以下简称《心斋遗集》)卷三《年谱》。另据心斋孙王之垣:《世系源流截略》(万历年间刻本《重镌心斋王先生全集》卷二。按,以下简称《心斋全集》)记载,伯寿业农、仲仁业儒、文贵业商、僖业煮海、玒业农、艮业儒。其中与盐丁身份有关的从事煎盐劳作的只有王僖。或许是由于煎盐属于贱役,故有意在族谱中做了淡化处理,亦未可知。

② 参见《两淮盐法志》卷十五《风俗·灶俗》。按,关于明初苏州城民为何被迁至江北的历史原因,学术界尚有种种说法。杜宗桓《上巡抚侍郎周忱书》在谈到苏、松地区田租问题时,指出:"国初籍没土豪田租,有因为张氏义兵而籍没者,有因虐民得罪而籍没者。"(引自顾炎武:《日知录集释》卷十《政事》"苏松二府田赋之重",上海古籍出版社,1985年,第792页)可见,这是作为一项"籍没土豪"的国策被施行的,其中既有"因为张氏义兵而籍没者",又有"因虐民得罪而籍没者"。心斋家族的始祖被迁属于何种原因,目前已无法考证。

世。前列大纲，纪其名讳大略，复立详注，以悉其行实。"截略"云者，谓王氏有谱而兹特截心斋公一人渊源大派而言也。(《心斋全集》卷二《世系·世系详注截略图引》，第46页下)

细读该文，迁徙江北似乎是为了"复中原之故土"，这显然是迎合官方之词而非由衷之言，因为从当时江南地区最为富庶的"姑苏"迁徙到贫穷的江北地区，显非出自个人或家族的意愿。所谓"前代王氏世家不敢妄扳"，其中也显然有难言之隐，对此我们已不能妄加推测。

据载，王伯寿的第二代王国祥及其子王仲仁已由一般灶户上升为"百夫长"。所谓"百夫长"，原是元代建制的一种称呼，相当于明代"里甲制"中的里长、甲首①，如在两淮地区，"每盐场有团有灶，每灶有户有丁，数皆额设。每团有总催，即元百夫长，数亦有定。一团设总催十名，每名有甲首"②。其实，所谓盐场中的"百夫长"，并非官职，其身份仍属灶户，只是由灶户中的上户③轮流担任，主要负责征收盐税，故而又名"总催"。然而总催的任务却颇为重要，大体有三：一、协助官方催征盐课；二、监督灶户生产；三、协同官吏清查灶户、荡地、攒造盐册等。④可见，对于盐场官吏来说，百夫长是其管理盐场运作的得力帮手，而在一

---

① 《明史》卷一三八《杨思义传附范敏传》记载，洪武十四年(1381)户部尚书范敏提出编排里甲方案。原则是以"百一十户为里，丁多者十人为里长，鸠一里之事以供岁役，十年一周"，其余"百户为十里，每甲为十户，轮充甲首"。
② 嘉靖年修《惟扬志》卷九，又见朱廷立：《盐法志》卷四《制度下·团灶》。
③ 关于灶户中分上中下三等"人户"，可参见《诸司职掌》卷三《户部职掌·户口》，汪砢玉：《古今鹾略》。
④ 郭正忠主编：《中国盐业史(古代编)》，第548页。

般灶民的眼里,百夫长则成了有一定"权势"的人物。

王国祥及其子王仲仁能连续担任"百夫长",这说明王氏一族在灶户当中属于上户,然而即便如此,王仲仁却仍然未能摆脱被充军至四川的命运,最后在南征途中战死,关于个中缘由亦已不详。①到了王仲仁的长子王文贵一辈,家庭情况开始发生变化。根据记载,王文贵开始着手从商,大概是属于自煎自贩的私盐买卖。②到了晚年,他已积累了一定的财富,开始出资为乡里修建石桥。而且这一善举得到了其子孙的继承,后来受到了地方官员的嘉奖。正德年间两淮布政使林正茂撰写了《安丰广容桥记》一文,对王文贵、王公美父子以及王公美之侄王尚瑞相继捐资修桥之善举进行了表彰。据该文记述,自正统十四年(1449)始,首先由"东淘善士"王文贵修建,成化六年(1470)又由王公美继之,40年后,王尚瑞"捐己资而鼎新之",这次修建的规模以及工艺之精都远远超过了以前两次,并且"有得乎治水之

① 《东台县志》卷三十二《烈女上·王孝女》、卷二十一《忠节》。按,关于王仲仁何以被发配充军,个中事由未见记载。按照明代的灶户政策,其管制是极为严格的,一般而言,编入灶籍的人户,必须世代"以籍为定""世守其业",其户役是不能"辄与改役"的,这也就是所谓的"役皆永充"(《明史》卷七十七《食货一·户口》)的意思,对于灶户的逃离或"附籍",官方的处置也较民户苛刻,例如,正统元年(1436)规定,窝藏灶户逃户者如情节恶劣,可以"俱发甘肃卫所充军"(《万历会典》卷十九《户部六·逃户》)。由此看来,王仲仁之被"充军",应当是触犯了某条律法而受到的一种特殊的严厉惩罚。另据《大明律》的规定,"凡犯私盐者",视情况可施以"徒三年""流二千里"甚至"流三千里"等各种不同处罚(《中国盐业史(古代编)》,第638页)。由此看来,王仲仁之被"充军"或许是由于贩卖私盐的缘故,因为既然身为"百夫长",便无"逃离"或"附籍"之必要。另从以下所述可以看到,自其儿子王文贵一辈已有明显迹象表明,王氏家族开始了从商活动。
② 参见《心斋全集》卷二《世系源流载略》。

良法",该文最后称赞道:王氏一族的功德"盖实有可嘉者焉"①。
其中提到的王文贵即王心斋的曾祖父。不用说,能连续三代,长
达约半个世纪,坚持捐资修桥,这绝非普通灶户所能做到。可以
认为,至少从王心斋的曾祖辈开始,由于从商而逐渐积累起了一
定的经济实力。由此亦可推断,王心斋少年时便开始行商于山
东与泰州之间,当有其特定的家族背景。总之,虽然心斋出身于
灶户家庭,但从其曾祖父一辈开始,已渐渐从"煎盐"的劳作中抽
出身来,开始从事贩盐活动,到了心斋这一代,行商规模逐渐扩
大,使得心斋获得了时间上的余暇以及经济上的条件,可以关心
起学术问题。

　　这里有必要谈一谈两淮地区的盐商问题。根据已有的研
究,除去官方的盐业专买不论,自明代正统、成化年间开始,当地
的私人经商活动呈现出活跃的势头,特别是到了万历年间,由于
盐课的折银化措施的实行,由原来官方统一管理之下的专卖制
度完成了向个体商人经营方式的转型。②然而私人贩盐行为虽
在明初就遭到严禁,严重者可以死刑量罪,但自成化、正统以来,
这一法律条文已名存实亡。根据霍韬(1487—1540)所上的《盐
政疏》记载,到了"弘治、正德年间",盐法条例已经"大坏","私
盐盛行"而难以禁止。他特别以"两淮"一带的情况为例,指出该
地区"民厌农田,惟射盐利""十五以上,俱习武勇,气复顽悍,死
刑不忌""故淮安官军不惟不捕私盐,且受饵利而为护送出境矣。
山东官军不惟不捕私盐,反向盐徒乞盐充食矣"③。这里,霍韬

---

① 以上参见《东台县志》卷三十六《艺文·安丰广容桥记》。
② 参见上揭森纪子的论文。
③ 陈子龙等辑:《皇明经世文编》卷一八七,《续修四库全书》第 1657 册所
　　收明崇祯刻本,第 602 页。

为我们描绘了这样一幅情景:两淮地区的盐民唯利是图,已到了连死刑也不畏惧的地步,其私自贩盐之势力,令淮安以及山东的官军也望而却步、无能为力,军队甚至还与私人盐商沟通一气。应当说,两淮地区的这幅社会情景正与心斋来往于泰州与山东之间进行贩盐活动的时期相重叠。①

再说心斋父亲王玒(号守庵,1445—1536),据传此人生性豪放而喜"游娼家",心斋曾几度苦苦相劝,但他最终不听②。这一记录反映出当地的盐场并非以往所想象的那样:只有艰苦的劳作而无闲暇的娱乐。事实上,自成化、弘治以来,由于各地商人在盐场一带的不断聚集,给盐场带来了一种特有的社会风气,而与其他乡下农村的情景是颇为不同的,在盐场当地的街坊通衢既有"茶坊""酒肆",又有"妓楼""浴所",以供商贩消遣、歇息,同时也必然给当地的民俗风情带来种种影响。不少灶户虽有恒产而无恒业,故常以游食相逐,而"好逸恶劳"之辈亦所在多有。③王玒的情况大概便属于不务正业之类。由于缺乏史料记

---

① 另据其他史料的记载,两淮地区的私盐商贩之名声也颇为不佳,黄汴《天下水陆路程》(隆庆四年刊本)卷五"瓜州至庙湾场水":"小安丰至朦胧五十里,盐徒卖私盐为由,实为强盗,谨慎!"(杨正泰校注:《天下水陆路程、天下路程图引、客商一览醒迷》,第152页)同上书卷五"海州安东卫飘海至淮安府":"云梯关有军防海,鱼客因省船费而由此道。鱼船水手即爬儿手,包撑盐徒也。……盐徒捉客,许以米赎。"(同上书,第153页)同上书卷六"淮安府至海州安卫东卫路":"本州六十里至安东卫原注:属山东。右路晚不可行,盐徒甚恶,夏有热疫,宜慎!……淮北守支盐商,聚于版浦、新坝二场。"(同上书,第165页)按,"淮北守支盐商"之"支"字,亦即包庇回护之意。可见,盐徒与官军实已沆瀣一气。据该书刊刻之年,可以说上述所反映的乃是嘉靖年间淮安与山东一带私人盐商在社会上的不良形象。
② 参见《东台县志》卷四十《杂记》。
③ 参见《东台县志》卷十五《风俗》。

载,我们对此不宜做过度推测。有一点则是可以肯定的:心斋的
王氏家庭之背景颇为复杂,在其祖辈中既有"百夫长",也有行商
者、务农者,甚至还有"游食"者。

## 二　身份转变

王心斋为王玎的次子,7 岁时就读乡塾,不久由于家贫而中
辍。11 岁,开始帮助治理家业;19 岁,奉父命而行商山东。据
载,此后又有两次赴山东行商(分别是 1505 年和 1507 年)。清
儒李颙(号二曲,1627—1705)非常推许泰州王学,他曾指出:
"场俗业盐,不事诗书,以故先生(按,指心斋)目不知书,惟以贩盐
为务。年近三十,同乡人贩盐山东。"①这是说心斋 30 岁之前,
主要从事贩盐活动。不过,《心斋年谱》只是说他"游商四方",并
未明确点出"贩盐"二字,原因也许是按明代法律私自贩盐属于
重罪,故而王氏家族的后人在文字处理上只能含糊其词。尽管
如此,《年谱》还是如实记录了由于心斋行商"措置得宜",所以
"自是家道日裕"②这一事实。这一记载表明,其家族的经济状
况由于心斋的"游商"而发生了很大改观。心斋之所以能够在
30 岁后将精力集中到学问上来,也必然与"家道日裕"有关。

令人注意的是,在 25 岁(1507 年)那年,心斋在行商山东之
际拜谒了孔庙。以此为契机,心斋开始发奋读书,据说常以《孝
经》《论语》等书藏于袖中,"逢人质义"③。到了四年后的 29 岁
那年,发生了一件对心斋一生的思想有着决定性影响的大事,有
关此事的记载,全文录出:

---

① 《二曲集》卷二十二《观感录》,第 274 页。
② 《心斋遗集》卷三《年谱》,第 1 页下。
③ 同上。

　　六年辛未,先生廿九岁。先生一夕梦天坠压身,万人奔
　号求救。先生独奋臂托天而起,见日月列宿失序,又手自整
　布如故,万人欢舞拜谢。醒则汗溢如雨,顿觉心体洞彻,万
　物一体、宇宙在我之念,益真切不容已。自此行住语默,皆
　在觉中。题记壁间,先生梦后书,正德六年间,居仁三月半
　于座右。时三月望夕,即先生悟入之始。(《心斋遗集》卷三
　《年谱》,第 1 页下—2 页上)

这是说,心斋做了一个"天坠压身"之梦,梦见"万人奔号求救",
于是,心斋"独奋臂托天而起,见日月列宿失序,又手自整布如
故,万人欢舞拜谢"。醒来以后,心斋"汗溢如雨,顿觉心体洞彻,
万物一体、宇宙在我之念,益真切不容已"。时在正德六年三月,
心斋以"居仁三月半"为题,作为自己的"座右铭",据载,这是心
斋"悟入之始",意谓心斋在学问上有了真正的觉悟。应当说,这
场梦虽然对心斋的思想形成有重大的影响,但是心斋思想的最
终形成,则要等到他拜师阳明以后(详见后述),阳明的良知学说
才是最终决定心斋思想之性格的基本要因。

　　我们知道,在明代心学史上,由梦而悟之类的经验之谈很常
见,我们不妨将心斋之梦与阳明的"龙场悟道"做一比较。阳明
悟道主要解决了缠绕在他心头多年的思想困惑:根据程朱理学
的格物致知的教导方法,心与理始终不能达到会归为一的境地;
最终悟出了此道乃"吾性固有"的道理;由此得出了阳明心学的
标志性口号:心即是理。心斋之梦与此不同,并没有点出此梦在
学理上的问题意识之所在,梦中心斋只是把自己想象成了一位
"救世主",为世人救苦救难、为整顿社会失序,奋起担当,并受到
万人"拜谢"。但重要的是,从中我们可以看到心斋所抱有的那
种担当社会、拯救世界之精神,却与阳明的"万物一体"之观念是

一脉相通的。所谓"心体洞彻,万物一体,宇宙在我",无疑点出了此梦所蕴含的思想实质之所在,亦即儒学传统的拯世济民、开物成务,以实现天下同善、人人君子之理想的思想精神。

然而有学者指出,心斋此梦可与正德五年在河北爆发的刘六、刘七"农民起义"的思想口号"龙飞九五,重开混沌之天"相对照,并认为心斋此梦意味着:企图"调整已经进入末期的淆乱了的封建社会的秩序"。①日本学者森纪子则在另外一种意义上承认这一对照有一定道理,并指出镇压此次的农民叛乱正是后来心斋所从师的王阳明,而且从阳明一生镇压地方叛乱无数以及泰州学派传人何心隐在嘉靖末年参与镇压重庆的白莲教之乱等事实来看,可以说泰州学派对于"农民反乱显然是持敌对态度的"②。不过在我看来,对心斋的"天坠"之梦做上述理解,显然是一种过度的诠释。事实上,在心斋及其泰州后学的观念当中,的确存在着一种企图重整社会失序现象以及积极参与地方治理的强烈愿望与行为实践,这是无须否认的。但是正如在第一章所揭示的那样,"万物一体"乃是宋明儒学以来的一项共识。从上述"汗溢如雨"至"真切不容已"的一段表述中,可以看到心斋所抱有的正是一种"万物一体"的儒学信念。虽然心斋识字不多,不能像阳明那样在学理上有一充足的知识准备,但他在社会底层特别是两淮这一特殊地区的长期生活,却有可能为他提供重要的思想素材:社会风气萎靡不振、道德失序日益严重,这应该是心斋之梦的现实背景。而且从心斋一生的思想经历来看,他以"万物一体"作为一种志向抱负,并以此作为拯救世人的观

---

① 　杨天石:《泰州学派》,中华书局,1980 年,第 5 页。
② 　上揭森纪子论文:《盐场の泰州学派》,第 536 页。

念支撑,这对心斋思想性格的最终形成当起到了一定的形塑作用。我们从后来得以成型的心斋思想的特征来看,其思想阐述虽然在学理上并不充分,但是正如"出,则必为帝者师;处,则必为天下万世师"①这一著名的思想口号那样,反映出心斋思想与一般的儒家士人的言说方式确有很大不同,从中亦可看出"天坠"之梦的某些影子。②从"天坠压身"之梦的描述方式来看,其中略显狂妄之气象,反映出心斋与一般儒家士人的言说方式有很大不同。再者,后来心斋拜入阳明门下不久,便于嘉靖元年(1522),着手仿制的古代冠服和车舆,自称为了宣扬阳明学说而北上京师,沿途讲学,并打出了"天下一个,万物一体"③的旗号,引起了在京士人的纷纷议论,从这些非正常的举止来看,其行为方式也与正统士大夫显得格格不入。但是从总体上看,应当承认心斋的"天坠压身"之梦所反映的恰恰是宋明儒学以来的"万物一体"以及"济世致用"的思想观念。

要而言之,言说方式以及行为方式的与众不同,正是心斋思想之独特风格的反映。从某种意义上可以说,心斋 29 岁的那场"梦",以及九年后正式拜入阳明门下,标志着心斋的"社会身份"④由一名普通的盐丁、商人,进而转变成一名布衣儒者。从

① 和刻本《王心斋全集》卷二《语录》,第 14 页下—15 页上。

② 按,正德十五年(1520),心斋赴江西拜见阳明之际,阳明以"君子思不出其位"相质,心斋答以"某草莽匹夫,而尧舜君民之心,未尝一日忘"(和刻本《王心斋全集》卷一《年谱》,第 5 页上)。这一问答也颇能反映出心斋思想具有一种勇于担当社会的性格。关于这一点详见后述。

③ 《心斋遗集》卷三《年谱》,第 3 页下。

④ 这里所谓的"社会身份",是指心斋在社会上作为一名"布衣儒者"受到认可这一事实,特别是在阳明心学的思想圈当中,心斋俨然成了一名能够继承和发扬阳明师说的儒者,当然正如以下将要介绍的那样,从户籍制度看,心斋一族仍然未能摆脱"灶籍"身份。

心斋晚年多与儒家知识分子交流来往的社会经历来看,他对于自己的"布衣儒者"的身份当有一定的自我认同意识。当然,对于心斋来说,在其身份转变的过程中,正德十五年(1520)得以正式拜入阳明门下是一个具有标志性意义的事件。

## 三　拜师阳明

关于心斋拜见阳明一事,颇有传奇色彩,各种版本记载不尽相同。以下节录是袁承业本《心斋年谱》(董燧编)的记载:

> (正德)十五年庚辰,先生三十八岁。时阳明王公讲良知之学于豫章,四方学者如云集。先是,塾师黄文刚,吉安人也,听先生说《论语》首章,曰:"我节镇阳明公所论类若是。"先生讶曰:"有是哉? 方今大夫士汩没于举业,沉酣于声利,皆然也。信有斯人论学如我乎? 不可不往见之。吾俯就其可否,而无以学术误天下。"即买舟以俟,入告守庵公……

> 既入豫章城,服所制冠服,观者环绕市道。执"海滨生"刺以通门者,门者不对,因赋诗为请。诗曰:"孤陋愚蒙住海滨,依旧践履自家新。谁知日日加新力,不觉腔中浑是春。""闻得坤方布此春,告违艮地乞斯真。归仁不惮三千里,立志惟希一等人。去取专心循上帝,从违有命任诸君。嗟磨第愧无胚朴,请教空空一鄙民。"阳明公闻之,延入。拜亭下,见公与左右人宛如梦中状。

> 先生曰:"昨来时,梦拜先生于此亭。"公曰:"真人无梦。"先生曰:"孔子何由梦见周公?"公曰:"此是他真处。"先生觉心动,相与究竟疑义,应答如响,声彻门外,遂纵言及天下事。

公曰："君子思不出其位。"先生曰："某草莽匹夫，而尧舜君民之心，未尝一日忘。"公曰："舜居深山，与鹿豕木石游居终身，忻然乐而忘天下。"先生曰："当时有尧在上。"公然其言，先生亦心服公，稍稍偶坐。

讲及致良知，先生叹曰："简易直截，予所不及。"乃下拜而师事之。辞出就馆舍，绎思所闻，间有不合。遂自悔曰："吾轻易矣。"明日，复入见公，亦曰："某昨轻易拜矣，请与再论。"先生复上坐，公喜曰："善！有疑便疑，可信便信，不为苟从，予所甚乐也。"乃又反复论难，曲尽端委。先生心大服，竟下拜执弟子礼。公谓门人曰："吾擒宸濠，一无所动，今却为斯人动。"

居七日，告归省。公曰："孟轲寄寡母居邹，游学于鲁，七年而学成。今归何亟也？"先生曰："父命在，不敢后期。"先生既行，公语门人曰："此真学圣人者。疑即疑，信即信，一毫不苟，诸君莫及也。"门人曰："异服者与？"曰："彼法服也。舍斯人，吾将谁友？"先生初名银，公乃易之，名艮，字汝止。(《心斋遗集》卷三《年谱》，第 2 页下—3 页上)①

以上记录为我们详尽描绘了心斋拜师阳明的经过，从中可以读取以下一些重要信息：在拜见阳明之前，心斋心气颇傲，抱着"无以学术误天下"的宏愿，准备前往江西与阳明对等地讨论学术及天下的问题。从谈论的内容来看，主要谈了"君子思不出

---

① 按，和刻本《王心斋全集》卷一《年谱》(张峰撰)的记载略显简单，特别关于第一段的记录，袁承业本作"听先生说《论语》首章"，而和刻本《年谱》则作"王公论良知，某谈格物"，意谓当时心斋已形成了独自的"格物"说，即世称"淮南格物"说。关于心斋格物说的问题，我们准备放在第三节"格物安身"中，再来详谈。

其位"以及"致良知"的问题。关于第二个问题,显然对于心斋来说,这是闻所未闻的充满新鲜感的学说主张,很快被阳明的一套言词所折服。至于第一个问题,其实涉及儒家士人的"出处"问题,这是一个政治抉择的问题。从两人一问一答的语气来看,阳明倾向于主张时局不利于"出",而心斋却以"尧舜君民之心"为理由,主张积极应世。显然在这场对话的背后,隐含着两人对于时局政治的认识差异,相比之下,对于无论在政治上还是在军事上都已久经沙场的阳明来说,他对现实政治时局的看法显得颇为老练,而对于一介布衣心斋来说,他心中充满一股天不怕、地不怕的豪气,有一种政治理想主义的激情,在言谈举止上不免透露出"狂"的表现。故而阳明在言谈中处处想杀杀他的锐气,从阳明的"君子思不出其位"到心斋的"纵言及天下之事"、从阳明的"舜居深山"到心斋的"当时有尧在上",处处可见两人的激烈对峙,表面上看心斋的气势在阳明之上,然而就结果来看,其实是心斋受到了阳明的压制。这一点也可以从阳明的改心斋旧名"银"为"艮"、字之以"汝止"的用心中窥见一斑。根据《周易》"艮"卦《彖》辞:"艮,止也。时止则止,时行则行。动静不失其时,其道光明。"《象》辞:"兼山,艮。君子以思不出其位。"可见阳明改名赐字,盖有深意在焉,阳明是在告诫心斋今后须以"止"为行为准则,不可做出越"时"、越"位"的举动。但是另一方面也应注意,阳明对于心斋也表示了很大程度的赞赏和期许:"吾擒宸濠,一无所动,今却为斯人动""舍斯人,吾将谁友?""吾党乃今得狂者。"①这不仅意味着心斋已得到了阳明的认可,而且也

---

① 欧阳南野转述阳明语,见欧阳南野:《奠文》,《心斋全集》卷五,第7页上。

预示着心斋今后作为一名心学信徒将有一番大作为。

　　然而就在拜师阳明之后不久，准确地说是在嘉靖元年（1522）的年末，心斋做出了一个重要而又大胆的举动——北上京师，宣扬心学，此举不但令在京的士人们大为震惊，而且也令阳明及其在京的王门弟子大为惶恐。这一举动的思想缘由，其实我们可以从上述的对话中略窥其一斑，亦即心斋所表明的一个观点："某草莽匹夫，而尧舜君民之心，未尝一日忘。"根据记载："一日，（王心斋）入告阳明公曰：'千载绝学，天启吾师倡之，可使天下有不及闻此学者乎？'"①也就是说，心斋欲向天下广泛传播阳明的学说。于是，他便动手制作了一辆"蒲轮"，在车上挂了一条长幅标语："天下一个，万物一体。入山林，求会隐逸；过市井，启发愚蒙。遵圣道，天地弗违；致良知，鬼神莫测。欲同天下人为善，无此招摇做不通，知我者其惟此行乎！罪我者其惟此行乎！"②不用说，这在当时士人的眼里，无疑是名副其实的"招摇过市"，而对于心斋来说，这只不过是将"万物一体"之思想诉诸于实践的具体行动而已。嘉靖元年的次年癸未是会试年，全国各地应试的学子将云集北京，这是心斋决心北上讲学的一个机遇。③在京他遇到了大批阳明弟子，如黄直、王臣、欧阳德等人，这些阳明弟子大多以为心斋此举太过张扬，担心有可能惊动

---

① 《心斋遗集》卷三《年谱》嘉靖元年条，第3页下。关于此事的经过，详见拙著：《明代知识界讲学活动系年：1522—1602》，第1—2页。

② 《心斋遗集》卷三《年谱》嘉靖元年条，第3页下。按，另据记载："插标牌云：'问五经疑义者，立此牌下。'他如'欲明心见性者''商量经济者'，凡十余牌。"（袁黄：《两行斋集》卷十一《王汝止传》，第7页上下）

③ 据王臣《奠文》载："癸未之春，予试春官。君时乘舆，亦北其辕。"（《心斋全集》卷五，第11页下）

政府,故纷纷劝其停止讲学,尽快南返。①据赵贞吉所撰《墓志铭》载:当时"同志相顾愕,共匿其车,劝止之。先生留一月,竟谐众心而返。然先生意终远矣"②。所说大致符合当时的实际情形。

　　另据《年谱》记载,心斋在此次举动之前,曾写了一篇文章,题作《鳅鳝赋》,其中叙述了心斋为何要实施此次举动的思想原因。文章中他将自己喻作"道人"(非有道之士的意思,而是指"闲行于市"的行路之人),说是道人一天在逛市时,见到一口养着鳝鱼的缸,其中有许多鳝鱼互相缠绕,奄奄一息,若死之状,忽然从中跃出一条鳅鱼,上下左右,跳跃不止,犹如"神龙",一缸垂死之鳝鱼"得以转身通气",重新恢复"生意"而得救。鳅鱼的这种欢乐跳跃之行为不是为了怜悯鳝鱼,也不是为了日后得到鳝鱼的回报,而是出自它的本性。目睹此景,"于是道人有感,喟然叹曰:'吾与同类并育于天地之间,得非若鳅鳝之同育于此缸乎?吾闻大丈夫以天地万物为一体,为天地立心,为生民立命,几不在兹乎?'遂思整车束装,慨然有周流四方之志。"行文至此,令人发现,心斋是以鳅鳝为喻,揭示了天地万物休戚与共、互为一体的道理,宋儒程明道、张横渠的"仁者以天地万物为一体""为天地立心,为生民立命"的儒学理想也正可以从"鳅鳝之同育于此缸"中得以发现。由此,激发了心斋"周流天下"以实现"万物一体"之理想的宏愿。文章接着语气一转,说道:

---

① 据黄直《奠文》载:"癸未之春,会试举场。兄忽北来,驾车彷徨。随处讲学,男女奔忙。至于都下,见者仓黄。事迹显著,惊动庙廊。同志日吁,此岂可长?再三劝谕,下车解装。共寓京邸,浩歌如常。我辈登科,兄乐未央。"(《心斋全集》卷五,第8页下—9页上)
② 《心斋全集》卷五,第18页下。

少顷,忽见风云雷雨交作,其鳅乘势跃入天河,投于大海,悠然而逝,纵横自在,快乐无边。回视樊笼之鳝,思将有以救之,奋身化龙,复作雷雨,倾满鳝缸,于是缠绕覆压者,皆欣欣然而有生意。俟其苏醒精神,同归于长江大海矣。道人欣然就车而行。(《心斋遗集》卷二,第10页下)

这段话是全文的点睛之笔。在这里,"鳅"是喻指"大丈夫","鳝"则是喻指"鳅"所欲拯救的对象。然而细按其意,我们不难发现:其实"鳅"就是"道人"的化身,也就是上文"神龙"的化身,更是心斋自己的化身;他要带领天底下所有的"缠绕覆压者"摆脱"樊笼","同归于长江大海";基于这样一种必使天下同归于善的志愿,于是"道人"驾车而行,将万物一体之理念诉诸行动。

由上所述,我们不难看出,从"天坠压身"之梦,经与阳明讨论天下之事,直到嘉靖元年奋身而起,驾车北上,其中贯穿着一条主线:心斋欲以自己的行动担当起重新安排社会秩序的重任。

## 四　布衣儒者

嘉靖七年阳明逝世后,心斋开始在家乡泰州一带推动讲学,开门授徒①。然而在阳明心学圈内,隐然有一种说法,说心斋别开门户,如阳明弟子陈九川(号明水,1494—1562)曾指责心斋未免有"门户之心""门户之私"②,这是负面的说法,也有正面的说法,如阳明弟子黄直(字以方,号卓峰,生卒不详)所说:"良知

① "开门授徒"一语,见聂双江弟子郭汝霖(号一厓,1510—1580):《东淘精舍记》(《石泉山房文集》卷九,第1页下。按,万历本《心斋全集》卷五所收该文,题作《先生精舍记》);又见赵大洲:《泰州王心斋墓志铭》(《赵文肃公文集》卷十八,第6页下)。
② 分别见《明水陈先生文集》卷一《简董蓉山》、卷一《简魏水洲》。陈九川是针对心斋的"格物论"而发。

之学,赖兄(按,指心斋)益昌。……闻兄自树,惶愧莫当。"①这说明两点:一、心斋确有开门授徒之事实,二、心斋在思想上有所创新,提出了不同于阳明的一些观点。其实,对于一个年辈上都远远超过其他阳明弟子的心斋来说,开门授徒本不足为奇,然而别创新说(主要是指"淮南格物"说),这就不免招来了其他阳明弟子的纷纷质疑。

由于心斋的后半生主要从事讲学和授徒,家业的管理以及出游讲学的经费,则由其长子王衣(号东厓,1507—1562)承担。②心斋俨然成了"有闲阶层"的一员。及至晚年,心斋不仅在家乡一带,而且在阳明一门当中也有了一定的声望,阳明门下的一些大弟子还经常到安丰拜访心斋。如江右王学的重要人物、嘉靖八年(1529)进士第一的罗洪先(号念庵,1504—1564)曾于1539年亲赴安丰向心斋问学。又如,嘉靖十一年进士状元及第的林春(号东城,1498—1541)以及进士出身的徐樾(号波石,?—1552)、董燧(号蓉山,1503—1583)等纷纷拜入心斋门下。从这个意义上也可以说,心斋的"社会身份"已然是一位布衣儒者。

在地方管理等问题上,心斋也得到了地方官的信任,嘉靖十七年(1538),安丰场的草荡分配发生严重不均的现象,需要重新划定,地方官要求心斋出面协助解决,结果顺利地解决了这一

---

① 黄直:《奠文》,《心斋全集》卷五,第9页下。
② 据袁承业《明王东厓先生传》载:"(王衣)理家政、督耕煎、裕生计,供父游览之需,不使父有内顾之忧。"(《心斋遗集》附《明儒王东厓东隅东日天真四先生残稿》卷首)。在心斋的五子当中,长子王衣负责管理家政,其他人均以读书讲学为业。按,王衣早年亦曾随父及其二弟王襞赴越问学于阳明,受到了阳明弟子王畿、钱德洪、魏良政等人的辅导。如后文将要介绍的,其实心斋的淮南格物说曾受启发于王衣。

难题。关于"草荡"问题,须作一背景介绍。明初,在制度上实行"官拨荡地",以为煎盐燃料之用,根据史料记载,这一举措是朝廷"优恤灶户者甚厚"的标志之一。由于草荡分配是出于保证盐课的考虑,所以规定即便开垦耕种,也不承担正赋田粮。然而,由于这一优惠政策,引来了众多的开垦者,而随着开垦数量的不断增加,迨至明代中叶以后,导致荡地占耕的情况越发严重,景泰年间户部奏文即说:"各处盐场原有山场滩荡,供采柴薪烧盐,近年多被权豪侵占。"①弘治元年(1488),两淮巡盐御史史简《盐法疏》的说法更为详尽具体:

> 鬻海之利,所资者草荡。灶户每丁岁办大引盐是引,该用草二十余束。洪武年间,编充灶丁,每丁拨与草荡一段,令其自行砍伐煎烧,不相侵夺。近者草荡有被豪强军民、总灶恃强占种者,有纠合人众公然采打货卖者,又有通同逃移灶丁捏称荒闲田土立约盗卖者,其所出之价甚少,而递年所得之利甚多,既不纳升合之粮,而灶丁取赎者,反被虚词假契,买雇积年刁泼证人,财嘱有司贪婪官吏,以行告害,其有司官吏又不审查,辄差人勾拏淹禁,经年累岁,不得归结,致使草荡日见侵没,盐课愈加亏兑。(朱廷立:《盐政志》卷七《疏议下》,《续修四库全书》第839册所收明嘉靖年刻本,第278页。按,另参见《中国盐业史(古代编)》,第533页)

由此可见,"草荡"问题乃是盐场的一个特殊的社会问题,说穿了,也就是如何解决"被豪强军民、总灶恃强占种"的土地兼并问题。很显然,安丰场也遇到了这一问题。在这里顺便插一句,据万历本《王心斋先生全集》卷五《祭田》留下的四篇"卖田契

---

① 《明英宗实录》卷二〇七"景泰二年八月己巳"条。

文",自心斋逝世后直至万历初年,王氏家族多次收购他人田地包括所附的房产,同时也附上这些土地所应交纳的"田税"数额,以作"祭田"之用,合计一百四十余亩,共费银约一百四十余两。①当然,"祭田"之用以外的收购行为尚未列入记述之内。可见,即便是心斋家族也参与了土地买卖行为。

据《年谱》记载,由于灶产不均而引起居民争讼,已经长达"几十年",其根本原因是由于灶产(包括"草荡")的"经界不定,坐落不明"。所以,心斋的建议是由重新划定"经界"着手,对安丰场内的几乎所有土地按照"草荡、灰场、住基、灶基、粮田、坟墓等地"重新划分,然后分别"给与印信纸票",作为财产凭据。②《年谱》载:

> 安丰场灶产不均,居民争讼,几十年不决。时运佐王公、州守陈公理其事,谋于先生,先生建议曰:"裂土封疆,王者之作也。均分草荡,裂土之事也。其事体虽有大小之殊,而于经界受业则一也。是故均分草荡,必先定经界。经界有定,则坐落分明。上有册下给票,上有图下守业,后虽日久,再无紊乱矣。盖经界不定,则坐落不明,上下皆无凭据,随分随乱,以致争讼。是致民之讼,由于作事谋始不详,可不慎与!"二公喜得策,记里定亩,按户立界,民遂帖然乐业云。(和刻本《王心斋全集》卷一《年谱》,第34—35页)

可见,这是一次大规模的类似重新分配土地的工作。这一工作涉及当地住户的切身利益,如何做到既能安定民情而又能顺利解决重新分配,这对于地方官来说,无疑是一个非常棘手的

---

① 《心斋全集》卷五《祭田》,第37页上—38页下。
② 参见《心斋遗集》卷二《均分草荡议》。

工作,需要得到当地士绅或社会名流的积极配合和支持。不难想象,若心斋非当地名流,不可能担此重任。同时我们也有理由相信,这次举动是心斋晚年(逝世前二年)在"万物一体"的信念驱动下而做出的。①

几乎与心斋的"社会名望"日益提高的同时,大约在1530年代以后,心斋王氏一族的经济实力也日益壮大,得以与当地的富豪大户联姻②,以当时的"门当户对"之传统观念来看,心斋一族亦当属富户。到心斋子王东厓一辈,王氏家族的人数日趋繁衍,据王东厓的记载:"顾我王氏之族,今不下数百门,数千食口。""于今门楣相接、檐角相连,盘亘所近,围十余里。合我成乡,老少男妇,不下千余人。"到了心斋曾孙一代,甚至相传有王嘉令者,家庭资产已经"累巨万"③。随着王氏家族的势力不断壮大,在各大家族的基础上,联合起来组成"宗族会"(又称"宗会"),就被提上了议事日程。在王东厓的积极推动下,于嘉靖三十一年(1552),终于成立了王氏"宗会",并规定在"宗会"的统一管理下,"修《族谱》""建家庙""置义田""立义学",而且"树立木

---

① 顺便指出,在阳明以及心斋门下,积极参与地方事务、推动区域社会的秩序重建工作,不乏其例。有研究表明,心斋的第一代江西籍弟子——江西乐安县西南流坑村的董蓉山曾积极参与了当地的社区管理以及平民教化活动,建立以董氏一族为核心的"圆通之会",邀请阳明大弟子邹东廓等人前来讲学,并把自己族人介绍给江西地区的一些著名的心学家——罗念庵、聂双江等人作为门生,此外还协助地方官员进行丈田造册等工作(参见梁洪生:《江右王门学者的乡族建设——以流坑村为例》)。后面我们将要看到颜山农、何心隐亦曾在家乡参与过类似的重建乡村的活动。在某种意义上可以说,将思想付诸行动,这是心斋所开创的泰州学派的一个特殊风格。
② 据《东台县志》卷三十三《节妇》载,当地监生卢荣一族为富户,心斋长孙女得以与之联姻。
③ 参见《东台县志》卷二十六《笃行·王嘉令》。

坊"、建立"宗规"①,其规模及其组织方式与嘉靖以来在各地纷纷出现的宗族组织基本一致。至此可见,王氏一族俨然成了当地的一大宗族。这在心斋及其祖辈的年代,是完全不可想象的。这不仅表明王氏一族的势力日益壮大,同时也表明王氏一族的社会地位及其影响力已发生了重要的变化。

不过,在成立宗会的过程中,也受到了其他族人的一些非议,有人指出推动成立宗会的目的不纯,"亟在敛钱"。对此,王东厓一方面予以批驳,另一方面也承认成立宗会不能没有金钱的支持,并从正面指出:"人其舟也,财犹夫水也。舟而无水则困矣,可乎?"②将人和财喻作舟和水的关系,强调了财是水、人是舟的观点,也就是说钱是根本。应当说,在16世纪,这是一种非常激进的财富观念,值得引起充分的注意。显然,东厓的这一财富观念之形成与其王氏家族长期以来的成长经验有着密不可分的关系,这也表明社会经济以及家庭生活之背景对于人的思想观念之形成当有深刻的影响。③

---

① 以上,参见《东厓先生遗集》卷上《告合族祖宗文》、《祭始祖文》。

② 《东厓先生遗集》卷上《次日再复畴翁书》。按,水能载舟亦能覆舟之喻,见《荀子·王制篇》及《哀公篇》。

③ 王东厓的财富观与泰州学派的另一重要人物颜山农的财富观达到了惊人的一致,山农曾云:"讲坛之立,得人为先;人聚之时,理财为急。……非重财也,盖财乃君子之车舆、众人之命脉也。……是以得人理财,聚坛大要。"(《颜钧集》卷四《道坛志规》,第31页)这是将"财"喻作"车舆"或"命脉",可谓与东厓的"舟水"之喻不谋而合。当然,山农是说聚会讲学时需要钱财支撑,是否可以认为这是山农对财富问题的一般看法,尚难定论。不过,在经济问题上,山农的行为缺乏检点,他在晚年之所以被捕入狱,便由于敛财行为而受到官方指控有关(参见《颜钧集》卷三《自传》),以至于影响到他的整个后半生,关于这一点详见后述。

然而尽管从种种迹象表明到了心斋及其儿子一辈的年代，心斋王氏一族的经济实力、社会声望已有了极大的提高，但是王氏家族的"灶籍"身份却仍然没有得到改变，这是由于明朝政府规定"灶籍"人户必须世代"以籍为定""世守其业"，其户役也不能"辄与改役"的缘故，所谓"役皆永充"①，即指此意。嘉靖三十二年（1553），心斋的四个儿子王衣、王襞、王褆（号东隅，1519—1585）、王补（号东日，1523—1571）一起联名"告状"，其中写道：

> 告状人王衣、王襞、王褆、王补各年甲不同，俱系安丰场灶籍，状为恳乞优免杂差，以便游学，以承先志。事先父王艮师事明翁（按，指王阳明），力求圣道，两蒙疏荐，不幸早亡。衣等四子勉续箕裘，罔敢放逸。节蒙钦差巡按直隶监察御史洪□、钦差巡按直隶监察御史胡□、钦差督学校巡按直隶监察御史冯□，建立祠堂，定行祀典，令衣等守奉祭祀，勿坠进修。因此感激愈切，奋励自知，学未成章。海滨孤陋，数年以来，兄弟相率，不时前往浙江、江西等处，访求师友，究竟宗源，以期不负上司作养之恩，不坠先人好古之志。窃虑本场灶总人等不谅鄙情，或于编派差徭之际，一概将衣等名字佥点在官，比即分身应役，则初志尽堕。欲行告乞优容，又急难理辨。如蒙准告乞赐，上念先人志犹未泯，下哀衣等情有可矜，预给印信明文执照，许于本名应辨盐课之外，凡有点充丁身杂役，得与优免。庶衣等各得专心为学，不废半途……（《心斋全集》卷五《优免帖文》，第 39 页上—40页上）

这道"告状"的主旨是：王氏一族可以允诺应上交的盐课税

---

① 参见《明史》卷七十七《食货一·户口》。

额,但要求免除灶户的徭役杂差。理由是为了有更多的"游学"时间,能够继承"先父"心斋的遗志,与"师友"一道发扬光大"明翁"的学术。这道"告状"是否得到上司的允可,现存资料未能提供任何信息,故不得其详。有一点则是可以肯定的:心斋身后,其家族的"灶籍"身份虽未能得到改变,但心斋作为布衣儒者的社会身份则得到了几任地方官的认可,其子孙以心斋从祀当地的"崇儒祠"为由①,向官方申请免除劳役,这充分表明心斋一族的社会声望与其"灶籍"身份已经到了格格不入的地步。不过,对于心斋一族来说,真正获得免除徭役的待遇则要等到心斋长孙王之垣及嫡曾孙王元鼎,因为两人是正式的博士弟子员,亦即属于"生员"阶层,按照明朝政府的规定,生员拥有一生免除徭役的权利。顺便提一句,心斋的族弟王栋(心斋弟子,详见后述)则是贡士出身,当了多年的教谕,对其家族来说,也许就不存在服劳役的问题。

总而言之,心斋通过行商,使家境日裕,得以有闲暇从事学术活动;拜师阳明后,他作为一名心学家,以实现"万物一体"为自己的人生理想和追求;心斋晚年作为地方的一位长者,受到了地方官以及乡里族党的尊敬和信赖;作为一位布衣儒者,他成了后来风靡一时的泰州学派的创始人。三位阳明大弟子邹守益、王玑、王畿在合撰的《奠文》中,称赞心斋有"超凡入圣之资",并说心斋"名潜布衣而风动缙绅,迹避海滨而望隆远近"②,这一评判可以视作是儒者士大夫对王心斋的社会身份——"布衣儒者"的认同,同时也是对心斋的思想与行为的社会影响所做出的积

---

① 关于心斋从祀"崇儒祠"的经过,可以参见《心斋全集》卷五《文移》所收各种"帖文",以及同上书卷六《续谱余》。
② 《心斋全集》卷五,第 6 页上。

极评价。

### 五　学凡三变

关于心斋的思想历程,其子王东厓有一个简要的总结,提出了"学凡三变"说,他在给曾任内阁首辅的兴化县人李春芳(号石麓,1510—1584)的书信中,这样说道:

> 先君(按,指王心斋)探源孔氏之学脉,副一代之名儒,其大功于名教,又奚啻严先生(按,指严光)若也?……愚窃以先君之学有三变焉:其始也,不由师承,天挺独复,会有悟处,直以圣人自任,律身极峻;其中也,见阳明翁,而学犹纯粹,觉往持循之过力也,契良知之传,工夫易简,不犯做手,而乐夫天然率性之妙,当处受用,通古今于一息,著《乐学歌》;其晚也,明大圣人出处之义,本良知万物一体之怀,而妙运世之则,学师法乎帝,而出为帝者师,学师法乎天下万世也,而处为天下万世师,此龙德正中而修身见世之矩,与点乐偕童冠之义,非遗世独乐者侔、委身屈辱者伦也。皆《大学》格物修身立本之旨,不袭时位,而握主宰化育之柄。出,然也;处,然也。是之为"大成之圣",著《大成学歌》。(《东厓先生遗集》卷上《上昭阳太师李石翁书》,第 654 页)

在这段文字中,东厓只是笼统地以"其始""其中""其晚"来划分,并没有指明具体的年份。然而通过以上对心斋生平的介绍,现在我们可以对早、中、晚三期的划分年代有一大体的判断。

所谓"其始也",大体是指心斋 25 岁(正德二年,1507 年)行商山东、拜谒孔庙后,立志向学之时算起,至 38 岁(正德十五年,1520 年)拜师阳明的一段自学时期,在此期间,29 岁时的"天坠压身"之梦、"居仁三月半"的体验是心斋思想初步形成的一个标志。然而正如上述,决定心斋思想之基本性格的乃是阳明的良知学说,换言之,心斋思想的最终形成则要等到拜师阳明以后。依照东厓在这里的叙述,"其始也"的一段期间,心斋"不由师承",是通过自学有所了悟,并以圣人之学律己。38岁拜师阳明那年,是所谓"其中也"的起始,深契阳明良知教的"简易之学",对以往所持工夫过于执着用力有所觉悟,深深感受到了"乐夫天然率性之妙",其标志则是所著《乐学歌》。依《年谱》记载,《乐学歌》作于嘉靖五年(1526)心斋44岁,若此,则"其中也"的终结应当就在这一年。另据《年谱》记载,同年,心斋讲学于安定书院,作《安定集讲说》,又有《明哲保身论》之作,是年,林东城、王一庵等著名弟子数十人拜入门下。由此看来,这一年似乎并没有发生什么重大事件,足以成为心斋思想第二期结束的有力标志。顺便指出,《宋明理学史》下册有关泰州学派一章的撰述者则认为,心斋思想第二期应是"从学时期"(38岁至46岁),亦即第二期的结束应当以阳明逝世(1529年)为标志,自此以往,心斋开始了"开门授徒"——亦即:讲学时期(47岁至58岁)。[1]我基本赞同"从学时期""讲学时期"这一说法。但是也有一个疑问,"开门授徒"虽能说明心斋在思想上有了一个充分展开的自由空间,或者说有了一个建立泰州学派的条件,然而却没有理由能充分说明"开门授徒"与心斋思想的发展演变有何必然的关联。因此有必要结合东厓以及后面将要看到的一庵的叙述,做些补充说明。

东厓所述心斋晚年"明大圣人出处之义,本良知万物一体之

---

① 参见侯外庐等主编:《宋明理学史》下卷,第417—432页。

怀",值得引起注意,因为这可以视作是对心斋思想之特质的一
个总结性的表述,其中包含两点:一是"出处之义",一是"万物一
体"。"出处"问题,也就是东厓在后面讲的"学师法乎帝,而出为
帝者师;学师法乎天下万世也,而处为天下万世师",用心斋的话
来说,就是"出,则必为帝王师;处,则必为天下万世师",此说作
为心斋思想的一个重要观点,在当时引起了强烈的反响,其中批
评性意见居多。关于"出处"问题,我们以后会有专节来讨论。
至于"万物一体"的问题,前已介绍,在此不用多说,东厓以此作
为心斋晚年思想的一个主要特征,其着眼点也许在于心斋晚年
积极推动讲学、宣扬阳明心学这一层面,所以东厓说,心斋及至
晚年,其思想志向"非遗世独乐者侔、委身屈辱者伦也",这也正
是"出处为师""万物一体"之精神的一种具体表现。应当承认,
东厓的这两点概括是颇得心斋思想之精神要领的。

　尤当注意的是全文末尾的一段表述:"皆《大学》格物修身立
本之旨,不袭时位,而握主宰化育之柄。出,然也;处,然也。是
之为'大成之圣',著《大成学歌》。"按,据《年谱》记载,《大成学
歌》是赠与罗念庵的一篇名作①,作于嘉靖十八年己亥,心斋
57岁,是心斋的最后一篇作品。其主旨阐述了作为儒家学说的
最终目标就在于成就"大成之学"、实现"大成之圣"的理想人格。
侯外庐曾指出王心斋的思想是"从万物一体的原则出发",他把

---

① 按,关于心斋与念庵的会晤经过,详见念庵:《冬游记》(隆庆本《念庵罗
先生文集》内集卷三,第10页下—11页下)及《祭王心斋文》(同上书内
集卷七)。另按,前者较通行本清雍正年刊《念庵罗先生文集》所载为
详,后者则未见通行本等各本,其云:"维岁己亥,始获抠趋。子方卧
疾,据榻见余。《勉仁》之方,《明哲》之论,倾囊见遗,铢铢分寸,《大成》
作歌,复以赠处。"(第43页上)可见除《大成学歌》以外,心斋还向念庵
阐发了《勉仁方》《明哲保身论》等思想。

自己的那套学说"自称为'大成之学'"①，这一说法是合乎心斋思想之实情的。

然而亦须看到，东厓的整个叙述有一重大缺陷，亦即关于心斋在格物问题上的自创新说这一点，从中看不到任何具体的陈述，仅在这里笼统地说道"皆《大学》格物修身立本之旨"。如后所述，心斋"淮南格物"说的一个主旨确实在于"修身立本"这一点上，但是有关该说的形成年代，以及稍微详细一点的内容，东厓理应做一介绍。因为从历史上看，"淮南格物"说无疑是心斋思想的最具特色的标志性学说，没有理由忽略不言。对于以继承心斋思想为毕生志愿的东厓来说，尤当如此，但他又为何对此讳而不言呢？这也许是一个历史谜团。有关这一问题，将在第三节讨论"淮南格物"问题时再来披露我的推测。这里只做一提示，在我看来，也许东厓认为心斋格物说的形成年代是不必纠缠的问题，这是其一；其二，东厓认为心斋格物说是形成于晚年，故他把"皆《大学》格物修身立本之旨"的这一判断放在了"其晚也"末后，而且放在了"明大圣人出处之义，本良知万物一体之怀"的整段叙述之后，可见在东厓看来，心斋格物说是对自己思想的总体概括，一个"皆"字，似乎透露了这一点消息。

问题是，根据东厓等心斋家人提供的《王心斋行实》，并由心斋弟子董燧编集而成的《年谱》②却有着明确的记载，在嘉靖十

---

① 侯外庐主编：《中国思想通史》第四卷（下），第 996 页。
② 参见董燧《年谱后序》："壬戌（1562）秋，先生之子宗顺（王襞）、宗饬（王褆）、宗元（王补）携《先生行实》，至金陵，并同门吴从本、王惟一辈相继以至，始得按《先生行实》草创为《谱》，大书其纲，小书其目，直书其素履，详书始之所悟入与其学业之大成、出处之大致。"（《心斋遗集》卷三，第 7 页下）最终该《年谱》与《语录》合并而刊刻于隆庆三年（1569）。

六年,心斋55岁条下,记曰:"(心斋)玩《大学》,因悟格物之旨。"①在这后面,以心斋自述的口气,详细介绍了格物说的内容(详见第三节),这一记载很有可能是出自《行实》。②这说明董燧等心斋门人(还应包括东厓)并不是不了解心斋格物说的形成过程。就目前所能掌握的资料来看,各种记录虽纷繁复杂,但是没有确切的理由来怀疑董燧《年谱》的记录。所以,我的初步结论是,心斋关于格物问题的思考也许并不始于晚年,而是有一个逐渐形成的过程,在心斋晚年的55岁那年,心斋终于在格物问题上有了一个了结。而这样一件对心斋来说是莫大的思想事件,却未见东厓在有关心斋"学凡三变"的叙述中有任何介绍和说明,不得不说这是一个缺憾。

最后再介绍一下王一庵的说法。他对于心斋思想的形成问题并未有过具体的叙述,但是他对于心斋思想的精神特质究在何处等问题,却有过重要的提示,若与上述东厓的相关介绍合而观之,则能更为清楚地了解心斋晚年思想的特质之所在。他说道:

> 先师《乐学歌》,诚意正心之功也;《勉仁方》,格物致知之要也;《明哲保身论》,修身止至善之则也;《大成学歌》,孔子贤于尧舜之旨也。学者理会此四篇文字,然后知先师之学,而孔孟之统灿然以明。(《一庵王先生遗集》卷上《会语正集》,第62页)③

---

① 《心斋遗集》卷三,第6页上。

② 按,另一本由心斋弟子张峰所编的《年谱》(和刻本《王心斋全集》卷首)却有不同的记载,关于这一点,详见第三节"淮南格物"。

③ 按,在另一处,他又有比较简短的说明:"先师《勉仁方》与《明哲保身论》发明格物止至善之学,甚详。学者心悟而身体当,自洞然无疑矣。"(《一庵王先生遗集》卷上《会语正集》,第54页)

在这里,王一庵列举了心斋的四篇文章,以此分别说明心斋思想之于孔孟之学得以"灿然以明"的积极贡献。参之东厓的说法,我们知道作于嘉靖五年的《乐学歌》是心斋中年时期的一个结束标志,自此开始步入晚年的成熟时期。依此说,则一庵上述四篇文章应当是反映了心斋的晚年思想。

与东厓的"乐夫天然率性之妙"的归纳稍有不同,一庵认为《乐学歌》解决了"诚意正心"的问题。无论是理学家还是心学家,"诚意正心"与"格物致知"并列,是他们所关心的首要理论问题,尤其是对于心学家来说,如何理解"诚意正心",是一个关联着如何正确把握《大学》之义理的关键性问题。在这篇短短84个字的短文中,虽然并无一字提到"诚意正心",但在一庵看来,心斋有关这一问题的阐发是通过"人心本自乐,自将私欲缚。私欲一萌时,良知还自觉。一觉便消除,人心依旧乐……"①等一套观念表述来展开的,由人心自乐到私欲自缚,又由私欲一萌到良知自觉,然后回归到人心依旧乐的境地,在这样一个一波三折、不断更新和提升自我的整个过程中,体现的无非就是"诚意正心"之学。应当说,一庵的分析和判断是有道理的,因为他看到了所谓"诚意"和"正心",在心学的话语脉络中,所要解决的无非就是如何在良知自觉的前提下,不断消除私欲,并最终向人心的本体状态回归这一基本问题。在此意义上可以说,《乐学歌》的意旨所向不仅仅停留在如何实现"乐学"的层面上,事实上触及了如何真正落实"诚意正心"之工夫的基本问题。也正由此,我们说一庵以此作为心斋思想成熟的一个标志,认为这是学者所应"理会"的四篇文字中的第一篇,是不无道理的。

---

① 《心斋遗集》卷二《乐学歌》,第9页下。

接下来所提到的《勉仁方》是一部作于嘉靖十五年(1536)的作品,东厓并未提及。如后所示,这部作品晚于一庵提到的第三部作品《明哲保身论》十年,可见一庵并不以作品的创作年代的先后为次序,而是以作品之间所蕴含的思想关联为依据,来揭示出心斋著作中所体现的义理结构,并且揭示出人们阅读心斋著作时应注意的先后次序。在一庵看来,解决了"诚意正心"的问题,接下来的问题自然是"格物致知",而《勉仁方》正是揭示出了"格物致知"的要旨。一庵的这一说法与《心斋年谱》的一个记载是相吻合的,据《年谱》嘉靖十五年心斋54岁条载:"夏五月,会王龙溪畿金山,访唐荆川顺之武进,道出京口。静(按,指聂静)令丹徒率在门下士侍先生,信宿金山寺中,因语静曰:'欲止至善,非明格物之学不可,盖物有本末,遗本失我,遗末失人,欲止至善难矣。'"①如后所述,有关《大学》经文"物有本末"的新解,释"本"为"身",释"末"为"家国天下",乃是心斋格物说的一个主要标志,由此以观,此处所言"非明格物之学不可",显然应当理解为是指心斋自己的格物说。参诸《勉仁方》一文中相关的论述,我们可以了解到王一庵所说"《勉仁方》,格物致知之要也"的理由之所在。这篇论文的整体构想是建立在程明道"仁者,以天地万物为一体"这一观念的基础之上的,其中心斋强调了这样一个思想:为了实现"人人君子,比屋可封"这一社会政治理想,我们应该以孔子的"汲汲皇皇,周流天下"、文王的"小心翼翼"、尧舜的"兢兢业业"、横渠的"为天地立心,为生民立命"、颜渊的"舜何人也,予何人也"等思想精神作为自己的行为楷模、动力源泉。全篇甚至未出现"格物致知"一词。然而,王一庵所着意者

---

① 《心斋遗集》卷三,第5页下。

则在于全篇的末尾一句:"故知此'勉仁之方'者,则必能'反求诸其身',能'反求诸其身'而不至于'相亲相信'者,未之有也。"①这句话中的关键词是"反求诸身",这是一庵对于心斋格物说的根本理解,所以他批评有人对于"心翁(按,指心斋)以格物为反身之学"的怀疑,指出:"先师原初主张格物宗旨,只是要人知得吾身是本,专务修身立本,而不责人之意,非欲其零零碎碎于事物上作商量也,夫何疑哉!"②可见在一庵看来,《勉仁方》末尾点出的"反求诸其身",无疑就是心斋格物说的思想体现。正是在此意义上,一庵才说:"《勉仁方》,格物致知之要也。"这也从一个侧面说明我在上面的推断无误:心斋格物说的最终形成虽是在 55 岁那年,然而期间却有一个漫长的形成过程。下面的例子亦能说明这一点。

在《勉仁方》之后,一庵提到了《明哲保身论》,认为这是心斋揭示了"修身止至善之则也",然而据《年谱》记载,该文作于嘉靖五年十月,较诸《勉仁方》要早了十年。关于此文的撰述缘由,《年谱》有详细的交待:"时同志在宦途,或以谏死,或谴逐远方。先生以为身且不保,何能为天地万物主? 因瑶湖③北上,作此赠

---

① 《心斋遗集》卷一,第 14 页下。

② 《一庵王先生遗集》卷二《会语续集》,第 79 页。

③ 按,瑶湖即王臣(生卒不详),字公弼,号瑶湖,江西南昌人,阳明门人,嘉靖二年进士。嘉靖五年出任泰州守,复安定书院,聘心斋主教事,王一庵曾师事之。据《新修南昌府志》载:"(王瑶湖)南昌人,自幼颖异,从王文成公学,精思默证,一洗支离旧习。由进士任泰州,作《论民录》。……令诸士师王心斋,一时江北淮南仰泰州为山斗。继由外员郎出金浙臬,为文成抚孤,以东粤少参去位。林居,日与邹东廓、钱绪山诸公往来论学,见悟益明,浙士慕之。"(《新修南昌府志》卷十九《人物》,第 45 页上下)

之。"①由此特殊之背景,可知该文之主旨在于"保身"二字,这与心斋格物说中所强调的"安身""爱身""尊身"的主张是可以互相印证的。在一庵看来,"保身"就是"修身之则",因此也应当属于心斋格物论,该文的撰述时期虽早,但完全有理由将此看作是反映心斋思想之要领的一篇代表性文字。

最后所列的《大成学歌》,前面已有介绍,这里无须赘言。总之,由王一庵对心斋思想的判断来看,也许王东厓的"学凡三变"说无甚意义,在他看来,只要分作早晚两期即可,而且还必须紧紧扣住心斋的格物论来判断心斋思想的精神特质,这一点正是东厓的"学凡三变"说中所欠缺的。但有一点,一庵的判断却与东厓的判断相吻合,也就是两人都以嘉靖五年作为一个重要的年份来看待,东厓认为这一年是心斋结束中年期的标志,一庵也认为这一年的两篇作品,是心斋的重要代表作,熟读这些文字是我们领会心斋之学的关键,由此可以推断,一庵的看法是,嘉靖五年是心斋思想趋于成熟的一个标志。不管怎么说,尽管与一庵的说法相比,东厓在"其中也"之前多了一个"其始也"的早年自学时期,抛开这一点不论,两人都以嘉靖五年作为心斋思想更进一层的标志,这一说法对于我们后人了解心斋的学思历程是有启发的。

基于上述的考察,最终我还是认为,东厓的"学凡三变"说基本可从,王一庵着眼于心斋思想的基本宗旨所做的判断,亦有重要的参考价值。结论则可列为下表:

早期:正德二年(1507)心斋25岁——正德十五年(1520)心斋38岁。重要事件:"居仁三月半"的精神体验、"天坠压身"

---

① 《心斋遗集》卷三《年谱》嘉靖五年条,第4页上。

之梦。

中期：正德十五年(1520)心斋 38 岁——嘉靖五年(1526)心斋 44 岁。重要事件：拜师阳明、北上讲学、《鳅鳝赋》。

晚期：嘉靖五年(1526)心斋 44 岁——嘉靖十九年(1540)心斋 58 岁。重要事件：《乐学歌》《勉仁方》《明哲保身论》《大成学歌》、淮南格物说。

## 第二节　现成良知

### 一　问题缘起

自 16 世纪 30 年代起，随着后阳明时代的到来，围绕阳明的良知学说如何理解等问题，在阳明后学中产生了分化现象，其中"现成良知"说是一个主要的诠释观点。关于这一观点的形成、展开及其在阳明后学、晚明思想界所引起的反响等学术问题，笔者曾在旧著中有过专门的讨论，有兴趣者可以参看。[①]这里仅对"现成良知"的问题由来做一简单的回顾，以便于后面的进一步讨论。

所谓"现成"又作"见成"，有时又作"见在""现在"，在宋明时代，它作为一种口语，与现代汉语"现成享受"中的"现成"一词意同，意指某种已经"做好了"的事物，换言之，"现成"一词原本并无特殊的思想含义。然而到了阳明后学那里，将"现成"置于"良知"之前，或将良知与现成合为一词，形成了"现成良知"或"良知现成"这一特殊的表述用语，如此则赋予了"现成"一词以某种特殊的思想内涵。良知存在被理解成一种"现成"的存在，意谓良

---

① 参见拙著：《阳明后学研究》序章"现成良知——简述阳明学及其后学的思想展开"。

知不是后天形成的被创造出来的某种存在物。如此一来,"现成"便成了诠释"良知"的一个关键词。例如在心学话语中经常可以看到"只求见在""当下便是"之类的观念主张,意谓当下的现实生活或经验活动便是自然合理中节的,其依据便是人人都具备"现成良知"。然而,如果说当下经验便是良知本体的直接呈现,或者说良知存在的当下性便可直接证成人人都是"现成"的圣人,那么就会产生一系列严重的问题:儒学所强调的从格致诚正到修齐治平的一切功夫主张便都可以被消解于无形。这也正是后来在阳明后学的思想展开过程中所发生的最为严重的一个理论危机。

要之,当我们说"良知现成"或"良知见在"的时候,既可从现实状态上说,良知是"见见成成""停停当当"的,同时也可从本来状态上说,良知是"先天具足""个个圆满"的,引申开来,则可说良知是"即刻当下""当下便是""合下完具""现今成就"的本体存在、现实存在。以阳明心学而言,不论是"良知现成"还是"良知见在",这两种表述的内涵基本一致,所欲强调的是这样一种良知观念:良知作为人的道德本质,必然先天地存在于人心之中,是与生俱来、先天具足、无有亏欠的;与此同时,良知作为人的道德意识,必然即刻当下、直截了当、见见成成地"发育流行"于人伦日用生活当中。由前一层意思即可推出:良知是超越时空、普遍存在的,故可说良知是"塞天塞地""亘古亘今"①的存在;由后一层意思即可推出:良知是展现在现实生活世界之中的,故可说良知是"发见流行""当下具足"②的存在。重要的是,

---

① 《传习录》上,第 66 条;《传习录》下,第 284 条。
② 《传习录》中,第 189 条。

这两层意思构成了"良知"的完整含义,不可分割,也就是说,具有超越性的良知本体必然呈现在日常生活的行为当中,同时日常生活中的道德意识活动与作为道德本体的良知心体具有内在的同一性。要之,无论是"良知现成"还是"良知见在",在强调作为道德本体的良知存在的先天性、遍在性、当下性、圆满性这一意义上,可以说这是阳明良知学说的题中应有之义。甚至可以说,"良知现成""良知见在"已然不是对良知存在的某种描述而已,而是阳明心学的一个本体论命题。至于它与"致良知"功夫论命题所构成的理论紧张,应当如何把握和解释,则是引起阳明后学争辩不止的主要原因之一。

在心学历史上,王龙溪对"现成良知"问题的理论阐发最为详密,由此引起了王门的另一代表人物罗洪先(号念庵,1504—1564)的强烈反弹,两者之间围绕"现成良知"问题所展开的辩论既推动了人们对良知理论的理解,同时却也加剧了阳明后学的分化。透过他们的辩论,可以使我们加深对阳明后学中的种种义理问题的深入了解,同时也有助于我们从一个侧面来了解心斋的良知现成说的思想内涵及其意义。首先须指出的是,王阳明本人并没有明确说过"现成良知"或"良知现成",但阳明非常强调"此心常见在",因此把握良知的关键就在于"知得见在的几",做到"今日良知见在如此",就随"今日良知"扩充到底以至于"明日良知又有开悟"①。要之,良知是当下的现实存在,故必须在即刻当下做致良知工夫。阳明后学围绕良知现成问题的讨论,其实就是源自阳明的上述思想。龙溪便是充分汲取了阳明

① 以上参见《传习录》下,第281条;《传习录》上,第79条;《传习录》下,第225条。

的这一思想,从而对阳明的良知学说做出了明确的归纳:

> 先师提出"良知"二字,正指见在而言,见在良知与圣人
> 未尝不同。(《龙溪王先生全集》卷四《与狮泉刘子问答》,第
> 309 页)

显然,在龙溪对阳明的理解中,所谓"良知",指的正是"见在良知",其意是指,人人所具有的"现成圆满"的良知也就是圣人所具备的良知,之所以说凡人与圣人在本质上具有同一性,其根据即在于此。这里出现的圣凡问题,暂置勿论。

然而在阳明后学当中,对良知的理解不尽一致。龙溪曾归纳为六种不同的良知见解,其中,有一种意见与现成良知说形成了尖锐的冲突,亦即:"良知无见成,由于修证而始全。"①持这一见解的主要是良知归寂派,其代表人物罗念庵曾批评王龙溪的现成良知说:"世间那有现成良知? 良知非万死工夫,断不能生也,不是现成可得。"②这一批评具有典型意义,在晚明思想界非常著名。念庵的意思是说:良知作为一种道德意识对于现实状态中的个人来说,绝不是现成圆满的,重要的是,如何使良知的道德意识在日常经验生活中得到正确的体现,则取决于后天的刻苦努力。其实,在念庵的这一观点的背后,存在着一个基本立场:"夫本体与工夫,固当合一,原头与见在,终难尽同。"③值得

---

① 《龙溪王先生全集》卷一《抚州拟岘台会语》,第 163 页。按,这六种良知解释分别为:归寂、修证、已发、现成、体用、终始。不过冈田武彦认为,其中"归寂""修证""现成"是王门的主流,参见氏著:《王阳明与明末の儒学》第三章"王门三派",第 103—159 页。

② 《念庵罗先生文集》卷八《松原志晤》,第 38 页下。按,龙溪对此的反驳,见《龙溪王先生全集》卷十四《松原晤语寿念庵丈》。

③ 《明儒学案》卷十八《念庵论学书·答王龙溪》,第 395 页。按,此书不见于雍正本《罗念庵先生文集》。

注意的是,他将"见在"与"原头"视为一对概念,并将此与"本体—工夫"这一阳明心学的核心问题联系起来,显而易见,念庵的问题意识是非常敏锐的。念庵在一篇主要记录了与龙溪讨论学术问题的《甲寅夏游记》的文章中,针对龙溪的"现成良知"说,提出了他所坚持的一个观点立场:"千古圣贤汲汲诱引,只是要人从见在寻源头。"①意思是说,自孔孟以来儒家所提出的所有说教,无非就是要人"从见在寻源头",亦即从当下的经验生活中寻找"本源"之所在。很显然,此说的一个前提就是:"见在"并不能直接等同于"源头"。此即"原头与见在,终难尽同"的意思。换言之,在念庵看来,见在与源头、工夫与本体的紧张关系绝不能做简单的划一、抽象的合一;两者的合一必须建立在工夫实践的基础之上,抛开工夫实践的努力,妄谈"见在"即是"源头",这是万万不可的。念庵坚持认为,在未将"发见流行"于现实经验活动中的道德意识与知觉情识做出严密甄别的前提下,便将良知的"见在"性与良知的"本源"性直接地等同起来,这正是龙溪所主张的现成良知说的最大的理论弊病之所在,而其尤为易显之流弊则是:"以知觉为良知"②或"以情识为良知"③。所谓"知

① 《石莲洞罗先生文集》卷十二《甲寅夏游记》,第44页下。
② 所谓"以知觉为良知",最早是由王门归寂派的代表人物聂双江针对龙溪等人的现成良知观点提出的批评。参见拙著:《阳明后学研究》。
③ 所谓"以情识为良知",亦是归寂派对现成良知说的一个批评。按照东林派人物顾宪成对念庵的"世间那有见成良知"一说所做的辩护,念庵之意在于批评"辄将见成情识冒作见成良知"(《小心斋札记》卷十一,第275页)。意思是说,龙溪等人的现成良知说的重大流弊乃在于此:将情识冒作良知。到了明末刘蕺山那里,他指出心学流弊之一在于"猖狂者参之以情识"(《刘子全书》卷六《证学杂解》,第14页上),这一说法更为当今学术界所认可,参见唐君毅:《中国哲学原论·原教篇》,台湾学生书局,1984年,第470—471页。

觉""情识",主要含有感性情欲、偏见意识等贬义,特别是在将良知与知觉或情识对举的语境中,尤其如此,大体说来,凡是"逐物而转""缘镜而起"的作用心、经验心之现象,都可化约为"知觉"或"情识"。因此,"以知觉为良知"(聂双江语)或者"以情识渗入良知"(刘蕺山语),其病症虽异,然其病根则一:均为"现成良知"或"见在良知"所误导的结果。

只可"从见在寻源头"而不可认"见在"为"源头",这是念庵批判现成良知说的一个基本立场。由此出发,他得出了良知"不是现成可得"的结论。应当说,念庵出于对心学流弊的担忧,其用意和出发点是可以理解的,而且他的担忧也是有一定道理的,"将见在情识冒作见在良知"(顾宪成语),在心学末流当中不能说绝对没有,对此王龙溪亦有一定程度的认同。然而也应看到,当龙溪说良知是"现成"的,其意在于强调良知既是先天具足的,同时又有当下圆满的本体存在,指的是本体论层面的问题;当念庵说良知"不是现成可得"的,"非万死工夫,断不能生",则是一个属于工夫论层面的问题。显然,两者所指向的问题在层次上是有所不同的。也正由此,龙溪、念庵就现成良知问题争论不休,却始终未能说服对方。

事实上,龙溪虽然强调良知本体现成圆满、当下具足,进而提倡为学方法必须"从本体悟入",他称之为"先天正心之学",但他也承认这种"从心上立根"的工夫只适用于上根之人,对于中下根之人来说,"从意上立根"的"后天诚意之学"①则是必不可少的。也正由此,龙溪指出:

---

① 关于龙溪的"先天正心之学"和"后天诚意之学",参见《龙溪王先生全集》卷一《三山丽泽录》。另可参见同上书卷十《答冯纬川》。

苟不用致知之功,不能时时保任此心,时时无杂念,徒
认现成虚见附和欲根,而谓即与尧舜相对,未尝不同者,亦
几于自欺矣。……世间熏天黑地无非欲海,学者举心动念
无非欲根,而往往假托现成良知,腾播无动无静之说,以成
其放逸无忌惮之私。(《龙溪王先生全集》卷二《松原晤语》,
第 208 页)

可见,对于"不用致知之功"而"徒认现成虚见"以及"假托现成良
知"之流,龙溪所表明的反对态度也是非常明确的。换言之,就
龙溪而言,说良知是现成的,并不等于说可以"不用致知之功"或
者"更不须用销欲工夫",这本是两个不同层次的问题而不能混
为一谈。

由以上念庵与龙溪的辩论可以看到,围绕现成良知问题所
发生的义理纠缠有一定的复杂性,同时也很有典型意义。总之,
现成良知说只是指明人在本质上与圣人具有内在的同一性,这
是一个本体论命题。假设良知若非"现成",就必将导致对孟子
以来"天赋良知"这一儒学传统观念的根本质疑,另一方面,如同
孟子所说"人皆可以为尧舜"并不等于说人就是现成圣人一样,
龙溪的"良知见在""圣凡平等",也只是就本质上立论、本体上立
言的一种立场预设,并不等于说人的现实状态便是圣人状态。
如果说现实状态中的人都是圣人,那么从逻辑上来说,这种抽象
假定毫无意义。事实是,"圣人"作为一种理想化的人格,只是儒
学所指向的一种精神追求,必须落实在现实生活的世界当中去
追求,而不是说人的现实状态即是理想的本来状态。在此意义
上,道德实践对于每一个人来说,是通向圣人境界的必要条件。
从罗念庵到顾宪成,他们对现成良知说的批评,主要是着眼于这
样一点:现成良知说有可能导致忽视甚至否认现世社会中所存

在的道德状况的深刻危机,故云"其为天下祸甚矣"①,就此而言,他们的批评在当时有一定的现实意义。但是这样一种道德主义的批评,并不能从学理上否认"良知现成"这一心学命题的理论意义。

由上可见,现成良知或见在良知、良知现成或良知见在,作为一种思想命题或者作为一种对良知存在的论述方式,在阳明后学的思想展开过程中存在着种种争议。归结起来,持正面肯定者的观点主要有三:一、良知是超越时空、亘古亘今、千古见在的本体存在,这是良知存在的先天性,是"人人具足""当下圆成"的;二、良知必然发见流行于日常生活当中,在道德行为中必然是当下呈现的,这是良知存在的当下性,是"无所不在""当下即是"的;三、由于良知本体是当下即是的存在,所以在工夫论上就是必须相应地做一番"当下识取""当下承当"的工夫,这叫作"当下工夫""见在工夫"。②反对者的主要观点主要有三:一、良知必由功夫才能得以呈现,而良知呈现不能证明良知是现成的;二、由良知现成,可能导致取消一切致良知的工夫,导致将见在情识冒认为见在良知;三、由良知现成,可能导致圣人也是"现成"的结论。

---

① 《小心斋札记》卷十一,第 275 页。
② 参见《龙溪王先生全集》卷四《留都会纪》。又如龙溪断言:"圣学只论见在工夫。"(《龙溪王先生全集》卷八《中庸首章解义》,第 579 页)显然龙溪之意并不是说儒学的全部内容只有"见在工夫"这一条,而是说儒学在讲到工夫论时,只讲工夫的"见在"性,反对空头议论。在这一问题上,与龙溪的思想趋向不尽相同的钱绪山(参见《明儒学案》卷十一《钱德洪论学书·与陈两湖》,第 236 页)、江右王学的代表人物邹东廓(参见《东廓邹先生文集》卷六《复濮工部致昭》,第 1 页上)均有不同程度的认同。关于"见在本体"与"见在工夫"的关系问题,参见吴震主编:《中国理学》第四卷"见在工夫"条,东方出版中心,2002 年。

正如龙溪所说,王门诸子各以"性之所近"①,片面强调了良知观念的某一个层面,以至出现了六种良知的解释,而对于各种解释方案却最终未能获得统一。由于龙溪对良知的阐发过于偏重在本体论的层面,因而他坚持工夫论须直接从良知心体"悟入",他称之为"先天正心之学",然而这种"先天之学"只适用于"上根之人",由此在他人看来,也就缺乏普遍的教化意义。另一方面,念庵等人批评"现成良知"说有可能导致一系列严重的错误:认为凡是现实存在的都是自然中节的、合乎良知本体的,从而无视日常生活中良知与情识、本心与欲望存在着真妄混同的现象,而现成良知说面对这种现实状况却完全缺乏应对的能力。应当说,这些批评也是值得重视的。那么泰州学派在现成良知问题上,又有什么思想主张呢?

## 二　良知见在

大体说来,在心斋的思想体系中,除了上面略已介绍的"万物一体"论以及后面将要看到的"淮南格物"说最有特色以外,还有两个颇具特色同时也是最有争议的思想观点:一是他的"满街皆是圣人"说,一是他的"百姓日用即道"说。两者可分别简化为"满街圣人""日用即道"。相对而言,关于阳明后学中的重要术语:"现成良知"或"见在良知",心斋并没有这样的直接表述,有关龙溪和念庵的互相辩难,心斋更是没有直接参与。然而值得关注的是,无论是"满街圣人"说还是"日用即道"说,却无疑地都与"现成良知"观念有着密切的关联,甚至可以说,"满街圣人"或"日用即道"都是建立在"现成良知"观念之基础上的。

---

①　参见《龙溪王先生全集》卷一《三山丽泽录》。

且看心斋对"良知现成""良知见在"的观念表述：

> 良知一点,分分明明,亭亭当当,不用安排思索。(《心斋遗集》卷二《与俞纯夫》,第 1 页上)

> 良知天性,往古来今,人人具足,人伦日用之间举措之耳。(同上书卷二《答朱思斋明府》,第 4 页下)

> 中也,良知也,性也,一也。识得此理,则见见成成,自自在在。……真体不须防险(当作"检")。(《心斋遗集》卷一《答问补遗》,第 19 页上)

由上一节我们对现成良知问题的考察,可以看出这里所谓的"分分明明""亭亭当当""人人具足""见见成成""自自在在"等说法虽未使用"良知现成"一词,但无疑就是良知现成或良知见成、良知见在的观念表述,同时还可看出,在现成良知的问题上,心斋的基本态度与龙溪是非常接近的。心斋同样强调了良知存在的"具足"性、"见成"性、"自在"性等基本特征,而这些特征应是良知现成理论的题中应有之义。不过,这里的小标题采用"良知见在"一词,这是为了表示心斋的良知说与龙溪的现成良知说并不完全一致而有自己的特色,这一不同主要表现为:龙溪重本体而心斋重工夫①。关于这一点,在本小节的末尾将有讨论。

值得注意的是,心斋在强调良知存在的上述这些基本特征的同时,还分别有这样的表述:"不用安排思索""人伦日用之间举措之耳"以及"真体不须防检"。显然,这三个表述所涉及的都

① 心斋的再传弟子罗近溪曾在将阳明与心斋作比较性论述的语脉中,指出阳明多得之"觉悟",心斋多得之"践履",可见在泰州后学中,对于心斋学之特征表现为"重践履"(亦即"重工夫"),有着较为普遍的看法。其实在我看来,这一比较也可适用于龙溪与心斋。参见《罗近溪先生全集》卷七《语录》,第 46 页下—47 页上。

是工夫论问题。从叙述的脉络来看,不难发现心斋的思路含有这样的逻辑:由于良知现成或良知见在,所以"不用安排思索""不须防检",所以应当在"人伦日用之间"加以具体的落实,换言之,道德实践等工夫措施是由良知现成理论推出来的必然结论。如果说前面的表述是就良知存在的本体层面而言,指明了良知本体的"见在"性、"自在"性的特征,那么后面的表述则是就致良知的工夫层面而言,要求人们顺从良知存在的这种自然本性,不能以后天的人为意识去强做"安排"或"思索"。

这里所说的"不用安排思索""不须防检",其实是宋代以来的一种道学术语,是以"天理自然"①的观念作为其成立之依据的,唯因"天理自然",故而"顺之则易,逆之则难,各循其理,何劳于己力哉?"②以下程伊川所说的一段话也反映了这一思想:"天地之道,万物之理,唯至顺而已。大人所以先天、后天而不违者,亦顺乎理而已。"③然而就心斋此说的直接思想渊源而言,当是源自程明道《识仁篇》中的话语:"识得此理,以诚敬存之而已,不须防检,不须穷索。"在这一说法当中,显然前后两句构成了某种逻辑关联,若剔除"以诚敬存之"一句,则后一句"不须防检,不须穷索"是难以成立的。也就是说,程明道的本意并不在于拒斥工夫,毋宁说"诚意"和"居敬"之工夫仍然是首要的,除此之外,更无必要做任何其他的"防检"或"穷索"。

然而到了阳明学的时代,大多数有心学倾向的学者对明道思想可谓莫不心存敬仰,特别是他的《定性书》和《识仁篇》④,更

① 《河南程氏遗书》卷二上,《二程集》,第 30 页。
② 《河南程氏遗书》卷十一,《二程集》,第 123 页。
③ 《周易程氏传》卷二。
④ 这里仅举一例,便可说明这一点:正德元年(1506),阳明与甘泉会于京师,两人定交,"讲学一宗程氏'仁者浑然与天地万物同体'之旨"(湛甘泉:《阳明先生墓志铭》,《王阳明全集》卷三十八,第 1401 页)。

为严重的是,不少心学家对《识仁篇》做断章取义式的解读,置
"以诚敬存之"一语于不顾,唯视"不须防检,不须穷索"一语为圭
臬,甚至将此与孟子、《周易》的"不学不虑""何思何虑"等语做
观念上的联想,以为"不思不勉"才是最为合乎天道自然的为学
工夫,甚至提倡应"以自然为宗"①。对此,东林派顾宪成表示了
深深的忧虑:"白沙先生以自然为宗,近世学者皆宗之,而不思不
勉之说盈天下矣。"②刘蕺山则指出,对明道的"不须防检"说亦
当善会,"若泥'不须防检穷索',则'诚敬'之存当在何处? 未免
滋高明之惑。子静专言此意,固有本哉"③。可以认为"不须防
检"之说对象山一系的心学思想产生了潜在的影响。另一位明
末时代的学者吴柴庵(生卒未考)则尖锐地道出了其中的关节点
之所在:"不学不虑,岂不是现成良知?"④由此可以看出,在晚明
时代的思想界,"不须防检""不须穷索""不学不虑""不思不勉"

---

① 自明初陈献章(号白沙,1428—1500)提出"以自然为宗"作为自己的思
　　想宗旨以来,在中晚明思想界可谓流风余韵不绝于世。譬如王龙溪、
　　王心斋、罗近溪(甚至还包括罗念庵)均对此说津津乐道,他们不但相
　　信天理天道是"自然"的,而且更为相信良知心体也是"自然"的,因此
　　工夫也就应当是"自然"的而不能是做作的,也正是在这个意义上,明
　　代心学们大多反对程朱理学的那套"居敬穷理"的工夫,原因之一就
　　在于这套工夫太不"自然"、太过"严酷"(《陈献章集》卷二《复张东白内
　　翰》)。如龙溪指出:"夫学当以自然为宗。"(《龙溪王先生全集》卷九
　　《答季彭山龙镜书》)阳明弟子胡瀚则指出心斋之学"以自然为宗"(《明
　　儒学案》卷十五《胡瀚传》,第330页)。而泰州后学的罗近溪则云:"然
　　则圣人之为圣人,只是把自己不虑不学的现在,对同莫为莫致的源
　　头。……久久便自然成个不思不勉,而从容中道的圣人也。"(《明道
　　录》卷四《会语》,第145页)
② 《小心斋札记》卷十三,第328页。
③ 《刘子全书》卷十《学言·上》,第5页上下。
④ 《瘏言》卷下,第108页。

这类主张可谓风靡一时,而且更为重要的是,已经有人意识到这类主张的一个思想源头就在于"现成良知"说。若以吴柴庵的观察思路来看上述心斋之言,则不难窥看到其中的奥妙:"良知一点,分分明明,亭亭当当",讲的正是"现成良知"的道理,而"不用安排思索",讲的正是"不学不虑"的道理;而"不学不虑"是由"现成良知"推出来的结论,反过来说,"现成良知"则是"不学不虑"的依据。

　　然而对于上述心斋的第二句话:"良知天性,往古来今,人人具足,人伦日用之间举措之耳。"则须做另一层的分析。在心斋看来,良知存在的"现成性"不仅表明良知先天地存在于人心之中,构成人的本质,而且良知还具有"当下性"的特征,它无时无刻不在日常生活中自然流行、展现自身,这也是良知在人的行为中自能做出是非善恶之判断的根本原因。所以重要的是,既要树立起这样一种信念:良知存在于吾心是"分分明明、亭亭当当"的,同时又要做到在人伦日用中顺其良知自然,"不用安排""不须防检"。换言之,工夫实践必须在人伦日用的层面加以落实。此即"人伦日用之间举措之耳"的意思。末尾的一个"耳"字,起到了强化语气的作用,含有"惟有……而已"的意味。可见,上述这段话的着重点在于"人伦日用"这一句,换言之,心斋的现成良知说的重点落在了工夫论的层面。

　　若将心斋的现成良知说与龙溪做一比较,则可发现后者主要是立足于本体论的立场,强调了良知存在的先天性特征,这与龙溪主张"以先天统后天"的"先天之学"这一思想特质有关;而心斋对于"先天之学"并没有特殊的兴趣,他的良知见在说更为突出了工夫层面的意义,亦即良知必然在人伦日用中当下有所呈现,故而重要的是应当在人伦日用中加以切实的体验。应当说，这是在现成良知问题上，心斋不同于龙溪的根本差异。也正因此，所以心斋非常注重"以日用现在指点良知"或者"发挥百姓日用之学"①，这几乎构成了心斋思想的一个标志性特点，若以心斋的两个思想命题做一简约化表述，那就是："日用即道""满街圣人"。关于这一问题，将在以下第三点再来讨论。

须指出的是，由于心斋的良知见在理论具有重工夫这一重要特点，因此心斋的良知论述又有另外一个面相，并开始受到学者的注意。用余英时的说法，这是心斋学"已略露重知识的倾向""与阳明良知之教有异"②的一个重要面相，这集中表现在心斋给钱绪山的一封书信中所说的一段话：

先生(按，指阳明)倡道京师，兴起多士，是故君子莫大乎与人为善，非先生乐取诸人以为善，其孰能与于此哉？近有学者问曰："良知者，性也，即是非之心也。一念动或是或非，无不知也。如一念之动，自以为是而人又以为非者，将从人乎，将从己乎？"予谓："良知者，真实无妄之谓也。自能辨是与非。此处亦好商量，不得放过。夫良知固无不知，然亦有蔽处。如子贡欲去告朔之饩羊，而孔子曰：'尔爱其羊，我爱其礼。'齐王欲毁明堂，而孟子曰：'王欲行王政，则勿毁之矣。'若非圣贤救正，不几于毁先王之道乎？故正诸先觉，考诸古训，多识前言往③行而求以明之，此致良知之道也。观诸孔子曰：'不学诗，无以言；不学礼，无以立。''五十以学

---

① 参见《心斋遗集》卷三《年谱》嘉靖三年、七年、十年、十二年等。
② 余英时：《从宋明理学的发展论清代思想史》，载《中国思想传统的现代诠释》，江苏人民出版社，1989年，第205页。按，该书排印质量颇有问题，建议读余英时《论戴震与章学诚》(增订本)所收《从宋明理学的发展论清代思想史——宋明儒学中智识主义的传统》。
③ 《心斋遗集》本脱一"往"字，据和刻本补。

易,可以无大过。'则可见矣。然子贡多学而识之,夫子又以为非者,何也?说者谓子贡不达其简易之本,而徒事其末,是以支离外求而失之也。故孔子曰:'吾道一以贯之。'一者,良知之本也,简易之道也。贯者,良知之用也,体用一原也。使其以良知为之主本,而多识前言往行以为之畜(当作"蓄")德,则何多识之病乎?昔者陆子以简易为是,而以朱子所识穷理为非。朱子以多识穷理为是,而以陆子简易为非。呜呼!人生其间,则孰知其是非而从之乎?孟子曰:'是非之心,人皆有之。'此简易之道也。充其是非之心,则知不可胜用,而远诸多识前言往行以蓄德矣。故曰:'博学而详说之,将以反说约也。'"(《心斋遗集》卷二《奉钱绪山先生》,第15页上下)

这段论述何以与"重知识之倾向"有关,稍后再议。首先须指出的是,这段话是由这样一个基本问题引起的:根据良知者是非之心这一孟子对良知的基本定义,无疑地良知自能知是知非,一念之动,良知便自能判断其是非,但是如果"自以为是而人又以为非者"的情况出现,那么我们到底应该"将从人乎,将从己乎"?这个问题在阳明心学的时代具有非常典型的意义,心学理论必须回答是非善恶之标准到底是在于他人还是在于自己?换言之,是非标准归根结底是外在于人心的还是内在于人心的?最终也就是要求回答:判断是非的标准到底由谁说了算?是完全由一己之人心说了算,还是应当容纳他人"又以为非"的判断?是非标准究竟有没有客观性之可言?以上这一系列设问可以从"将从人乎,将从己乎"这八个字引申出来。按照阳明的良知理论,一切是非善恶唯有诉诸自己的良知,良知才是判断一切是非善恶的最终依据、唯一准则,除此之外,不存在任何终极的判断标准。所以在这个意义上,外在的伦理规范、行为准则也唯有通过人心良知的审判才能得以确立,外在规范的客观性也唯有经由主体的确认才有可能。比方说,道之载体的经典虽然是一客观存在,但是按照心学的理念,在终极意义上,"古圣相传只此心",因此唯有通过"心"的判断和审视,经典的客观性及其意义才能得以彰显,否则的话,经典亦只是一堆"糟粕"。阳明有一段名言,也正是建立在这一观念基础之上的:"夫学贵得之心,求之于心而非也,虽其言之出于孔子,不敢以为是也。"①可见,就连孔子说的话,也要经过人心的审视,才能判断其是其非。结论就是,是非标准的客观性必须由心而立。换言之,客观性之依据在于人心,而不在于人心之外的存在本身,比方说,如果将孔子的话"求之于心而非",那么获得这一判断的客观性标准就是由心而立的,而与孔子本身无关。所以,由阳明心学以观,"将从人乎,将从己乎"这一问题本身无疑是多此一问,不足以成为问题。因为答案实在是太明显不过了:是非原则、善恶标准不可能设想是"从人"而只能是"从己"。

然而问题却依然存在。退一步说,即便承认良知在"一念动或是或非"之际,能够明断是非,但问题是:既然能明断是非的良知也必然随着人心的发动才能发挥判断能力,那么为什么同样作为人心的一念之发动与作为人心的良知之启动,可以同时并存、同时并进? 也就是问:如果说人心良知是人心一念的审判官,那么岂不等于说人心之中存在着两种分裂的人格,就好像存在着一个罪犯、一个法官。法官固然是罪犯的审判者,但令人不可思议的是:法官审判罪犯的场所——法庭却是同一个心! 更

---

① 《传习录》中,第 173 条。

为荒谬的是:还必须是由同一个心来审判自己。用台湾学者王
汎森的说法,此即"'心'同时作为一个被控诉者和控诉者,殆如
狂人自医其狂"①,其结局是可想而知的:越发疯狂。用理学家
的语言,这叫"以心治心"。其实,早在朱子的时代,就曾注意到
这一问题,他批评佛学之病在于"以心治心",指出:"释氏之学,
以心求心,以心使心。"②而在朱子看来,这是非常可笑的、不可
理喻的,因为朱子坚持认为"心只是一个心,非是以一个心治一
个心"③,他甚至认为是赞成还是反对"以心治心",是"儒佛之
异"的关节点,如佛教所云"'常见此心光烁烁',便是有两个主宰
了。不知光者是真心乎? 见者是真心乎?"④朱子对佛教的批评
也许未必完全允当,但他对"常见此心光烁烁"的深入追问却是
有哲学意义的。朱子问道:所见之光是"真心"呢? 还是"见者"
之心是"真心"呢? 按理说,若以"见者"为真,则"所见者"为假;
若以"所见者"为真,则"见者"为假。但依照佛学所言"常见此心
光烁烁"之真意来看,其结论却是:"见者"与"所见者"却能同时
为真。如此一来,则人心中莫非同时存在着"两个主宰了"⑤。

---

① 参见王汎森:《明末清初的人谱与省过会》,载台北《中央研究院历史语
言研究所集刊》第 63 本 3 分,1993 年。

② 《朱子文集》卷六十七《观心说》。按,朱子等理学家对佛教的批评往往
不免偏颇,其实大多数佛教学者毋宁是反对"将心治心"的,如像唐代
著名佛学家宗密便指出:"心本无念,动念即乖。将心止心,止亦是妄,
以动念故。"(《圆觉经略疏抄》卷十,第 197 页下,引自荒木见悟:《佛教
与儒教》,第 229 页)

③ 《朱子语类》卷十二,第 200 页。

④ 《朱子文集》卷三十一《答张敬夫》。

⑤ 朱子甚至敏感到了这样的地步:他认为如果对于孟子的"求放心"说不
善于领会,则有可能坠入"以心求心"的窠臼之中,若"今以已在之心复
求心,即是有两心矣"。参见《朱子语类》卷五十九,第 1407、1409
页等。

朱子对此问题如何展开深入的批判,他的批判有否道理,这不是我们所要讨论的问题。令我们注意的是,朱子所提出的"以心治心"的问题却不期然地在明代心学当中得以显露出来。当然阳明心学中是否存在着"以心治心""以心使心"的问题,这是一个涉及分析立场和审视角度的问题,其中义理繁复,不宜在此深究,愿意有机会再做深入探讨。不过,有一点却是必须指出的,尽管阳明本人并没有意识到从心学理论推演开来,有可能发生这一问题,但是阳明后学在重建心学的理论体系以及诠释体系之时,却必然会遇到这一问题,而且有必要对此问题做出相应的回答。

现在问题已经摆在了心斋的面前:在遇到己以为是而人以为非的情形时,我们的良知能够或必须做什么?心斋的回答可以分作两个层面,第一层意思基本上没有越出心学的范围,第二层意思,又含有两点旨趣,略显复杂,究竟是否犹如余英时所言"与阳明良知之教有异"?亦有待重新判断。第一层意思很简短,亦即:"良知者,真实无妄之谓也。自能辨是与非。此处亦好商量,不得放过。"讲得很明确,无非就是阳明良知学的题中之义,故不必多论;第二层意思则是:"夫良知固无不知,然亦有蔽处。……"依阳明良知之教,这句话有语病,因为严格说来,只能说人心有蔽处,而不能说良知有蔽处,不过这一语病不至于导致整段语意不通,可不深究。重要的是,心斋在省略号以下,举了不少例子,意在说明两点旨趣:一、"故正诸先觉,考诸古训,多识前言往行而求以明之,此致良知之道也";一、"使其以良知为之主本,而多识前言往行以为之畜(当作"蓄")德,则何多识之病乎?"这两点旨趣恰恰构成了一个循环解释。由"正诸先觉,考诸古训,多识前言往行"可以有助于致良知的道德实践;由"以良知为之主本"，可以使得"多识前言往行"不至于迷失方向，以此作为"蓄德"的手段。质言之，在致良知与多闻多见之间，既不存在非此即彼的排斥关系，也不存在唯一单向的递进关系；而应当是彼此关联、互为一体的辩证关系。事实上，心斋的这一解释思路仍属于阳明心学的固有理路：良知固非见闻，然良知亦不离见闻。诚如阳明所言："良知不由见闻而有，而见闻莫非良知之用，故良知不滞于见闻，而亦不离于见闻。"①这是阳明的原则之论，强调良知与见闻并非是排斥关系而是一种体用关系。②具体到如何确切把握良知与见闻之关系，阳明坚决主张须以良知为"主脑"来统率一切功夫，切不可忘却"头脑"而"专在多闻多见上去择识"，否则便导致人心迷失方向。③可见，阳明所反对的颇有点类似于"为知识而知识"的那种唯科学主义，他主张在"尊德性"（亦即"致良知"）的前提下去做"道问学"的工夫是并无大碍的，只是他坚决反对"道问学"可以是独立于"尊德性"之外的专门学问，或者说把"尊德性"与"道问学"割裂开来，使其分头并进，这也是不可取的。这一观点显然是建立在"良知不由见闻而有"的原则论之基础上的。④关于阳明此说所含的丰富的思想蕴涵以及义理问题，譬如良知何以能含摄见闻，在良知之外，见闻知识

① 《传习录》中，第168条。
② 按，这一观念在阳明后学中几乎成了一种共识，譬如通常以为属于良知修证派的欧阳南野曾明确指出："夫良知者，见闻之良知；见闻者，良知之见闻。……是致知不能离却闻见，以良知、闻见本不可得而二也。"（《欧阳南野先生文集》卷四《答冯州守》，第38页下）
③ 参见《传习录》中，第168条。
④ 其实，阳明所说的良知与闻见的问题，也就是宋代理学出现的闻见之知与德性之知的问题。虽然阳明主张在良知的主脑之下，见闻工夫亦无大碍，但是对此也完全可以这样理解：由于良知存在不离见闻，所以见闻知识亦有一定的意义，但只具有手段的意义。

有否可能独辟蹊径、自建一客观的知识体系等等问题,这里不便详说。重要的是,若我们耐心地对照上述心斋之言,则不难发现心斋所言简直就是阳明此言的翻版,既无甚新意,更谈不上"与阳明良知之教有异"。因为一个显而易见的事实是,心斋所言"使其以良知为之主本",也就是阳明所说的"若主意头脑专以致良知为事",这句话才是阳明和心斋在良知与见闻的关系问题上所欲表达的主要旨意。至于在良知的"主意头脑"的引领之下,允许去做"多闻多见"之工夫,是否反映出心斋思想已有了"重知识的倾向",可能不免是后人的一种推测。①

那么,围绕良知与见闻的关系问题所做的上述分析,与"良知见在"理论究竟有何关联呢?如果我们注意到上面所引用的阳明之说,那么就不难理解良知固非见闻亦不离见闻这一观点,所要阐发的正是一种"良知见在"说,按阳明的说法则是:"盖日用之间,见闻酬酢,虽千头万绪,莫非良知之发用流行,除却见闻酬酢,亦无良知可致矣。"在这里,"见闻之知"的"见闻"一词是

---

① 余英时曾以"智识主义"(intellectualism)与"反智识主义"(anti-intellectualism)这一构架设定来考察泰州学派有关良知与知识的问题,试图通过这一分析架构来探明理学传统中智识主义与反智主义如何交叉演变的历史进程及其内在机制,他认为如果这种思想转向的确存在的话,那么就足以证明宋明思想的发展是有"内在理路"可寻的。进而言之,清学传统中的智识主义何以形成,亦可由此"内在理路"说得到一个有效的历史说明。不过,余氏也承认"我们自不能以重知识为泰州学术之要点"(《从宋明理学的发展论清代思想史——宋明儒学中智识主义的传统》,《论戴震与章学诚》(增订本),生活·读书·新知三联书店,第 316 页)。此当为正说,然在余氏则为曲笔,因其后文便云:"心斋关于读经与博学之主张,对于泰州后学必有影响"(同上),依据是心斋的一句话"六经正好印证吾心"(《心斋遗集》卷一《语录》,第 5 页上)。按余氏所言,其"影响"所及乃指焦竑。要之,毕竟心斋重开了知识一途,且由心斋至焦竑,是有"内在理路"可寻的。

被置于日用、酬酢等日常生活的关联之下使用的，这样一来，良知与见闻，主要不是良知与知识的关系，而成了良知与生活的关系。而按照阳明的良知观念，良知不仅是亘古亘今的抽象存在，更是与日常生活密切相关的当下存在，所以说，"千头万绪"的日常生活，事实上"莫非良知之发用流行"，反过来说，如果脱离日常生活，那么良知便无由可致。也正由此，心斋又有另一个重要命题："百姓日用即道。"这是我们在下面就要讨论的问题。

### 三　日用即道

心斋曾有一个非常著名的比喻，来强调他的"日用即道"的观念，此即以"僮仆往来"为喻，来论述"百姓日用即道"这一命题：

> 先生（按，指心斋）言"百姓日用是道"。初闻多不信。先生指僮仆之往来、视听、持行、泛应动作处，不假安排，俱自顺帝之则，至无而有，至近而神。（《心斋遗集》卷三《年谱》嘉靖七年 46 岁条）

关于这段记述，黄宗羲是这样记载的：

> 阳明以下，推辩才惟龙溪，然有信有不信。唯先生（按，指心斋）于眉睫之间省觉人最多，谓"百姓日用即道"，虽僮仆往来动作处，指其不假安排者以示之，闻者爽然。（《明儒学案》卷三十二《泰州学案・王艮传》，第 710 页）

值得注意的是，黄宗羲采用了与龙溪相比较的描述方式，指出龙溪虽有"辩才"，但不能取信于众人，唯有心斋却能根据"僮仆往来动作处"来加以指点，令听者感动欢欣鼓舞。这也指明了心斋思想之于普通百姓的亲近性。

回过来看心斋的上述比喻，他所阐发的是这样一层道理：良知之在人心是不假安排的、见在具足的,因此良知本体也就必然在人们的日常生活中有所呈现,在这个意义上所以说"百姓日用即道"。具体而言,其意是说:在百姓日用中无不体现着"道"的存在。然而对于这样一层道理,"初闻者"却不能领会。若按我们的分析,不但是"初闻者",即便是深造自得的学者对此也会有所疑义。因为,一个显见的事实是:百姓日用或日常生活或庸常之举,是否无条件地合乎"道",是否完全地合乎"理"或"良知心体",恐怕是不能遽然断定的。这一怀疑的根据在于:由于生活世界中充满着人心的险恶、私欲的流行等现象,所以我们断不能把生活中的行为所显现出来的现象直接认为是行为本身"本来如是"的样子,是无条件地合乎"所当然"及"所以然"之原则的行为。为了消解这一怀疑,王心斋做了一个比喻,而任何比喻对于义理的呈现总是有局限的,因为比喻所援用的事例是经验现象,它与事物本身之间存在着一定的"间隙",两者之间只能接近而不可能达到完全一致,心斋的比喻也存在着这一问题。他比喻道:就以"僮仆往来动作处"为例,他们的一举一动何尝有所"安排",他们的动作都是顺其自然的,而且从他们的动作中所体现的服侍主人的"心"也是顺其自然的,这就叫作"顺帝之则"(意谓合乎理的原则)。

那么,心斋的这个比喻到底存在着什么问题呢?为了更为清晰地了解心斋此喻的背后所蕴含的真意,我们在这里不妨来看一下罗近溪所举的类似的例子。他的例子显然受到了心斋的启发,但所述更为具体详尽,因此也显得有些冗长:

> 曰:"此捧茶童子却是道也。"众皆默然,有顷一友率尔言曰:"终不然,此小仆也,能戒慎恐惧耶?"余不暇答,但徐徐云:"茶房到此有几层厅事?"众曰:"有三层。"余叹曰:"好

造化！过许多门限阶级，幸未打破一个钟子。"其友方略省悟，曰："小仆于此果也似解戒惧，但奈何他却日用不知。"余又难之曰："他若不是知，如何会捧茶，捧茶又会戒惧?"其友语塞。徐为之解曰："汝辈只晓得说知，而不晓得知有两样。故童子日用捧茶，是一个知，此则不虑而知，其知属之天也；觉得是知，能捧茶，又是一个知，此则以虑而知，而其知属之人也。天之知只是顺而出之，所谓顺则成人成物也；人之知却是返而求之，所谓逆则成圣成神也。故曰：'以先知觉后知，以先觉觉后觉。'人能以觉悟之窍，而妙合不虑之良，使浑然为一，而纯然无间，方是睿以通微，又曰神明不测也。噫，亦难矣哉！亦罕矣哉！"（《明道录》卷三，第108—110页。按，又见《近溪子集》卷乐，第94页）

　　我的心，也无个中，也无个外；所用工夫，也不在心中，也不在心外。只是童子献茶来时，随众起而受之，已而从容啜毕，童子来接时，又随众付而与之，君必以心相求，则此无非是心；以工夫相求，则此无非是工夫。（《会语续录》卷下，第297页）

黄宗羲则记录了罗近溪与胡庐山、诸南明的这样一幅对谈场景：

　　邸中有以"明镜止水以存心，太山乔岳以立身，青天白日以应事，光风霁月以待人"四句揭于壁者，诸南明指而问曰："那一语尤为吃紧?"庐山曰："只首一'明'字。"时方饮茶，先生手持茶杯，指示曰："吾侪说'明'，便向壁间纸上去明了，奈何不即此处明耶?"南明怃然。先生曰："试举杯，辄解从口，不向鼻上、耳边去。饮已，即置杯盘中，不向盘外。其明如此，天之与我者妙矣哉！"（《明儒学案》卷三十四《泰州学案三·近溪语录》，第804页）

以上三段话,都是以"童子捧茶"为例表明了一个观念:"当下即道",所以可以将它们作为一个类型来做思想分析。其实,在上述近溪的比喻及其观点阐述中并没有直接点出"当下即道"一语,这是出现在周海门与他人围绕近溪此喻所引发的一场对话中。有人曾向周海门提问道:"近溪先生谓'捧茶童子,当下即道,岂待用力之久耶?'"①按,提问者所引近溪语,暂时没有在近溪的各种文字记录中找到,这应当是提问者的一个归纳,至于海门究竟如何作答,不是这里的主题,可以暂置勿论。令人注意的是,在当时人的印象中,近溪所谓的"捧茶童子却是道",阐明的正是"当下即道"这一观念。其实,细心的读者或可发现,此所谓"当下即道",不过是我们在上面提到的"当下便是"或"当下即是"的另一种表述方式而已,其内涵所指则是完全相同的。应当说,那位提问者绝不是在做观念上的想象,而是揭示出了近溪此喻的思想实质,甚至可能就是近溪的原话。

如果我们将上述三段记述合起来看,那么不难发现近溪的思路是这样的:无论是"童子捧茶"或"童子献茶"还是接受"童子献茶"的一方(包括近溪自己),从他们的一举一动、一来一往的行为过程中可以看到没有丝毫的紊乱,非常从容自然而又合乎礼节,这是因为在他们的日常行为中有"一个知"或"一个心"在起着统率的作用,他们的行为是顺从着"一个知"或"一个心"的指导而使然,用心斋的话来说,就是"顺帝之则",用近溪的话来说,就是"天之知顺而出之"。质言之,虽然行为表现为"献茶"或"啜茶"等不同现象,但在行为现象的背后却有一个使得该行为能合乎礼节而不乱的依据和原因,那就是"知""心"或"道"。只

---

① 《东越证学录》卷五《剡中会语》,第399页。

是近溪在这里的表述多了一层义理上的转折,他区分了两种不同的"知":"天之知"与"人之知",亦即人心本然之"知"与"百姓日用而不知"之"知",依近溪之分析,这后一种知,乃是经验之知,而前一种知才是本体之知,亦即良知。关于"百姓日用而不知",也是心斋所遇到的问题,这在后面将有讨论。

至此我们可以说,近溪的"捧茶童子却是道"和心斋的"百姓日用即道"如出一辙,所表明的都是这样一层思想含义:道存在于百姓日用当中,并在人的日常行为中"如其所是"的当下呈现。在此意义上可以说,这两个命题都是本体论命题,是对"道"的存在方式的一个陈述。尤应注意的是,"如其所是"的当下呈现并不意味着:行为本身等同于道;而应当理解为:道在行为之中,道是行为的依据。如果我们将心斋和近溪的两个命题解读成:百姓日用直接等同于圣人之"道",或者反过来说,"道"就是百姓日用之生活事实本身,那么我们就将遇到一个理论困境:何以说明经验之心就是本体之心,日用不知就是本体良知,见在情识就是见在良知? 不仅在理论上无法证成上述假设,而且这些假设之本身应当是被心学理论所否定的。后世对泰州学派之所以有种种误解,其因之一盖在于此。

的确,从语言表述的习惯来看,"百姓日用即道"完全有可能被解读为"百姓日用"直接等同于"道",然而,心斋的这一极端表述方式所蕴含的真意却并非如此。若是硬要做一字义说明,则我更愿意将"即"字破解为描述词而非动系词①,它是对两项事实之存在的关联性的一种描述,不是对两项事实之存在的同一

---

① 按,"百姓日用即道"出自黄宗羲的记述,《心斋年谱》原文为"百姓日用是道"(《心斋遗集》卷三《年谱》,第 4 页下)。

性的一种实指。因此,我以为完全可以把这个"即"字解读成"相即不离"这一表示关联性的描述含义。这样一来,我们就可以把"百姓日用即道"之命题理解为是对"道"的存在状态的一种描述,是对"道"与"百姓日用"之关联性的一种描述,而非实指:日用=道。以这一解读方法为据,我们也就容易理解心斋的另一重要命题:"即事是学,即事是道。"①此处的两个"即"字,亦当作如是解:相即不离之意。犹云:学与道都应"就事而言""由事而观",其依据则是:"学在事中""道在事中"。因此,若不以文字表述形式之差异为局限,就其内在义理而言,那么可以说"即事是道"与"日用即道"是完全可以互相诠释的。须承认的是,我的这一解释路向是由义理明字义,而不是由字义明义理。若就心斋学之义理而言,心斋所谓"百姓日用条理处即是圣人之条理处"②,这应当视为心斋思想的一个重要义理阐述,由此义理来解释"百姓日用即道"之命题,则可明确该命题的思想含义应当是"百姓日用"的"条理处"才是符合圣人之"道"(圣人之条理),换言之,百姓日用之本身并不直接等同于"道"。由此可见,若不明心斋学之义理,而妄意解读"日用即道"为日用等同于道,则可能导致对心斋思想的重大误解,同时也不免陷入一个解释学的误区:以为解经读经只要一循"训诂明然后义理明"(戴震名言)之所谓原则便可,从而只要守住"进考据而退义理"的方法便可正确解释一切儒家经典,复原儒家经典的真相和本义,然而事实上,哲学史或思想史的解释还有另一进路不可忽视:"义理明然后训诂明。"其实,若能使义理与考据的方法和平共处,这才是

---

① 《心斋遗集》卷一《语录》,第 6 页下。按,"即事是道",原倒作"即是事道",据和刻本《王心斋全集》卷二《语录》改。
② 《心斋遗集》卷一《语录》,第 5 页上。

学术研究的理想状态。

　　另有一个问题须引起关注,即"百姓日用而不知"的问题,在上述近溪的案例中出现过这一问题。近溪友人曾说:童子捧茶的行为虽表明童子亦能戒惧慎独,"但奈何他却日用不知"。近溪的解答是:"他若不是知,如何会捧茶,捧茶又会戒惧?"闻言及此,其友"语塞"。这一案例表明,近溪对"日用不知"另有一番解释,他并不承认《易传》"日用不知"可以用来解释"童子捧茶"这一行为,因为"捧茶"之行为必有"知"的存在作为其主导,问题不在于有没有"知",问题只在于这个"知"是本然之知还是知识之知。近溪的这一观点对于其思想的义理建构来说非常重要,只是在这里已无法深入涉及。质言之,在近溪看来,只有"不虑而知"与"以虑而知"的区别,不存在"知而不知"的问题。这是就原则原理上立论,若就人的现实状态而言,近溪也只承认有"先知"与"后知"之别,亦即伊尹"以先知觉后知"这一命题意义上的"先知"与"后知"之别,同样也不存在"知而不知"的问题。近溪所反对的是这样一种观点:一方面承认"日用即道",另一方面却以"日用不知"为理由,对前者之命题的思想意义加以限定。应当说,近溪在"日用不知"的问题上,其观点已与心斋存在着很大不同,这也正是近溪有进于心斋之处。

　　关于心斋对"日用不知"的看法,其实涉及这样一个问题:"日用不知"如何与"日用即道"做一整合性的理解,这也是我们如何把握心斋思想的一个重要问题。关于"日用不知",典出《周易·系辞上》:"一阴一阳之谓道。继之者善也,成之者性也。仁者见之谓之仁,知者见之谓之知。百姓日用而不知,故君子之道鲜矣。"按照传统解释,"百姓日用而不知"的意思是说,普通百姓虽然在日用之间"赖用此道",但却没有自觉意识,并不真正了解

"君子之道"。①心斋对于"日用不知"一语的引用是紧接着"百姓日用条理处即是圣人之条理处"这一命题之后,他说道:"圣人知,便不失,百姓不知,便会失。"②无疑,这是在强调"日用不知"的观点,并且强调"圣人"与"百姓"的不同之处就在于"知与不知"。他在一封给徐樾的信中,针对"即事是心,更无心矣;即知是事,更无事矣"的观点,指出:

> 夫良知即性。性焉安焉之谓圣。知不善之动,而复焉执焉之谓贤。惟"百姓日用而不知",故曰"以先知觉后知"。一知一觉,无余蕴矣。(《心斋遗集》卷二《答徐子直》,第1页上)③

在这里同样强调了圣贤与百姓存在着根本差异,圣人能做"性之"的工夫,贤人能做"复性"的工夫,然就百姓的角度言,却是"百姓日用而不知",故而需要"先知先觉"们来引导他们,从根本上说,"圣愚之分,知与不知而已矣"④。至此我们可以了解到心斋的一个根本思路是:虽然可以说"百姓之日用即中",但是由于"特无先觉者觉之,故不知耳"⑤。由此可以证明心斋所言"日用

---

① 参见孔颖达《周易正义》卷七,《十三经注疏》本。

② 《心斋遗集》卷一《语录》,第5页上。按,又见《心斋遗集》卷三《年谱》,第4页上。

③ 按,又见《与薛中离》,惟该书有一句为《答徐子直》所无:"惟百姓日用而不知,故曰'以先知觉后知',是圣愚之分,知与不知而已矣。"(《心斋遗集》卷二,第13页下)

④ 同上注。

⑤ 《心斋遗集》卷一《语录》,第2页上。按,原文为:"或问中,先生曰:'此童仆之往来者,中也。'曰:'然则百姓之日用即中乎?'曰:'孔子云百姓日用而不知,使非中安得谓之道? 特无先觉者觉之,故不知耳。'"又按,所谓"百姓之日用即中"亦可换成"百姓日用即道","以先觉者觉之"实即"以先知觉后知,以先觉觉后觉"。

即中"与"日用即道"一样,此处所谓的"即"字,绝不能作动系词解,不能把"日用即中"换成这样的等式:日用＝中。进而言之,在心斋的观念中,百姓日用是不能与"道"直接等同起来的,其实在他看来,"百姓日用而不知"毋宁是"知"的一种现实存在之状态,故而有学与教的必要,以改变这种状态,如此则庶几可称"日用即道"。如其所云:"愚夫愚妇,与知能行便是道。"①在"愚夫愚妇"与"道"之间,须有"与知能行"作为前提条件。总之可以说,心斋所谓"百姓日用即道"绝非是无条件的绝对命题,他对"百姓日用而不知"完全是从消极的层面来理解的,认为这是应当克服的一种状态。由此可见,任何夸大解释心斋的"百姓日用即道"的思想意义,以为这是心斋思想所含有的平民性之特征的主要表现,实与心斋思想之本义不相吻合。

本来,"百姓日用即道"与阳明的良知学说是有渊源关系的。阳明曾说:"良知良能,愚夫愚妇与圣人同。"②"与愚夫愚妇同的,是谓同德;与愚夫愚妇异的,是谓异端。"③心斋亦云:"圣人之道无异于百姓日用。凡有异者,皆谓之异端。"④显然两种说法的意思是一致的。不过值得注意的是,阳明是从良知本体论上立论,亦即良知存在"无间于圣愚""良知之在人心,不但圣贤,虽常人亦无不如此"之意,强调的是良知本体的遍在性、先天性之特征,也就是良知现成的理论表述。但是阳明并没有根据"圣愚无间"而得出"日用即道"的结论。原因在于阳明认为圣愚之间虽有着先天的同一性,但并不意味着两者具有现实的同一性,

---

① 《心斋遗集》卷一《语录》,第3页上。
② 《传习录》中,第139条。
③ 《传习录》下,第271条。
④ 《心斋遗集》卷一《语录》,第5页上。

就现实层面而言,圣愚之间仍然不可避免地存在差异,故阳明又强调指出:"惟圣人能致其良知,而愚夫愚妇不能致,此圣愚之不同处也。"①这一不同虽非本质之不同,但却是非常现实的,这也就是"百姓日用而不知"的另一种表述方法而已。心斋说"圣人知,便不失",也就是阳明的"惟圣人能致其良知"的意思;心斋说"百姓不知,便会失",亦即阳明的"愚夫愚妇不能致"的意思。可见,"日用即道"其实是立足于心学的现成良知理论而发,只是心斋根据阳明的"愚夫愚妇不能致"的观点,并援用《易传》"百姓日用而不知"之说,突出强调了一个观点:在本来意义上,百姓日用而知,但在现实状态下,百姓日用却不知;就本体论层面而言,由于良知遍在于百姓日用之中,故可说"日用即道";然从工夫论层面而言,由于"愚夫愚妇不能致",所以"百姓日用而不知"。至此可以明了,"日用即道"与"日用不知",在心斋思想体系中并不构成矛盾冲突,两者是可以互相补充的。

## 四 余论

日本学者荒木见悟曾以"本来性"与"现实性"这一问题设定,作为理解宋明理学之义理架构的一个主要分析视角,认为如何消解"本来性"与"现实性"之间的理论紧张乃是宋明儒者共通的一个主要问题意识。②笔者以为,这一问题设定完全可以用来分析上述阳明和心斋在"圣愚无间"与"圣愚不同"、"日用即道"与"日用不知"这一看似两难的命题之间所存在的理论紧张。然而在笔者看来,"本来性"如何在现实中得以落实、展开和呈现,

---

① 以上,均见《传习录》中,第179条。
② 参见荒木见悟:《佛教と儒教——中国思想を形成するもの》"序论——本来性と现实性"。

以及如何解决在此过程中所出现的问题,这才是阳明学及其后学所关注的主题之一。由此以观,上述看似两难的命题其实并不重要,因为这并不构成思想体系内的自我矛盾冲突,只要对阳明以及心斋对问题的论述角度有所把握,则是不难理解的。重要的是,阳明所说的"随时就事上致其良知"、心斋所说的"即事是学,即事是道",为人们如何在现实中把握"本来性"指明了一个方向,揭示了有行为参与的事物本身对于成就人格、实现良知的重要性。而为了达成这一目标,高喊"圣愚无间""日用即道""良知见在""当下即是"等思想口号却是十分必要的,因为这既可以为行动提供信念的支撑,同时也是阳明学及泰州学为何具有长久的思想魅力并引起广泛的理论效应、社会效应的原因之所在,若非如此,则阳明学及心斋学便毫无理论特色之可言。当然,如何从思想及思想史的角度,对此做出相应的思想分析和历史评价,则只有深入其思想内部然后才有可能。

表面上看,一方面说"日用即道",另一方面又说"日用不知";一方面说"圣愚无间",另一方面又说"圣愚不同",未免给人以一种印象:无法在理论上自我圆说。事实上,"日用即道"如同"满街圣人"一样,是建立在"良知天性,人人具足"这一良知现成观念之基础上的一个必然推论,对于这一观念的强调和揭示,可以鼓舞人心,使人树立起圣人必定可以成就的信心;另一方面,心斋之所以强调"百姓日用而不知",这是为了让人更为清醒地意识到若没有工夫层面的不断努力,则不可能最终实现理想人格、成为"圣人"。由此可见,"日用即道"与"日用不知"绝不是互不相融的两个背反命题,而应当是可以互相补充的。在心斋的思想体系中,这两个命题可以获得有机的联系。

问题是,就"百姓日用即道"以及"见满街人都是圣人""捧茶童子却是道"等命题的形式来看,的确容易被理解为符合同一律的逻辑命题,将"百姓日用"与"道"、"满街人"与"圣人"、"捧茶童子"与"道"理解为无差别的直接同一,甚至有可能把一切感性的、经验的生活行为之本身视为合伦理性行为。如此一来,就会带来一系列严重的后果。尤其是在未对心学的那套思想言说的内在脉络做出清晰冷静的分析梳理之前,便武断地批评"日用即道"必然导致"凡是日常行为便是符合'道'的行为"的结论,"现成良知"也必然导致"凡是现成的便是良知"的结论,甚至可以说"满街圣人"无疑是在宣称"圣人都是现成的"。这些批评所指称的现象是否在历史上确实出现过? 抑或仅仅是一种理论上的推论和假设? 这是两个原本属于不同领域的问题,一是属于历史的考察,一是属于义理的分析。从学术研究的角度看,对于这两个问题是必须严加区分的,万万不可混为一谈。然而在儒学史上,特别是自宋明儒学以来,对思想的义理分析往往与对思想的历史评价混为一谈,对某种思想言论可能产生的理论效应的推断和评估往往被视作是历史的真实。于是,阳明后学中的一些学者针对现成良知说所提出的"以见在为具足""以情识为良知""以知觉为本体"的理论批评①,到了后来(譬如在东林学派那里)便被人认作是导致人心不古、社会失序、人伦失常、风俗败坏等社会现象的历史原因。当人们用这种历史因果论的分析方法来观察和评估泰州学派的种种思想言论时,往往很容易地就得出结论说:泰州学派的那些"日用即道""满街圣人""当下即是"的思想主张便是导致真实地发生过上述种种社会现象的罪魁祸首。然而这些批评或担忧,究竟是历史的真实还是观念的想象,

---

① 参见拙著:《聂豹·罗洪先评传》第二、第三章。

对此却缺乏深入的追究和冷静的思考。关于这一问题,由于涉及面颇广,我们准备在最后的"结语"一章中再来详谈。这里只提示一句:思想对社会、现实、制度等层面虽时有正面或负面的影响,但是绝不能夸大这种影响,毋宁说这种影响在整个帝制中国(自秦始皇统一中国算起)是微不足道的、极其有限的,晚期帝国的明代亦概莫能外。

最后须指出的是,从阳明到龙溪,再到心斋,有关"现成良知"的理论陈述经历了某些言说方式的变化,从阳明到龙溪,更多地带有抽象思辨之色彩,而到了心斋那里,他的言说方式显然已有了通俗化的倾向,甚至带有了某些极端化的色彩,譬如"见满街人都是圣人"便是一个典型的例子。而任何一种极端化的说法都有可能带来两种结果:一是可能带来意想不到的理论效应,一是可能引起不必要的误解。心斋常以"日用见在"指点良知,这说明心斋坚信一条真理:良知就是现实的存在、当下的存在。而这一"指点"手法便带有通俗化、极端化的色彩,能够产生令听者"爽然"的理论效应,与此同时,却也会产生某些误解,以为现实当下的行为本身便是自然地合乎规矩礼节的行为,其过程本身更不必讲求伦理规范对行为的要求和约束。到了泰州后学那里,譬如颜钧便提出了这样的主张:"率性所行,纯任自然,便谓之道。"[1]这是一种"率性自然"的观点主张,以为"纯任自然"的行为本身便必然是合乎"道"的行为,这是将"日用即道"的理论推向了另一个极端:因为"纯任自然"与"放任自然"仅有一步之遥,而在这样一种实践论的口号之下,任何非自然的外在规范对于行为已失去了约束的意义而变得无足轻重。

---

[1] 《明儒学案》卷三十二《泰州学案》。

总之,"日用即道""满街圣人"与"良知见在"观念有密切的理论关联,正是在良知见在的观念基础上,心斋提出了独特的"日用即道""满街圣人"等观点,而这些观点应当是本体论意义上的预设,意谓道与日用相即不离,道就在日用之中,人人在本质上与圣人相等,故而人人都有成圣的可能。但是这些观点并不意味着可以取消一切实践工夫,换言之,并不是在工夫论意义上预设日常行为自然中节合理,也不是说人人都是现成的圣人。当然也须看到,到了泰州后学那里,开始出现了轻视礼法、忽略工夫等思想倾向,甚至以"率性自然"作为工夫实践的指向,其结果则有可能"浸为小人之无忌惮"(刘宗周语)。应当说,之所以有这些负面现象的产生,其因之一在于那些"假托现成良知者"的误导。

## 第三节 淮南格物

"淮南格物"说是心斋思想的一个核心观点,在历史上非常著名,但也引起了不少争议。在晚明时代大致上有两种截然不同的看法:一则批评心斋此说"未免意见之殊耳"①,以为"不必别立新奇也"②;一则以为其说深得《大学》"修身为本"之旨③,"后儒格物之说,当以淮南为正"④。今人对此大约有三种意见:一则以为"淮南格物"是心斋思想有别于阳明心学的一个重要标志,因此心斋所创的泰州学派必定是"一个假的阳明学派"⑤;一

---

① 陈明水:《明水陈先生文集》卷一《简魏水洲》,第21页。
② 周海门:《东越证学录》卷十《与赵学博怀莲》,第851—852页。
③ 李材(号见罗,1519—1595):《观我堂稿》卷九《答邓元中书·己卯》,第3页下。
④ 刘蕺山:《刘子全书》卷十二《学言》下,第13页下。
⑤ 参见侯外庐主编:《中国思想通史》第四卷(下),第二十二章"泰州学派的思想及其阶级性与人民性",第971—972页。

则以为心斋"对于格物的讲法,也只是一说而已,并无什么义理上的轨道",意谓此说的学术价值值得怀疑①;一则以为心斋此说之于《大学》本义"固的然而无疑",而且"同于吾人之说",从而对此做出了很高的评价②。一种学说观点何以引起如此不同的说法,很值得深思。不管提出这些评论所依据的思想立场有何不同,有一点是不容置疑的,作为一种思想史的评论或批评,首先必须对其学说的内在义理有一个充分的了解,具体到淮南格物的问题而言,唯有深入到此说的思想内核,对其内在理路有较为全面的把握之基础上,才能对其思想意义及历史意义提出中肯切实的评判。

本节的任务是,首先考察淮南格物说的形成过程,以此澄清一个流行观点:以为心斋在拜师阳明前就已形成了"淮南格物"说,我的结论是心斋格物说的最终确立是晚年的事情;其次,则要考察道学(含理学和心学)传统中的"格物"问题,以此凸显心斋格物说的问题意识;再其次,则要通过对淮南格物的深入分析,揭示出此说的内在义理及思想特质之所在;最后,将结合历史上的各种评议,提出我们对心斋格物说的历史地位、思想意义等问题的看法。

## 一 "形成说"再议

关于心斋何时确立"淮南格物"说的记载,错综复杂。首先从该名称说起。将心斋的格物说称为"淮南格物",据初步考证,始见于赵贞吉《泰州王心斋墓志铭》,铭曰:"越中良知,淮南格

---

① 牟宗三:《从陆象山到刘蕺山》,台湾学生书局,1979年,第282页。
② 唐君毅:《中国哲学原论·导论篇》,中国社会科学出版社,2005年,第198页。

物,如车两轮,实贯一毂。"①"淮南"即指心斋,"越中"则是指阳明②,这是将心斋的格物说与阳明的良知说相提并论。这从一个侧面为后人提示了一个信息,心斋学说的核心便是其格物说,而且能与其师阳明的良知说分庭抗礼。赵大洲是这样记载的:

> 越中王先生(按,指阳明)自龙场谪归,与学者盛论孔门求仁,知行合一,泥者方仇争之。至十四年,王先生巡抚江西,又极论良知自性,本体内足,大江之南,学者翕然信从。而先生(按,指心斋)顾奉亲鹢居,皆未及闻焉。有黄塾师者,江西人也,闻先生论,诧曰:"此绝类王巡抚公之谈学问也。"先生喜曰:"有是哉!虽然,王公论良知,某谈格物。如其同也,是天以王公与天下后世也;如其异也,是天以某与王公也。"其自信如此。即日往造江西。盖越两月而先生再诣豫章城,卒称王公先觉者,退就弟子。间出格物论,王先生曰:"待君他日自明之。"……晚作《格物要旨》《勉仁方》诸篇,或百世不可易

---

① 《心斋全集》卷五,页 20 上。按,原文见《赵文肃公文集》卷十八。该《铭》后成了撰述心斋传记的基本素材,如耿天台:《耿天台先生文集》卷十四《王心斋先生传》的相当部分便以该《铭》为据;焦竑:《焦氏笔乘》卷三"王先生"条则全文收录。黄宗羲亦蹈袭了"王公论良知,艮谈格物"这一说法(《明儒学案》卷三十二《泰州学案一·王心斋传》,第709 页)。

② 侯外庐等主编的《宋明理学史》下册有关王心斋一章的作者认为"越中"指王畿(第438 页),然未明其由。此一问题涉及到心斋与阳明的思想关系,不容不辨。赵大洲《墓志铭》中,明言"越中王先生自龙场谪归,与学者盛论孔门求仁"(《心斋全集》卷五,第17 页下),此"越中王先生"与《铭文》所云"越中良知"系指同一人,当可无疑。另有旁证可证此一解释无误,据《一庵王先生遗集》卷上《年谱纪略》嘉靖十九年条的记载:"越中提出良知要旨,教人体认;淮南指出格物把柄,教人下手。"(第50 页)首句"越中",当是指阳明。可见,"越中"与"淮南"以对句形式出现,乃是当时阳明学圈内的一个表述习惯。

也。(《心斋全集》卷五,第 17 页下—19 页下)

如前所述,心斋拜师阳明在正德十五年(1520),心斋时年 38 岁。依上述记载,心斋在此之前,既已形成了格物说,而且非常自信地说道:"如其同也,是天以王公与天下后世也;如其异也,是天以某与王公也。"意谓:如果阳明与自己所见略同,那么这是"上天"降此人物于天下后世;如果阳明与自己所见不同,那么这是"上天"降此人物与我并立于天下后世①。从上面第一节所述心斋拜师阳明之经过来看,此类狂言颇合心斋之性格。果然,心斋在见了阳明之后,便搬出自己的"格物论",欲与阳明相质,却被阳明婉言拒绝。不过以著作形式固定下来则是在晚年,即"晚作《格物要旨》"。但仅从上述第二段文字来看,赵大洲并未透露自己曾目睹过《格物要旨》,也未透露当时该篇文字曾刊刻行世等信息。现存所有心斋的文本均未见《格物要旨》,大抵该文已经失传。②

然而问题是,若与上述"拜师阳明"做一比较,则可发现赵大洲的"某谈格物"及"间出格物论"这两点重要记录却不见于王东厓及心斋弟子董燧编订的万历本《心斋全集》所收《心斋年谱》,

---

① 侯外庐认为"如其异也,是天以某与王公也"的意思是说:如果王艮与阳明所见不同,那么王艮希望"以自己之异,影响王阳明,修正王阳明"(《中国思想通史》第四卷(下),第 966 页)。此解大抵可通。

② 耿天台弟子刘斯原在编辑《王心斋大学语录》所下的《按语》中曾指出:"往在湖南时,曾植斋先生(按,即曾朝节,生卒不详)亦刊《心斋遗录》。予为问《格物论》之存否,先生曰:'内江赵文肃(按,即赵大洲)尝言:越中良知,淮南格物;如车两轮,实贯一毂。则心斋《格物论》信有之,而今亡也。'岂心斋尊良知而不敢传欤?抑亦传之者之削其稿也?"(刘斯原:《大学古今本通考》卷八,第 477—478 页)可见在万历年间,心斋《格物要旨》或《格物论》已不见传。刘斯原对其原因做了上述两种推测,或有参考价值。顺便指出,刘斯原亦以大洲之说"王公论良知,某谈格物"为据,相信心斋在拜见阳明之前已有格物之悟(《大学古今本通考》卷八,第 477 页)

而且在王东厓及王一庵有关乃师心斋的思想经历的叙述中，也一概未见类似叙述。然而这两点记录不同小可，因为这意味着心斋在见阳明之前，已然有了独自的格物学说。如果事实果真如此，那么为什么依据王东厓等人提供的《心斋行实》为素材而由董燧编订的《心斋年谱》正德十五年条却一字未提？相反却在嘉靖十六年心斋55岁条，做了详细的记录？在解答这一问题之前，还必须介绍另外一条重要的资料，这条资料可以为赵大洲的记录提供有力的旁证，或许应当反过来说，这条资料才是赵大洲的记录的原本，只是由于大陆学界几乎没有注意到这条资料，而只能以赵大洲的记录为依凭①，所以以上首先介绍了大洲的说法。关于这条资料的原文，稍后再披露，先就资料出处的文本问题，略做交代。该资料的底本是和刻本《王心斋全集》②，关于该本的刊刻经过及其在王心斋资料的刊刻史上的重要性，日本学者佐野公治已有详细的文献学研究③，在此无须多言，仅就与这里的主题相关者，略做几点介绍。

在心斋资料的刊刻史上，据目前所知，最早的刻本为"江浦"本，心斋弟子聂静《重刻先生语录序》④载：

---

① 例如侯外庐主编《中国思想通史》第四卷（下）。个中原因如后所示。

② 共五卷二册，刻于日本弘化四年（1849），底本是清道光六年（1826）王荣禄跋刻本，各卷下题：耿定力、焦竑原校，曾孙王元鼎辑，八世侄孙以钲、震九读识。

③ 佐野公治：《王心斋の资料について》，载《爱知县立大学文学部论集》第22号，1971年。

④ 按，该《序》原载于《王氏族谱》而未见于心斋遗集各本，清末光绪年间袁承业从《族谱》中录出。原《序》无年月落款，然据序中所述，聂静所编《语录》与董燧所编《年谱》并刻于江西永丰，因此该《序》当与董燧《年谱后序》作于同年，即隆庆三年（1569），参见万历本《心斋全集》卷五。此本后来成为王元鼎重刻于万历年间的底本。

先生不主言诠,或因问答,或寓简书,言句篇牍,收之于流播,得之于十一者也。然词约而旨远,入圣之指南矣。先生既殁,斯语乃传。初刻于江浦,继刻于漳南,记忆稍讹,传写或谬,而读者疑焉。(《心斋遗集》卷首,第1页上)

其中提到的"江浦"本早已失传,但与和刻本《王心斋全集》有一点渊源关系。江浦本是心斋弟子张峰所为[1],而和刻本所收《年谱》,题作"门人张峰纂",不同于万历本及其后各本所收的董燧本《年谱》,其中有关正德十五年拜师阳明之经过,张峰《年谱》的记载与各本均不同。该《年谱》正德十五年条载:

时文成讲良知之学于豫章。塾师黄,吉安人也,闻先生论,曰:"此类吾节镇王公之谈。"先生喜曰:"有是哉?虽然,王公论良知,某谈格物。如其同也,是天以王公与天下后世也;如其异,是天以某与王公也。"即日买舟往。至,则以诗为贽,由中甫据上坐。……(和刻本《王心斋全集》卷一,第20页)

此后详细记录了心斋与阳明的交谈经过,内容大致与董燧《年谱》所载相同,唯一重要的区别是,上引自"虽然"至"是天以某与王公也"的一段文字不见董燧《年谱》。由于董本后于张本,故可说这段文字是被董本所删,而其他记录则被董本几乎全部照收。删除这段文字的原因在于:董本《年谱》将心斋格物之悟一事移至嘉靖十六年心斋55岁条下,显然由董本的立场看,张本的记

[1]　胡直《重刻王心斋先生遗录序》载:"《心斋先生遗录》若干卷,始嘉靖间,门人张水部峰刻诸江浦。隆庆间,先生仲子(按,即王东厓)某偕诸门人编校《年谱》并《遗录》刻永丰。仲子尝属予序,而未之逮。今万历四年,水部重刻于家,乃亦以序见督。"(《衡庐精舍藏稿》卷十,页15上)可见,张峰曾两刻《心斋遗录》。按,关于张峰生平,参见本书第一章。

载有误。那么究竟孰是孰非呢？在回答这一问题之前，稍微讲一下赵本与张本的关系。

我们注意到，赵大洲关于正德十五年的记述非常简略，这也许是由于《墓志铭》的性质所限，然而唯独"虽然，王公论良知，某谈格物。如其同也，是天以王公与天下后世也；如其异，是天以某与王公也"这段文字全部照录，一字不差。那么是否有可能张峰《年谱》抄录了赵大洲的《墓志铭》而不是相反，应该说这种可能性微乎其微。因为一个简单的道理是，张本记述详而赵本记述略，略者抄录详者的可能性远比相反的情况要大。另一个理由是，张峰为心斋入室弟子，于心斋之行实多少有所耳闻，而且事实上他撰写《年谱》以及编刻《语录》，有心斋子弟的有力帮助①，这是赵大洲所不具备的客观条件。再者，张峰初刻《心斋遗录》是在1545年左右，这也为赵大洲目睹该书提供了条件。因此我认为，赵大洲的记录当有所本，张峰的《心斋年谱》便有可能是其中之一。至于其他的可能性是否存在，这里就不宜也不必进一步揣测了。

现在我要提供一条重要的线索，可以很好地解答上述问题。据笔者目前所知，这条线索尚未被人所注意。原因之一也许是这条资料的记述方式非常隐讳且简略。据万历本《王心斋先生全集》卷二《世系》所录心斋曾孙王之垣撰《世系详注截略图》，有一条关于心斋长子王衣的记载：

---

① 例如，心斋逝世后不久，张峰便给王衣、王襞写信，督促他们务必将"师生身出处""详录一册，以修《年谱》"，并再三强调："此其至要，兄可急记之！凡为《传》为《铭》，皆有稽焉。生（按，张峰自称）至任，必差人来取。千万加意！"（《心斋遗集》卷五附录《张峰寄王衣王襞书》，第18页上）有理由相信，心斋家人后来为张峰提供了这些资料，然后才有张峰的《心斋年谱》。

## 第二章　王艮:泰州学的创立

　　衣,心斋第一子,字宗乾,号东堧,生于正德三年
(1508)十二月二十八日,卒于嘉靖四十一年(1562)八月十
五日,寿五十五岁。业儒。秉性刚直,内外咸服。会物有本
末之旨,启父格物之学。后虎墩北洋崔公挽云:"格物曾问,
启至聪精。"翰墨酷肖阳明公体。蚤年督理家业,瞻父游学
之需,中年率弟襞游学江浙。立宗会,光大家学。配享崇儒
祠。(《心斋全集》卷二《世系》,第49页上下)①

令人注目的是,说王衣"会物有本末之旨,启父格物之学","会"
即领会,"启"即启发。意思是说,王衣对于《大学》"物有本末"
有所领悟,启发了心斋的格物之学。在上面第一节第五小点"学
凡三变"中,我曾说过,有关《大学》经文"物有本末"一句的新
解——亦即:释"本"为"身",释"末"为"家国天下",乃是淮南格
物说的一个标志。换言之,"物有本末"之问题的解决,是淮南格
物说得以成立的关键。现在我们却突然发现,解决这一关键问
题的是心斋长子王衣。那么,这一记载有否旁证可以支持呢?
除了上述记载中引用的"崔公"挽联之说以外,这里还有一条现
存的资料,可作为旁证,在同上书卷五《门人列传》"王衣"条,有
这样的记载:

　　王衣,字宗乾,先生长子,以师事父。天性刚方,存心仁
厚,幼奉庭训,悟物有本末之物,启先公之首肯。长游越中,
会知必良,知为良动。阳明之契重,不阿谀,绝外诱,甘恬
退,励清修。君子路上人也。先公殁,率诸弟群聚讲学,会
友四方,不堕家声。精楷书,法帖阳明。督耕煎,裕家计,供

---

① 按,"崔公"者,不详。这里特别引述崔公的"挽联",显然意在证明"会
　　物有本末之旨,启父格物之学"一说绝非一家之私言。

123

父游赡之需。有友目之曰："宗乾,心斋一个孝子;宗顺,心
斋一个肖子。"不虚云。先公做物有本末之学,无宗乾是不
治生,而冻馁其身者有之矣。年五十有五。弟宗顺为之志
铭:格物一窍,宗乾启聪。内顾弗厪,熟虑以从。不有克孝,
克肖将庸。卓哉宗乾,孝友兼隆!(《心斋全集》卷五,第
65 页下—66 页上)

所谓"悟物有本末之物,启先公之首肯",与上述"会物有本末之
旨,启父格物之学"的意思完全相同,只是多了"首肯"一词,意谓
王衣的领悟得到了心斋的肯定。"格物一窍,宗乾启聪",则是王
东厓《铭文》中语。由此可见,关于王衣的格物之悟,并不是王衣
之孙王元鼎的臆造之说,而是王东厓业已肯定的一个事实。应
当说,这两条记载加上上述的一条记录,对于心斋格物说形成于
何时的问题之解决具有决定性的意义。

依王衣生年推算,正德十五年心斋拜师阳明那年,他年仅
13 岁。如果说在这样年龄已经"会物有本末之旨",实在是过于
年轻了,基本上可以否定这种可能性的存在。由此也就可以说,
当年心斋拜师阳明之际,居然信誓旦旦地说"某谈格物",而且还
"间出格物论",欲与阳明相质,这就非常值得怀疑,如果说有关
王衣格物之悟的记载为真实可信,那么正德十五年之际,心斋所
谓的"某谈格物"便是绝不可能之事。排除了这一可能,那么董
燧本《年谱》心斋 55 岁条的记录便极有可能是唯一正确的记录。

通过以上的考察,我们可以得出几点结论:一、心斋的格物
说受到了其子王衣格物之悟(主要内容为"悟物有本末之物")的
启发;二、正德十五年,心斋拜师阳明之前,不可能已经形成了淮
南格物说(该说的一个标志是对"物有本末"之问题的解决);三、
赵大洲《墓志铭》、张峰《年谱》有关拜师阳明的一段记载不可信,

董燧《年谱》的相关记录当为信史;四、淮南格物说的形成有一个漫长的过程,最终确立于心斋 55 岁那年,作《格物要旨》;五、以为心斋在拜见阳明前已有独自的格物论,由此推断心斋所创的泰州学派是独立于阳明学派的,这一论点难以成立。[①]

## 二　道学与格物

自 11 世纪北宋初儒学复兴以来,随之而起的是儒家经典的重新诠释运动。自《礼记》中抽出《大学》一篇,并《中庸》而与《论语》《孟子》列为《四书》,实倡始于二程而集大成于朱子。朱子定《大学》为四书之首,以为学者入德之门,且以为《大学》一书之要在于"格物"二字[②],故朱子的格物论成为其思想体系的一个重要支撑。然而朱子格物论是建立在重新确定《大学》章句之基础上的,这是因为自二程以来(前此还有司马光),学者大多认为《大学》文本存在着错简、阙传等问题,而《大学》文本问题又牵涉《大学》义理如何疏通、如何解读的问题。事实上,如何正确解读《大学》义理之问题,乃是重新整理《大学》章句的前提和目的。朱子的《大学》改本主要做了四点改动:移动次序者三,改字一(改"亲民"为"新民"),删字四(即两处"此谓知本"之一处),以

---

[①] 日本学者荒木龙太郎则有另一种变相的说法,他以赵大洲《墓志铭》之说为据,认为心斋"王公论良知,某谈格物"(38 岁)之说,直至晚作《格物要旨》(55 岁),正说明心斋一贯以自己的格物说为思想立场,其间虽接受了阳明的良知说,但最终形成了有他自己独特色彩的现成良知说。荒木之意图在于论证心斋的格物论及良知论均与阳明有着重要不同,而不免忽略两者在良知问题上的本质之同,似与其过于采信大洲之说有关。参见荒木龙太郎:《王心斋新论——思惟构造の观点から》,载日本九州大学中国哲学研究会《中国哲学论集》第 22 号,1996 年。

[②] 如:"此一书之间要紧只在'格物'两字。……本领全只在这两字上。"(《朱子语类》卷十四,第 255 页)

上是程子既已开始的工作,朱子所做的重要改动其实就是"格物补传"(共 134 字),这篇文字既反映了朱子格物论的中心思想,同时也由此引发了诸多质疑和批评,特别是到了明代以后,引起了后儒的纷纷争议。在某种意义上可以说,"格物"问题是贯穿于宋明理学的一个重大义理问题,而并不仅是一个文本的改订问题或考证问题。因为在文本改动的背后,有着义理的支撑。从表面上看,阳明必欲复古本《大学》乃是针对朱子新本而来,其实阳明此行为的背后,亦贯穿着一种思想的判断。质言之,朱王有关《大学》问题的思想分歧就集中在"格物"问题这一点上。

我们知道,朱子的格物解释若以一言而蔽之,则可以四字当之:"即物穷理。"然而欲了解阳明格物之义,却须从朱子的格物解释之义理进程说起。要之,朱子之释"格"为"至",谓"物"为"犹事"之义,就此而言,"格物"二字便成了即事或即物之意,说白了,所谓"格物"无非就是到事物上来或与事物相接触,如此而已。换言之,"格物"二字是不能自我解说的,因为与事物接触以后又会如何,"格物"二字却无法对此做出有效的解释。而导致这一问题的原因在于《大学》文本只是说了"致知在格物",又说"物格而后知至",却没有立"传",对"格物"问题做出专门的解释。所以朱子认为有必要为"格物"章补传。他在"补传"中为格物致知提出了两个前提设定:"人心之灵,莫不有知""天下之物,莫不有理"。在这两个基本设定之下,格物致知之义便成了:以人心之灵即凡天下之物而穷其理,此谓格物;又以推广扩充人心之知识而"至乎其极",此谓致知。然而朱子此释,语若两分,其义则一。格物就是即凡天下之物以扩充吾心之知识,亦即:格物就是致知的工夫。虽然,朱子以为如此解释,庶几合乎《大学》"致知在格物"之本义,然而其实反过来说亦可:格物在致知。格物只是为致知提供了一个场所而已。在事物上穷其事物之理，既可指格物，又可指致知。要之，格物与致知不可分，须以即凡天下之物为前提，故而格物致知就是一种求理于物的外向工夫而已。阳明据此而批评朱子格物论是求理于外、舍本求末、遗内逐外的义外之学，语虽苛刻，义或不谬。对阳明而言，不如此说则不足以直捣朱子格物论之巢穴而与朱子新本之说相抗衡。

在阳明看来，《大学》之要不在格物而在于诚意。阳明在1518年（在提出"致良知"之前）《大学古本》的《原序》①中既已指出："《大学》之要，诚意而已矣；诚意之功，格物而已矣。"②关于后一句，其意不是说"诚意在格物"，而是说诚意就是格物的工夫，换言之，格物工夫可由诚意所涵摄。因此，同样反映了阳明复《大学古本》时期之思想的《传习录》上卷（徐爱所录的开首十四条），就有"格物是诚意的工夫"③之说，意谓诚意工夫可以统领格物，或者格物须由诚意工夫来贯彻。正是在此意义上，故曰："《大学》之要，诚意而已矣。"这句话乃是阳明解释《大学》的基本立场，同时也是针对朱子的《大学》解释而发。因为在阳明看来，朱子只关心"致知在格物"之问题，却未能将格物致知与诚意工夫扣紧说，未能顾及"欲诚其意者必先致其知"这层义理问题，故而在朱子的解释系统中，物与心、意、知遂层层脱节，以至格物与诚意、正心不相连贯。

究其原因主要有二：一是哲学立场有误，二是错解了"格

---

① 按，阳明为《大学古本》作有二序，一为正德十三年（1518）戊寅，一为嘉靖二年（1523）癸未，前者见罗钦顺《困知记》三续二十章，后者见《王阳明全集》卷七。

② 罗钦顺《困知记》三续，第 95 页。按，这句话在癸未改订的新序中仍存，见《王阳明全集》卷七，第 242 页。

③ 徐爱《传习录跋》，见《传习录》上，第 14 条之后。

物"。前者表现为朱子"析心与理为二"这一原则立场的重大失误,依阳明之见,"朱子所谓'格物'云者,在'即物而穷其理'也。即物穷理,是就事事物物上求其所谓'定理'也。是以吾心而求理于事事物物之中,析'心'与'理'而为二矣。……夫析心与理而为二,此告子'义外'之说,孟子之所深辟也。"①这一原则立场有误,是导致朱熹哲学所有错误的根本原因,朱子误解格物之缘由亦在于此。也正由此,朱子将"格物"错解成了"即物穷理"。

若依阳明之见,格物之基本要义有二:一、"格"者"正"也,"正其不正以归于正"之义也②;二、"物"者,"意之用","意所在之事谓之物"(或"意之所在便是物")③。当然克就格物之义而言,以上二义便可尽之,若就此说的义理根据而言,则当说这是阳明的"心即理"这一基本立场所使然。也就是说,阳明对格物问题的解决,首先必须针对朱子的"事事物物皆有定理"以及程伊川的"在物为理"这两个基本命题做出重要的修正乃至推翻,亦即:以"心外无理"来推翻"定理"说,又以"此心在物为理"④来修正"在物为理"。在阳明看来,由"心即理"这一立场出发,始能从根本上否定"即物穷理"说得以成立的依据。然就上述两个"格物"的基本要义而言,格物就变成了"格其心之物也,格其意之物也,格其知之物也。正心者,正其物之心也;诚意者,诚其物之意也;致知者,致其物之知也"⑤,正心、诚意、致知便与格物连

① 《传习录》中《答顾东桥书》,第135条。
② 语见《大学问》(《王阳明全集》卷二十六,第972页)等。
③ 以上三言分别见:《大学古本旁释》(《王阳明全集》卷三十二,第1193页)、《大学问》(《王阳明全集》卷二十六,第972页)、《传习录》上,第6条,等。
④ 参见《传习录》下,第321条。
⑤ 《传习录》中,第174条。

128

贯为一;另一方面,阳明又说:"正其不正,去恶之谓也;归于正者,为善之谓也。夫是之谓格。"①此说则可与"四句教"中的"为善去恶是格物"一说相印证。合而言之,格物不再是"即物穷理"之意,更不是"扩充知识"之谓,而是指祛除物欲、为善去恶的道德实践。

然而问题是,"格其意之物"以及"正其不正以归于正"之工夫得以成立的依据何在? 换种问法,亦即由谁来保证"格其意之物""正其不正"得到正确的实施? 阳明的答案是"良知"。良知是"主人翁""大头脑",良知才能保证格物(阳明所说的格物)无误。所以,在上述两个有关格物的基本要义之外,还必须补充一条:"知者意之体。"②阳明晚年提出致良知之教以后,对心意知物的问题,有了更为清晰的界定,并对《大学古本旁释》提出的"知者意之体"做了补充说明:

> 心者身之主也,而心之虚灵明觉,即所谓本然之良知也。其虚灵明觉之良知应感而动者谓之意。有知而后有意,无知亦无意矣。知非意之体乎? 意之所用,必有其物,物即事也。(《传习录》中,第 137 条)

显然,这是用"良知"来定义"知",作为"意之体"的知,就是良知。由于良知是心之本体,所以"心体"的应感而动,也就是良知本体的应感而动,"意"是良知本体应感而动所展现出来的,所以说"有知而后有意",在此意义上可谓良知是"意之体",人的意识活动中的是非善恶,都由良知来掌控、监督,从而确保了为善去恶的可能,同时也就确保了格物的可能。以良知为意之体的这

① 《王阳明全集》卷二十六《大学问》,第 972 页。
② 全文是:"心者身之主,意者心之发,知者意之体,物者意之用。"(《王阳明全集》卷三十二《大学古本旁释》,第 1193 页)可见,心、知、物均与意有关。

一界定非常重要,明确了良知在人的意识过程中的主导地位。
与此相应,阳明对格物致知的解释也做了相应的重新诠释,以致
良知来解释格物及致知:

> 若鄙人所谓致知格物者,致吾心之良知于事事物物也。
> 吾心之良知,即所谓天理也。致吾心良知之天理于事事物
> 物,则事事物物皆得其理矣。致吾心之良知者,致知也。事
> 事物物皆得其理者,格物也。是合心与理而为一者也。
> (《传习录》中,第135条)

所谓"致吾心之良知于事事物物",这是阳明晚年对格物致知的
一个经典阐释,也是他的晚年定论。但是吾人亦不得不说,这是
阳明的致良知之教,而未必符合《大学》格物之原义,格物问题最
终被化解成了致良知的问题。

虽说致良知未必是格物之本义,然而若就《大学》一文之精
神而言,则阳明的良知说未必能出乎其外。唐君毅先生则指出,
《大学》所言"明德"乃指一内在于人心的光明之德,义同孟子的
能知善知恶的道德良知,亦与阳明所谓心体良知无以异也;《大
学》又言"明明德",则是明德之自明,而非另有所以明德之人心
以明之,此亦正同于阳明之良知本体能自致而呈现,"故通《大
学》全文之精神而观,则见阳明之言致良知,实无大异于《大学》
之言明明德""阳明良知之知,固亦通于《大学》之所谓'知止'之
知矣"①。因此,阳明良知之教有进于《大学》格物之说,并能相
契于《大学》之精神。唐先生此说极有参考之意义。当然此说并
不意谓阳明的格物解释便在义理上高于朱子,朱子之说实亦有

---

① 唐君毅:《中国哲学原论·导论篇》第十章"原致知格物下:大学章句辨
证及格物致知思想之发展",第210页。

合于《大学》之旨意者。个中缘由,非此处所能尽言。

要而言之,阳明以"正"释"格",以"意之所在"释"物",以良知释"意之体",于是,格物便成了"致吾心之良知于事事物物",或曰"随时就事上致其良知,便是格物"①。到了后阳明时代,王门弟子中除个别人物提出了独自见解以外②,基本上能坚守阳明此说,而不同于在良知问题上呈纷争不息之现象。如龙溪曾说:"良知是天然之则,物是伦物感应之实事。……伦物感应实事上,循其天则之自然,则物得其理矣,是之谓格物。"③"'意之所用为物',是吃紧要语。物之善恶无定形,意善则物善,意恶则物恶。"④另一位阳明再传弟子王时槐(号塘南,1522—1605)亦指出:"阳明以'意之所在为物',此义最精。……故意之所在为物,此物非内非外,是本心之影也。"⑤

然而心斋的格物说则大不同于阳明,他将关注的焦点集中在《大学》第一章"物有本末,事有终始,知所先后"一句的"物"字上,而不同于阳明关注于"知所先后"一句的"知"字上,又合"身家国天下"为一物,以"身"为物之本,以"天下国家"为物之末,进而提出了格物即安身、反身、修身之义的见解,开创了一套独特的淮南格物说。

### 三　格物安身

如上所述,在格物问题上,朱子"以至训格",强调"即物穷

---

① 《传习录》中,第 187 条。
② 如聂双江的"格物无功夫"说。参见拙著:《阳明后学研究》第三章"聂双江论"。
③ 《王畿集》卷六《格物问答原旨·答敬所王子》,第 142 页。
④ 《王畿集》卷十一《与万合溪》,第 282 页。
⑤ 《友庆堂合稿》卷四《语录·三益轩会语》,第 252 页。

理";阳明"以正训格",强调"正念头"。淮南格物与此两说均不同,强调了"安身立本"之义。

心斋的格物解释首先从以下两点着手:一、"格"是"絜度"或"絜矩"之谓;二、"物"即《大学》经文"物有本末"之谓,"身与天下国家"为"一物",其中"身"为"物之本","天下国家"为"物之末"①。以此为据,所谓"格物",就可做这样的解释:

> 絜度于本末之间,而知"本乱而末治者否矣",此格物也。物格,知本也。知本,知之至也。故曰"自天子以至于庶人,壹是皆以修身为本"也。修身,立本也。立本,安身也。(《心斋遗集》卷一《答问补遗》,第 15 页下—16 页上)

以上便是淮南格物说的基本旨意。其主要特色在于:一、释"格"为"絜矩""格式"之意;二、释"物"为由本至末、无所不包之意,即:"身与天下国家"均为"物";三、以"安身"概念来补充《大学》经文"以修身为本"的思想含义;四、进而以"安身"作为"格物"的完成(即"物格"),并以此涵盖和贯穿《大学》全文(特别是三纲领八条目)的义理系统。要之,其格物说的最大特色在于"安身"二字。

那么,何谓"絜矩"? 又为何以"絜矩"释"格物"? 心斋做了具体的解释:

> "格"如"格式"之格,即后"絜矩"之谓。吾身是个"矩",天下国家是个"方"。絜矩则知方之不正,由矩之不正也。

---

① 按,元儒许衡(1209—1281)便已有此说,他在解释"壹是皆以修身为本"这段《大学》经文时指出:"'本'是指身说,'末'是指家国天下说。……身为家国天下的根本,身若不修,则其根本先乱了,如何得家齐国治而天下平,所以说'否矣'。"(《许文正公遗书》卷四,转引自侯外庐等主编:《宋明理学史》下卷,第 439 页)但许衡显然并未由此引出"安身"说。

> 是以只去正矩,却不在方上求。矩正则方正矣,方正则成格
> 矣,故曰"格物"。吾身对上下、前后、左右是"物",絜矩是
> "格"也。"其本乱而末治者否矣"一句,便见絜矩"格"字之
> 义。(《心斋遗集》卷一《答问补遗》,第16页上)

这是说,"絜"应作动词解,即"絜度"之意;"矩"作名词解,即指
"吾身"。因此,"絜矩"便是修正吾身之意,质言之,亦即"修身"
之意。另一方面,相对于吾身之"矩"而言,天下国家是"方",方
之不正由于矩之不正,所以絜矩必须在"吾身"上做,而不能"在
方上求";进而言之,矩正则方正,方正则意味着格物的完成。心
斋以为,此便是《大学》"格物"说之本义。再就"吾身"来看,相
对于上下、前后、左右之物而言,身是本,物是末,"本乱"则不可
能实现"末治"。由此正可凸显出"絜矩"作为"格"字之义的重要
性,意谓作为修身工夫的"絜矩"是贯穿于本末的首要工夫。

接着上述"格字之义"一句,心斋进一步指出了"修身""安
身"之于"格物"的意义:

> 修身立本也,立本安身也。安身以安家而家齐,安身以
> 安国而国治,安身以安天下而天下平也。故曰"修己以安
> 人","修己以安百姓","修其身而天下平"。不知安身,便去
> 干天下国家事,是之谓失本也。就此失脚,将或烹身割股、
> 饿死结缨,且执以为是矣。不知身不能保,又何以保天下国
> 家哉!(《心斋遗集》卷一《答问补遗》,第16页上)

首先令人注意的是"修身立本"与"立本安身"这两种说法。就上
述引文的脉络来看,修身与安身属于一种整合关系:修身即是
"立本","立本"即是安身。就《大学》文本而言,"修身立本"无
非是"壹是皆以修身为本"的再次确认而已,而"安身"说却是心
斋根据《大学》文本之义理加以归纳而提炼出来的独特观点。可

以说,对于"安身"这一观念的强调实是淮南格物说的最为显著之特征,"安身"是构成淮南格物说的一个核心概念。在心斋看来,"修身立本"也就意味着"立本安身"。修身与安身彼此关联,但又有层次不同。修身作为一种具体的工夫手段,其目的是为了达到安身。所以说:"其身正而天下归之,此正己而物正也,然后身安也。"①实现了安身,也就意味着实现了齐家治国平天下的最终目标。由此可见,安身便构成了"淮南格物"的实质内容。

心斋甚至认为,《大学》三纲领"明明德""亲民""止至善"均可通过他的这套格物安身说来加以解释,而且他自信地以为这是他与阳明的不同之处。他说:

> "明明德"以立体,"亲民"以达用,体用一致,阳明先师辨之悉矣。此尧舜之道也,更有甚不明?但谓"至善"为心之本体,却与明德无别,恐非本旨。"明德"即言心之本体矣,三揭"在"字,自唤省得分明。孔子精蕴立极,独发"安身"之义,正在此。尧舜执中之传,以至孔子,无非明明德、亲民之学,独未知安身一义,乃未有能止至善者。故孔子悟透此道理,却于明明德、亲民中立起一个极来。故又说个"在止于至善"。"止至善"者,安身也;安身者,立天下之大本也。本治而末治,正己而物正也,"大人之学"也。……故《易》曰:"身安而天下国家可保也。"如此而学,如此而为大人也。不知安身,则明明德、亲民却不曾立得天下国家的本,是故不能主宰天地、斡旋造化。立教如此,故自生民以来,未有盛于孔子者也。(《心斋遗集》卷一《答问补遗》,第15页上下)

---

① 《心斋遗集》卷一《答问补遗》,第16页下。

　　　　本末原拆不开。凡于天下事,必先要知本。如我不欲
人之加诸我,是安身也,立本也,明德止至善也。吾亦欲无
加诸人,是所以安人安天下也,不遗末也,亲民止至善也。
(《心斋遗集》卷一《答问补遗》,第17页下)

从上述两段文字的总体来看,"安身"的意义远在"修身"之上,不
仅可以用来解释八条目的本末关系,而且完全可以用来解释三
纲领的结构关系。若按阳明之说,"明德"是体、"亲民"是用,换
言之,"明德"是本,"亲民"是末。然而心斋却认为,在阳明的这
一解释体系中,"止至善"无法落实。在他看来,必须引进"安身"
观念,以与"止至善"之观念相配。具体而言,"至善"不适宜用来
界定"心之本体",因为"明德"便是"心之本体";"止至善"正可
用来诠释"安身",换言之,"安身"便意味着"止至善"的最终实
现。由此,"明明德"以及"亲民"之工夫,都必须落实在"安身"
之上,才有可能。而"安身"所达致的目标就是"止至善";"止至
善"便意味着为明德、亲民"立起一个极来"——即"立本"。反过
来说也一样,"明德""亲民"正是为了实现"安身",以达到"止至
善"之境界。有弟子问:如此解释有何经典依据? 心斋断然
回答:

　　　　以《经》而知安身之为止至善也。《大学》说个"止至
善",便只在止至善上发挥,"知止"知安身也。(《心斋遗集》
卷一《答问补遗》,第15页下)

　　总之,通过对安身观念的揭示和阐发,通过将安身解说为
"立本",以此来涵盖三纲领八条目的结构意义,这是淮南格物说
的一个主要特征,同时也应当是心斋在格物问题上的一个重要
理论贡献。在心斋看来,"安身"说足以统贯《大学》的三纲领八
条目。心斋自信他的格物说,"不用增一字"便可解释《大学》,而

且《大学》"本义自足验之";进而以此合观《中庸》《论语》《孟子》《周易》,也无不"洞然吻合"①。

既然"安身"就是"立本",就是"止至善",那么,什么是"身"?这显然是一个关键问题。首先就"身"与其他诸如心意知物等概念的关系来看,心斋赋予了"身"以一种"本"的地位。在"身心"的关系问题上,心斋突出了"身"相对于"心"的重要性。他说:"安其身而安其心者,上也;不安其身而安其心者,次之;不安其身又不安其心,斯其为下矣。"②可见,"身"是天下国家之本,这不是抽象地说,不是存有论意义上置"身"于本体的地位,而是在工夫论意义上,置"身"于一种"根本"的地位。所以说"安身"比"安心"更具有优先地位,甚至比"安心"还更重要。他指出:

> 治天下有本,身之谓也,本必端。端本,诚其心而已矣。诚心,复其不善之动而已矣。……知不善之动者,良知也;知不善之动而复之,乃所谓致良知,以复其初也。(《心斋遗集》卷一《复初说》,第11页下—12页上)

意思是说,在"端本清源"这层意义上,身是本。因此,安身就意味着端本。至于如何具体地做到"端本",还须配以"诚心"工夫。在诚心的过程中,良知具有"知其不善之动"的能力,故诚心实质上就是致良知,"以复其初"而已;而"复初"也就正是"端本"之意。可见,在这一套工夫系统中,身具有根本的意义。诚心或致良知,都是指向安身、为了安身。要之,之所以说身具有根本的地位,这是说相对于外部世界而言,身处于主体性的地位,而且

---

① 《心斋遗集》卷一《答问补遗》,第15页上。
② 《心斋遗集》卷一《语录》,第9页下。

还具有涵盖其他一切诸如心意知物、家国天下的总括性特征。在此意义上,"身"几乎等同于整体的"人"——一种整全意义上的人身,而不是与心处于另一极端的肉体存在。也正是在此意义上,所以说"安身之为止至善也"。关于"身"在心斋哲学中的重要地位,下面在谈"明哲保身"时还会较为详细的讨论。

然而从"安身"与"安心"的语义结构则可看出,其所谓"身"主要是指生命意义、实存意义之"身",亦即具体地指"吾身"。心斋多次引用《易传·系辞下》中的三句话:"君子安其身而后动""利用安身""安身而天下国家可保也"①,其中作为"安""保"之对象的"身",含指原初意义的身体。在《周易》这部具有传统思想之原初形态的意义结构中,"利用安身"是与"吉凶悔吝"密切相关的。通过对卦象爻辞的意义解释乃至人为重构,就可避免种种危险,从而确保人身之安全。作为格物安身说的一个思想资源,《周易》文本的介在作用不可忽视。

同时也应注意到,心斋的另一重要主张:"明哲保身"亦与格物安身有关。根据心斋的说法,"明哲"是指"良知","明哲保身"意谓保身是人心良知的必然体现或必然要求。而"保身"又有"爱身""保重"②等日常生活语言的多重含义,由此而言的"身",又是指个体的生命存在。归结而言,"安身"不是要保全生理意义上的身体,同时"安身"也不能脱离个体的生命存在。心斋认为,《大学》所谓"心广体胖,身安也"③,便是此意。心斋以

---

① 《心斋遗集》卷一《语录》,第 5 页下。又见同上书卷一《答问补遗》,第 15 页下,第 16 页上。
② 参见《心斋遗集》卷一《明哲保身说》,第 12 页下—13 页上。
③ 《心斋遗集》卷一《答问补遗》,第 18 页上。

孟子之说"守孰为大？守身为大。失其身而能事其亲者，吾未之闻"①作为依据，强调"保身""爱身"在所有的伦理行为中占有重要地位，特别是在"事亲"这一行为当中，保重受之于父母的身体，乃是行孝的第一要义。基于这一观念，心斋指出《大学》所说的"止于仁、止于敬、止于孝、止于慈、止于信"等伦理行为都必须以"安身"作为前提，"若不先晓得个'安身'，则'止于孝'，烹身割股有之矣；'止于敬'者，饿死结缨有之矣"②。意谓孝敬行为不能以损害身体为前提，否则便背离了"安身"原则。在此语脉中，"身"显然是指真实的生命，是指"内不失己，外不失人"这一人己对比中的自己。

总之，在宋明理学的"格物"诠释之传统中，心斋的格物安身说可谓别树一帜，理应占有重要的历史地位。那么，吾人究竟应该如何评价心斋的淮南格物说呢？在以下的"余论"中，我们将首先回顾一下历史上对淮南格物说的各种评议，最后来分析一下淮南格物说的理论意义及其历史地位。

## 四 余论

心斋族弟及入门弟子王一庵对淮南格物说有一概括，颇得其要领：

> 先师之学，主于格物。故其言曰：格物是"止至善"工夫。"格"字不单训"正"，"格"如格式，有比则、推度之义，物之所取正者也。"物"即"物有本末"之物，谓吾身与天下国家之人。"格物"云者，以身为格，而格度天下国家之人，则

---

① 《心斋遗集》卷一《答问补遗》，第 16 页上。
② 同上书，第 18 页上。

所以处之之道,反诸吾身而自足矣。(《一庵王先生遗集》卷
上《会语正集》,第 53 页)

黄宗羲的概括略比一庵为详:

先生(按,指心斋)以"格物,即物有本末之物。身与天下国
家一物也,格知身之为本,而家国天下之为末,行有不得者,
皆反求诸己。反己,是格物底工夫,故欲齐治平,在于安身。
《易》曰:'身安而天下国家可保也'。身未安,本不立也,知身
安者,则必爱身、敬身。爱身、敬身者,必不敢不爱人、不敬
人。能爱人、敬人,则人必爱我、敬我,而我身安矣。一家爱
我敬我,则家齐,一国爱我敬我,则国治,天下爱我敬我,则天
下平。故人不爱我,非特人之不仁,己之不仁可知矣。人不
敬我,则特人之不敬,己之不敬可知矣。"此所谓淮南格物也。
(《明儒学案》卷三十二《泰州学案一·王心斋传》,第 710 页)

以上两段概括基本符合心斋格物说之原意,然均未涉及评价。
黄宗羲于该段文字稍后,则有这样的分析和评论:

然所谓安身者,亦是安其心耳,非区区保此形骸之为安
也……乃先生又曰:"安其身而安其心者上也,不安其身而
安其心者次之,不安其身又不安其心,斯为下矣。"而以"绵
蛮"①为安身之法,无乃开一临难苟免之隙乎?(《明儒学
案》卷三十二《泰州学案一·王心斋传》,第 711 页。按,标
点略有改动)

一则说心斋"安身"说之意在于"安心",一则说心斋置"安身"于
"安心"之上,遂不免开"临难苟免"之一途。前者的分析颇合心

---

① 按,"绵蛮"原为《大学》引《诗·小雅·绵蛮》中语:"诗云:'绵蛮黄鸟,
止于丘隅。'子曰:'于止,知其所止,可以人而不如鸟乎!'"朱子《大学
章句》注:"绵蛮,鸟声。"

斋"安身"说之本意,后者之评则未免苛刻而缺乏相应的了解。其中所谓"缗蛮"一语,尤当注意,这是心斋特别喜欢引用的一则典故,原自《诗·小雅》①。对《诗经》此语孔子有一评断:"于止,知其所止,可以人而不如鸟乎!"依朱子的解释:"孔子说诗之辞。言人当知所当止之处也。"②显然心斋所注目者乃是孔子之评语,依此评语,则"缗蛮黄鸟,止于丘隅"的"止"正可用来释"知止至善"一章,而孔子所说"可以人而不如鸟乎?"则正可解释"知所以安身也"。这就是心斋引用"缗蛮"诗句之用意所在:连鸟都知道安身,难道人可以不知安身吗? 可见心斋之引"缗蛮"一语,原是扣紧《大学》释"止至善"一章而言,何来"临难苟免"之说? 细按宗羲之意,则可发现这是他对心斋安身说的一个根本质疑,也是重要批评,其理由在于二点:一、心斋将安身置于安心之上,二、其安身之"身"已不免含有"形骸"之意。若按照传统的身心论,身与心绝不可在价值论上做如此的颠倒。应当说,宗羲之见盖源自传统的身心论立场,自与心斋格物安身之义不能相契③。

---

① 可分别参见和刻本《王心斋全集》卷三《语录》第4条、第10条以及卷五《答邹东廓先生》,卷五《与徐子直》等。黄宗羲所引心斋语出自以下一条:"修身立本也,立本安身也。后文引《诗》释'止至善'曰:'缗蛮黄鸟,止于丘隅。'知所以安身也。孔子叹曰:'于止,知其所止,可以人而不如鸟乎?'要在知安身也。"(《心斋全集》卷三《答问补遗》,第41页上下)

② 《大学章句》,《四书章句集注》第5页。按,另见《大学或问》上,所述更详:"此夫子说《诗》之辞也。盖曰鸟于其欲止之时,犹知其当止之处,岂可人为万物之灵,而反不如鸟之能致所止而止之乎? 其所以发明人当知止之义,亦深切矣。"(《四书或问》,上海古籍出版社、安徽教育出版社,2001年,第15页)

③ 不过,黄宗羲对于心斋之言:"道重则身重,身重则道重。……以天地万物依于身,不以身依于天地万物,舍此皆妾妇之道。"则有极高之评价:"圣人复起不易斯言。"(《明儒学案》卷三十二《泰州学案一·王心斋传》,第711页)

其实在阳明后学中就有人注意到淮南格物说,但对此褒贬不一。本节开首所引陈明水及周海门的批评,即是一例。另外,耿天台弟子焦澹园与泰州后学王东厓等人颇有交往,于心斋之学亦较为熟识,他对格物安身说有正面的积极评价:

> 心斋先生以修身为格物,故其学独重立本。是时谈良知,间有猖狂自恣者,得此一提掇,为功甚大。(《澹园集》卷四十九《明德堂答问》,第 746 页)

这是说,心斋的安身立本之说对于防止心学末流"猖狂自恣"的蔓延流行是极为有功的。

以上,陈、周与李、焦的见解是两种比较典型的对立意见。刘蕺山则对淮南格物说有较高评价,同时也有修正:

> 后儒格物之说,当以淮南为正。曰:"格知身之为本,而家国天下之为末。"予请申之曰:格知诚意之为本,而正修齐治平之为末。(《刘子全书》卷十二《学言•下》,第 13 页下)①

的确,就心斋格物说之有异于后儒诸家的特点而言,心斋正是抓住了"物有本末"这一关键问题,通过对此问题的解决,则"事有终始,知所先后"等问题便迎刃而解。蕺山也许是从这一角度,对心斋格物说不无欣赏。然而蕺山又以自己特有的"诚意"说来修正淮南格物说,在他看来,格物致知须以"诚意"为本,修身、齐

---

① 按,蕺山对淮南格物说亦有批评:"即淮南格物、新建致知、慈湖无意,犹偏旨也。"(《刘子全书》卷十一《学言•中》,第 4 页下)"必分修身以下为格致传者,心斋王氏启其端,而未竟其说。愚尝窃取其义者也。"(《刘子全书》卷三十七《大学古记约义》,第 3 页下)意谓以"修身"释"格物",心斋有开创之功,然心斋并未完善其说。关于蕺山对历代格物说的评议,可参见《刘子全书》卷三十八《大学杂言》、《大学古记约义》等。

家等一套工夫毕竟属于"末",显然这是另一层面的义理问题,在此可置勿论。

入清之后,于心斋格物说亦有不少肯定之评价或见解相合者,如李二曲①,在此仅举全祖望为例,他说:

> 问:七十二家格物之说②,令末学穷老绝气不能尽举其异同。至于以"物"即"物有本末"之"物",此说最明了。盖物有本末,先其本,则不逐其末;后其末,则亦不遗其末;可谓尽善之说。而陆清献公(按,指陆陇其)非之,何也?
>
> 答:以其为王心斋之说也。心斋非朱学,故言朱学者诋之。心斋是说,乃其自得之言。盖心斋不甚考古也,而不知元儒黎立武早言之。黎之学私淑于谢艮斋,谢与朱子同时,而其学出于郭兼山,则是亦程门之绪言也。朱子《或问》虽未尝直指为物有本末之物,然其曰以其至切而近者言之,则心之为物,实主于身,次而及于身之所具,则有口鼻、耳目、四肢之用,又次而及于身之所接,则有君臣、父子、夫妇、长幼、朋友之常。外而至于人,远而至于物,极其大,则天地古今之变;尽于小,则一尘一息。是即所谓身以内之物曰心、曰意、曰知,身以外之物曰家、曰国、曰天下也。盖语物而返身,至于心、意、知,即身而推,至于家、国、天下,更何一物之遗者。而况先格其本,后格其末,则自无驰心荒远,与夫一切玩物丧志之病。程子所谓"不必尽穷天下之物"者,其义已交相发,而但"以一物不知为耻"者,适成其为陶弘景之说也。故心斋论学,未必皆醇,而其言格物,则最不可易。戴

---

① 参见李二曲:《二曲集·四书反身录》卷一。

② 语见刘蕺山:"格物之说,古今聚讼有七十二家。"(《刘子全书》卷三十八《大学杂言》,第15页上)。

山先生亦主之,清献之不以为然,特门户之见耳。(《经史问答》卷七《大学中庸孟子问目答庐镐三十二条》,《全祖望集彙校集注》,第 1961—1962 页)

可见,全祖望之说于格物之诠释史可谓曲尽其详,而对心斋格物说之论断亦不失中肯,唯认其与朱子之说有暗合处,则不免是清初学术风气的一种反映。

今人对心斋的淮南格物说注意者甚少,对此有较高评价者则是唐君毅,他对于《大学》之义理体系有自己独特的解释,并提出了自己的《大学》"改本",而不同于朱子、阳明。他认为朱子和阳明在《大学》问题上的一个共同失误在于释物为事、物事不分,皆不免于"物有本末,事有终始"这一相对成文之句有所忽略,而此两句"实为《大学》之一要义所存"。他认为,"身为家、国、天下之本,意与心为身之本;而修身亦可说为齐家、治国、平天下之本,诚意正心,又即为修身之本也"[1],进而他指出:

心斋之学以安身标宗,知安身即知止至善,又以身为与天下国家,整个合为一物,虽与吾人前文所论不尽合,然其以天下、国、家、身为物,亦格物之物之所指,则固的然而无疑,同于吾人之说,以异于朱子、阳明之以物为事者也。(《中国哲学原论·导论篇》,第 198 页)

唐君毅此说颇有引心斋为同道之意味。当然我们亦可看出,此一评论乃是针对格物之物即"物有本末"之物这一心斋之见解而发,而对于心斋之安身说的义理系统并无全面深入之剖析。

参诸上述历史上对心斋格物说的种种评说,那么,我们究竟应如何看待淮南格物说呢? 要而言之,在淮南格物说当中,"格

---

① 唐君毅:《中国哲学原论·导论篇》,第 196、197 页。

物"不再是一种观念模式,更不是对外在知识的追求方式,而是一种身体力行的道德实践,其特色在于强调工夫必须"真真实实在自己身上""实实落落在我身上"①。就此而言,淮南格物说反映了心斋思想之重视力行实践的性格特征。其次,心斋突出了"身"在《大学》文本中具有"立本"的重要地位,以安身释格物,而所谓的"格物"事实上已被"安身"所取代,因此淮南格物说实质上就是格物安身说,而其格物说的独特意义及其历史地位也正可由此以显。再其次,心斋之所以对"安身"问题如此关切,突出了"安身"所具有的"立本""端本"之意义,以为由此便可贯穿和打通整部《大学》的义理结构,但其主要目的并不在于将《大学》的义理问题做学理化的训解,而在于强调个体之身与整全之身对于人来说所具有的根本意义,这一思想观念的形成当与他早年的生活经历有一定关联。最后须指出,心斋安身说的一个理论贡献是,"身"作为一种"个体"存在,不论此"身"是仅指"形骸"还是含指"心灵",它具有了先于心意知物之存在的根本地位,是所有物的"根本"("物之本"),因此必须先肯定"身体",然后良知才有着落,这一对"身体"问题的强调和揭示,无疑对于我们重新了解和把握心学运动的整个义理走向有着重要的启发意义,足以使我们改变历来仅从抽象的形上问题的视角来观察和分析明代心学历史的研究态度。

从历史上看,除了明末刘蕺山、清初全祖望对此说有比较深入的评述,事实上心斋的格物安身说在当时以及以后的相当一段时期内,并不为大多数士人所取,甚至包括他的一些得意弟子。罗近溪对淮南格物的"安身"说就表现得相当冷淡,在其格

---

① 《心斋遗集》卷一《答问补遗》,第 17 页上、18 页上。

物论中,我们几乎看不到他对淮南格物说的正面评论。由此亦可看出,淮南格物说的一套诠释理路,与所谓正统儒者的言说方式未免格格不入。究其原因,正在于心斋并不擅长将问题学理化,同时也与他的知识结构有关。然而在今天看来,这也正是淮南格物说的魅力所在。

另须指出的是,对于心斋的"安身"说,是否有政治学解读的可能。在我看来,其说与其"明哲保身"论是有非常重要之关联的。如后所述,事实上,"明哲保身"说的提出乃是有其社会政治背景的,主要是由于心斋目睹了嘉靖初年在"大礼议"政治风波中发生的官员集体被杖事件,因而引发了心斋的这样一种议论:"身且不保"则修齐治平何从谈起? 这便是心斋"明哲保身"论的核心观点,其中显然含有政治角度的考量。由此看来,我们不能否认心斋安身说的另一层重要含义:它是作为一种现实政治的应对措施而被强调的。关于心斋在社会政治层面抱有何种问题意识及观点主张,我们将在下一节有较为详细的考察。

## 第四节　学与政

### 一　政学合一

以上几节我们主要探讨了"良知见在""日用即道""淮南格物""安身立本"等心斋思想中的一些基本的概念设置、观念叙述,重点则在揭示心斋思想的基本精神趋向。从中可见其思想与阳明心学所展现的义理方向是基本一致的,我们讨论的重点显然侧重在"学"的层面,即主要分析了心斋思想在其学术构建中的几个主要环节,然而心斋的学术关心远不仅止于此。他对重构阳明心学的理论体系及诠释体系,固然没有多少兴趣,在有关良知心体等问题的抽象论证方面也显然并不擅长,这一点与龙溪等人有很大的不同,然而他借助于依靠良知便可改变自己、改变现实这一心学的基本观点,对于政治参与、社会参与如何可能等"政治"层面的问题倒是有着很大程度的关心。反观他早年的"天坠压身"之梦以及拜见阳明时有关"天下"问题的讨论、次年所做出的轰动一时的京师讲学之行为,都似乎具有一种象征的意义,预示着心斋思想的发展方向不会止足于纯学术层面,而必然指向于摸索和探讨这样一个基本的心学课题:良知理论与社会政治如何能达成一种理想的结合状态,并由此推动理想的"政学合一"①"万物一体""人人君子"的社会发展进程。

事实上,所谓"基本的心学课题",若放在宋明儒学的发展历史乃至放在整个儒学历史的背景中来加以考量的话,无疑地这也正体现了儒学的一个基本的中心关怀,亦即儒家士人的伦理生活及其道德理想如何在社会、政治方面呈现其意义?②只不过在阳明所推动的心学运动的过程中,这一儒学课题在良知理论的激发下被重新唤醒,并且形成了一种良知观念模式下的政学合一论。例如王心斋就曾明确指出:"学外无政,政外无

---

① 在明代心学史上,"政学合一"是王龙溪标示的一个思想口号,他甚至撰有一篇标题非常醒目的论文:《政学合一说》(《龙溪王先生全集》卷八)。然在心学派当中,这却是一个受到普遍关注的议题,心斋虽没有说过这样的口号,但在其思想中,这样的观念确是存在的。关于这一点,我们在后面将会有较为详细的考察。顺便提一下,清初儒者许三礼曾将自己的文集命名为《政学合一集》。关于其将儒学宗教化的思想旨趣,可参见王汎森:《明末清初儒学的宗教化——以许三礼的告天之学为例》。我们无法确定他的想法是否受到心学因素的刺激,然而他显然对于"政学合一"的观念有着强烈的共鸣。

② 关于儒学传统中的政与学之关系问题的一个简要讨论,可以参看杜维明的论文:《古典儒学中的道、学、政》(杜维明:《道、学、政——论儒家知识分子》,上海人民出版社,2000年,第1—12页)。

学。"①有"万物一体之仁"遂有"万物一体之政"。②尽管他并没有在学理上做进一步的展开。江右王门的中坚人物欧阳南野则反复强调:"政学本非二事。"③"为学为官,本非二事。"④"无政非学,无学非政。"⑤另一位江右王门的重要人物邹东廓也颇为关注政与学的关系问题,常有一些精彩发言,这里仅举一例:"夫学与政,非二物也。以言乎修己,谓之学;以言乎安人,谓之政。政弗本于学,是谓徒法,徒法则己弗修矣;学弗达于政,是谓徒善,徒善则人弗安矣;是学与政之支也。"⑥这是从政必须本于学,学必须达于政的角度,论述了政与学的彼此联结的一体关系。这个观点在阳明后学中具有一定的代表性。然而这些观点其实在阳明那里都有渊源可寻,且看下文:

> 子礼为诸暨宰,问政,阳明子与之言学而不及政。子礼退而省其身,惩己之忿,而因以得民之所恶也;窒己之欲,而因以得民之所好也;舍己之利,而因以得民之所趋也;惕己之易,而因以得民之所忽也;去己之蠹,而因以得民之所患也;明己之性,而因以得民之所同也;三月而政举。叹曰:"吾乃今知学之可以为政也已!"

> 他日,又见而问学,阳明子与之言政而不及学。子礼退而修其职,平民之所恶,而因以惩己之忿也;从民之所好,而

---

① 《心斋遗书》卷二《与林子仁》,第14页下。
② 《心斋遗集》卷二《答朱思斋明府》,第4页下。
③ 《欧阳南野先生文集》卷二《答方三河》,第20页下。按,另参见《欧阳南野先生文集》卷四《答陈豹谷》二。
④ 《欧阳南野先生文集》卷二《答谷龙崖》,第36页上。
⑤ 《欧阳南野先生文集》卷三《答王仁仲》,第4页上。
⑥ 董平编校:《邹东廓集》卷五《赠常州守张侯用载考绩序》。另参见《邹东廓集》卷四《庆春谷葛郡侯受奖序》等。

因以窒己之欲也;顺民之所趋,而因以舍己之利也;警民之
所忽,而因以惕己之易也;拯民之所患,而因以去己之蠹也;
复民之所同,而因以明己之性也;期年而化行。叹曰:"吾乃
今知政之可以为学也已!"

　　他日,又见而问政与学之要。阳明子曰:"明德、亲民,
一也。古之人明明德以亲其民,亲民所以明其明德也。是
故明明德,体也;亲民,用也。而止至善,其要矣。"子礼退而
求至善之说,炯然见其良知焉,曰:"吾乃今知学所以为政,
而政所以为学,皆不外乎良知焉。信乎,止至善其要也矣!"
(《王阳明全集》卷《书朱子礼卷·甲申》,第 281 页)

这篇文章的文字虽然略长,但整体脉络非常清楚,前二段分别讲
了政在学中、学在政中的道理,第三段则是说"学所以为政,而政
所以为学"的最终依据在于良知。换言之,阳明阐明了这样一个
观点:在良知学的意义上,政与学完全是可以合一的。同时,他
又以《大学》的"明德""亲民"作为论述的一个主要取径,以"明
明德"为学,以"亲民"为政,以"止至善"作为政学合一之目标。
这一思想在其晚年的《大学问》中亦可得到充分的印证。若以这
里的"明德、亲民,一也"的说法为据,则我们完全有理由说,阳明
已有了"政学合一"的观点,只不过尚未以明确的语言,将此点
出。到了王龙溪那里,才明确地提出了"政学合一"①的思想口

---

① 　这里还可以举两个阳明心学派以外的例子,例如:陈白沙弟子湛甘泉
　　对阳明后学不无批评,但他亦曾明确提出过"政学合一"之主张(《湛甘
　　泉先生文集》卷八《心泉问辨录》);另一个极端的例子是以整肃讲学运
　　动、雷厉风行地推动政治改革而著名的张居正,他却也说过这样的
　　话:"……则政亦学,世言政学二者,妄也。"(《张太岳文集》卷七《赠毕
　　石庵先生宰朝邑叙》,第 96 页)这也可看作是一种"政学合一"的论调,
　　只是张居正所谓的"学",其内涵所指与心学家所说已有很大(转下页)

号。他有一篇文章，题名就叫"政学合一说"，该文不长，全文如下：

> 君子之学，好恶而已矣。赏所以饰好也，罚所以饰恶也。是非者，好恶之公也。良知不学不虑，百姓之日用同于圣人之成能，是非之则也。良知致，则好恶公而刑罚当，学也而政在其中矣。《大学》之道，自诚意以至于平天下，好恶尽之矣。"如好好色，如恶恶臭"，意之诚也。好恶无所作，心之正也。无作则无僻矣，身之修也。好恶公于家，则为家齐，公于国与天下，则为国治而天下平，政也而学在其中矣。昔明道云："有天德可语王道，其要只在谨独。"独知无有不良，能慎独，则天德达而王道出，其机在于一念之微，可谓至博而至约者矣！（《龙溪王先生全集》卷八《政学合一说》，第519—520页）

其中"学也而政在其中""政也而学在其中"也正是标题所示的中心思想："政学合一。"其论证过程并不复杂：一方面，良知就是是非之心、好恶之公，是人人所同具的，每个人只要真诚地做到了致吾心之良知，以自己的良心去行事，就能正确地处理"刑罚"等这类政事，在此意义上可以说"学也而政在其中"；另一方面，如能按照儒家经典《大学》所展示的实践工夫的次序，从"诚意"工

---

（接上页）距离，其关心的重点毋宁是偏向于典章制度的建设，或可称之为以政为学的"政学合一"论。可见，所谓"政学合一"，其实当中还是有所区别的，以政为核心还是以学为核心，完全可能导致两种旨趣截然不同的"政学合一"论。关于明代中晚期知识界所出现的"政学合一"论及其反响，请参见拙著：《阳明后学研究》第九章"阳明后学与讲学运动"三"政学合一"。拙著主要分析了在以心学理论为主导的讲学运动中凸显出来的"政学合一"之观念，如何反过来成为推动讲学运动的一种观念支撑。

夫一直到"平天下",时时刻刻不忘以是非之则、好恶之公来应对,便可实现身家国天下的修齐治平,在此意义上可以说"政也而学在其中"。在此论述过程中,龙溪强调的"公"的概念也很重要,显然这是源出自阳明的良知即是"公道"、良知之学即是"公学"这一重要观念①。在阳明看来,由于良知具有"公是非、同好恶"的品格,所以致其良知就能做到"视人犹己,视国犹家",最终实现"万物一体"的社会理想,而在龙溪看来,由于良知是是非之公、好恶之公,所以致其良知就能做到"公于家""公于国""公于天下",最终就能实现"政学合一",可见龙溪与阳明的论述基调是完全一致的,都是将"公"置于良知的观念基础之上。也正由此,龙溪最终强调:无论是为政还是为学,其中的关键则存乎"一念之微"。所谓"一念之微",也是龙溪袭用阳明的一个哲学用语,意指"良知"或"独知""良知一念"。意思是说,人的一切行为能否实现自身的价值,其关键就在于能否做到按良知行事。日常事务以及做人为学,虽然非常纷繁复杂,然而真正做起来,却只要按照人心的一点良知去做,即可无往而不胜,这就叫作"至博而至约"。在龙溪看来,只要能够做到"慎独"②,切实地把握住"一念之微","则天德达而王道出",意谓最终就会实现王道政治。可以看出,龙溪完全是按照良知理论来论述学与政的一

①  如阳明所云:"世之君子,惟务致其良知,则自能公是非,同好恶,视人犹己,视国犹家,而以天地万物为一体。"(《传习录》中,第179条)"夫道,天下之公道也;学,天下之公学也。非朱子可得而私也,非孔子可得而私也,天下之公也,公言之而已矣。"(《传习录》中,第176条)"天下之学术,当为天下公言之。"(《王阳明全集》卷二十一《答徐成之·壬午》,第809页)

②  按,在良知即是独知的意义上,慎独即是致良知,参见《王阳明全集》卷二十《答人问良知二首》等。

体关系,换言之,学与政在良知观念的统领下必能实现完美的
统一。

值得注意的是龙溪对于程明道"有天德可语王道"①一语的
引用。经初步查阅龙溪文集,结果发现龙溪曾几次三番地加以
引用②,而"天德王道"连用,则更是屡见不鲜。依明道之意,上
承天命而具备了天赋道德品性的天子才有资格施行王道政治。
所谓"天德",乃是指上天赋予人的一种德性,这里特指天子所具
有的一种道德品性,所以明道又有"君德即天德"③之说。然而
在另一审视的角度下,则亦可这样来解读:理想的王道政治是建
立在"天德"之基础上的,若无天德则不可语王道。由此便会引
发一个问题:那么实现王道的关键何在? 明道的答案是:"其要
只在谨独。"在明道看来,"天德"作为一种道德品性,是内在于人
心的,借用《中庸》的概念,也就是人所不知而己所独知的"独
知",因此若要最终实现王道政治的理想,其关键却在如何把握
自己心中的"独知"④,即便作为天子也应当由此做起。换言之,
儒家的王道政治或外王理想的实现,其关键并不在于制度法典
等外在事业的建设,关键仍然在于如何依靠道德的力量来转化
成事业的建设。没有道德的政治是不可能存在的,因为道德的

① 语见《河南程氏遗书》卷十四。该语的上下文是:"子在川上,曰:'逝者
如斯夫,不舍昼夜。'自汉以来,儒者皆不识此义,此见圣人之心纯亦不
已也。《诗》曰:'维天之命,于穆不已。'盖曰天之所以为天也。'于乎
不显,文王之德之纯',盖曰文王之所以为文也。纯亦不已,此乃天德
也。有天德便可语王道,其要只在慎独。"(《二程集》第 141 页)可见,
"天德",实即天道、天命,尤重于"王道"。
② 参见《龙溪王先生全集》卷十《答洪觉山》、卷十四《赠绍坪彭侯入觐序》。
③ 《河南程氏遗书》卷十一。
④ "独知"一词出自《中庸》,朱子释曰:"人所不知而己所独知。"阳明则释
曰"良知"。其根本义无非是指内在于人心的一种道德意识。

缺失,就不可能有真正意义上的王道政治。可见,道德与政治的结合才是实现外王理想之前提的思路,与龙溪所强调的"政学合一"的观念模式——在良知理论的统合下才能实现学与政的完美统一——是基本一致的,这也是龙溪为何喜用明道此语的缘由所在。

应当说,政治与道德的一体化,道德经常被政治化,而政治又经常被道德化,这是儒学历史上不断出现的现象,甚至是中国政治文化的一个显著特征。究其根源,也许可从孔孟的"为政以德"的"仁政"观念找到原因。然而政治的实现毕竟离不开外在的行为礼仪、制度典章的设置和推行。这里我们可以举程伊川的两段话作为例子,首先须注意的是伊川提出的"四三王"之说:

> 子(按,指伊川)曰:"三代而后,有圣王者作,必四三王而立制矣。"或曰:"父子云三重既备,人事尽矣,而可四乎?"子曰:"三王之治以宜乎今之世,则四王之道也。若夫建亥为正,则事之悖缪者也"(《河南程氏粹言》卷一《论政篇》,《二程集》,第 1217 页)

伊川是说,三王之法各是一王之法,后世若有"圣人者作",以三王之法的根本精神为据而另创一法,亦当是时势之必然所致,未为不可,这叫作"四王之道"。当然更为理想者,应是孔子所欲建立的"百王之通法"①。

---

① 伊川又说:"三王不足四,无四三王之理。如忠质文之所尚,子丑寅之所建,岁三月为一时之理。秦强以亥为正,毕竟不能行。孔子知是理,故其志不欲为一王之法,欲为百王之通法,如语颜渊'为邦'是也,其法度又一寓之《春秋》。"(《河南程氏遗书》卷三,《二程集》,第 62 页)另按,关于"三代忠质文",又可参见《河南程氏外书》卷十一,伊川有更为详尽的论说,意谓即便如"尧舜禹"之三代社会,因时势之变迁而"其文章气象亦自小异也"(《二程集》,第 414 页)。

伊川的另一段话则显示出他对于三王之治的实现抱有一种乐观的态度：

> 三代之后，有志之士，欲复先王之治而不能者，皆由典法不备。故典法尚存，有人举而行之，无难矣。（《河南程氏外书》卷十一，《二程集》，第418页）

可见在伊川看来，复先王之治的条件，第一是法典，第二是人（这里不是指重要性的排序）。依上述"四三王"之说，"法典"可以是"四三王而立制"的"四王之道"，"人"则是指圣王或有志之士。但是在这一套经世之学的设想中，并没有提及个人的心性修养或道德实践对于实现王道是否具有关键性作用等问题。①就此而言，伊川的外王政治的设想与明道的"有天德可语王道，其要只在谨独"之说，在思路上是不尽一致的，这也可能与伊川身历五朝、长期置身于政治旋涡之中、与实际的政治生活牵涉甚多的个人经历有关。②不过归结而言，伊川认为当今之世欲恢复三代社会只是一种理想而非现实，故其有云："三代之治，不可复也。

---

① 当然伊川并没有否定由诚意以待人、由仁恕以及人对于实施仁政的必要性，参见程伊川：《周易程氏传》卷一《周易上经上·比卦传》，《二程集》，第742页。毋宁说，诚意正心比诸修齐治平更是首要之工夫，这是宋明理学家的一个基本共识，固亦不待赘言。然而不容否认的是，在北宋五子当中，程伊川可谓是一位最为关心政治制度层面之改革的思想家，已有研究表明，他与王安石新党之间的分歧主要不在于改革的基本原则方面，而在于推动改革的技术层面，参见余英时：《朱熹的历史世界——宋代士大夫政治文化的研究》上篇"绪说"，生活·读书·新知三联书店，2004年，第48—49页。另可参见《河南程氏遗书》卷二上，论"新政之改"条，《二程集》，第28页。

② 关于程伊川的政治学说，可以参见余敦康：《内圣外王的贯通——北宋易学的现代阐释》，学林出版社，1997年，第424—452页；更为详尽的讨论，参见余英时：《朱熹的历史世界》上篇"绪说"，第157—183页。

有贤君作,能致小康,则有之。"①

由二程再回到明代心学,透过上述所列心斋、南野、东廓、龙溪等人的有关政与学关系之问题的观点表述,我们可以发现宋明儒者的一个中心关怀是外王政治及经世济民的问题。关于这一点,新近出版的余英时先生的两部巨著在"理学与政治文化"的分析框架下提出了很有说服力的论述。② 他在谈到泰州学派问题时,曾这样说道:

> 如果我们承认"致良知"之教与"觉民行道"是阳明思想的一体两面,那么他的真正继承者只能求之于王艮所传的泰州一派;这似乎是一个最接近事实的推断。(《宋明理学与政治文化》第六章"明代理学与政治文化发微",第316页)

所谓"觉民行道"是余氏相对于"得君行道"而提出的一个新概念,颇具睿识,他用以解说阳明良知之教的另一重要面向在于"通过唤醒每一个人的'良知'的方式,来达成'治天下'的目的",余氏认为:

> 这可以说是儒家政治观念上一个划时代的转变,我们不妨称之为"觉民行道",与两千年来"得君行道"的方向恰恰相反。他的眼光不再投向上面的皇帝和朝廷,而是转注于下面的社会和平民。(《宋明理学与政治文化》,第300页)

也就是说,以唤醒民众的方式来实现"行道"的目的,构成了阳明思想的一个显著特征。此说可谓发前人之所未发。余氏的论述可分两步,第一步首先认定阳明已经放弃了"得君行道"的上层

---

① 《河南程氏外书》卷十一,《二程集》,第414页。
② 参见余英时:《朱熹的历史世界》,《宋明理学与政治文化》。

路线,转向于唤醒民众的下层路线,此谓"觉民",让民众起来改变"天下无道"的局面,进而实现"天下有道",此谓"行道";第二步余氏又认定心斋的泰州一派崛起于下层社会,心斋的立言传教亦能立足于下层民众,因此可以认为阳明思想的"觉民行道"之精神在泰州一派中得到了真实的体现,进而便可断定泰州学派是阳明思想的"真正继承者"。余氏的这一观点也许是承自乃师钱穆之说,钱穆曾指出:"守仁的良知学,本来可说是一种社会大众的哲学。但真落到社会大众手里,自然和在士大夫阶层中不同。单从这一点讲,我们却该认泰州一派为王学唯一的真传。"[1]应当承认,钱、余之说极具启发意义,尽管他们的论述仍属于总论性质,对于泰州学派的丰富思想资源尚未做深入的挖掘,这就有待于我们做具体的考察。

## 二　讲学为先

然而事实上,所谓"觉民行道",细绎其意,其重点似在"觉民",而"觉民"说其实是有其思想来源的,我们看了孟子所引用的伊尹的一段话便可明了此说原是先秦儒家的一个重要观念:

> 天之生此民也,使先知觉后知,使先觉觉后觉也。予,天民之先觉者也;予将以斯道觉斯民也。非予觉之,而谁也?(《孟子·万章上》)

这里所说的"以道觉民",乃是先秦儒者所强调的作为"士"所应具有的一种社会责任,也是为宋明儒者所津津乐道的"以先知觉后知,以先觉觉后觉"的一种政治哲学,其中的"民"是相对于"士"而言的,是指被"觉"的对象。重要的是,所谓"觉民",究其

---

① 钱穆:《宋明理学概述》,台湾学生书局,1977年,第327页。

实质却仍然是"行道"的一项内容而已,换言之,"得君"固可行道,"觉民"未尝不是"行道"。因此,是"以道觉民"还是"得君行道",应当是同属于儒家士人的一种政治抱负,两者其实是同一性质的事业(二程所谓的"全尽得天生斯民底事业"),都可以在"行道"的意义上达成一致,在儒学的政治观念史上,这又叫作"致君泽民"。以目的与手段这对概念而论,"致君"是手段,而"泽民"才是目的,因此后世儒者又有"不能致君,亦当泽民"①之论。以心斋的观点而言,就是儒家学者在抱有"尧舜其君"之政治志向的同时,也应当抱有"尧舜其民"②的政治胸怀,若以龙溪的说法言之,则叫作"得君行道,泽加于民"③。由此可见,"觉民行道"与"得君行道"一样,应当是自先秦古典儒家以来就有的一种政治观念,只是到了宋代以后,更为儒家士大夫所强调。在此意义上,我们就很难说"觉民行道"是阳明学的一项发明。只是就阳明而言,在"觉民"还是"得君"这一方法选择上,确有迹象表明阳明自"龙场悟道"以后开始偏向于前者,这从他自此以往开始广收门徒、大力推行讲学活动的实际行动中得以窥其一斑。究其原因,固是由于其仕途上的一时失意,以及当时政治环境的恶化,另外还有一个重要的外缘性因素,亦即如余英时所说,明初以来恶劣的政治生态环境,与宋朝时代不能同日而语,朝廷动辄对"士"的杀戮和凌辱,极大地打击了士人"得君行道"的信心,因而导致众多的士大夫在政治取向的选择上不得已而转向于

---

① 语见清儒陆世仪:《陆子遗书》卷三《答徐次桓论学书》,第 6 页。
② 《心斋遗集》卷二《与南都诸友》,第 4 页下。
③ 《龙溪王先生全集》卷十五《自讼问答》,第 1181 页。按,"泽加于民",语见《孟子·尽心上》。

"觉民行道"。①这一对于明代政治生态的历史考察是颇具说服
力的,明初且不说,就正德、嘉靖两朝而言,的确阳明及其后学所
处的政治生态环境就非常严酷(除嘉靖末年徐阶出任内阁首辅
的一段时期以外),以至于阳明及其弟子们不得不将更多的精力
投入讲学活动。然而也须看到,他们之所以极力推动这种面向
大众的讲学教化运动,一则是为了化民成俗、"以道觉民",以为
以此便可重整社会秩序,同样可以实现"行道"的目的;一则乃是
由于"儒臣得君,自古为难",不得已而做出的选择,若是"身际明
圣"②、天子新祚或是每当朝廷的权力结构稍有变动之际,则士
人们往往又会重新燃起为道出仕、兼善天下的希望。所以,对于
阳明及其弟子们来说,虽然在正德、嘉靖两朝"得君行道"的理想
近乎破灭,但是似乎也不能说他们在内心深处已经彻底放弃了
这一政治志向。否则的话,我们就不能理解为什么在阳明心学
的思想圈内,会出现"政学合一"之类的论调。

　　正是在上述的思想背景之下,王心斋才会说出"学外无政,
政外无学"的观点。然而遍检心斋遗书,并没有发现"政学合一"
一语,相反我们发现在政与学的关系问题上,心斋的立场毋宁是
偏重于"学"的,他说:

　　　　社稷民人固莫非学,但以政为学最难,吾人莫若且做学
　　而后入政。(和刻本《王心斋全集》卷二《语录上》,第49页)
　　　　或言为政莫先于讲学。先生曰:"其惟圣德乎! 盖僚友

---

①　参见余英时:《宋明理学与政治文化》第六章"明代理学与政治文化发
　　微",第254—276页。
②　《龙溪王先生全集》卷十三《欧阳南野文选序》。按,龙溪此说道出了
　　"君臣不相遇"(伊川语,《程氏易传》卷三)乃是现实政治中的一种
　　常态。

相下为难，而当道责备尤重。《易》曰：'莫之与，则伤之者至矣。'其必曰：官，先事信而后言，可也。"（同上书卷二《语录上》，第52页）

可见心斋认为从重要性的角度讲，学优先于政，讲学就是为政。就"为政莫先于讲学"这句话所包含的意思而言，这一方面是说，须先把学问做好了，然后从政，庶几可望有所作为；另一层意思则是说，为政也离不开讲学，讲明此学亦是一种政治。当然心斋所说的"学"绝不是单纯的知识学问，而主要是指良知心学、道德性命之学。尤可注意的是，在第二段文字中心斋对于为何说"为政莫先于讲学"所阐明的一个理由，其中所谓"其惟圣德乎"，其实就是明道所说的"有天德可语王道"的意思。这里"圣德"显然就是指"君德"，然而即便如此，"僚友相下为难，而当道责备尤重"，意谓能否做好为臣的本分依然是一件难事，同时当道者的"责备"却不会因此而有任何的宽松，所以在君臣相遇之际，作为官员必须先有取信于人主的能力，这就必须依靠平时的学问素养。由于心斋的语录往往很不完整，给我们更深入地了解心斋的真实思想及其论述理路有时会带来很多困难，不过上述一段话的基本意思是清楚的，他的一个中心思想就是：讲学先于为政！应当说，"学外无政，政外无学"之类的话头只是一种原则论，若无具体的义理阐发，往往会落于空洞，然而"为政莫先于讲学"则是一句实实在在的意思鲜明的观点。如果我们结合心斋一生的学思路程来看，就会清楚地了解心斋何以会有这样鲜明的主张，从嘉靖元年京师讲学开始，中经阳明逝世后在泰州开门授徒，最后一直到他逝世为止，即便说心斋的大半生便是在讲学运动中度过的，亦非过言。关于心斋之重视讲学，还有两段资料可以作为有力的旁证，他曾说过：

第二章　王艮：泰州学的创立

> 六阳从地起，故经世之业，莫先于讲学，以兴起人才。
> 古人位天地、育万物，不袭时位者也。（和刻本《王心斋全
> 集》卷二《语录上》，第66页）

这里所说"经世之业莫先于讲学"，也就是"为政莫先于讲学"之
意。很令我们吃惊的是，讲学优先于为政或为政莫非讲学，竟然
与"不袭时位"这一观念联系了起来。这不就是心斋初见阳明之
时，阳明借以批评心斋的那句话吗？亦即《易》"艮"卦"君子以思
不出其位"。由此看来，阳明对心斋的警告发生了一定的效果，
心斋不但对自己的喜露圭角的豪气有所收敛，而且他对阳明字
之以"汝止"的苦心也已有所体会。

另一段资料是心斋在给宗尚恩（按，生平未详）的一封书信中
所说的话：

> ……所谓"欲自试"云者，古人谓"学而后入政，未闻以
> 政为学"，此至当之论。吾丸斋且于师友处试之，若于人民
> 社稷处试，恐不及救也。进修苟未精彻，便欲履此九三危
> 地，某所未许。有疑，尚当过我讲破。（《心斋遗集》卷二《答
> 宗尚恩·一》，第2页下）

这里所说的"古人谓"，未及详考。心斋的态度是明确的，虽然从
原则上可以说"学外无政，政外无学"，但是却万万不能毫无原则
地混同学与政的区别，尤其是"以政为学"的说法，以致有以"政"
为试验之忧。如果将从政看作一种试验，不妨先在师友处"试
之"，若于"人民社稷处试"之，一旦有误，恐已不及挽救；如果学
问尚未有进境，便欲出仕为官①，这是吾人所不能赞同的。可见

---

① 心斋在这里用了"九三危地"的说法。所谓"九三"，是指《易》"乾"卦九
三，特别是指《文言》对该条的阐发："九三曰：君子终日乾乾，夕惕若
厉，无咎，何谓？子曰：君子进德修业。忠信所以进德也。修（转下页）

心斋对于"学"的重要性实在是非常强调的。他几乎是把"学"看作是为政的一个必要条件。

在接着给宗尚思的第二封书信中,讨论了"为禄而仕"的问题,心斋说道:

> 昔者孔子为禄而仕为乘田,必曰牛羊茁壮,长而已矣,为委吏,必曰会计当而已矣。牛羊不茁壮,会计不当,是不能尽其职,是为不及。牛羊茁壮、会计当而不已者,是为出位之思,是为过之。过与不及,皆自取其罪过。……为禄为道,无入而不自得者,有命存焉。(《心斋遗集》卷二《答宗尚恩·二》,第2页下—3页上)

所谓"为禄而仕",古时称"委吏"或"禄仕",又称"为贫而仕",原是与"为道而仕"或"行道而仕"为一相对之概念,心斋又说:

> 知此学,则出处进退各有其道。有为行道而仕者,行道而仕,敬焉、信焉、尊焉,可也。有为贫而仕者,为贫而仕,在乎尽职会计,当牛羊茁壮,长而已矣。(和刻本《王心斋全集》卷二《语录上》,第53页)

以上两段话所讲的意思是一样的,显然心斋对于"禄仕"是持肯定态度的。这里面涉及"仕"的目的问题,质言之,可以归结为"为禄而仕"与"为道而仕"两种。其中所引"孔子为禄而仕"的典故,出自《孟子·万章下》:

> 孟子曰:"仕非为贫也,而有时乎为贫;娶妻非为养也,而有时乎为养。为贫者,辞尊居卑,辞富居贫。辞尊居卑,

---

(接上页)辞立其诚,所以居业也。知至至之,可与几也。知终终之,可与存义也。是故居上位而不骄,在下位而不忧,故乾乾因其时而惕,虽危无咎矣。"心斋所谓"九三危地",显然是指"夕惕若厉"一语。

> 辞富居贫,恶乎宜乎? 抱关击柝。孔子尝为委吏矣,曰'会
> 计当而已矣'。尝为乘田矣,曰'牛羊茁壮,长而已矣'。位
> 卑而言高,罪也;立乎人之本朝,而道不行,耻也。"

依孟子的观点,为贫而仕非终极目的,这是在道之不行而又不得
不"为养"家庭的情形下所做的权宜之计,孔子之为"委吏",当属
此例。朱子为此条下注时,曾以"娶妻"为例,生动说明"为贫而
仕"不过是为了"资其馈养",而非为了"行道",若从根本上讲,
出仕的目的仍在于"行道"①。可见,"为贫"或"为禄"终究只是
一种"权"论。

若以上述心斋的观点与阳明的观点做一比较的话,则可看
出两者的不同,阳明再三强调出仕必须是"为道",若非为道而
仕,则是一种"窃"的行为,这一判断相当严厉。关于"禄仕",阳
明认为虽古已有之,然终非自己的志愿。他于 1508 年在谪所龙
场写下的《龙场生问答》一文中指出:

> 君子之仕也以行道,不以道而仕者,窃也。今吾不得行
> 道矣。虽古之有禄仕,未尝妍其职也。曰牛羊茁壮,会计当
> 也,今吾不无愧焉。夫禄仕,为贫也,而吾有先世之田,力耕
> 足以供朝夕,子且以吾为道乎? 以吾为贫乎? (《王阳明全
> 集》卷二十四《龙场生问答·戊辰》,第 912 页)

该文之作,正当阳明一生中所受最大挫折之时,然而从中仍然可
以感受到阳明并没有放弃"为道而仕"的愿望。他自己对于此次
被贬为龙场驿丞,以为这是"谴"而非"仕",然而虽说是"谴",但
犹有"职守",故终究仍是"仕"而非"役",既然是"仕",那么就仍
须以"行道"为职志。阳明借"龙场生"之口,又设计了这样一场

---

① 《孟子集注》卷十《万章下》。

问答：

> 龙场生曰："夫子之来也，谴也，非仕也。子于父母，惟命是从；臣之于君，同也。不曰事之如一，而可以拂之，无乃为不恭乎？"阳明子曰："吾之来也，谴也，非仕也；吾之谴也，乃仕也，非役也。役者以力，仕者以道；力可屈也，道不可屈也。吾万里而至，以承谴也，然犹有职守焉。不得其职而去，非以谴也。君犹父母，事之如一，固也。不曰就养有方乎？惟命之从而不以道，是妾妇之顺，非所以为恭也。"（《王阳明全集》卷二十四《龙场生问答·戊辰》，第 912 页）

话题是从此次赴任究竟是"谴"抑或是"仕"这一问题讲起，但在论述过程中，阳明所欲表明的中心论点无疑是："道不可屈。"不论是"子于父母"，还是"臣之于君"，固然都必须"惟命是从"，但又必须建立在"道"的基础之上，否则就是"妾妇之顺"。其中，阳明既采用了荀子"从道不从君"①的观点，又汲取了孟子"以顺为正者，妾妇之道也"②的思想。至此我们可以清楚地了解到阳明在"仕"的问题上有一个明确的态度（至少对阳明自己来说）："为道而仕"才是最终愿望。

反观上述心斋之言，他以"孔子为禄而仕"为由，对于"禄仕"显然是取较为宽容的态度，而不像阳明那样，以之为"窃"、以之为"有愧"。事实上，古人对于"禄仕"虽并不采取决然反对之态度，但只是在天下失道的情况下而不得已为然的一种"权"法，"仕本为行道"，毋宁说是儒家士人固守的一个原则。朱子便指出："仕本为行道，而亦有家贫亲老，或道与时违，而但为禄仕者，

---

① 《荀子·臣道》。
② 《孟子·滕文公下》。

如娶妻本为继嗣，而亦有为不能亲操井臼，而欲资其馈养者。"①这里所说的"道与时违"是一个重要的表述，也就是说，"为贫而仕"是在"道既不行"的情况下的一种暂时选择而已。关于这一点，心斋亦持完全赞同的态度：

> 道既不行，虽出，徒出也。若为禄仕，则乘田委吏，牛羊茁壮，会计当尽其职而已矣。道在其中，而非所以行道也。不为禄仕，则莫之为矣。故吾人必须讲明此学，实有诸己，大本达道，洞然无疑。有此把柄在手，随时随处无入而非行道矣。（《心斋遗集》卷一《语录》，第 11 页下）

心斋承认在"道既不行"的情况下，不妨可以"为禄而仕"，虽然道就在那些琐碎事物之中，但只是尽职而已，谈不上是为了"行道"；在这种情形下，如果可以不为禄而仕，则还是放弃为好。重要的是，人们若要把握住此处的关节，则需要在日常讲学中讲明其中的道理，如果我们在思想观念上明白了为官出仕的道理，便能做到随时随地"无入而非行道矣"。

综观上述，可以说心斋依然把"为道而仕"视作是士人出仕为官的原则，与此同时，心斋也依然把讲明此学看作是正确处理"为禄为道"之关系的关键。也正是从这个角度，我们才能对心斋所说的"学外无政，政外无学"有一个深入而具体的了解。

### 三 出入为师

以上我们大致检讨了有关"为学为政"以及"为禄为道"等问题，事实上这也就是儒家士人所面对的"内圣外王"以及"经世济民"的问题，同时也必然涉及士人的"出处"问题。出，指出仕为

---

① 《孟子章句集注》卷十《万章下》。

官;处,指致仕归养或退隐不仕。① 这本来主要是儒家士大夫在政治去就上的基本态度问题,早在孔孟时代,儒家学说就有关出处问题定下了一个基调:"邦有道,则仕;邦无道,则可卷而怀之。"②所谓"卷而怀之",意即收而藏之,引申为士人可以退居山林、隐而不出。这一基调的中心思想是:士人的出与处,最终取决于天下有道还是天下无道。当然按上述"禄仕"的说法,即便是在天下无道之时,也还允许采取"为禄而仕"的变通手法。然而对于士人来说,"出处大节"毕竟是一个关涉到能否成就大人君子的关节点。所以,心斋非常强调:"学术宗源,全在出处大节。"③意谓学术之旨归最终必然要落在"出处大节"的问题上,换言之,在出处问题上一旦行为有误,即可证明其学术必然不正。因此随着宋代以后政治官僚体制的成熟,儒家士大夫在出处去就的问题上如何抉择成了一个非常重大而又严肃的问题。及至明代,亦莫能外。上述阳明的《龙场生问答》,其实主要就是谈了士人的出处去就这一核心问题,可以确认的是"为道而仕"依然是阳明的一个政治信念。

其实在历来有关泰州学的研究中,大家都知道在"出处"问题上,心斋有一个非常著名的命题:"出,则必为帝者师;处,则必

---

① 按,出处问题,严格来说,主要是指士人在仕途上的去就问题,不过"处"又不一定局限于士人,还可适用于布衣或庶民,即便没有任何科举功名,按例他们也有机会被荐举而出仕,因而对他们来说也有出处问题的存在。举例来说,例如明初理学家、后来被从祀孔庙的吴康斋为布衣出身,19 岁便决心"弃举子业",虽然"省、郡交荐",却坚决"不赴",甘愿以"处"而终其一生。此可谓退隐不仕而非致仕归养。王心斋以布衣终身,然他亦曾屡被举荐。

② 《论语·卫灵公》。

③ 和刻本《王心斋全集》卷二《语录上》,第 61 页。

为天下万世师。"①时人归结为"出入为师"之说。②就当时所引起
的强烈反响来看,这一命题简直可以说是一个惊世骇俗的命题。
前面我们引用的"道既不行,虽出,徒出也"这段话,就是承"出则
为帝者师"的问题而来,当时有人向心斋质疑道:"'出则为帝者
师',然则天下无为人臣者矣。"这个问题很朴素,也就是说,如果
出仕做官都是抱着做帝师的目的,那么又有谁来做皇帝的臣子
呢? 由此可以看出,心斋的上述命题对于当时的士人来说,无疑
已经远远超出了他们对于儒家"出处"问题的基本了解。换言
之,"出入为师"可以说是两千年来儒家政治观念史上的一个新
突破。针对上述提问,心斋答道:

> 不然。学也者,所以学为师也,学为长也,学为君也。
> 帝者尊信吾道,而吾道传于帝,是为帝者师也。吾道传于公
> 卿大夫,是为公卿大夫师也。不待其尊信而炫玉以求售,则
> 为人役,是在我者不能自为之主宰矣,其道何由而得行哉?
> 道既不行,虽出,徒出也……(《心斋遗集》卷一《语录》,第
> 11 页下)

这个回答很简洁明了:我们士人做学问,就是为了成为老师,也
是为了皇帝,因此一旦出仕为官,作为君之臣,如果皇帝相信吾
道,而吾道又能传达给皇帝,于是也就成为了"帝者师"。若将这
里的意思略做引申,这就等于是说,所有的臣子都是"帝者师",
因为道理明摆着:吾人之道就是天下之道,帝王亦不得不"尊信"

---

① 《心斋遗集》卷一《答问补遗》,页 19 下。按,这一命题在《心斋遗集》中
可谓俯拾皆是,此不具引。

② 例如,心斋在一封给王龙溪的书信中,曾提到罗念庵"疑'出入为师'之
说",参见《心斋遗集》卷二《答王龙溪》,页 8 上。以下将引用的王一庵
语,也曾提及先师有"出入为师"之说。

之;但是,臣之于帝,不是将"吾道"向帝王"求售",这里有一个时机问题,心斋显然是意识到了孔子的一个说法:"待价而沽。"①依心斋之见,"出,则必为帝者师",不是说出仕为官者向皇帝急于求售自己,恰恰相反,应当采取以静制动的策略,等待时机;如果帝王对吾道未能"尊信",那么即便吾欲"求售",也是毫无意义的,甚至会落得个成为"人役"的下场。在这里自然会联想到前面提到的阳明的一个说法:"为仕非为役。"说白了,出仕做官不是为皇帝做劳役,而是为了实现"天下有道"的理想。而要实现这一理想,一切都取决于我,否则的话,"其道何由而得行哉?"

以下一段话,则从另一侧面显示了心斋有关出处问题的基本看法:

> "君子之欲仕",仁也;"可以仕则仕",义也。居仁由义,大人之事毕矣。孟子曰:"惟大人为能格君心之非。"孔子曰:"沽之哉,沽之哉!我待价者也。"待价而沽,然后能格君心之非。故惟大人,然后能利见大人。(和刻本《王心斋全集》卷二《语录上》,第50页)

这段话的重点有二:第一,出仕为官必须"待价而沽",不可盲目"求售",用朱子的说法,就是不可"枉道以从人,衒玉而求售";第二,出仕为官的目的是"格君心之非",亦即将皇帝的行为引向

---

① 按,语见《论语·子罕》:"子贡曰:'有美玉于斯,韫匵而藏诸?求善贾而沽诸?'子曰:'沽之哉!沽之哉!我待贾者也。'"朱熹注曰:"子贡以孔子有道不仕,故设此二端以问也。孔子言固当卖之,但当待贾,而不当求之耳。范氏曰:'君子未尝不欲仕也,又恶不由其道。士之待礼,犹玉之待贾也。若伊尹之耕于野,伯夷、太公之居于海滨,世无成汤文王,则终焉而已,必不枉道以从人,衒玉而求售也。'"(《论语集注》卷五《子罕第九》,第113页)

合乎"道"的正轨。而且,在选择程序上,前者应当优先。这个看法是相当冷静的。他告诫士人在出处之际需要非常慎重,在把握住了"可以仕则仕"的时机之后,才有可能将"格君心之非"诉诸实施。而在心斋看来,孟子所说的"惟大人为能格君心之非"的"大人",也就是"帝者师"。

对于"出入为师"的另一个基本质疑是:"好为人师"。在心斋《语录》中有这样一段记载①:

> 或曰②:"出必为帝者师,处必为天下万世师,毋乃好为人师欤?"先生曰:"学不足以为人师,皆苟道也③。故必修身为本,然后师道立而善人多。如身在一家,必修身立本,以为一家之法,是为一家之师矣;身在一国,必修身立本,以为一国之法,是为一国之师矣;身在天下,必修身立本,以为天下之法,是为天下之师矣。故出必为帝者师,言必尊信吾尊身立本之学,足以起人君之敬信,来王者之取法,夫然后道可传亦可行矣。庶几乎! 己自配得天地万物,而非牵以相从者也。斯出不遗本矣。处必为天下万世师,言必与吾人讲明修身立本之学,使为法于天下,可传于后世,夫然后立必俱立,达必俱达。庶几乎! 修身见世,而非独善其身者也。斯处不遗末矣。孔孟之学,正如此。故其出也,以道殉身,而不以身殉道。其处也,学不厌而教不倦。本末一贯,

---

① 按,以下所录从和刻本《王心斋全集》卷三《语录下》,该文又见《心斋遗集》卷一《答问补遗》,第 19 页下—20 页上。两者文字基本一致,《遗集》略详,而和刻本简洁。

② 按,《心斋遗集》卷一《答问补遗》在此句前有"董某",疑即董燧的提问。

③ 按,《心斋遗集》卷一《答问补遗》在此句前有:"《礼》不云乎?'学也者,学为人师也'。"(第 19 页下)

> 合内外之道也①。夫是谓明德、亲民、止至善也。"(和刻本
> 《王心斋全集》卷三《语录下》,第89—90页)

应当说,在心斋所留下的文字中,这段文字对于"出入为师"之问题的解答是最为全面的,其中涉及心斋的一些基本思想,这里有必要对此略做分疏。

首先从"好为人师"这一质问说起。这句话原典出自《孟子》②,用在质疑"出入为师",实在是非常恰当的,而且另有旁证表明这一质疑在当时很有普遍性③。导致这一质疑的理由很明显:不论是"出"还是"处",都是他人的老师,岂不是"好为人师"的典型吗?然而对于心斋来说,这一理由的陈述却与他的本意是风马牛不相及的。心斋对于"好为人师"这一疑问以《礼记》的"学为人师"④之说做了回应,按他的理解,"学不足为人师,皆苟道也",其语气是十分强烈的,而且应该看到他的这一理解其实是以下展开论述的一个重要前提。接着他从"身在一家""身在一国""身在天下"这三个方面,并结合他的"修身立本"的格物思

---

① "和内外之道",《心斋遗集》本无此句。

② 《孟子·离娄上》:"人之患,在好为人师。"

③ 据王一庵载:"今海内有话柄云:'凡出心斋门下,大抵好为人师。'斯言岂其诬哉!亦吾辈有以取之耳。"(《一庵王先生遗集》卷上《会语续集》)耿天台亦称时人有疑心斋该语未免"为狂诞者口实"(《耿天台先生文集》卷十四《王心斋先生传》,第1418—1419页)。对此,天台为心斋做了辩解:"先生(按,指心斋)实自笃信其道如此,若曰执此辅世,亲亲长长,天下平治世之大经大法具是。所谓有帝者起,必来取法;执此善世,庸言庸行,是愚夫愚妇可与知能。所谓圣人复起,不能易者云耳。"(同上书,第1419页)另据《欧阳南野先生文集》卷一《答章介庵》的记载,章介庵曾用"好为人师"一语来批评心斋的"出入为师"说。

④ 按,系指《礼记·学记篇》:"君子既知教之所由兴,又知教之所由废,然后可以为人师也。"

想,坚持认为只要以"修身立本之学"贯彻始终,那么就必能为家国天下"立法",由此也就必能成为家国天下之"师";在这个意义上,"出,必为帝者师",就是指吾人修身立本之学足以唤起人君尊信天下之道,并能为"来王者"所"取法",这就叫作"出不遗本",意谓这是出仕为官的根本之所在;另一方面,所谓"处,必为天下万世师",则是指以吾人修身立本之学为根基,将此推行于天下、传承于后世,由此就能实现立必俱立、达必俱达的理想,从而避免"独善其身"的偏向,这就叫作"处不遗末",意谓不忘天下、修身见世。最后,心斋的结论是:孔孟之学所欲阐明的正是上述的道理,因此吾人出仕为官必须做到以道殉身而不以身殉道,退居山林则必须做到学不厌而教不倦,这就叫作"本末一贯"。

从以上心斋所述可以看出,他一方面并未彻底抛弃"得君行道"的传统意识,同时他也清醒地认识到必须等待时机,以使人君尊信吾道;另一方面,心斋也意识到绝不能消极地等待时机,即便是在士不得志、不容见世之时,也应该积极地以讲明修身立本之学为己任,同样可使"道行天下""兼善天下",就此而言,心斋也确有"以道觉民"的传统意识。

这里本来还应对心斋所谓的"以道殉身而不以身殉道"略做分析,但我准备放在"明哲保身"一节中再来详谈这个问题。此处仅以心斋以下之言为例,做一简单提示:

> 大丈夫存不忍人之心,而以天地万物依于己。故出则必为帝者师,处则必为天下万世师。出不为帝者师,失其本矣;处不为天下万世师,遗其末矣。进不失本,退不遗末,止至善之道也。危其身于天地万物者,谓之失本;洁其身于天地万物者,谓之遗末。有心于轻功名富贵者,其流弊至于无

父无君,有心于重功名富贵者,其流弊至于弑父与君。(和
刻本《王心斋全集》卷二《语录上》,第 66—67 页)

此处所言"进不失本,退不遗末",便是上述心斋在回应"好为人
师"时所发的大段议论的主要旨意,不过须注意的是,这里心斋
所强调的两句话:"危其身于天地万物者,谓之失本;洁其身于天
地万物者,谓之遗末。"此前半话便可与"以道殉身而不以身殉
道"合观。一言以蔽之,心斋此说的真实含义无非就是"必不枉
道以从人、衒玉而求售"的意思,如若不然,则必然危及于身,则
是"失本",并最终导致"以身殉道"。然而这里马上会产生一个
问题:自孔孟以来,儒家不是一直宣扬"杀身成仁"吗?心斋反对
"以身殉道"不与"杀身成仁"正相悖逆吗?要回答这一问题,必
须要结合他的"明哲保身"说来谈,此不具述。若做一提示的话,
依吾之见,心斋之意在于指出,若为天下之存亡,可当别论,若为
求君以售吾道而不成,于是以身殉道,这便成了为君而失身,如
此则万万不可。故此,他又有这样一个表述:"天下有道,以道殉
身;天下无道,以身殉道。"①这里对于"殉身"还是"殉道"的前提
条件已经交待得非常清楚。因此对于心斋来说,如果"天下无
道",那么"杀身成仁"之行为不但是可以允许的,而且也是义不
容辞的,他曾明白地说过:"天人感应,因体同然。天人一理,无
大小焉。一有所昧,自暴弃焉。惟念此天,无时不见。告我同
志,勿为勿迁。外全形气,内保其天。苟不得已,杀身成
天。"②由此可知,心斋虽然口口声声地宣称"安身""保身",其实
在他的意识深处仍然保持着儒家的这样一种观念:当国家天下

① 《心斋遗集》卷一《答问补遗》,第 18 页上。
② 《心斋遗集》卷二《孝箴》,第 9 页下。

面临危难存亡之际,理应保持大义凛然的气节,而绝不允许有丝毫的"洁身自好""临难苟免"之想。

关于上述心斋反对"独善其身",而主张"修身见世",这里也须略做说明。心斋此说显然意识到了孟子的一个观点:

> 故士穷不失义,达不离道。穷不失义,故士得己焉;达不离道,故民不失望焉。古之人,得志,泽加于民;不得志,修身见于世。穷则独善其身,达则兼善天下。(《孟子·尽心上》)

这里所说的"穷不失义""达不离道"以及"独善其身""兼善天下",其实是儒家的一种处世哲学。即便在"不得志"的情况之下,也允许略为变通,以"独善其身"的方法保持住"穷不失义"。但是"独善其身"毕竟只是一种"权"法而已,而不是处世原则,更不能成为避世厌世、遗弃人伦的借口。正是基于这一立场,心斋强调了"修身见世"的正面意义。

关于心斋的"出入为师"说,心斋弟子王一庵有一个颇得要领的说明:

> 问《遗录》"出入为师"之说。曰:"先师此语,本无可疑。'出,则必为帝者师',言人不可轻出,必君相信之果有尊师共道之意,方可言出。否则,恐有辱身之悔,非止至善之道也。'处,则必为天下万世师',言当以兴起斯文为己任,讲学明道以淑斯人,若息交绝游,徒为无用之隐,非大人不袭时位之学也。"(《一庵王先生遗集》卷上《会语正集》,第63页)

这里所谓"必君相信之果有尊师共道之意"然后可"言出",意思是说,唯有确认了人君是否有与臣"公道"之意,然后才可做出抉择,显然"共道"是其中的关键词,换言之,亦即意指"君臣共道”,此说已颇有一点“君臣同治天下”的意味了①。不过,这里又附加了一个“尊师”的条件,此即上述心斋一再强调的人君须“尊信”吾道之意。看来,士大夫不可轻易言出的理由却在于人君的身上,必须等到人君于吾道已有“尊信”之意,“方可言出”。不用说,这正是我们在上面已看到的心斋之论“出入为师”的主旨之一。至于“必为天下万世师”的理由,更不待赘言,因为所谓“以兴起斯文为己任,讲学明道以淑斯人”,本来就是儒家知识分子的共同意识,这一观点无须等到明代中期以后才会出现。依吾之见,这也是“以道觉民”这一传统观念的另一种表述方式而已,所不同者,在阳明学时代,所谓“讲学”,已有了另一层重要意涵,其讲学的内容、对象及其规模乃至方式,都与以往任何一个时代发生了很大的差异,关于这一点,这里也就无须深究了。②

最后应指出,心斋的“出入为师”说在明代心学史上有一定的独特地位,也产生了一定的影响,然而这种影响主要是负面的,因为有大量史料证明,来自心学外部的批评且不论,即便从心学思想圈的内部来看,心斋此说也遭到了激烈的反对,可能除了泰州一派以外,这一观点是相当孤立的。尽管“君臣公道”以及“以道觉民”这些观念可以为士大夫所普遍接受,但是“帝者师”这一说法本身就会遭到士人阶层的过敏反应,以为不免会导致“南面抗颜”③。上面我们所介绍的王一庵的一个说法:“今海内有话柄云:‘凡出心斋门下,大抵好为人师’。”即道出了其中的

① 按,“同治天下”,语出程伊川:“帝王之道也,以择任贤俊为本,得人而后与之同治天下。”(《河南程氏经说》卷二,《二程集》,第 1035 页)余英时指出“同治天下”是北宋士大夫的公论,也是宋代政治文化中的一大特色,参见其著:《朱熹的历史世界》上篇第三章,第 222 页。
② 请参看拙著:《明代知识界讲学运动系年:1522—1602》。
③ 胡直:《衡庐精舍藏稿》卷十《重刻王心斋先生遗录序》,第 16 页下。

信息,基本上是可以确信无疑的。现在再举一例,可以大抵了解
"出入为师"说至少在士人阶层并不受欢迎。上面第一章提到的
胡庐山对心斋本人虽表尊崇,称其为"一时杰出",然对泰州后学
却颇有微词①,其中一条重要理由便是泰州后学个个都"好为人
师",他指出:"今之学者,未少有得,则皆好为人师,至南面抗
颜,号召后生,猖狂鼓舞,自为大于一时。"②这段话显然是冲着
"出入为师"而来。针对心斋此说,胡庐山还特意下了这样一个
转语:"予则以为圣人出为帝师,而未尝不师天下后世;处为天下
后世师,亦未尝不师帝。是故,时潜时跃,时见时飞,而未尝有家
舍。用舍行藏,莫不在天地万物。"③显然经此一改,语意全非,
复非心斋此说之旨意。当然我们也可以反过来解读士人阶层的
这种过敏反应,所谓"好为人师,至南面抗颜,号召后生,猖狂鼓
舞",所谓"往往放达自恣,兴化士以是不信学"等批评,似乎适以
反证"出入为师"说或泰州学在下层社会造成了广泛的反响。不
过,就心斋的"出入为师"而言,此说毕竟是针对士阶层而来,是
就士人的出处问题而发,这一点不容置疑。当然,如果我们抛开
社会效应这一层面,单就其思想内涵来看,那么则应承认心斋的
"出入为师"说在阳明心学史上具有相当重要的地位,同时我们

---

① 据《耿天台先生文集》卷十二《胡直墓志铭》载:"庚戌,馆兴化(按,在扬州
　　府),尽闻心斋先生之学。服其杰出,而独恨其徒传失真。"(第1229—
　　1230页)另据胡庐山《困学记》中的自述,胡庐山于1550年进士考试落
　　第以后,曾一度成为兴化人李春芳的"塾师",因兴化地近泰州,故而尽
　　闻心斋之学,称心斋"诚一时杰出",然而"独其徒传失真,往往放达自
　　恣,兴化士以是不信学。"(《明儒学案》卷二十二《胡直·困学记》,第
　　522—523页)
② 《衡庐精舍藏稿》卷十《重刻王心斋先生遗录序》,第16页下。
③ 同上书,第17页上。

也只有将此论点与心学运动中出现的"政学合一"的观念叙述合而观之,才能对它的理论意义和历史意义做出相应的了解和适当的评估。

### 四 明哲保身

心斋在44岁时,写下了《明哲保身论赠别瑶湖北上》一文,阐发了一个独特的思想观点:"保身之道。"与"淮南格物"所揭示的"安身"说一样,"明哲保身"构成了心斋思想的一大特色,亦与上述"以道殉身而不以身殉道"之说有着某种内在的理论关联。我们先从该文撰述的历史背景说起,由此可以明了明哲保身这一思想言说与历史情景之间的关系。

据《心斋年谱》记载,嘉靖五年(1526)丙戌,阳明弟子王臣(号瑶湖,生卒不详)为泰州守,邀心斋主讲于安定书院,是年冬,王瑶湖将转官北上,心斋作《安定书院讲学别言》一文,十月,又作《明哲保身论》赠别瑶湖,《年谱》曰:"时同志在宦途,或以谏死,或谴逐远方。先生以为身且不保,何能为天地万物主。因瑶湖北上,作此赠之。"①心斋卒后,瑶湖作《奠文》,忆及两人的交往,其中说道:"癸未之春,予试春宫。君时乘兴,亦北其辕。琅琅高论,起懦廉顽。偕寓连床,忘寐以欢。"这是说两人相识于1523年,即心斋北上京师讲学之时。接着又说:"君既南归,予官贵土。师曰乐哉,义聚仁辅。公庐我诣,时亦枉顾。真见实际,频亲晤语。惟时泰郡,多士聿兴。谬予问学,莫知其盲。予曰惟君,宜主斯盟。"②可知时任泰州守的王瑶湖对心斋寄予了

---

① 《心斋遗集》卷三《年谱》,第4页上。
② 《心斋全集》卷五《浙江副使洪都王公瑶湖臣奠文》,第11页下—12页上。

厚望，希望他出来主持一方讲坛之盟。在该文末尾，瑶湖继续说道："保身之论，爱我孰逾！翰迹在箧，揽之增吁。"①提到了心斋所赠的《明哲保身论》，瑶湖非常感激这番相赠之谊。

　　然而令我们注意的是《年谱》所交待的一个背景："时同志在宦途，或以谏死，或谴逐远方。"不难了解，这应当是心斋作《明哲保身论》的一个直接原因。这一记述究为何指，文中并没有详细的交代，但显然与嘉靖初年在朝廷发生的"大礼议"②之政治事件有关。围绕这一政治事件，阳明一直保持沉默③，然而阳明弟

---

① 《心斋全集》卷五《浙江副使洪都王公瑶湖臣奠文》，第 12 页上。

② 按，所谓"大礼议"，是指世宗皇帝应如何确定"皇考"的祭祀问题，后来演变成嘉靖初年的一场政治大争论。事情起因于武宗，武宗逝世后，因其无皇子又无同父兄弟，故皇位落到了叔父兴献王之子朱厚熜的身上，即世宗皇帝，年号为嘉靖。世宗即位以后遇到的一个问题是：应当称生父兴献王为"皇考"，还是应当追尊先帝孝宗皇帝为"皇考"。孝宗与兴献王为兄弟，作为兴献王之子的世宗坚持要追尊自己的生父兴献王为"皇考"，而追尊孝宗为"皇伯考"、武宗为"皇兄"。当时，以内阁首辅杨廷和为代表的"廷议"以及"部议"持反对意见。他们认为，按照"为人后者为之子"的宗法制度理论，世宗皇帝若要继嗣皇位，必须先过继给孝宗，所以不能称兴献王为"皇考"，而应称孝宗为"皇考"。由于世宗即位伊始，杨廷和的权势正如日中天，故世宗只得暂时屈就。然而，嘉靖三年正月，随着杨廷和的罢官而去，"大礼议"问题再次勃发。在这场争论中，丁忧期间的王阳明采取了沉默的态度。其时，阳明友人霍韬及弟子席书、黄绾、黄宗明均在京师做官，"先后皆以大礼问，竟不答"（《阳明年谱》嘉靖三年四月条，《王阳明全集》第 1292 页）。以上四人属于"议礼派"，立场倾向于世宗。其实，当时阳明门人以及与阳明有亲密关系的一些年轻官员大多属于"议礼派"。关于"大礼议"问题与王阳明及其弟子之关系，参看近藤康信：《大礼问题と王阳明の弟子の关与について》。关于"大礼议"的史学研究，可参见赵克生：《明朝嘉靖时期国际祭礼改制》，社会科学文献出版社，2006 年。

③ 然而有资料表明，阳明其实亦有自己的见解，其立场显然偏向于"议礼派"，他在嘉靖六年（1526）给霍韬的信中曾说："往岁曾辱'大（转下页）

子中因此事而发迹者有之,因此事而遭贬谪放逐者亦有之,如黄绾(字宗贤,1477—1551)属于前例,邹东廓则属于后例,他一度被逮下狱,寻谪广德①。然而发生于嘉靖三年七月的轰动朝野的"左顺门"事件,对心斋来说,无疑留下了深刻的印象。当时"议礼派"的意见已初步形成"公议",而以何孟春及杨廷和之子杨慎等人为首的反对派集合了 230 余名官员,集体跪伏于皇宫的左顺门以示抗议,世宗怒,逮 134 人于狱,杖五品以下 180 余人,死者达 17 人②,这是明代历史上绝无仅有的官员集体被杖事件,其惨烈之程度可谓空前绝后。此即所谓的"左顺门"事件。心斋所说的"或以谏死,或谴逐远方",应当就是以这一事件为背景的。由此背景而观,心斋的保身说并非仅对阳明同门而言,而是指向出仕为官的所有士人群体。因为显见的事实是,在整个

---

(接上页)礼议'见示,时方在哀疚,心喜其说而不敢奉复。既而元山(按,即席书)亦有示,使者必求复书,草草作答,意以所论良是。……其后议论既兴,身居有言不信之地,不敢公言于朝。然士大夫之问及者,亦时时为之辩析,期在委曲调停,渐求挽复,卒亦不能有益也。后来赖诸公明目张胆,已申其义。"(《王阳明全集》卷二十一《与霍兀崖宫端·丁亥》,第 834 页)他在另一封给邹东廓的书信中则阐述了关于"礼"的问题的看法,主张执礼应当"变通",亦须重情,反对一成不变的"泥古"(参见同上书卷六《与邹谦之·二·丙戌》,第 202 页),隐晦地表达了他对"议礼"问题的看法,与倾向于世宗的"议礼派"官员的立场相近。

① 参见《国榷》卷五十三"世宗嘉靖三年"条(北京:中华书局,1958 年,第 3300 页),宋仪望:《华阳馆文集》卷十一《邹东廓先生行状》。按,二年后的嘉靖五年,邹东廓在广德建"复初书院",邀心斋主讲,心斋作《复初说》。参见《耿天台先生文集》卷十四《东廓邹先生传》,第 1425—1426 页。《心斋遗集》卷三《年谱》嘉靖四年条,系此事于嘉靖四年,盖误。

② 参见《明史》卷一九一《何孟春传》、《明世宗实录》卷四十一,第 1050 页等。

"大礼议"事件中,被严厉整治以至于受到肉体摧残的大多不是
阳明一派的官员,而是那些所谓的阁老派、守旧派官员。关于
"大礼议",心斋持何见解并不明确①,但他的保身说与此事件的
政治氛围有关则是可以肯定的。

　　"明哲保身"出自《诗·大雅·烝民》:"且明且哲,以保其
身。"然而由于《中庸》曾引用及此②,故为宋以后儒家学者所熟
知。心斋对此有一独特的解释:"明哲者,良知也;明哲保身者,
良知良能也。"这是《明哲保身论》的劈头一句。在儒学概念史
上,这一诠释是否有渊源可寻,这里不必详考。要之,心斋欲以
阳明的良知概念来阐发他的保身说的这一意图则是非常明显
的。至于明哲为何是良知,保身为何是良能,彼此之间到底存在
什么样的诠释关系,则非心斋所关心的主题。正如我们在讨论
"格物安身"之时既已指出的那样,由于"明哲"就是"良知",所
以"明哲保身"就是指保身是人心良知的必然体现或必然要求,
这是心斋"明哲保身论"的主要意涵。他在《明哲保身论》中所欲
强调的一个主题思想是:

　　　　知保身者,则必爱身如宝。能爱身,则不敢不爱人。能
　　　爱人,则人必爱我。人爱我,则吾身保矣。能爱人,则不敢

①　不过,心斋有一篇《与南都诸友》的文章,其中隐讳地提到了当今"主上
　　有纯孝之心",当是指世宗欲尊生父兴献王为"皇考"一事,若此则心斋
　　的立场接近于"议礼派"。关于这篇文章,第五节将有较详的讨论。
　　按,另据阳明弟子陆澄的记载,他认为世宗继统不继嗣而奉生父为"皇
　　考"的行为,实是"父子天伦不可夺,今上孝情不可遏"(语见《明世宗实
　　录》卷八十九,第 2039 页)的真心表现,这大概是当时"议礼派"的一般
　　共识。心斋以"纯孝之心"称赞世宗,显然表明他的观点非常接近于当
　　时的这一"共识"。
②　语见朱熹章句本《中庸》第二十七章:"《诗》曰'既明且哲,以保其身'。"

恶人。不恶人,则人不恶我。人不恶我,则吾身保矣。能爱身者,则必敬身如宝。能敬身,则不敢不敬人。能敬人,则人必敬我。人敬我,则吾身保矣。能敬身,则不敢慢人,不慢人,则人不慢我。人不慢我,则吾身保矣。此仁也,万物一体之道也。(《心斋遗集》卷一,第12页下)

开首一句"知保身者",便是顺着"人皆有之,圣人与我同也"①的"良知"而言。换言之,在心斋看来,"保身"之所以可能的依据在于我们每个人所天生具备的"良知良能"。人之有良知,保证了人必然知保身,这是心斋的一个论证逻辑。这一论证的一个前提预设是:良知之在人心,等于良知之在人身。由此可见,"身"无疑是整篇《明哲保身论》的一个核心概念。身既具有形骸义,同时由于身中有心,所以身又具有精神义。也正由此,黄宗羲对心斋安身说的一个分析是很有见地的:"然所谓安身者,亦是安其心耳,非区区保此形骸之为安也。"②这是说,安身包含了安心,安身的实现,同时也就意味着安心的完成,因此安身绝非是仅指"保此形骸"而已。由于身中有心或心在身中,所以安身又是安心的基础,安身在工夫次第上优先于安心。当然这不是指在价值论、目的论意义上,安身在安心之上。事实上,"明哲保身论"中的"保身"说也就是淮南格物中的"安身"说,在理论实质上,两者是一致的。所不同者,"明哲保身论"的"保身"说,将其成立之依据诉诸于良知良能,因而其保身说又与良知本体论建立了联系。

在上面一段引文中,心斋由"保身"又推演出"爱身""敬身",

---

① 《心斋遗集》卷一《明哲保身论》,页12下。
② 《明儒学案》卷三十二《泰州学案一·王心斋传》,第710页。

在此推演过程中,他又运用了这样一种推理逻辑:知保身则必爱身,能爱身则必爱人,能爱人则人必爱我,人爱我则吾身保矣。同样的道理:能爱身则必敬身,能敬身则必敬人,能敬人则人必敬我,人敬我则吾身保矣。结论是:人与人之间的这种互为一体、彼此联动之关系正体现了仁者的精神,体现了"万物一体之道"。在这里"保身"说被放置在了"万物一体之仁"的高度,完成了这样一个循环论证:由"保身"必然指向"爱身""敬身",由"爱身""敬身"必然指向"爱人""敬人",再由"爱人""敬人"必然指向"人爱我""人敬我",最后又必然实现"保身"。由此可以说,心斋的"保身"说确实不是"区区保此形骸之为安也",而是一种以"万物一体之仁"为其本质特征的伦理学说,具有伦理学的意义。

在上述引文"此仁也,万物一体之道也"之后,心斋继续说道:

> 以之齐家,则能爱一家矣。能爱一家,则一家者必爱我矣。一家者爱我,则吾身保矣。吾身保,然后能保一家矣。以之治国,则能爱一国矣。能爱一国,则一国者必爱我矣。一国爱我,则吾身保矣。吾身保,然后能保一国矣。以之平天下,则能爱天下矣。能爱天下,则天下凡有血气者,莫不尊亲。莫不尊亲,则吾身保矣。吾身保,然后能保天下矣。此仁也,所谓至诚不息也,一贯之道也。人之所以不能者,为气禀物欲之偏。气禀物欲之偏,所以与圣人异也。与圣人异,然后有学也。学之如何? 明哲保身而已矣。(《心斋遗集》卷一《明哲保身论》,第12页下—13页上)

这里的推论逻辑与上述同,只是内容和对象有异。在这里,心斋将论点扩展到了家国天下的领域,以"身"为立论之基点,身与家国天下一并打通，与此同时，保身作为工夫实践的一个基本出发点，也可以与齐家、治国、平天下连贯起来。具体说来，心斋是这样论证的：以仁齐家则能爱一家，能爱一家则一家者爱我，如此则吾身保矣，吾身保则能保一家；以仁治国则能爱一国，能爱一国则一国者爱我，如此则吾身保矣，吾身保则能保一国；以仁平天下则能爱天下，能爱天下则天下人类莫不尊尊亲亲，如此则吾身保矣，吾身保然后能保天下。结论是："此仁也，所谓至诚不息也，一贯之道也。"这个结论也就是"万物一体之仁"的意思。由此可见，在心斋的明哲保身论当中体现了明道以来为儒家士人所共同推崇的"万物一体之仁"的思想精神。在上述引文的末尾，心斋又有一个引人注目的说法：常人往往不能做到以上所说的由保身至保天下的那套工夫实践，其因在于处在现实状态之中的人易被气禀物欲所蒙蔽，故有学习的必要，而为学的目标就是"明哲保身而已矣"。这样一来，保身成了"学"之本身。这是心斋保身论的又一特点。

《明哲保身论》的第三段论述则是这样展开的：

> 知保身而不知爱人，必至于适己自便，利己害人。人将报我，则吾身不能保矣。吾身不能保，又何以保天下国家哉？此自私之辈，不知本末一贯者也。若夫知爱人而不知爱身，必至于"烹身割股""舍生杀身"，则吾身不能保矣。吾身不能保，又何以保君父哉？此忘本逐末之徒，"其本乱而末治者否矣"。故君子之学，以己度人。己之所欲，则知人之所欲；己之所恶，则知人之所恶。故曰："有诸己而后求诸人，无诸己而后非诸人。"必至于内不失己，外不失人，成己成物而后已。此恕也，所谓致曲也，忠恕之道也。故孔子曰："敬身为大。"孟子曰："守身为大。"曾子"启手启足"，皆

此意也。(《心斋遗集》卷一《明哲保身论》,第13页上)
这里的论点略显分散,心斋从几个方面,运用了儒家经典中的一些说法来试图进一步证明保身说的合理性、重要性。其中的一个核心观点就是:"吾身不能保,又何以保君父哉?"为了证成这一观点,他又以"以己度人"这一儒学的"为己之学"的理论作为立论之依据。最后他以孔子的"敬身为大"①、孟子的"守身为大"②,以及曾子的"启手启足"③,来为他的论点提供儒家经典的诠释依据。然而事实上,这里所说的"敬身""守身"以及曾子的"全生全归",是儒学史上非常著名的观点,都是在"孝亲"这一特定意义上而言的,指的是行孝的基本原则,而心斋的保身说则完全超越了"孝道"的含义,涉及了"为臣之道"的领域——亦即"君臣"领域的问题。这是我们从以上的初步分析中完全可以获得的一个结论。

全文末尾,心斋说道:

古今之嘱临别者,必曰"保重"。保重,谓保身也。有保重之言,而不告以保身之道,是与人未忠者也。吾与瑶湖子

---

① 孔子语见《礼记·哀公问》:"君子无不敬也,敬身为大。身也者,亲之枝也,敢不敬与? 不能敬其身,是伤其亲。伤其亲,是伤其本。伤其本,枝从而亡。"按,这段话当是孔门后学的辗转传述而并不可靠。

② 孟子语见《孟子·离娄上》:"事孰为大? 事亲为大;守孰为大? 守身为大。不失其身而能事其亲者,吾闻之矣;失其身而能事其亲者,吾未之闻也。"

③ 曾子"启手启足"之典故出自《论语·泰伯》:"曾子有疾,召门弟子曰:'启予足! 启予手! ……而今而后,吾知免夫! 小子!'"朱子注曰:"曾子平日以为身体受于父母,不敢毁伤,故于此使弟子开其衾而视之。……曾子以其所保之全示门人,而言其所以保之之难如此;至于将死,而后知其得免于毁伤也。……尹氏曰:'父母全而生之,子全而归之。曾子临终而启手足,为是故也。非有得于道,能如是乎?'"(《论语集注》卷四《泰伯第八》,第103页)

相别而告之以此者,非瑶湖子不知此而告之,欲瑶湖子告之
于天下后世之相别者也。是为别言。(《心斋遗集》卷一《明
哲保身论》,第13页上)

以上所引四段原文,合起来便是《明哲保身论》的全文。归纳起
来,全文的要点有三:第一,由良知良能推出保身,将保身建立在
良知之学的基础之上;第二,由保身出发,将修身齐家治国平天
下连贯起来,因而保身与修齐治平具有本末一贯的连续性;第
三,"万物一体之仁"的思想是其保身说得以成立的又一重要理
论基础,而按照心斋的理解,"万物一体"又必须是以身为出发
点、以身为归结点。由以上三点可以推断,心斋的保身说绝非是
指向"独善其身",而是强调了士的个人意志、独立地位及其社会
关怀,我们没有理由将保身说视作是"临难苟免"[①]的一种借口
托词,从而否定保身说的理论意义和历史意义。

那么我们应当如何评价心斋的明哲保身说?事实上,明哲
保身说在心斋的思想体系中并非单独成义,而是与他的格物安
身、修身立本、尊身立本、身道合一(关于这一观点,详见后述)等
观点主张构成了一个有机的理论体系。其中所贯穿的一个核心
概念无疑是"身"。正如我们在淮南格物一节中所指出的那样:
心斋安身说的一个理论贡献是,"身"作为一种"个体"存在,不论
此"身"是仅指"形骸"还是含指"心灵",它具有了先于心意知物
之存在的根本地位,是所有物的"根本"("物有本末"之"本"),
因此必须先肯定"身体",然后良知才有着落。同样,我们对于心
斋在明哲保身论当中所强调的一个观点:"良知之学,保身而

---

① 《明儒学案》卷三十二《泰州学案一·王心斋传》,第711页。依笔者
看,黄宗羲对心斋"保身"说的这一评价未必恰当。

已"①,亦可做出这样的分析:良知既是保身的前提和依据,同时保身又构成了良知之学的内容和实质。换言之,如果一旦发生"自失其身"或"自辱其身"("身且不保")的情况,那么也就意味着良知存在基础的丧失,而良知之学也就无从谈起。由此我们可以得出一个结论:心斋用"以身为本""以家国天下为末"的观点来诠释《大学》"物有本末"这一思路,为其整个思想奠定了重要的基调,由此而发展出来的安身说、保身说、尊身说、敬身说等,都是建立在"以身为本"这一观念基础之上的,甚而至于他的"良知见在"说、"日用即道"说、"出入为师"说,同样也与"以身为本"的观念有着密不可分的关联。也正由此,故在心斋看来,《大学》所说的一整套工夫理论——从格物致知诚意正心到修身齐家治国平天下,都"只是实实落落在我身上做工夫"②而已。

所以,最终我们发现对于心斋思想的整个构架来说,"身"这一概念无疑具有举足轻重的分量,心斋甚至把"身"提到了与"道"并列的高度,提出了"身与道原是一件"的命题,这一点值得重视。心斋曾在与弟子徐樾的一场对答中,就"身"与"道"的关系做了较为详细的阐发:

> 先生谓徐子直曰:"何谓至善?"对曰:"至善即性善。"曰:"性即道乎?"曰:"然。"曰:"道与身孰尊? 身与道何异?"曰:"一也?"曰:"今子之身能尊乎否欤?"子直避席,请问曰:"何哉? 夫子之所谓尊身也?"先生曰:"身与道原是一件。圣人以道济天下,是至尊者道也。人能宏道,是至尊者身也。尊身不尊道,不谓之尊身;尊道不尊身,不谓之尊道。

---

① 《心斋遗集》卷二《再与徐子直》,第 8 页下。
② 《心斋遗集》卷一《答问补遗》,第 17 页上。

须道尊身尊，才是至善。故曰：天下有道，以道殉身；天下无道，以身殉道。必不以道殉乎人。使有王者作，必来取法，致敬尽礼，学焉而后臣之，然后言听计从，不劳而王。如或不可，则去。仕止久速，精义入神，见几而作，不俟终日，避世避地避言避色，如神龙变化，莫之能测……"（和刻本《王心斋全集》卷三《语录》，第79—80页）①

这里的论述是围绕"道与身孰尊？身与道何异"这一问题展开的，对于我们理解心斋的"明哲保身"论有着十分重要的意义。不难看出，其中实际上包含了两个子问题：一是"何尊"，一是"何异"。心斋答以"一也"，并从"尊身""尊道"的角度来阐明两者何以"一也"的理由，却对"何异"的问题并未细说。当然这并非是心斋的无意疏忽，而应当是原因的。事实上，何谓"道"这一问题，到了心斋的时代已基本不成其为问题，他也会说"性即道也"；至于何谓"身"，先秦儒家且不论，就宋明理学而言，大致可从两个角度来理解：一是"身为心之区宇"（邵雍语）、一是"心为身之主宰"（朱子语），这是将身与心作为一种结构来理解的典型观点，正是在此意义上，可以说"无身则无心，无心则无身"（阳明语），"身心原是一体"（龙溪语），到了泰州后学罗近溪那里，对于"身心"问题更显示出了一种浓厚的理论兴趣，这里暂且不论。至于心斋，遍检其语录杂著，却未能发现他就"身心"问题有何专门的论述，他只是在讨论"安身"与"安心"的问题时，略微表露出这样一种倾向性的意见：安身而后安心者为上，不能安身而能安心者次之，不能安身亦不能安心者为下。关于这一点，在"格物安身"一节中已有讨论，在此不赘。然而若要追问此说的理据何

---

① 按，此条又见《心斋遗集》卷一《答问补遗》，然有误植，今从和刻本。

在？恐怕我们无法从心斋的文献中找到现存的答案。因此也唯有依靠某种哲学诠释来重构心斋的身心观。依我之见,心斋所云"身与道原是一件",以及他的有关安身与安心之关系的分析,可以看出其所谓"身"主要是实存意义上的"身",同时从身心结构的角度而言,身心又是互为一体、缺一不可的整体关系,身与道的关系亦应作如是解。

我们从以上的那段引文中可以看出,心斋特别强调的一个观点是:身与道同样是"至尊"的。我们不妨归结为"身道一体""身道合一"。在心斋看来,"尊身"与"尊道"是一体两面之关系,缺一不可。显然,心斋以身为"至尊"的观点与其格物理论中"以身为本"的观点是一致的。然而这种所谓的"一体""合一",都是从身与心或身与道的结构关系着眼而得出的结论。换言之,"身与心原是一件"绝非是本体论命题,此与阳明的"心即理"的命题方式及其内容实质完全不可同日而语。也就是说,身与道,只是在结构上是一体的存在,而且身为道的存在及其意义的实现提供了坚实的基础,但不是在本体论意义上说,身与道便是内在同一或本质同一。也就是说,身绝非是抽象本体或观念实体。由此我们才可充分理解心斋为何再三强调不可"以道殉人""以道从人"的思想缘由,这里的论述显然着眼于这样一个问题:士人如何在"道—身""君—臣"之间确立起自身的自主性。而心斋的"明哲保身"论也应当同样是这一问题意识的展现。

总之,通过以上的观察,我们终于了解到心斋的一个基本想法:从"以身为本""修身立本""安身端本"到"保身""爱身""敬身""尊身",以至于安人、爱人、敬人、礼人等主张之所以成立,都是由于"身与道原是一件"的缘故。在心斋看来,唯有通过修身安身、保身尊身,才能真正做到正己正物、成己成物、爱人爱己;也唯有将格致诚正、修齐治平的一套工夫"真真实实在自己身上"①去加以落实,最终才可实现万物一体的仁者境界、人人君子的社会理想。身的重要性不仅体现在人们的道德生活中,而且在政治生活中,身也具有首出的地位,所以心斋说:"仕以为禄也,或至于害身,仕而害身,于禄何有? 仕以行道也,或至于害身,仕而害身,于道何有?"②这是说,不论是为禄而仕还是为道而仕,仕的价值和意义的体现并不取决于禄或道之本身,而是取决于"身"之保与不保。可见在心斋的这套观念中突出了"身体"存在的重要性,这在阳明心学的观念模式中无疑具有一定的独创性。一个显而易见的事实是,所谓"明哲保身",其实"明哲"作为良知虽具有本体的地位,但是良知必须落实在吾身之上,其价值和意义才能实现,因此作为一种工夫实践理论,仍然必须贯彻"安身立本""以身为本",必须讲求"保身""尊身"。应当承认,"以身为本"这一观点立场构成了心斋思想的一个鲜明特色,同时也是其理论的贡献之一。

## 五　王道论

众所周知,在儒家的政治文化观念史上,"王道"既是一种完美的政治理想,同时也是一种终极意义上的理想社会形态。心斋关于王道政治及王道社会也有其独特的观点,这集中表现在他的一篇专题论文:《王道论》。其中谈到了有关社会改革的一些设想,在他看来,如果措施适当,上下同心,则"道德可一、风俗可同""人人君子、比屋可封"的三代社会亦不难实现,充分展现

---

① 《心斋遗集》卷一《答问补遗》,第 18 页上。
② 《心斋遗集》卷一《语录》,第 3 页下。

出他的社会理论以及政治观念具有理想主义、复古主义的浓厚色彩，与此同时，他对现实状态中的社会与政治则表现出了种种不满，提出了极其严厉的批判，甚至到了"痛心疾首"的地步。然而他所提出的一系列改革方案在当时是否具有现实可行性，平心而论，却不免要大打折扣。我们通过对心斋《王道论》的考察，可以了解到心斋（甚至包含泰州学派）在有关社会政治问题上的见解虽具有一定的批判性，但终究未能摆脱这样一种思路：化政治为道德，以内圣成德来化解外王事功。

《王道论》在所有心斋的著作中是一篇特异的文章，可视其为一篇政治"策论"。全文略长，大致上可分六个段落或层面来进行考察。

在第一段，心斋首先表明了他对"王道"的理解，他引用孔子的"如有王者，必世而后仁"①以及《尚书》的"刑，期于无刑"的说法，认为"仁"的实现以及"刑"的消除，便是"王道"了。那么具体地说，如何才能实现"王道"呢？心斋直截了当地指出："夫所谓王道者，存天理、遏人欲而已矣。"②虽然这里用了一个"遏"字，而非"灭"字，但基本意思仍然是宋明理学的那个著名口号："存天理、灭人欲。"不论是程朱理学还是陆王心学，在天理与人欲的问题上，却都能普遍接受这个思想口号。那么何谓天理，又何谓人欲呢？心斋接着解释道："天理者，父子有亲，君臣有义，

① 语见《论语·子路》。按，朱子《论语集注》释曰："王者谓圣人受命而兴也。三十年为一世。仁，谓教化浃也。程子曰：'周自文武至于成王，而后礼乐兴，即其效也。'或问：'三年、必世，迟速不同，何也？'程子曰：'三年有成，谓法度纪纲有成而化行也。渐民以仁，摩民以义，使之浃于肌肤，沦于骨髓，而礼乐可兴，所谓仁也。此非积久，何以能致？'"（《四书章句集注》，第144页）
② 《心斋遗集》卷二《王道论》，第16页下。按，以下凡引此篇，概不出注。

夫妇有别,长幼有序,朋友有信是也。人欲者,不孝不弟,不睦不姻,不任不恤,造言乱民是也。"这是以人伦五常释"天理",以背弃人伦五常释"人欲"。可见,人欲并非仅指饮食男女之类的物质欲望,只要违背天理便是人欲。这里所强调的观点是:天理与人欲是一正一反、彼此消长的关系。因此,存天理和遏人欲,并不是分别去做的两头工夫,而是做到存天理,同时也就意味着遏人欲。用朱子理学的话来说,就是存得一份天理,便是消得一份人欲,"人欲尽净,天理流行"。与此思路一致,心斋亦云:"存天理,则人欲自遏,天理必见。"至此,心斋的说法未见有何特异之处,然而紧接着"天理必见"这句话,心斋却下了一个断言:"是故尧舜在位,比屋可封;周公辅政,刑措不用。是其验也。"意思是说,"存天理,遏人欲"的实现,也就是尧舜以来三代社会的一个显著特征,也就是说,儒家理想中的三代社会就是天理必见而无丝毫人欲的理想社会,换言之,就是合乎天理的道德社会。

第二段,心斋首先从"刑"的问题说起。他之所以以"刑"的问题作为一个重要的切入点,显然与其对当时的政治生态的深刻考察有关,可以参看上一节有关"明哲保身论"的历史背景的分析。他指出:"盖刑因恶而用,恶因无教养而生。苟养之有道,教之有方,则衣食足而礼义兴,民自无恶矣。刑将安施乎?"话题由"刑罚"引出了"教养"问题。他认为,因为刑由恶而起,恶由无教养而起,所以教养兴则民无所恶,自然"刑"的设置也就失去了意义,最终就可实现"无刑"的理想社会。所谓"教养",其实又含有两个子问题:教和养。其中,"养"是首要的问题。那么什么是"养之之道"呢?心斋指出"不外乎务本节用而已"。务本是指从事农业,节用是指抑制消费。为了证明这个观点,心斋对历史和现实之间所存在的严重断裂进行了一番描述:

> 古者田有定制,民有定业,均节不忒,而上下有经,故民
> 志一而风俗淳。众皆归农,而冗食游民无所容于世。今天
> 下田制不定而游民众多,制用无节而风俗奢靡。所谓一人
> 耕之,十人从而食之,一人蚕之,百人从而衣之。欲民之无
> 饥寒,不可得也。饥寒切身,而欲民之不为非,亦不可得也。

进而他提出了一个为改变上述现状而应采取的针对性措施:

> 今欲民得其养,在去天下虚縻无益之费,而制用有经,
> 重本抑末。使巧诈游民,各皆力本。如此则生者众而食之
> 寡,为之疾而用之舒,而财用无不足矣。

这里出现的“重本抑末”的说法应稍加重视。当然这一说法本身
乃是历史常识,无须多做解释,但是以往有一种研究却认为由于
心斋等泰州诸子出身低微,加上心斋本人亦曾从事过商业活动
等因素,故而对于工商业者是站在同情的立场上的。然而这里
心斋所言,却明白无误地指出了“重本抑末”,亦即“重农抑商”的
重要性,而且在他看来,这是“养之之道”的根本方法。不过要实
现这一目标,还必须首先解决“田制不定”的土地问题。田制不
定,导致游民众多,游民众多导致好逸恶劳、风俗奢靡。所以关
键的问题还是在于解决“田制不定”。

因此第三段,心斋便提出了关于如何改变“田制不定”的政
策措施的设想。他指出三代以来,有“贡、助、彻之法”,后世又有
“均田、限田之议”以及“口分世业之制”,但是这些制度得以实
施,并不在于这些制度的好坏,而是因为“人心和洽”,所以能够
“斟酌行之”“通变得宜,民皆安之”。看来,问题之关键又在于人
心。不得不说,心斋在这一问题上的滑转太过突然,显示出其对
制度问题本身并没有多大的兴趣。接下去心斋着重讨论了“人
心”问题,他断然指出“所谓人心和洽,又在教之有方”,话题又转

向了"教"的问题。在他看来,"教之之方"早在"唐虞三代"就已经充分完备了。心斋指出,事实上三代之学是很简单的,就是"教以人伦"而已,"三代之学,皆所以明人伦也"。具体地说,就是《周礼》中所说的"乡三物",亦即:"一曰六德:智仁圣义中和;二曰六行:孝友睦姻任恤;三曰六艺:礼乐射御书数。"以此"乡三物教万民",又"为比闾族党州乡之法以联属之",于是天下之民无不"相亲相睦、相爱相劝以同归于善",这就是三代社会所推行的"先德行而后文艺,明伦之教"的教育政策。以此为基础,扩大到官员选举的领域,则推行唯贤是举、"乡举里选"的政策,一切以"德行"为考量的依据,通过自下而上的层层推举,直至"荐于天子","天子拜而受之,登于天府,使司马任才而授任"。由此,普天之下便会形成这样一个良好的社会风气:"上下皆趋于德行,躬行实践于孝弟忠信礼义廉耻之间,不复营心于功名富贵之末,而功名富贵自在其中矣。"最终就会形成这样一个理想的社会局面:"精神命脉上下流通,日新月盛,以至愚夫愚妇皆知所以为学,而不至于人人君子、比屋可封,未之有也。"不用说,以上所述都是有关"唐虞三代"的一种历史想象。其中突出强调了两点:一是"先德行而后文艺",这是有关教育制度的问题;一是"乡举里选",这是有关选举制度的问题。

第四段话题开始回落到现实社会。在他看来,从总体上说三代以后的社会是一种严重的倒退,产生了各种各样的社会问题。首先他指出:"后世以来,非不知道德仁义为美,亦非不知道德仁义为教。"这是承认道德仁义是人心所固有的一种美德。然而问题却在于政府的"取士"政策发生了根本性的转向,放弃了"先德行而后文艺"这一重要的政策措施,将道德仁义反而置于"文艺之末",一味推行"以文艺取士"的政治策略,由于"上行而下效",所以其结果是:从上自下"皆趋于文艺矣","自幼至老,浩瀚于辞章,汨没于记诵,无昼无夜,专以文艺为务。盖不如此,则不足以应朝廷之选而登天子之堂,以荣父母,以建功业,光祖宗而荫子孙矣。"这是一方面,还不至于伤风败俗、遗弃人伦,然而另一方面,由于教之无方,却导致了更为严重的一系列后果:

> 学校之外,虽王宫国都府郡之贤士大夫,一皆文艺之是贵,而莫知孝弟忠信礼义廉耻之学矣。而况于穷乡下邑,愚夫愚妇又安知所以为学哉? 所以饱食暖衣逸居,无教而近于禽兽,以至伤风败俗、轻生灭伦、贼君弃父,无所不至。而冒犯五刑,诛之不胜其诛,刑之无日而已。岂非古所谓不教而杀,罔民者哉? 呜呼! 言至于此,可不痛心!

这里对于诸如"近于禽兽""伤风败俗""贼君弃父""冒犯五刑""诛不胜诛"等可怕可怖的社会现象的描绘,到底是过去的历史还是当时的现实,心斋没有明确的交待。然根据全文的叙述脉络不难判断,这应当就是对于隋唐特别是宋代"科举取士"制度成熟以后直至明代社会的历史以及现实的双重描述。在心斋看来,导致这些现象的根本原因就在于"以文艺取士"的上层制度。

因此紧接上面的话题,在第五段落,心斋提出了改变这一现实状况的方法。在选举问题上,必须"重师儒之官,选天下道德仁义之士以为学校之师",而且还不妨恢复汉代的"举贤良"的选举方法,只是由于科举制已成"祖宗旧制",不可遽废,所以不妨将"举贤"之法"别设一科与科贡并行"。然而在有关教育政策的根本问题上,则应断然回归到"先德行而后文艺"的方针上来,以使"天下之人,晓然知德行为重,六艺为轻",这样一来，一切便会向着理想的方向转变，甚至离三代社会也会变得越来越近：

> 士皆争自刮磨砥砺以趋于道德仁义之域，而民兴可行矣。夫养之有道而民生遂，教之有方而民行兴，率此道也以往而悠久不变，则仁渐义磨，沦肤浃髓，道德可一，风俗可同，刑措不用，而三代之治可几矣。

然而具体地说，如何着手才能实现上述美好的理想，心斋认为只要做到一点即可："天子公卿讲学明理，躬行于上以倡率之。"如果"不知从事于此而惟末流是务"，那么其结局便是"归于苟焉而已，非王道之大也"。换言之，"王道之大"就在于自上而下的推行讲学，必须由"天子公卿"带头。从中可以观察到心斋的一个重要思路：因为所谓"王道"，其实就是王者之道，所以天子有义务和责任"讲学明理""躬行于上以倡率之"。由此看来，在心斋的社会改革的蓝图中，既没有提到"以道觉民"，更没有"觉民行道"的设想。

最后在第六段，心斋做了一个总结：

> 为人君者，体天地好生之心，布先王仁民之政，依人心简易之理，因祖宗正大之规，象阴阳自然之势，以天下治天下，斯沛然矣。

这段话是针对"人君"而言的。可见，在心斋的心目中，王道政治能否实现，一切的希望都寄托在"人君"的身上。

的确，从以上心斋所叙述的社会改革设想来看，是否触及了当时社会所存在的各种问题的本质，他所提出的种种改革设想是否具有现实可行性，平心而论，这是不无疑问的。然而我们却也不能以现代的意识去嘲笑心斋在政治上的幼稚或无能，说他在社会问题上不免持有"抱残守缺"的落后心态，对于封建君主寄予了过多的不切实际的幻想。或许心斋所说的"教养之方""德行优先""乡举里选""讲学明理"等设想并不能对改变现实社会产生任何具体的作用,天子公卿们照样根据"祖宗旧制"在继续管理着国家和社会。然而,我们不能以理论的客观效应来横加评断理论价值的高下优劣,这是一种历史主义的目的论观念,并不适合于评判心斋的社会政治思想之价值。若以某种同情之了解的立场视之,则吾人亦须承认心斋的王道论既有理想主义的色彩,又有现实的批评精神,尽管他的社会设想难以切实推行,但另一方面也正表明以心斋为代表的泰州学派,并没有一味沉醉于抽象问题的讨论,相反,他们对于现实的社会政治问题亦曾有过认真的思考。对于心斋来说,他肯定在内心深处真切地相信他所描绘的社会蓝图是可以实现的,而且他深信自上而下的改革是一条现实可行的正确道路。

从以上的讨论可以发现心斋的王道论有很明确的针对性,是向"人君者"的政策建议。如果改换一种角度,从"人臣"的角度看,那么对于实现王道政治又能做些什么呢?那么心斋的观点是,如同"天子公卿讲学明理"一样,在安于治下的前提下,唯有"与二三子讲明此学",则不负平生之所愿矣。心斋晚年曾被泰州守任公(按,未及详考)①两次举荐,都加以回绝,他在给任公写信阐明回绝理由时,曾这样说道:

> 两辱枉召,感愧殊深。恭闻执事以贤举仆矣。果如所举,则不敢如所召,果如所召,则又负所举矣。于此权之,与

---

① 据《年谱》,于嘉靖八年(1529)条下,载是年有《答太守任公》书。然文中述"仆之父,今年八十九岁",今按心斋父王守庵卒于嘉靖十五年,终年93,由此推算,则89岁当在嘉靖十一年,或恐《年谱》记《答太守任公》于嘉靖八年有误。

其负所举,宁不敢如所召也。孟子曰:"有大有为之君,必有
所不召之臣。"仆固非不召之臣,亦不敢不愿学也。……仆
之父,今年八十九岁,若风中之烛,为人子者,此心当何如
哉? 此尤仆之所以不能如召也。伏愿执事善为仆辞,使仆
父子安乐于治下,仍与二三子讲明此学,所谓"师道立则善
人多,善人多则朝廷正而天下治矣"。岂曰小补云乎哉! 故
孔子曰:"吾无隐乎尔,吾无行而不与二三子者,是丘也。"亦
所谓修身见于世也。修身见于世,然后能利见大人。能利
见大人,然后能不负所举矣。然非一体之仁者,其孰能若执
事之荐仆哉? (《心斋遗集》卷二《答太守任公》,第4页上)

这封书信值得重视。如果说《王道论》议论宏伟,但不免仍停留
在理论层面,那么在这封信中心斋则以自己的行动表明了他对
政治的明确态度。有资料表明,心斋一生中曾有多次被当地官
员荐举①,但他都一一回绝,情愿以布衣终其一生。至于其中的
理由,我们唯有从以上这封信获得一个较为确切的答案。表面
上,他拒绝应召的理由是家有老父,其实应当有更深一层的理
由,亦即他对参与现实政治并不感兴趣。另一个更为重要的理
由是,他发现了另有一条途径可以实现"天下治"的目标。这一
途径就是立足于下层的"讲明此学"。他以周敦颐和孔子的话作
为依据,阐明了他的想法是符合儒学思想之精神的。周敦颐的

---

① 参见万历本《王心斋先生全集》附《疏传合编》上下卷。如吴悌《举荐
疏》这样说道:"……思勑下吏部,再加询访。如果臣言非谬,查照先朝
典故,将艮(按,即王艮)致之阙下,惟所简用。之于治道风教,必有裨补。
臣叨承命使,与有观风之责,山林隐遗,分宜荐扬。"(《疏传合编》卷上
《奏疏类编》,第8页下)按,据此可知,举荐的内容显然是欲使朝廷起
用心斋,令其出仕为官。该《疏》作于嘉靖十六年十一月。

话是："师道立则善人多，善人多则朝廷正而天下治矣。"①孔子的话是："修身见于世""利见大人"②。心斋认为，他的"与二三子讲明此学"的行为选择就是为了切实地实践"师道立则善人多"以至"朝廷正而天下治"这一理论；同时，"讲明此学"也是一种成就自己、完善自身的"修身"实践。

总之，心斋以自己的行为表明，他在处理政学关系问题时，选择了"以学为政"一路，这是因为他抱有这样的真实想法：通过讲学同样可以实现自身的价值，同样可以为国家天下做出自己的贡献。

## 六　讲学与乐学

笔者曾在旧著中指出："阳明学作为一种思想学说，固是理论思辨的产物，同时阳明学的产生及其展开过程本身又是一场思想运动，其具体表现就是讲学。""在某种意义上可以说，阳明学的思想展开过程，就是一部讲学运动史。"③据阳明弟子钱绪山称，阳明"平生冒天下之非诋推陷，万死一生，遑遑然不忘讲学"④。另有一种意见认为：阳明于"文章""政事""气节""勋烈"四者兼而有之，若能"除却讲学一节，即圣人矣"，对此，阳明断然

---

① 语见《通书·师》。按，对周敦颐的这句话，心斋曾反复引用，几乎到了俯拾皆是的地步，这表明由"师道立则善人多"直至"天下治"的观念，乃是心斋积极推动讲学的一个重要思想资源。

② 语见《孟子·尽心上》《周易·乾卦》。按，严格说来，"修身见世"当是孟子语，而非孔子语。心斋有时亦引作孟子语，如："孟子曰：'不得志则修身见于世。'此便是见龙之屈，利物之源也。孟氏之后，千古寥寥，鲜识此义。"（《心斋遗集》卷二《与薛中离》，第3页上）

③ 《阳明后学研究》第九章"阳明后学与讲学运动"。

④ 《传习录》卷中，钱绪山：《续刻传习录序》。

回答:"某愿从事讲学一节,尽除却四者,亦无愧全人。"①可见,对阳明来说,"讲学"是其人生的一大抱负。他甚至把讲学喻为"婚姻",而把自己喻为"媒妁"之人,并劝其门人吸引后进、互相讲学。在阳明看来,讲学既是我们每个人的"本分内事"②,也是吾人今日不可偏废的首要之务③。正是在阳明的鼓动倡议之下,自16世纪20年代以降,可以说在朝野上下逐渐兴起了一股讲学风潮。其中,心斋及其泰州学派扮演了重要角色。

我们通过对心斋生平及其思想的初步介绍,已经了解到心斋之于讲学抱有很大的热情,他曾自称"予也东西南北之人也"④,单从这一点也可看出,讲学对于心斋来说,是其人生的一大抱负和志向。从理论上讲,心斋所一再表明的"万物一体""修身见世""兼善天下""师道立则善人多"等观念固然是其投身讲学的思想动力,若从现实的角度来看,君臣不遇、政局昏暗等对现实政治状况的失望,也应当是心斋专注于下层社会之讲学的一个重要原因。在此意义上可以说,在心斋身上确有一种"以道觉民"的责任感和使命感。

关于心斋从事讲学的历史记述,我们只要稍微查看一下《心斋年谱》,便可获得大量的信息,在这里我们无须以编年史的方式来复述心斋的讲学经历。以下主要通过对两条资料的分析,来说明两个问题。

---

① 邹东廓:《阳明先生文录序》,《王阳明全集》卷四十一,第1569页。
② 参见《王阳明全集》卷四《寄希渊·三·癸酉》。
③ 如:"且天下首务,孰有急于讲学耶?"(陈荣捷编:《传习录拾遗》第14条)然而阳明亦以讲学而蒙"罪名",嘉靖八年,阳明被劾,罪名之一就是"号召门徒,互相唱和"(《明通鉴》嘉靖八年条)。
④ 《心斋遗集》卷一《安定书院讲学别言》,第12页上。

第二章　王艮:泰州学的创立

第一,讲学之于心斋具有何种意义? 据《语录》记载:

> 有以伊、傅称先生者,先生曰:"伊、傅之事我不能,伊、
> 傅之学我不由。"门人问曰:"何谓也?"曰:"伊、傅得君,可谓
> 奇遇,设其不遇,则终身独善而已。孔子则不然也。"(《心斋
> 遗集》卷一《语录》,第2页上)①

按,"伊、傅"指伊尹和傅说,分别为商朝成汤之相和商朝武丁之
相。所谓"伊、傅之事",是指两人都能"得君行道",成就了一番
大事业;所谓"伊、傅之学",则是指两人晚年失宠于人君而退隐
山林,奉行"独善其身"的人生哲学。心斋以此典故为例,表明
"得君行道"是他所不可能遇到之事,故云"伊、傅之事我不能",
然而"独善其身"则是他所坚决反对的,故云"伊、傅之学我不
由"。这一表态充分说明心斋对于当时的现实政治抱有清醒的
认识,并不想在仕途上有所作为,然而对他来说,也不能因此便
采取"绝人避世而与鸟兽同群"的人生态度,相反,他认为应当以
孔子为榜样,与二三子共同讲学明道、"修身见世""兼善天下",
所以他又说:"孔子谓'二三子以我为隐乎',此'隐'字对'见'字
说,孔子在当时虽不仕,而无行不与二三子,是修身讲学以见于
世,未尝一日隐也。隐则如丈人、沮、溺之徒,绝人避世而与鸟兽
同群者是已。"②在这里,心斋明确表示反对"隐世",而主张"见

---

① 按,据《年谱》,此条语录系于嘉靖十七年(1538)戊戌条下,文字略异:
"御使陈公让按维扬,访先生至泰州,病且不得行,作《歌》呈先生曰:
'海滨有高儒,人品伊傅匹'云云。先生读之,笑谓门人曰:'伊傅之事
我不能,伊傅之学我不由。'门人问曰:'何谓也?'先生曰:'伊傅得君可
谓奇遇,如其不遇,终身独善而已,孔子则不然也。'"(《心斋遗集》卷
三,第6页下)

② 《心斋遗集》卷一《语录》,第3页上下。按,"以我为隐",见《论语·述
而》;隐者"丈人、沮、溺",见《论语·阳货》。

世"。其实,孔子对于"隐"和"见"有一个变通的说法,"天下有道则见,无道则隐"①,也就是说,隐和见是相对于具体情况而言的,因此"邦无道,则可卷而怀之"②,也是完全可以允许的,否则反而会自辱其身。然而心斋却对"见"有着独到的理解,在他看来,即便是在天下无道的情况之下,也不能忘记"修身讲学",而讲学也是一种积极的"修身见世"。可以确认的是,在心斋看来,"见"与"隐"的根本区别并不在于外在境遇如何,而应当是取决于自身的行为。用心斋的说法,两者的区别就在于"修身讲学"和"绝人避世",如是而已。心斋意识到"得君行道"这条路是走不通的,然而他坚信通过讲学,同样可以实现儒家"修身见世""兼善天下"的理想。因此,对于心斋来说,讲学是一种人生价值的体现,具有一种安身立命的意义。这也是心斋积极参与讲学并推动讲学的一个重要思想原因。所以他再三强调的一个观点是:"是故学者之于师友,切磋琢磨,专在讲明而已,故曰:学不讲不明。"③"此至简至易之道,然必明师良友指点工夫,方得不错。故曰:道义由师友有之。不然,恐所为虽是,将不免行不著,习不察。"④

第二,关于心斋讲学的根本特征,心斋门人王一庵有很明确的概括:

> 自古士农工商,业虽不同,然人人皆共此学,孔门犹然。考其弟子三千,而身通六艺者,才七十二,其余则皆无知鄙夫耳。至秦灭学汉兴,惟记诵古人遗经者,起为经师,更相

---

① 《论语·泰伯》。
② 《论语·卫灵公》。
③ 《心斋遗集》卷二《与林子仁》,第14页下。
④ 《心斋遗集》卷二《与俞纯夫》,第1页上。

> 授受,于是指此学独为经生文士之业,而千古圣人原与人人
> 共明共成之学,遂泯没而不传矣。天生我先师,崛起海滨,
> 慨然独悟,直超孔子,直指人心,然后愚夫俗子,不识一字之
> 人,皆知自性自灵、自完自足,不假闻见,不烦口耳,而二千
> 年不传之消息,一朝复明,先师之功可谓天高而地厚矣。
> (《一庵王先生遗集》卷上《会语正集》,第 68 页)

这段话着重指出士农工商"四民"虽职业相同,但皆可"共学",意
谓同样都可从事于儒家圣学,这是因为儒家圣学从根本上说无
非是"共明共成之学",而没有身份行业的限定。这一说法反映
的是阳明的"异业而同道""即业以成学"这一思想理念①。一庵
指出,在孔门当中,能身通六艺者只有 72 人,其余都是一些"无
知鄙夫",这一说法是否符合历史另当别论,一庵的用意显然在
于为后面讲述心斋崛起于海滨、讲学于"愚夫俗子"之间,做一前
提铺垫。接着一庵又指出,秦灭汉兴以后,"学"成了一种特殊人
群的专门学问,即:"经生文士"之学,儒家圣人所倡导的"人人共
成共明之学"反而湮没不彰,这一状况有所改变则要等到先师心
斋的出现;心斋"崛起海滨,慨然独悟,直超孔子,直指人心",在
一庵的描述下,心斋简直就是孔子以后第一人,他致力于在愚夫
愚妇之间从事讲学,令那些"不识一字之人"也能明白"自性自
灵、自完自足"这一儒学的根本道理,使得"两千年来"已经失传
的儒家圣学之传统精神得以"一朝复明"、重见天日。心斋的历
史功绩可谓至高至大,而主要就表现在他通过讲学将儒学推广
至"愚夫俗子"之间。重要的是,心斋讲学的这一根本特征完全
是儒学所倡导的"异业而同道""即业以成学"这一基本理念的体

---

① 参见《王阳明全集》卷二十五《节庵方公墓表·乙酉》。

现,同时也反映了"学"为"人人共明共成之学"这一儒学的基本精神。

由以上两条资料实可以充分感受到讲学对于心斋来说是何等的重要,同时也足以说明心斋思想的一个重要贡献就在于打破讲学对象的层次分割,提倡一种无身份限定的"四民"共同参与的讲学实践。这一点也可从心斋所说的以下两句话得到进一步印证:"人之天分有不同,论学则不必论天分。"①"学是愚夫愚妇能知能行者,圣人之道不过欲人皆知皆行。"②既然"学"与人的天分无关,那么人人都可"学",甚至"愚夫愚妇"同样也可以成圣成贤。无疑这是心斋的"满街皆圣人"说的另一表述而已。重要的是,不仅是对于愚夫愚妇来说,此学是"人人共明共成之学",而且即便是对于"天子公卿"来说,同样"讲学明理"也是首要之事,因为从历史上看,"唐虞君臣,只是相与讲学"③,何况后世的君臣们,除了讲学更有何事?

至此可以清楚地看到,在心斋的观念中,讲学具有两层基本含义:一、讲学作为个体的修身实践,是孔子以来的儒学传统;二、讲学作为上层的政治实践,是为政的一项主要内容。由此可以说,心斋所理解的讲学,已经大大超出了"以文会友"④这一先秦儒家所说的讲学含义,而具有了某种普遍的意义,是贯穿于政治与学术之间的人的本质活动,甚至与人的生命贯穿始终。

王一庵对心斋之学的宗旨曾有这样一个归纳,他说心斋发

---

① 《心斋遗集》卷一《语录》,第 4 页上。
② 和刻本《王心斋全集》卷二《语录上》,第 2 页上。
③ 《心斋遗集》卷一《语录》,第 9 页上。
④ 《论语·颜渊》。按,此为曾子语,原文为:"曾子曰:'君子以文会友,以友辅仁。'"

明"任师同乐之旨，直接孔孟正传"，故出其门下者，往往都能自觉地"以讲学自任"①。值得注意的是，其中"任师同乐"这一提法。关于"任师"，意谓心斋以"师道"自任，关于这一问题，我们将在本章结语中再来讨论。所谓"同乐"，究为何指？事实上，这又关涉心斋思想的另一重要层面，亦即："乐学"。以上我们大致看到心斋之于讲学寄予了莫大的关心，然而如何讲？所讲何事？这自然应当是心斋曾考虑过的问题。就结论而言，心斋以"乐学"之说回答了讲学的目的和手段的问题。换言之，讲学的目的固然是追求一种"快乐"，而讲学的方法也应当是"快乐"的。可以说，"乐学"主张是心斋思想的又一重要观点。

我们先来看几段史料：

> 天下之学，惟有圣人之学不费些子气力，有无边快乐。若费些子气力，便不是圣人之学，便不乐。（《心斋遗集》卷一《语录》，第2页上）
>
> "不亦说乎"，"说"是心之本体。（同上书，第3页下）
>
> 学者不见真乐，则安能超脱？（同上书，第10页下）
>
> 须见得自家一个真乐，直与天地万物为一体，然后能宰万物而主经纶。所谓乐则天，天则神。（同上）
>
> 天性之体，本自活泼，鸢飞鱼跃，便是此体。（同上）

以上这些史料是我们随手从《语录》中摘录下来的。值得注意的是，"乐"与圣人之学、心之本体、万物一体、天性之体等这样一些概念联系起来的表述方式，显然，心斋所理解的"乐"具有浓重的本体论的意味，是一种根源于本体的精神快乐，是心体或性体的一种必然呈现。当然，更为重要并为后人所熟知的则是他的《乐

---

① 《一庵王先生遗集》卷下《会语》，第77页。

学歌》,不妨全文录出:

> 人心本自乐,自将私欲缚。私欲一萌时,良知还自觉。
> 一觉便消除,人心依旧乐。乐是乐此学,学是学此乐,
> 不乐不是学,不学不是乐。乐便然后学,学便然后乐。
> 乐是学,学是乐。
>
> 于乎! 天下之乐,何如此学! 天下之学,何如此乐!

(《心斋遗集》卷二《乐学歌》,第 9 页下—10 页上)

在这里无须用概念分析法来细细分说,直截了当地说:首先,乐就是"心之本体";其次,乐就是学,学就是乐;再其次,乐然后学,学然后乐。这三层意思便是心斋"乐学"观念的主旨。若稍加分疏,则可以说乐是心体本应如是的呈现,这一观点既可从周敦颐令二程兄弟寻"孔颜乐处"这一典故中找到某些思想资源,更是阳明心学所着意强调的,到了心斋那里,"人心本自乐"成了其思想的一个重要的标志性符号,甚至一直延续到泰州后学如东厓、一庵、近溪的思想观念当中,几乎成了泰州学派的一种家风。当然,在泰州后学那里,关于"乐"这一概念本身,又有较为细致的分疏,显示出"乐学"观念的进一步深化,这在后面几章中,将会讨论。

其实,自宋代儒学以来,乐与敬、自然和乐与戒慎恐惧作为一对概念,主要用来表示人心的一种内在紧张,在程朱理学那里,对于一味追求"快乐"而忽视内心对于天道天命的戒慎恐惧,是极力反对的,朱子甚至断言动辄宣称"吾与点也",这是对儒学的重大误解,圣门绝无此"安乐法"①。同样在阳明那里也并没

---

① 《朱子语类》卷一一三,第 2743 页。针对于此,朱子再三强调为学工夫必须"收敛此心""提撕省察",不令此心涣散(参见《朱子语类》卷一一三,第 2740 页)。

有走向这样的极端,阳明在肯定"乐是心之本体"的同时,也对乐与敬、洒落与敬畏以体用范畴做了清楚的界定,他在肯定"洒落是吾心之体"的同时,也承认戒慎恐惧是心体之用,根据体因用显、因用求体的原则,因此戒惧是达到洒落境界的工夫论条件。① 也正由此,所以"戒慎恐惧便是致良知""谨独即是致良知"这两句口号在阳明那里亦有其成立的依据。心斋的乐学观显然将阳明的乐是心之本体的思想推向了极端。乐即是手段,同时也成了目的本身。所谓"乐然后学,学然后乐""天下之乐,何如此学! 天下之学,何如此乐!"便可充分说明这一点。

那么对于心斋的思想体系来说,乐学观念为什么是必要的?换种问法,乐学观念对于心斋建构其思想有何必然性? 对此,可能有两个层面的答案。第一,从理论的层面看,如果乐是心之本体,如果理义之悦吾心,如果心之本体不可能是痛苦的、累人的,如果诸如此类的形而上学命题可以成立的话,那么可以说这就先验地决定了我们每个人的心体(作为道德本质的心灵)必然是快乐的,而这种快乐并不是指心理或生理意义上的欢乐、欣喜等情感快乐,而是以人心之本质——心体或性体为根本依据的精神愉悦;进而言之,心体作为人们为学以及行为的内在依据,就必然为人们带来快乐而不是痛苦。在此意义上可以说,学就是乐,乐就是学。第二,从实际的层面看,乐学主张所能带来的莫大的社会效应是难以估量的,特别是将这一主张面向一般民众、愚夫愚妇进行宣扬的时候,其有极强的煽动性可以说是预料之中的,因为在乐学主张里面,有一个说法是:学圣人之学是无须费些子气力的,如果费了些子气力,反而就不是圣学、就不会快

---

① 参见《王阳明全集》卷五《答舒国用》。

乐、就不会超脱。可以想象当那些"不识一字之人"听到这样的说法,心中不知会有多少喜悦! 说得学术气一点,就会令"愚夫俗子,不识一字之人,皆知自性自灵、自完自足"。

综合上面的答案,于是就能推出一个结论:乐学观念与构成心斋思想之体系的重要因素——日用即道、满街圣人、良知见在、即事是学等主张可谓一拍即合,自有一种理论上的必然联系。也就是说,乐学观念对于心斋思想之体系来说是必不可少的。最后引用一段资料来结束本节的讨论。这段资料是心斋"以日用见在指点良知"这一教学手法的典型反映,其意在于指明这样一个道理:心体固是快乐的根源,然而快乐就呈现在日常生活当中,因此我们所从事的性命道德之学绝不是"累人的",这段资料记录的是心斋与其弟子王汝贞(泾县人)的一场对话:

> 初汝贞持学太严,先生觉之,曰:"学不是累人的。"因指旁斸木匠示之曰:"彼却不曾用功,然亦何尝废事?"(《心斋遗集》卷三《年谱》嘉靖十一年条,第 5 页上)

最后介绍一下心斋的乐学说在晚明时代所引起的反响。大体说来,后人对此说褒贬不一。属于江右王门的王时槐(号塘南,1522—1605)对于心斋的乐学观有严厉的批评,虽未点名,但至少是针对泰州学派而来,他说:

> 孔颜真乐,乃是得其本心,自无纤芥之累,强名曰"乐"。此乐非可以气魄情兴得也。后儒有以乐为学者,致其流弊,猖狂纵恣,大坏名教。乃知程子谓"敬则自然和乐",真至言也。(《友庆堂合稿》卷四《三益轩会语》,第 261 页)

针对此类批评,邹元标(号南皋,1541—1624)则反驳道,此非泰州之过,乃是学泰州者之过①。关于邹元标的这一回护之词,竟

---

① 参见《愿学集》卷八《书心斋先生语略后》。

然得到了对心斋及其后学之批判可谓不遗余力的管东溟的赞许:"近邹尔瞻评泰州之学曰:'流弊何代无之? 终不可以流弊疑其学。'其论最公且恕。"①另一位晚明著名儒者吕坤(号新吾,1536—1618)则点名批评道:

> 王心斋每以乐为学,此等学问是不曾苦的甜瓜,入门就学乐,其乐也逍遥自在耳。不自深造真积,忧勤惕励中得来。孔子之乐以忘忧,由于发愤忘食;颜子之不改其乐,由于博约克复。其乐也,优游自得,无意于懂忻而自不忧,无心于旷达而自不闷。若觉有可乐,还是乍得心。着意学乐,便是助长。心几何而不为猖狂自恣也乎! (《呻吟语》卷二内篇《问学》,第 180 页)

王塘南和吕新吾的批评都涉及何谓"真乐"的问题,他们认为孔颜之乐与心斋所讲的"乐"是两码事,理由之一就是,孔颜之乐有真实工夫作为前提,而心斋之乐则是"入门就学乐",乐成了学的前提,更无必要工夫积累,其流之弊甚至有可能"大坏名教"。换言之,在批评者的眼里看来,泰州后学出现的"复非名教之所能羁络"(黄宗羲语)的现象,其思想根源却在于心斋的"乐学"观念②。应当说,这一思路就是程朱理学以居敬涵养为依据

---

① 《师门求正牍》卷上《读耿先生〈赘言〉有省漫述》,第 39 页下。

② 关于心斋"乐学"观对后世可能带来的严重后果,与王塘南同时的另一人物史桂芳(号惺堂,1518—1598)结合他自己的观察,做出了如下判断:"假尔面貌,借尔形骸,弄丸余暇,闲往闲来,邵夫子(按,指邵雍)超形气,独合天理。岂知其流弊,只一弄字。其流为严钧(按,即颜钧)、梁某(按,即梁汝元)、董用(按,不详),杀身荡族。余在南刑部,亲见董用拿问,一年后严钧、梁某亦拿。罗近溪为之抄化完赃,解广东充军。尧夫之后为王艮,作《学乐歌》,教初学狂放,遂至严钧、董用辈问军问死罪。"(《史惺堂先生遗稿》卷十一《语录》,第 174 页)很显然,在史惺堂看来,导致泰州后学的某些人物被拿问罪是有思想原因的,其因远 (转下页)

而反对一味讲求和乐洒脱的思路。关于此间的义理问题,明末大儒刘蕺山则有深入分析,他指出历史上对于"孔颜乐处"所乐何事的问题有种种解释,其中有二种典型的解释:一是所乐者贫,一是所乐者道。蕺山认为都非善解,他以孟子的"君子所性,仁义礼智根于心"为依据,进而指出:

> 吃紧在根心处做工夫,有此仁义礼智根于心,自然有生色之妙,所谓乐则生矣。是也,根心之功在孔子则曰发愤忘食、乐以忘忧,驯至从心不逾之地;在颜子则曰博我以文、约我以礼,驯至欲从未繇之地,斯得之矣。后儒王心斋著《学乐歌》,颇足发其蕴。予谓:孔颜之乐易寻,而吾心之乐难寻。学者试反求自心,乐在何处? 与孔颜有差别否? 从此画然一下,鸢飞鱼跃,尽在目前。(《刘子全书》卷十《学言·上》,第 13 页上下)

这一分析的角度与上述王、吕两人都不同,蕺山着重强调的一点是:乐在吾心! 换言之,孔颜之乐就在心中,故当反求自心,乃得真乐。应当说,此言乃深得心学之精髓,心斋所言"乐学"之真意即在于此。可以看出,蕺山于心学的义理及其历史均

---

(接上页)在邵雍"弄丸",近在心斋《乐学歌》。更有奇者,史惺堂竟然对于颜渊"不改其乐"亦深致疑问:"颜子'不改其乐',不肯苦学,如何强得? 孔子其中是有一个实物事,颜子一坚白物,贫贱改不得,胸中原无本领,不知乐个甚么?"(同上)此说也许有取于朱子的圣门从无"安乐法"的观点。另按,关于史惺堂,学界尚无专题研究之成果,他与耿天台、罗近溪为挚友,自称心师胡敬斋。据其门人题识,他的《语录》大多摘自于平时记录的《省过日程》(同上书,第 164 页)。可见其人亦热衷于"省过"实践。他在思想上提倡"知耻之学",对此,后人评曰:"先生勋名经济、气节、文章,彪炳于当年者,无庸殚述。独是知耻之学,视姚江致知更为警策。乃今日必传之书。"(范彪西编:《广理学备考》所收《史惺堂遗稿》卷末《诸儒评论》,第 34 页下)

有深入的洞察。不过蕺山也强调须以工夫实践作为前提,亦即"在根心处做工夫",其学术主张与心斋自有不同,这里也就不必深究了。

总之,讲学是以修身见世、兼善天下为目标的一种实践工夫,乐学是人心自乐、良知自觉的必然体现,这些主张反映了心斋对学术及人生的基本态度,构成了心斋思想的重要内容。

## 第五节　结语：孝弟与师道

通过以上各节的讨论,我们对于心斋思想已有了一个初步的了解。按理在"结语"中,应对心斋思想的历史地位有所交待,由于本书性质所限,有关心斋思想及其泰州学派的评价问题须放在本书末章来讨论,故在这里我想主要谈一下心斋思想中的另两个问题:孝弟和师道,通过对这两个问题的考察,亦能使我们对心斋思想在明代心学史上的独特地位有所了解。最后对心斋思想做一小结。

### 一　孝弟

有关孝弟以及师道问题,以上没有专门设节展开讨论,其实,历史上心斋思想给人们留下的深刻印象有二:一是重师道,一是讲孝弟。关于师道问题,下面再说,关于心斋之重视孝弟,我们可以举一个例子来说明。心斋的再传弟子罗近溪与著名政治家张居正有过一段交往,有一次两人谈到了有关心斋学术的问题,张居正在读了心斋《遗稿》后,毫不客气地指出:"世多称王心斋,此书数千言,单言孝弟,何迂阔也!"罗近溪对此反驳道:"嘻! 孝弟可谓迂阔乎?"[1]这场对话具有一定的典型意义,反映

---

[1]　《明儒学案》卷三十二《泰州学案一·心斋语录》,第718页。

出心斋思想在时人眼中的一种形象。在张居正看来,空谈"孝弟"是没有现实意义的,因为这并不能解决如何富国强兵等具体的社会问题,然而在近溪看来,"孝弟"则是治国平天下的"大道理",既能"治化天下",又能"教化天下",这是近溪所坚持的"为政以德"的政治信念(详见后述)。这说明从心斋到近溪,重视"孝弟"实是泰州学派的一大特色。到了近溪那里,"孝弟慈"更是成了其思想的一个主要标志,此是后话。

其实,心斋曾有两篇文章专门谈论了"孝弟"问题。一为《孝箴》,一为《孝弟箴》。《孝箴》作于何年不明,据《年谱》载,《孝弟箴》作于正德十二年(1517),是年心斋35岁,尚在见阳明之前,这是心斋现存的所有著作中最早的一篇文字。先来看《孝弟箴》的全文:

> 事亲从兄,本有其则。孝弟为心,其理自识。爱之敬之,务至其极。爱之深者,和颜悦色;敬之笃者,怡怡侍侧。父兄所为,不可不识;父兄所命,不可不择。所为若是,终身践迹;所为未是,不可姑息。所命若善,尽心竭力;所命未善,反复思绎。敷陈义理,譬喻端的。陷之不义,于心何怿?父兄之愆,子弟之责。尧舜所为,无过此职。(《心斋遗集》卷二,第9页下)

其中主要讲了父子兄弟之间孝弟爱敬等一套伦理行为原则。从其叙述方式看,非常朴实易懂,内容基本上与儒家传统的孝弟思想相契合,并没有显示出任何特异之处,也看不到有良知观念的痕迹。然而,另一篇《孝箴》则别有一番新意,其全文如下:

> 父母生我,形气俱全。形属乎地,气本乎天。中涵太极,号人之天。此人之天,即天之天。此天不昧,万理森然。

动则俱动，静则同①焉。天人感应，因体同然。天人一理，
无大小焉。一有所昧，自暴弃焉。惟念此天，无时不见。告
我同志，勿为勿迁。外全形气，内保其天。苟不得已，杀身
成天。古有此辈，殷三仁焉。断发文身，泰伯之天；采薇饿
死，夷齐之天；不逃待烹，申生之天。启手启足，曾子之全。
敬身为大，孔圣之言。孔曾斯道，吾辈当传。一日克复，曾
孔同源。（《心斋遗集》卷二，第9页上下）

这篇文字从"父母生我，形气俱全"讲起，其中阐述了"天人感应，
因体同然""外全形气，内保其天"等观点，又举"殷三仁焉"为
例②，对于"苟不得已，杀身成天"做了说明，最后以"孔曾斯道"
"曾孔同源"结尾，全篇竟然没有出现一个"孝"字，也没有直接谈
到"孝道"问题。然而事实上，却是满篇都在谈"孝"，而且还涉及
与"孝道"密切相关的重要问题：即"全生全归"的问题。其中所
引曾子"启手启足"，是指曾参所揭示的"父母全而生之，子全而
归之，可谓孝矣。不亏其体，不辱其身，可谓全矣"③这一儒学史
上非常著名的"孝道"观念，历史上，又将此归结为四个字："全生
全归"。所谓"启手启足"，乃是曾子临死前向人展示自己的手
足，以表示自己没有"亏其体""辱其身"，最终便能实现"全而归
之"的愿望。④相传由孔子传曾子的这一"全生全归"的思想，后
人大多相信出现在《礼记》中的这段记录乃是曾子门人的转
述。⑤按照后人的解释，该思想旨在指出"为人子止于孝"的这样

① 按，"同"字，和刻本《王心斋全集》作"通"，或当从之。
② 按，指泰伯、夷齐、申生。
③ 《礼记·祭义》。又见《大戴礼记》曾子大孝篇。
④ 按，"启手启足"，典出《论语·泰伯》："曾子有疾，召门弟子曰：'启予
　　足！启予手！'"
⑤ 参见徐复观：《中国孝道思想的形成、演变及其在历史中的诸问题》，载
　　《中国思想史论集》，上海书店出版社，2004年，第142页。

一个基本原理:既然为人之子的身体得之于父母、受之于形气,因此为人之子就必须"保其所受之身体"而不能有丝毫的损伤,与此同时,还必须"全其所受之德性"①,这是从"形"与"德"这两个方面来解释"全生全归",在"保其身"的同时,还须"全其德",心斋所说"外全形气,内保其天",亦同此意。由此可知,心斋所述无非就是"全生全归"的思想,基本未超出曾子"孝道"思想的范围。但有一点值得注意,亦即"敬身为大,孔圣之言",这是我们在其"明哲保身论"中多次看到的一个提法。如上所述,"敬身"与"保身"在心斋那里,其意几乎完全相同。基于此,我们又可说心斋对"全生全归"的理解与他的保身说又有理论关联。心斋的一个思维逻辑是:由于全生便是行孝,而保身就是全生,所以保身便是行孝。可见,心斋所欲阐发的一个中心思想却是:行孝的方式在于保身! 这应当是《孝箴》全文的主旨,也是心斋在"孝道"问题上的一个独特论述。

将两篇文字合起来看,《孝弟箴》内容平实,显然是由于该文为心斋早期之作的缘故,而《孝箴》一文虽不知作于何年,但由其内容可知当是作于晚年,至少与其保身说、敬身说的形成时期相当。

然而有关孝弟问题的论述,心斋还有更为重要的一篇文字,即《与南都诸友》②,该文颇长,核心问题仍然是孝弟,开篇从当

---

① "保其所受之身体""全其所受之德性"为朱子释"全生全归"语,见《朱子语类》卷二十,第 472 页。

② 按,该文约作于嘉靖八年或九年。理由有二:其一,中云"都下一别,不觉七八年矣",按《年谱》,心斋于正德十五年(1520)见阳明后,又有南都太学之游;其二,文中提到"先师之身既没",按阳明卒于嘉靖七年底;由此两点推断,心斋再游南都当在嘉靖八年后,或是嘉靖九年亦未可知。文中所述当今"主上有纯孝之心",盖指世宗的祭祀改制之行为(即"大礼议"问题),至嘉靖七年《明伦大典》颁布为标志,该问题已尘埃落定。

今皇上的"纯孝之心"及太祖朱元璋《教民榜文》说起,然后上溯至孔孟"事亲从兄,必以仁义为实"的道理,继而又从孝者乃人性天命、国家元气这一抽象定义说到上下若能皆趋于孝,则"不至于人人君子、比屋可封者,未之有也"。现分四段摘录如下:

> 今闻主上有纯孝之心,斯有纯孝之行,何不陈一言为尽孝道而安天下之心,使人人君子,比屋可封?钦惟我太祖高皇帝《教民榜文》,以孝弟为先,诚万世之至训也。盖闻天地之道,先以化生,后以形生。化生者,天地即父母也;形生者,父母即天地也。是故仁人孝子,事亲如事天,事天如事亲,其义一也。故孔子曰:天地之性人为贵。人之行莫大于孝,孝莫大于严父,严父莫大于配天,则周公其人也……

> 故孟子曰:仁之实,事亲是也;义之实,从兄是也;乐之实,乐斯二者是也。故曰:尧舜之道,孝弟而已矣。孝弟之至,通于神明,光于四海,无所不通,故上焉者老吾老以及人之老,治天下可运之掌上。又曰:人人亲其亲,长其长,而天下平。下焉者事父孝,故忠可移于君。又曰:孝者所以事君也。是上下皆当以孝弟为本也。

> 是故先王教民六行,以孝为先,纠民八刑,以不孝为先。此以上为圣贤格言,所以使天下有所稽也。若以为非者,是非圣人者,无法,非孝者,无亲,则当惩之。惩一人而千万人戒也。盖孝者,人之性也,天之命也,国家之元气也。元气壮盛,而六阴渐化矣,然而天下有不孝者鲜矣。故有若曰:其为人也孝弟而好犯上者,鲜矣。不好犯上而好作乱者,未之有也。然而天下有争斗者鲜矣。

> 君子务本,本立而道生。孝弟也者,其为仁之本与?故亲亲而仁民,仁民而爱物,然而百姓有不亲者鲜矣。若曰君

不能,是贼其君也。若曰人不能,是贼其人也。若曰己不能,是自贼者也。只此一言,便是非礼之言,只此一念,便是非礼之动,便是绝人道弃天命也,便入虚无寂灭之类也,又何以为万物一体而立其人道哉?在上者果能以是取之,在下者则必以是举之,父兄以是教之,子弟以是学之,师保以是勉之,乡党以是荣之,是上下皆趋于孝矣。然必时时如此,日日如此,月月如此,岁岁如此,在上者不失其操纵鼓舞之机,在下者不失其承流宣化之职,遂至穷乡下邑,愚夫愚妇,皆可与知与能,所以为至易至简之道,然而不至于人人君子、比屋可封者,未之有也。(《心斋遗集》卷二《与南都诸友》,第 6 页下—7 页上)

其中不但强调了"尧舜之道,孝弟而已"这一自孔孟以来儒家传统中的重要观点,而且将孝弟与当今政治相联系,赞赏世宗皇帝有一"纯孝之心",由此推行扩展下去,便可"尽孝道而安天下",最终就能实现"人人君子,比屋可封"的理想社会。这里的叙述显然涉及了嘉靖初年世宗皇帝推动的祭祀改制以及由此引发的"大礼议"之争等政治问题。心斋指出,世宗欲尊生父兴献王为"皇考"乃是一片"纯孝之心"的体现,因此作为人臣者应当陈言促成其"纯孝之行",使其能"尽孝道而安天下之心",若此则天下必能实现"人人君子,比屋可封"的理想社会。接着,心斋提到了明朝开国皇帝朱元璋的《教民榜文》(又称"圣言六谕"或"圣谕"),认为该文第一句"孝顺父母"亦即以"孝弟为先"之意,此乃"万世之至训也"。[1]由此可知在心斋的观念中,孝弟不仅仅是

---

[1] 按,对朱元璋《圣谕六言》加以特别的关注,并做出"万世至训"之类的评价,这在阳明学派中,心斋可谓开了一个头。不过在阳明那里似对《圣谕六言》也有过引用,他在著名的《南赣乡约》一文中曾规(转下页)

个人家庭的伦理实践而已,而且还应当是普遍的社会伦理,即便是为人之君,亦当率此以行,推动"纯孝之行",同样,即便是为君之臣,在家事父以孝与在朝事君以忠,德目虽不同,然其实质则一,亦即所谓"孝者所以事君也",便是此意;反之,如果是不孝者,那么事君之际也必定不会事君以"忠";可见,上下若能以"孝弟"为本,则家齐国治而天下平,自不待言,犹如"运之掌上"一般容易。

　　总之,心斋在孝弟问题上的主要思路是:"尧舜之道,孝弟而已""上下皆当以孝弟为本""上者不失其操纵鼓舞之机,在下者不失其承流宣化之职",推而广之,以至于"穷乡下邑,愚夫愚妇"一是皆从孝弟做起,如此则必然实现"人人君子,比屋可封"的理

---

（接上页）定了十条应遵守的行为准则:"孝尔父母,敬尔兄长,教训尔子孙,和顺尔乡里,死丧相助,患难相恤,善相劝勉,恶相告戒,息讼罢争,讲信修睦。"(《王阳明全集》卷十七,第600页)对照朱元璋《圣谕六言》:"孝顺父母,恭敬长上,和睦乡里,教训子孙,各安生理,勿作非为。"我们发现,两者前四句的内容基本相当,显然阳明必是参考了《圣谕六言》,只是阳明未直接点出太祖高皇帝的名字。此后泰州传人颜山农对《圣谕六言》更是大力表彰,到了罗近溪那里,甚至将朱元璋置于儒家道统谱系中来进行定位,称其为"承尧舜之统,契孔孟之传"(《一贯编·大学》,第278页),"天纵神圣,德统君师"(《一贯编·总论》,第220页),朱元璋被说成是孔孟以后第一人,是集"君道"和"师道"于一身的神圣(关于这一点,下面讲师道问题时,还会涉及)。顺便指出,在明代中晚期的学术界隐然有一股表彰朱元璋《圣谕六言》的思潮,除泰州学派外,在许多儒者留下的"家训"乃至"乡约"中开始大量出现演绎、诠释《圣谕六言》的内容。例如北方王门的尤时熙(号西川,1503—1580)曾撰有《圣谕衍》,并刊刻行世(《汤斌集》下册第四编《洛学编》卷三《尤西川先生》,第1551页);东林学派的高攀龙(号景逸,1562—1627)则在《家训》中特意写下一条,告诫后人须牢记"太祖高皇帝《圣谕六言》","时时在心上转一过,口中念一过,胜于诵经,自然生长善根,消沉罪过"(《高子遗书》卷十《家训》,第647页)。

想社会。由此我们可以说,《与南都诸友》实是一篇在心斋的论著中十分难得的精彩论文,有关孝弟的观点主张已经被讲得十分明确,从中显露出心斋有关孝弟问题的思考不仅有伦理学的解释方法,更有社会学、政治学的分析视野。同时,我们还可以说,对于孝弟观念的强调及其上述所特有的分析视野确实是心斋思想中的一个非常重要的特质。即便对心斋持有严厉批评之态度的管东溟对于这一点,也不得不承认心斋思想未脱离"孔矩",他说:"然王氏(按,指心斋)犹以礼为闲,以孝弟为教,不大违于孔矩。"①这句评语出自东溟之口,实属不易。这也反映出"以孝弟为教"确是心斋思想的主要特色之一。


二　师道

上面我曾指出,心斋非常喜欢引用周敦颐的一句话:"师道立则善人多,善人多则朝廷正而天下治矣。"其中的一个核心概念无疑就是"师道"。心斋不仅以此作为他推动讲学的一个观念支撑,而且据后人的观察,心斋自己还直接"以师道自任"②。如果这一说法是确切的话,那么我们似乎可以说,心斋自以为自己就是"天下万世师"了。因为心斋所认同的"师道"无非就是"帝者师"或"天下万世师",按照"伊傅之事我不能"这一心斋的自述,他对于自己能成为"帝者师"是不抱任何希望的,对他来说,唯有修身讲学以见于世,便是自己的毕生所愿了。

那么若要追问何谓"天下万世师",心斋又会如何回答呢?遍查心斋文集,我们找不到现成的答案。依我的判断,可能有两

①　《师门求正牍》卷中《奉答天台先生测易蠡言》,第33页上。
②　王一庵语,见《一庵王先生遗集》卷上《会语正集》,第62页。

个层面的含义:一是指凡是立志于修身讲学者以及立足于民间的讲学家都可以师道自任,成为天下万世师;一是指担任各地方"学校之师"的"师儒之官",亦即担任"提学""教谕"等官职的官员亦可算作是天下万世师。就心斋而言,他显然是以民间讲学家自任的。由此可见,在心斋的观念当中,"师道"并不只是存在于上层,犹如荀子所说的"君师"这一概念①,意谓只有人君才称得上是天下之师,事实上,这一观念自周敦颐提出"师道"观以来,已有了根本的转变,他所说的"师道",显然是指存在于士人阶层的为师之道,任何一位儒者都有可能担当起为人之师的义务和责任,甚而至于儒者以师道自任还具有了这样一种政治的含义:以师道与君道相抗衡。就宋代思想的历史来看,可以说"师道"观念对于宋代道学运动的兴起有着重要的推动作用。到了阳明学的时代,"师道"则几乎成了儒者的一种身份象征,尤其是在心斋的观念中,他认为师道必定是存在于民间社会的,存在于每一个立志修身讲学以见于世的人身上。可以视作是心斋晚年"定论"的《大成学歌》,其中就说道:

> 我将大成学印证,随言随悟随时跻。只此心中便是圣,说此与人便是师。至易至简至快乐,至尊至宝至清奇。随大随小随我学,随时随处随人师。……常将中正觉斯人,便是当时大成圣。自此以往又如何?清风明月同高歌。同得斯人说斯道,大明万世还多多。(《心斋遗集》卷二《大成学歌寄罗念庵》,第10页上)

---

① 参见《荀子·礼论》:"礼有三本:天地者,生之本也;先祖者,类之本也;君师者,治之本也。"按,此处所谓"君师",非谓君之师,而是指君与师的合一,君即师之意。

这是说,只要能将阳明心学的那层道理"只此心中便是圣"①说于他人,便是"师"了,而且若能以"师"来担当社会,去"觉斯人",便可成就"当时大成圣",所谓"大成圣",这里是特指孔孟。最后他说"同得斯人说斯道",也是意指须以师道来担当社会、成就他人。

王一庵通过对《大成学歌》的分析,并从儒学史的角度指出心斋"以师道自任"正反映了孔孟儒学的那种"毅然"以师道"自任"的传统精神,他称之为"孔孟任师家法"。一庵说道:

> 或问《大学成歌》,以师道自任,何也? 曰:"天生烝民,作之君,作之师。"②自古帝王君天下,皆只师天下也。后世人主不知修身慎德,为生民立极,而君师之职离矣。孔子悯天下之不治,皆缘天下之无师,故遂毅然自任,无位而擅帝王师,教之大权与作《春秋》同一,不得已之志,况不俟时位,随人接引,则把柄在手,而在在能成此其所以贤尧舜而集大成者。凡以任师道,故也。观其汲汲周流,无非欲与斯人共明斯道。或上而君卿人夫,下而士农工贾,苟可以得其人,斯足以慰其望矣。孔孟既没,世鲜能师。至宋周子曰:"师道立而善人多。"程子曰:"以兴起斯文为己任。"真得孔孟任师家法,但不力主其说,以为运世承统第一事功。吾先师所以不得不自任也,而亦岂其所得已哉!(《一庵王先生遗集》卷上《会语正集》,第62—63页)

在这段叙述中,可以看出一庵对于"师道"问题的见解是完全站在同情心斋的立场之上的。他的阐述方法是以孔子为例,他指

---

① 这句话显然就是阳明的"人人胸中有仲尼"的翻版。
② 语见《尚书·泰誓上》:"天佑下民,作之君,作之师。"

出在孔子之前的上古帝王是君师合一的，在"君天下"的同时也担当起"师天下"的职责，但到了孔子时代，"君师之职"已经严重分离，所以孔子不得已"毅然自任，无位而擅帝王师"，并且"不俟时位、随人接迎"，"汲汲周流"而"欲与斯人共明斯道"，"上而君卿大夫，下而士农工贾，苟可以得其人，斯足以慰其望矣"，简直就把孔子的一生描绘成了"以师道为己任"的一生。接着他指出"孔孟既没，世鲜能师"，只是到了宋代才有周子和程子出来，点明了"师道立而善人多""以兴起斯文为己任"的道理，他认为这两句话才是"真得孔孟任师家法"，然而他话题一转，指出周程并没有"力主其说，以为运世承统第一事功"，这一说法却耐人寻味。从其行文的脉络来看，一庵的用意显然在于引出后面的一句话："先师（即指心斋）所以不得不自任也。"意谓在周程之后，唯有心斋才是真正能以"孔孟任师家法"为己任者，同时也意味着心斋以此作为"运世承统第一事功"。

在这里有一个问题值得引起注意，亦即何谓"运世承统"的问题。一庵没有进一步说明"承统"的"统"字究为何指，依上文推断，大体是指"道统"，然而亦有可能做另一解释，此"统"字或可理解为"君统"。譬如上面提到的管东溟正是从这一角度，对心斋及其泰州诸子胆敢以"师道"自任，进行了十分严厉的批评。东溟直言不讳地指出心斋欲以师道自任，无非是"欲驾学术于帝王之上"，在他看来，这是以"师道蔽臣道，而启天下卑君之心"。语气中，他对于历来以为孔子以"素王"自任的观点亦大不以为然。他说道：

> 盖至于泰州王氏而素王之僭益彰。夫子曰："天下有道，则礼乐征伐自天子出。"而后儒论道统，乃以匹夫接帝王。夫所谓道统，与礼乐征伐一乎二乎。一则当归于天子，

二亦不落于庶人。是以仲尼不敢任作者之道。今王氏曰:
"万世为士,非天子之事,匹夫之事也。仲尼为生民依赖之
所未有,吾亦当续仲尼以后之所未有。"①是欲驾学术于帝
王之上,而另起一宗也。夫子不与礼乐征伐,自诸侯出,而
王氏则与道统自庶人出,无乃以师道蔽臣道,而启天下卑君
之心乎? 然王氏犹以礼为闲,以孝弟为教,不大违于孔矩。
一再传而礼法荡然,为天下僇,犹自号于人,以为道柄在手,
游风相熻,而不可禁。于是,词人亦出而争文柄矣。甚哉!
素王之不可以为训也。(《师门求正牍》卷中《奉答天台先生
〈测易蠡言〉》,第 32 页上—33 页上)

东溟的一个核心观点是:君统即道统。他坚持认为,道统只
能是"归于天子",而绝不能"落于庶人"。换言之,在他看来,宋
代儒学以来,道学家们以"十六字心诀"为儒学道统之谱系得以
成立的依据,并以"道统"自任的观点主张是大成问题的。而在
东溟的理解当中,道学家们所谓的"道统"其实与"师道"观念有
关,含有一种与"君道"或"治统"(又称"君统")相抗衡的意味。
在这里我们不妨稍用一些篇幅来介绍一下管东溟有关"师道"与
"君道"之关系的看法。因为他的看法在晚明时代开始涌现的心
学批判的声浪中很有代表性,很能说明晚明以降人们对心学末
流的批评包含了学术与政治两个层面,管东溟针对心斋及其泰
州学派大肆提倡"师道"的观点,严厉指出这将有可能导致政治
上鄙视君权的危险倾向。东溟指出:

自有载籍以来,中更斯文两大变局,而万世之极乃定。
何者? 上古君师道合,自天子之不能兼有师道也,而衰周之

---

① 按,所引心斋语,未见《心斋遗集》等各书。或许是东溟取其意而引之。

季,天乃笃生仲尼,以匹夫为万世师,而斯文之统移于下,此宇宙间一变局也;秦汉以后,三教迭为盛衰,自程朱辈以道统专属儒宗也,而胡元之季,天乃笃生我圣祖(按,指朱元璋),以天子持三教之衡,而斯文之统合于上,此又宇宙间一变局也。盖君师之道分,三教随之而分,君师之道合,三教亦随之而合。实有天命行乎其间,而非乘龙御天之至圣,孰与总持而立其极?(《师门求正牍》卷上《读耿先生〈赘言〉有省漫述》,第 37 页上下)

按照管东溟对于历史的理解,自孔子至明太祖,宇宙间发生了两大变局,即君道与师道经过了分离而又统合的历史变迁,首先他断定君道与师道应是一体的,非帝王无以任道统,继而他指出,人类历史上扭转乾坤者唯有两大人物:孔子和明太祖。孔子以"匹夫"为万世之师,道统向下层发生转移;明太祖则以"天子"身份总持三教,道统转而复归上层。在叙述中,他以三教离合作为一个重要的观察角度,认为唯有"乘龙御天之至圣"才能总持三教,其中明显掺杂了他自己的三教合一观,此可置之勿论。他在另一篇文章中则针对当时存在的以师道自任的现象提出了尖锐的批评:

师道有分有合,天子为天下师,师道之合也,师儒为一乡一邑之师,师道之分也。夫子亦分师之道者耳。其事则臣子之事,而其德则君师之德也。礼有先圣先师之祭,孔子足以当之。是故后王念其功在斯文,而尊为帝王师则可,儒者以此张皇师道,而抗之帝王之上,则不可。自生民未有与万世为土之说出,而近世论学之士乃曰"达则兼善天下,穷则兼善万世者,仲尼也。尧舜之事业卑卑耳。吾欲志仲尼之志,学仲尼之学,不阶一命,而明明德于天下"。是俨然以天下万世之师道自任,而卑帝王为不足法矣。卑帝王,即卑时王也,而可乎! 然终不敢外于从周之教,则阳为尊君而隐然有超世立极之心,揆以《春秋》诛意之法,此皆无王之端,不可长也。(《师门求正牍》卷上《"文王既没文不在兹乎"训义》,第 13 页下—14 页上)

文中虽未出现心斋的名字,然而若对照上述心斋的相关言论,不难看出东溟此处所说完全是针对心斋及其后学末流而来,这一点是不用有丝毫怀疑的。例如他在上文稍后便直接点名"梁汝元"(按,即何心隐),以为此人为"小人之中庸""乱臣贼子",语气可谓严厉而又刻薄①。关于管东溟的思想,这里无法深入涉及,一言以蔽之,其思想可谓是晚明时代"化儒学为宗教"②,将儒学儒术化、政治化的一个典型。通过其对心学尤其是心斋泰州学的批判可以获得两点启发:一、心斋等心学家们基于"以道觉民""兼善天下"这一儒学的传统精神,在"得君行道"之理想无法实现的情况之下,奋力而起,勇于担当,以"师道"为己任,大力推动化民成俗的讲学运动,这一点我们从东溟的批判当中,反而得到了进一步的确认;二、然而这样一种"兼善天下"的淑世精神、以"师道"为己任的担当意识,却被解读成为以"师道"抗"君道"、以"道统"抗"治统",显然言过其实。尽管在心斋的内心深处或许存有以"道"格"君"、以"德"抗"位"的期望,因而他竭力鼓励士人出仕要有"必为帝者师"的志向,然而在吾人看来,心斋依然

---

① 参见《师门求正牍》卷上《"文王既没文不在兹乎"训义》,第 14 页下—15 页上。
② 余英时语,他用来指称泰州后学颜山农的思想特质。参见余英时:《士商互动与儒学转向——明清社会史与思想史之一面相》,新版《士与中国文化》,上海人民出版社,2003 年,第 564—565 页。

是以讲学修身为其毕生志愿,他相信以他的这种自由讲学精神同样可以达到恢复天下秩序的目的,并不需要以学术凌驾"帝王之上"的策略。相反作为心学末流之批评者的管东溟却时时"拈出个高皇帝",表现出了"和合时势"①的政治姿态,在他看来,儒学应当成为帝王之术,而不能相反——帝王成为儒生说教的对象。要之,东溟对心斋"出入为师"的上述解释未免过度,其中显然含有这样的意图:通过将儒学的政治化解读,欲置儒学于君主的"治统"之下,以帝王来统摄儒学,以使儒学完全沦为政治意识形态的工具。若从心斋的角度来看,这种意图犹如天方夜谭,是绝不能认同的。因为在心斋看来,作为儒家学者自有一种严肃的社会义务以及历史责任,应当保持不断反省自身、批判现实的能力,其最终依据便是"圣在心中""良知自觉"这一心学理念。

　　有趣的是,明清鼎革之后,却有不少儒家士人对"道统"与"君统"的关系问题,产生了莫大的兴趣。上面提到的费密是其中之一,又如著名的朱子学者李光地(号榕村,1642—1718)亦指出,古代社会"道统之与治统"的统一理想在康熙皇帝身上已经出现了"复合"的迹象②,在清初被认为是心学派人物的李绂(号穆堂,1673—1750)则直接称赞当今皇上康熙就是一位"治统、道统萃于一人"的伟人③。稍后的历史学家章学诚(字实斋,1738—1801)对上古的"治教无二,官师合一"的社会体制也充满了期望,对于三代以下"君师分而治教不能合于一"④则深致

---

① 高攀龙语,用以批评管东溟,即今人所谓"趋势付炎"之意,话虽尖刻,但有文献依据。参见《高子遗书》卷八上《答泾阳论管东溟》,第469页。
② 李光地:《榕村全书》卷十,第3页上下。
③ 李绂:《穆堂别稿》卷四十六,第33页上。
④ 《文史通义新编》(仓修良编)内篇二《原道上》,第47页。另参见同上书《原道中》,第51页。

遗憾。可见,过分强调学术与政治的统一,却加速形成了这样一种历史格局:儒学思想逐渐丧失了自由发展的空间,日益被政治时局所左右和掌控,儒学甚至沦为知识工具,变成了考据的对象。在清代考据学的时代,上下学政两界正是弥漫着这样的风气。不得不说,历史往往会是这样,充满了吊诡现象。本来,心斋(亦含龙溪)倡导"政学合一",以"师道"自任,只是为了不使致君泽民、经世致用这一儒学的传统精神失坠中断,然而却被东溟指责为"欲驾学术于帝王之上",而东溟所主张的道统必"归于天子"而不"落于庶人"的观点,却在清代的许多官方学者身上看到了依稀仿佛的影子,"道统"与"治统"的合一似乎变成了一种真实的历史:在康熙的身上得到了实现。然而康熙可能还算不上是历史上第一位君师兼备的皇帝,若按罗近溪的说法,明太祖朱元璋便已经是一位"天纵神圣,德统君师"的人物了。

### 三 小结

综上所述,我们对于心斋一生及其思想特质可以做一下几点归纳:

一、心斋一生充满了"传奇"色彩。他出身灶户,又是一名贩盐商人,并得以拜阳明为师,最后依靠自学,悟出了一套格物安身的理论,成功地成了一位名副其实的布衣儒者。他由于积极参与地方管理、推广教育,因而多次受到地方官的表彰和荐举。

二、他的思想有接近于平民的特征,这主要表现为其言说方式及其行为方式与儒家士大夫显得颇为不同。但这并不是说其思想格局已脱离了儒学传统,从总体上看,他在诸多重要的理论问题上——譬如良知现成、万物一体等观念,与阳明心学并无本质差异。只是他的理论较少抽象色彩,而具有自己独特的风格。无论是他的日用即道、安身保身、出入为师,还是他的王道论、师道论以及以孝弟治天下等观念表述,都显示出他的学术风格迥异于他的阳明同门。

三、他有一种强烈的参与社会之思想精神,他的"出入为师""修身见世""兼善天下"等观点便是这一思想精神的典型表现。他一生热衷于讲学,特别是热心于在社会下层推广阳明心学的宣传,这对于阳明学向下层社会的迅速渗透起到了重要的推动作用。在心斋身上所体现出来的讲学精神构成了泰州学派的一大特色。

四、严格地说,心斋思想并没有一个完整严密的体系,大体说来,良知见在说是其整个思想的一个基石,他的日用即道、满街圣人的观点,可谓都是由此而来;格物安身说是其整个思想的一大特色,他的明哲保身说、爱身敬身说也都是由此而来;出入为师、政学合一、王道论及其以师道自任,则反映了心斋的社会政治思想;对于乐学、讲学的强调,则反映了心斋对于学术与人生的根本态度;以孝弟治天下的观点,则充分体现了心斋思想对于家庭以及社会伦理的重视。

总体说来,心斋思想无疑属于阳明心学,只是其思想又有自己的独特风格,这主要表现在心斋疏于观念层面的阐发论证,而注重于切身的实践体认,他的两句名言:为学必须"真真实实在自己身上""实实落落在我身上"[1],就充分展现出其思想的独特品格。

历史上,对心斋学的评论可谓众说纷纭。赵大洲在《泰州王心斋墓志铭》一文中,对心斋思想有过一个总结归纳,他这样说道:

　　盖先生之学,以悟性为宗,以格物为要,以孝弟为实,以

_____

[1]　《心斋遗集》卷一《答问补遗》,第17页上、18页上。

　　太虚为宅,以古今为旦暮,以明学启后为重任,以九二见龙
　　为正位,以孔氏为家法,可谓契圣归真,生知之亚者也。
　　(《心斋全集》卷五,第19页上)

赵大洲列出了八点,以为心斋之学的主要特质之所在。其中重要
者当是前三条以及第六条"以明学启后为重任","可谓"一句则是
赵大洲对心斋之学的总体评价。关于第一点"以悟性为宗"之说,
似与心斋的"良知见在"理论有关。后来刘蕺山在讨论心斋学之
时,亦指出心斋与龙溪一样,"学皆尊悟",所不同者,"心斋言悟虽
超旷,不离师门宗旨。至龙溪,直把良知作佛性看……"①然而通
观心斋文献,其言"悟"并不多见,由其学思过程以观,毋宁说心
斋为学重在践履,心斋的再传弟子罗近溪便曾指出:

　　　若论为学,则有从觉悟者,有从实践者。阳明先生与心
　　斋,虽的亲师徒,然阳明多得之觉悟,心斋多得之践履。要
　　知觉悟透,则所行自纯;践履熟,则所知自妙。故二先生俱
　　称贤圣。(《罗近溪先生全集》卷七《语录》,第46页下—
　　47页上)

这一评论应当有其成立的事实依据。

　　在上面第一节我曾说过,赵大洲此文非常出彩,成了后人描
述心斋的一个范本②。想必他的这一归纳也影响了后世儒者对
心斋思想的看法。耿天台在此基础上,做了这样的概述:

　　　先生为学,其发志初根本于诚孝,以悟性为宗,以孝弟

---

① 《明儒学案》卷首《师说》,第9页。
② 例如,明清之际的黄景昉(号东崖,1596—1662)对心斋学不无批评,讥
　刺心斋的"天坠压身"之梦为"全类荒唐",然其亦云:"王心斋艮超悟于
　鱼盐之中,不由文字,信振古人豪。赵文肃《志》自佳。"(《国史唯疑》卷
　六,第175页)

为实,以九二见龙为家舍,得孔氏家法矣。综其旨归,以格
物知本为要,以迁善改过、反躬责己为勉仁,廓披圣途,至易
至简,固超然妙悟,不滞形器而亦确然修正,不堕玄虚,哀然
孔氏正脉,其师表王公名卿,下逮樵竖陶工,有以也。(《耿
天台先生文集》卷十四《王心斋先生传》,第 1418 页)

可见,在"综其旨归"以上,天台汲取了大洲的四点归纳,而在"综
其旨归"之下,天台则表明了自己的判断,指出心斋思想的旨趣
还表现在"迁善改过""反躬责己""不滞形器""不堕玄虚"等方
面。最后,"哀然"以下一句,则是天台对心斋思想的总体精神所
做的归纳,指明心斋思想归本于孔门儒家正学,而其社会效应则
上至"王公名卿"、下逮"樵竖陶工"。其对心斋学的评价不可谓
不高矣,这也是导致其弟子管东溟深致不满的原因所在(参见上
述)。其实,天台在评论心斋学之前,还有一句话作为引子,其中
指出:"耿氏曰:我明自姚江(按,指阳明)倡学,后世以学自任者不
尠,先生(按,即心斋)韦布士,乃其传漫广且远,何哉? 盖学惟本诸
身,可徵诸庶民者,乃可法天下、传后世。"[1]这是天台对学术的
一个根本理解。他对心斋学之所以有如此高的评价,其因在此。
因为在他的眼里,他所特别看重的恰是心斋学的"本诸身""徵诸
庶民"这一特点。应当说,天台的这一观察及其评论,于心斋思
想颇能中其肯綮,值得重视。在吾人看来,所谓"本诸身"正是心
斋的"格物安身""修身立本"之学,所谓"徵诸庶民"正是指心斋
"崛起海滨"、在庶民阶层推动讲学的一种淑世精神,或可称之为
"万物一体"之教,这两点确是可以视作心斋学的"旨归"所在。

---

[1] 《耿天台先生文集》卷十四《王心斋先生传》,第 1417—1418 页。

# 第三章 王襞:恪守家学传统

　　以下各章,我们将要探讨泰州后学中几位主要人物的思想。按照我们在"泰州学案的重新厘定"中的讨论,这里所说的"泰州后学"有特定所指,大体上可以包括这样一批名单:王襞、王栋、林春、徐樾、董燧、颜均、何心隐、罗汝芳等。其中,罗汝芳作为泰州学派的殿军人物,无论在泰州学派的传承史上还是在心学思想的发展史上都属重量级人物,故将置于第七章做一专门讨论,其余人物除了二王及颜、何以外,徐、董等人虽是心斋的入室弟子,但由于文献资料的缺失,今天已无法对他们的思想展开专题研究,林春虽有文集存世,但由其所存文字来看,显然也有大量的遗漏,与思想内容相关的文字记录非常贫乏,与他进士出身很不相称,故暂时付诸勿论。所以,除罗近溪外,以下各章将要探讨的人物只有四位:二王及颜、何。

　　事实上,即便从这四位人物所留下的现有文字来看,也绝称不上丰富,相对来说,仍是比较贫乏的,甚至比不上王心斋的文献资料。这也许是由于这些人物大多出身布衣,根本就不擅长知识论述的缘故,而作为民间学者在当时所能掌握的知识传递的物质资源也是相当匮乏的。因此根据他们的文献所传递的有限信息,要全面清晰地展现他们的思想全貌,是一件几乎不可能的事情。迄今为止,学术界之所以对泰州学派的思想研究望而却步,绝少有专著性质的全面论述,其因之一即在于此。因此,笔者对于泰州后学的探讨也只是一种尝试性的工作,希望今后有志者能从诸多不同的方向来加深这一课题的研究。

## 第一节　生平及家族

王襞字宗顺,号东厓,心斋次子,生于正德六年(1511)十一月二十六日,卒于万历十五年(1587)十月十一日。关于他的生平记述,现有《年谱纪略》、《行状》(王元鼎撰)、《墓志铭》(焦竑撰)等可供参考。《年谱》编于何时、由谁主笔等情况不明,据王元鼎《东厓先生行状》的说法,东厓逝世后二十四年,东厓门人子弟依据王之垣平时的记录以及他人所作的传诵等资料合为《行实》一编,"以俟先生同志诸大人采摘作《志》,后因程君泮刊行林师讷所辑《遗集》,遂附刻以传焉"①。程泮者,见《东厓王先生遗集》卷首题名,有"三塘后学程泮子芹父梓行"一行,余不详。林讷字公敏(生卒不详),福建莆田人,后从师东厓,遂移居泰州,年八十有四卒于东台场,王元鼎曾拜入门下,有《渔樵答问遗集》行世,今佚。现行东厓《遗集》即由林讷与王元鼎合编而成。据上所述,所谓《行实》或即《年谱纪略》亦未可知,附刻于《遗集》,似乎未经后人修订。故此,该《年谱》错误严重,详见下述。

据《行状》载,正德十四年(1519),东厓9岁,随父"读书于文成公家"②,《墓志铭》云"九龄,随父之阳明公所"③,《年谱》则云

---

① 王元鼎:《东厓先生行状》,《东厓王先生遗集》卷下,第708页。以下,简称《东厓遗集》。
② 同上书,第705页。
③ 同上书,第708页。

"从先公游学江浙,至越侍阳明夫子侧"①。然而该年为心斋拜见阳明的前一年,是年东厓即随心斋访阳明,殊不可能。另从阳明的角度看,是年阳明尚在江西,正忙于平定宸濠之乱,而阳明归越,则在二年后的(1521)九月。因此,东厓9岁即至越见阳明之记载必有误。据《年谱》载,东厓在越是拜钱绪山和王龙溪为师。

又据《年谱》正德十四年条记载,谓东厓在越"居十年方归娶",按"十年"后,即嘉靖八年(1529)己丑,然《年谱》记曰"八年庚寅先生二十岁",这里有二误,嘉靖八年为"己丑",庚寅则为嘉靖九年,嘉靖八年,东厓时年当为19岁,而非20岁。另按,阳明卒于嘉靖七年十一月二十九日,换成公元纪年,则在1529年,即嘉靖八年,故东厓于是年离开余姚归乡,是有可能的。然而《年谱》嘉靖八年条下又云:"娶未半载,复如阳明夫子宅,八年方归。"此说更是难以理解。嘉靖八年东厓娶妻半年后便又返回余姚,然而其时阳明早已过世,何以可能"复如阳明夫子宅"? 更有奇者,东厓竟然在越又居住了8年,如此推算当在1537年方才返回泰州,然而在此前一年,其祖父王守庵逝世,按理应当归乡服丧。总之加起来,一共有18年(其中半年归省娶妻除外),东厓在越居住从学,时间似乎过长,实难理解。②不过这些记载却都有东厓自述为依据,他曾说过:

> 生甫九岁,即侍先君游越,至二十九岁而痛先君盖棺,终始二十年,无日不侍膝下。谛视先君履历,气概英伟拔

① 《东厓遗集》卷下,第646页。
② 焦竑《墓志铭》载:"逾十年归娶,已之越,复留者八年。"(《东厓遗集》卷下,第709页)王元鼎《行状》亦云"居十年方归娶",而后"复留八年"。可见上述三种传记文献的记录基本一致。

萃,盖出千万人士之上,似当世鲜有其俦者。(《东厓遗集》
卷上《奉凌都宪海楼翁书》,第 662 页)

然而细读之下,这里的纪年也经不起推敲。第一句所述年 9 岁
赴越见阳明之事,这一点已如上述,这是不可能之事,故东厓回
忆必有误;"二十九岁"云云一句,殊不可解,29 岁(即嘉靖八
年)"先君盖棺"的"先君"当是指心斋,然而心斋卒于 1541 年,故
这里的"先君"当是"先师"①之误,应是指阳明而无疑。接下来
"终始二十年,无日不侍膝下"一句,当时指服侍心斋,而不可能
是指服侍阳明,因为阳明在与他相见十年后便已逝世。然而黄
宗羲《明儒学案》却不曾仔细勘误,依照《年谱》《行状》的原来说
法,将这里所说的"二十年"误解为东厓在越二十年②。

由上可见,《年谱》《行状》等这样一些涉及基本事实的记录
文本存在着许多错误,不得不说王氏家族缺乏读书人的素养,难
怪张峰一再告诫心斋后人应该注意收集有关心斋生平的资料,
并且还告知了一些记录的方法(参见第一章),但是从错误百出
的东厓《年谱》(心斋《年谱》亦有诸多问题)的情形来推断,显然
王氏家人并没有充分重视这一问题。因此,我们在引述东厓《年
谱》之际,应当十分谨慎。

嘉靖十九年(1540)十一月,心斋卒。是年,东厓即"开门受
徒,毅然以师道自任。凡月三会,聚讲精舍、书院"③。此后《年
谱》等传记资料的记载大多与东厓在各地的讲学活动有关。嘉

---

① 按,东厓曾用"阳明师翁"之称呼,见《东厓遗集》卷上《答秋曹漳州陈文
溪书》,第 661 页。
② 其云:"先后留越中几二十年。"(《明儒学案》卷三十二《泰州学案一·
王襞传》,第 718 页。)
③ 《东厓遗集》卷下《年谱纪略》,第 647 页。

靖二十八年,与叔王汝龙(按,不详)及长兄王衣、弟王褆、王补共倡王氏宗会,建《族谱》①;是年出游杭州。嘉靖三十五年,罗近溪知宁国,聘东厓主讲水西书院。然而,近溪出任宁国知府当在嘉靖四十一年,而重修水西书院则在嘉靖四十三年。《年谱》所载显然有误。

嘉靖四十四年,耿天台督学南畿,邀东厓会讲金陵,今按,天台督学始于嘉靖四十一年,至嘉靖四十四年尚在任上,并于是年,建吴陵书院,祀心斋,在南京大举讲会,东厓前往参与其间。②与天台相识,似是始于该年。隆庆元年(1567),天台巡按泰州,祀心斋于安定书院。然而据天台方面的记录,两人并没有直接见面(参见第一章)。是年春,李石麓荐隐逸于朝,东厓"力辞"。

隆庆六年,蔡东台知苏州,聘东厓主讲,风动三吴。今按,蔡东台似为蔡春台(名国熙,字梦羲,号春台,生卒不详)之误,据龙溪方面的记录,隆庆二年,龙溪曾应苏州知府蔡春台之邀,赴姑苏,会讲于竹堂③,或许东厓之参与亦在是年。不过另据《明儒学案》载,蔡春台又于隆庆五年出任苏松副使④,则东厓于次年,赴苏州讲会,亦有可能。万历元年(1573),大中丞海陵凌儒荐隐逸于朝,东厓"坚谢弗受"。

万历二年,耿天台出任南京户部尚书,邀东厓讲学于金陵,

① 然而据《东厓遗集》卷上《告合族祖宗文》载,当在嘉靖三十一年(1552)。

② 据天台弟子杨希淳的记载,嘉靖四十四年仲秋,东厓确有留都之行,参见《东厓遗集》卷上《诗引》(杨希淳题识)。另参见拙著:《明代知识界讲学运动系年:1522—1602》嘉靖四十四年条。

③ 参见《龙溪王先生全集》卷五《竹堂会语》。

④ 《明儒学案》卷二十七《徐阶小传》,第 618 页。

东厓发明心斋"格物宗旨"。按此说颇为可疑。是年,天台并未转职南京,而是奉命册封鲁王,路过真州(按,即今江苏仪征),焦弱侯偕东厓迎之,两人相聚数宿而别,其间讨论了心斋的一些学术问题。①东厓《年谱》所述,当是指此。此后直至万历十五年逝世为止,事迹介绍从略。临死前夕,对门人留下了这样的遗言:"尔等惟有讲学一事付托之。"对子嗣辈留下的遗训则是:"汝曹只亲君子远小人,一生受用不尽。"②

　　以上主要根据《年谱》介绍了东厓的生平,由此大致可以了解东厓一生的事迹集中表现在讲学方面。然而其中不无夸大之词,年月记载亦多有错误,且过于简单。现据《行状》,略做补充。天台督学南畿时,邀东厓至金陵讲学,接谈间天台"恍然有契,遂定为执友云。一时闻风兴起者甚众。杨道南公尝曰:'先生过陪都,随以指授,都人士咸云蒸雷动,如寄得归。迺至耆老为之太息,髫齿为之忻愉,贵介为之动容,厮台为之色喜,上根为之首肯,初机为之心开,即今吾陪都一二卓然朗悟可以俟将来者,其关钥皆自先生启也。'澹园太史公尝以诗册赠别。其绝句云:'夫君起东海,高论锵琳球。陈义狎六藉,浩气吞九牛。片言指顾间,四座皆回顾。'云云。其册至今藏于家……"③这里的描述绘声绘色,十分生动,将嘉靖四十一年至隆庆元年为止的 6 年期间,天台在南京接迎后生、鼓动讲学所引起的反响,几乎都归功于东厓,显然言过其实。但有一点,他与天台及其大弟子杨道南、焦澹园等人在此期间相识应是事实,而且东厓为人讲心斋之学也有可能引起了一定的轰动。故天台曾这样说道:"心斋无东

---

①　参见《耿天台先生全书》卷八《观生纪》万历二年条,第 16 页上下。
②　《东厓遗集》卷首《年谱纪略》,第 649 页。
③　《东厓遗集》卷下《东厓先生行状》,第 706—707 页。

厓不能成其圣,东厓非心斋造不出这个人来。"①这是对心斋与东厓的关系所做的一个生动的说明,充分肯定了东厓在继承心斋思想方面做得很出色。天台之所以对心斋思想深表赞赏,并为其作传,与东厓相识结交必有一定的关联。至于历史上有一种说法认为天台从学于东厓,欲将天台置于泰州派下,这恐怕是由于攀附心理所驱使的一种想象,这一点已如上述,在此不赘。

焦澹园《王东厓先生墓志铭》是介绍东厓生平的一篇很重要的文字,他的立场与耿天台很相似,对泰州学派充满了一种同情。该文一开首便将心斋与阳明相提并论,说阳明"以理学主盟区宇",而心斋继起,其徒"几中分鲁国",故海内学者皆以"两王"唯马首是瞻,而后说东厓颇能推演心斋之说,学士"云附景从,至今不绝。盖以学世其家,有以开天下而风异世,可谓盛矣。"②对东厓做了极高的评价。关于东厓生平,焦澹园指出东厓受心斋之命,拜师绪山、龙溪和玉芝,其中玉芝一名为《年谱》及《行状》所未提及者。今按,玉芝名法聚(1492—1563),约于嘉靖四年(1525)左右拜访阳明于会稽,后与阳明弟子交往甚密,尤与王龙溪相友善③。东厓有此一拜,当在其思想上留下一定的痕迹④。

---

① 《东厓遗集》卷下《东厓先生行状》,第707页。

② 《东厓遗集》卷下《王东厓先生墓志铭》,第708页。又参见《澹园集》卷三十一《王东涯先生墓志铭》,第493页。

③ 参见蔡白石:《玉芝大师塔铭》,《国朝献征录》卷一一八,第5221页;徐渭:《玉芝大师法聚传》,《国朝献征录》卷一一八,第5220页。关于玉芝法聚与阳明及其后学的关系,参见荒木见悟:《明代思想研究》第四章"禅僧玉芝法聚と阳明学派"。

④ 不过,在《东厓遗集》中,我们只能看到东厓给玉芝的一封书信,即《寄方外玉芝和尚书》,内容简短,然用词颇有几分禅学味。如:"狮子窟中无异兽,象行路上绝狐踪。此地岂容别安手脚?"(《东厓遗集》卷上,第664页)

有关天台与东厓会晤的场景,澹园所述最为详尽,他具体介绍了两人相见时有这样一场对话:

> 天台耿师尝晤先生,迎谓曰:"众多君解了于道有得,君自谓若何?"先生曰:"道者,六通四辟之途也。藉谓我有之,将探取焉?"而又曰:"我能得之,则已离矣。"余师大赏其言,定为石交云。(《东厓遗集》卷下《王东厓先生墓志铭》,第709页)

这段记录未明确年月,大致是天台与东厓首次相见之时发生的,当在嘉靖末年,征之《澹园集》的记录,所述基本可信。东厓在这里所讲的意思无非就是"道在我"这一心学的基本原理。其中所涉及的义理问题,后面会有较详的讨论。

澹园还介绍了东厓的讲学风格,也很值得我们注意。他说心斋身后,东厓奋起担当,接续遗脉,声望日隆,各地士人及官员的会讲邀请纷至沓来,主要在南京一带,远涉至江西吉安、福建建宁,"归则随村落小大,扁舟往来,歌声与林樾相激发,闻者以为舞雩之风复出,至是风声彬彬盈宇内矣"①。这段描述经黄宗羲在《明儒学案》转引后,变得非常有名,常为后世学者所引用,以为是泰州学派之思想具有平民性特征的一个有力证据,这应当是有根据的推断。的确,上面的描述充分表明东厓在普通百姓之间积极推广讲学,对于将心斋之学及阳明之教迅速渗透至下层社会无疑起到了推动作用,而这也正是东厓作为布衣儒者的一种本色。这种讲学风格及其人格形象恐怕也是泰州后学多数人物的一个共同特征,尤其是在士大夫的眼里看来,这一特征

---

① 《东厓遗集》卷下《王东厓先生墓志铭》,第709页。又见《澹园集》卷三十一《王东崖先生墓志铭》,第494页。

显得格外突出。

　　总之,通过以上简单的介绍,我们可以获致三点基本信息:一、东厓长期在越,跟随钱绪山、王龙溪学习阳明心学,故从师承上说,当属于阳明再传弟子;二、但他又继承了家学,心斋开创的泰州学派由东厓得到了延续和发展,这从天台、澹园等方面的记述中可以得到证实;三、贯穿东厓一生的主要社会活动无疑就是讲学,他一面积极投身于士人阶层的讲学运动,另一面也积极活动于乡村山林之间推广讲学,展现出一个布衣儒者参与社会的生动形象。

　　最后就东厓的其他几位兄弟的一些基本情况略做介绍。由于他们的文献大多亡佚,仅有极其有限的《残稿》存世①,故对他们的思想面貌已无法全面掌握②。通过这里的介绍,以冀望于为探讨泰州学如何成为一种"家学"在心斋身后由其子孙一辈得到延续和发扬等问题提供一些可资参考的线索。王心斋共有五子,依次是:王衣(1507—1562),字宗乾,号东堧,从学阳明弟子魏良政;王襞(1511—1587),字宗顺,号东厓,从学钱绪山、王龙溪;王褆(1519—1587),字宗饬,号东隅,从学王龙溪;王补(1523—1571),字宗完,号东日,从学心斋门人朱锡(号圖泉,生卒不详);王榕(1527—1544),字宗化,号渔海,年仅十八而卒,

---

① 袁承业辑《明儒王心斋先生遗集》时,"从王氏宗谱暨诸集中搜得心斋长子东堧诗八首、解论各一篇;三子东隅诗歌九十三首、序文各一篇;四子东日诗歌五十四首、解四章、赋三篇、序一篇;曾孙天真诗歌杂咏十六章,萃成一集,题曰《明儒王东堧东隅东日天真四先生残稿》"(《明儒王东堧东隅东日天真四先生残稿序》)。附于《明儒王心斋先生遗集》书后。

② 关于心斋后人的生平及思想,参见彭国翔:《王心斋后人的思想与实践——泰州学派研究中被忽略的一脉》,载《国学研究》第十四辑,北京大学出版社,2004年。

无"残稿"存世。

在心斋孙子一辈中,最著名者为长孙王之垣(1541—1610),王衣长子,字得师,号心印,师从东厓,在王氏家族中,他是第一位拥有准士大夫资格的诸生出身,年弱冠时补博士弟子员,后以《诗经》成为郡庠生,但似未出仕。之垣子王元鼎(1576—?),子调元,改字天真,号禹卿,为博士弟子员,亦属诸生①,曾从学于罗近溪弟子陈履祥(号文台,生卒不详),后问学于周海门。王元鼎在编辑整理心斋、东厓的文献以及族谱等方面,贡献最大,目前所能看到的心斋、东厓遗集等文献,大多是经其整理而得以存世的。②

## 第二节　良知见成

东厓在思想上可谓是心斋的忠实继承者,又由于长期亲炙龙溪,在思想上也明显受到龙溪的影响,特别是在良知问题上,他的一些看法基本上未脱出心斋及龙溪的良知观。这里的标题"良知见成"虽直接取自于东厓亲述,然在基本含义上,与心斋、龙溪的良知现成说相同,而"见成"之"见"字正可训作"现"。东厓的良知见成说的核心思想,无非就是强调良知存在具有以下一些重要特征:先天具足、现成圆满、不假思虑、无须外求、不容拟议、本无声臭、纯粹至精、天命之性、直下便是、言下便了、原自见成、展舒自由、脱洒自在、寻常自然,等等。这些说法或多或少

---

① 王元鼎在《东厓先生行状》一文的落款中,自题"诸生元鼎谨识",文中述及王之垣时,亦称"父诸生之垣"(《东厓遗集》卷下,第708页),可见"诸生"这一名誉在王氏家族中是值得显耀一时的。

② 以上有关心斋一族家庭成员的生平情况,除了袁承业辑《明儒王东崖东隅东日天真四先生残稿》中所附的《传记》以外,另可参见万历本《心斋全集》卷五《门人列传》。

**都可从心斋或龙溪那里找到源头。我们不妨来看几段资料：**

> 人本有不假外求，故曰易简，非言语之能述，非思虑之能及，至无而有，至近而神，不容拟议商量而得，故曰默识。本自见成，何须担荷？本无远不至，何须充拓？会此，言下便即了了。而吾丈乃谓"易简个甚么？默识个甚么？担荷充拓个甚么？"岂信有不及此而别求圣人？亦有所不知不能者。（《东厓遗集》卷上《上道州周合川书》，第655—656页）

> 良知即乾之体，刚健中正，纯粹至精，本无声臭，挽搭些子不上，更万古无有或变者也。不容人分毫作见加意其间，自有本分天然之用，神触神应，原无壅滞，与鸢飞鱼跃同一活泼泼地。盖天命之性，原自具足故也。此《中庸》之旨，至易至简，虽愚夫愚妇，可以与知与能，而天地圣人有不能尽者，所谓先天无为之学也。才有纤毫作见与些子力于其间，便非天道，便有窒碍处。故愈平常则愈本色，省力处便是得力处也。日用间有多少快活在！（同上书卷上《寄庐山胡侍御书》，第660页）

> 良知本性，天之灵而粹精之体也。谁其弗具，谁其弗神？而圣名者号也。得证则日用头头无非妙劝，而纤力不与，快乐难名。（同上书卷上《语录遗略》，第651页）

> 才提起一个学字，却似便要起几层意思，不知原无一物，原自见成。顺明觉自然之应而已。自朝至暮，动作施为，何者非道？更要如何，便是与蛇画足。（同上书，第652页）

> 良知在人，随处发见，不可须臾离者。（同上书，第650页）

> 故圣人之心，常虚常静，常无事，随感而应，而应自神

也。是以常休休也,坦乎其荡荡也。纵横而展舒自由,脱洒
而优游自在也。直下便是,无待旁求,一彻便了,何容拟议?
(同上书,第655页)

至此我们已经充分发现,东厓的良知观基本上就是心斋和龙溪
的良知见在说或良知现成说的翻版,如果结合我们在第二章第
二节所分析的有关现成良知的问题来看,这一点是毋庸置疑的。
同时,我们还可以发现他的叙述方式比心斋显得更为清晰而有
条理,多少有点龙溪哲学语言的影子。如果我们打开《龙溪集》,
来进行一下检索,这一点也是不难得到确认的。譬如,"本自见
成""原自具足""本无一物""随处发见""直下便是""先天之学"
等,这些话头简直就是龙溪哲学的标志性语言。由此可以说,至
少在良知问题上,东厓与龙溪的亲近性是非常明显的。

此外给我们的一个重要的印象是,良知理论在心学体系中,
原本具有本体论的色彩,给人以一种抽象玄远的印象,因为在龙
溪的场合,良知现成理论主要就是建立在良知本体论的层面之
上的,他与罗念庵之间反复争论的"世间哪有现成良知"的问题,
便是围绕着良知本体论与良知工夫论的义理纠缠而展开的,然
而我们现在却发现事实并非完全如此,由心斋父子这两位平民
学者的嘴里说出来的良知现成理论却可证明良知学说本身绝不
是学士文人、有闲阶层的专利品,而是平民布衣亦能完全理解
的、至简至易的道理,是非常"平常"而又"本色"的道理,只要依
良知而行、"随处发见""随感而应",便能在日常生活中"纵横而
展舒自由,脱洒而优游自在",并能发现"日用间有多少快活在!"

其实,东厓的这一良知叙述体现了阳明良知之教的一种精
神。因为一个显而易见的事实是,按照阳明的良知理论,良知是
无所不在的,良知就存在于日常生活当中,而致良知就是生活本

身,既然良知不离现在、不离当下生活,良知就完全可以成为一种民间的思想、社会的理论,而绝不是一般读书人的专利,良知的叙述也完全可以化作民间的日常语言,而不仅仅是一种理论书写、知识创作。泰州学派作为一种思想现象,之所以在中晚期的明代社会产生如此迅速而又广泛的影响,与其良知叙述的平民化是绝对分不开的。在我看来,东厓的良知见成理论便是民间思想的一种表述方式,他向人们所着力宣扬的一个中心思想是,良知是人人平等的、是每个人的本色,人人都先天地具备良知天性,所以人人都是可以成就圣人的,人人只要充分相信自己的心中有一颗与圣人同质同层的良知本心,那么就能改变自己、完善自己,每个人都能这样做的话,那么理想的三代社会、大同世界就立时会得到实现。应当说,这就是所谓良知见成理论的真谛之所在。正是基于这样一种良知学的立场,东厓曾非常感慨地说:

> 自吾先君(按,指心斋)前辈倡道以来,在在处处,高谈仁义,而人弗惊,明着衣冠而士乐从,此等风化,三代之治,其在兹乎! 若某之愚,终身从事,虽梦寐而不能忘情也,有由然矣,幸哉!(《东厓遗集》卷上《语录遗略》,第651页)

在东厓对乃父以及前辈的学说主张的观感中,三代之治几乎就是眼前的现实景象,原因就在于他们所宣扬的那一套良知理论是人人乐而从之的。此处所言"高谈仁义",在心学的语境中,应当是良知心学的代名词。

清初学者王嗣槐对阳明的良知学说有过严厉的批判,在他看来,阳明良知理论的根本要旨就在于"现成"两字,其中涉及心斋的"满街圣人"说,他指出:

> 阳明之致良知,也是从现成说的,去人欲,也是从现成

说的。不但从圣人说,也是个现成的圣人,从孩提说,也是
个现成的孩提,即从庸众人说,也是个满街都是现成的圣
人。(《桂山堂读传习录辨》卷一《事物辨》一)①

尽管我们可以不同意王嗣槐对阳明良知学的批评,其中有以偏
概全之弊,但是不得不承认"阳明之致良知,也是从现成说的",
正与龙溪的这一判断一致:阳明"提出良知二字,正指见在而
言"②。而心斋的"满街圣人"说也正是从"良知见在"说推衍而
来,目的在于证成"良知见在",而不是说圣人都是"现成"的,其
间有着严肃的义理分别,这一点已如上述,此处不赘。在此我们
引用王嗣槐的说法是想从一个侧面来说明,东厓继承心斋、龙溪
的良知观念所着力宣扬的"良知见成"理论在社会上所产生的客
观效应在历史上是有案可查的。

　从东厓的良知叙述中还可看出他的良知观有两个基本想
法:一是由于良知本体具有"明觉自然"的存在特征,又有"自能
应感""自能约心"的作用功能,这就决定人对良知的把握不能人
为强制、"勉疆扭捏",进而他反对"用智多事",认为这是后儒
"支离之习"③的根源。从中可以看出东厓在工夫问题上,接近
于龙溪的"直下承当""当下便是"的立场,但龙溪更进一层,强调
了"悟门不开,无以徵学"的观点,东厓却绝少提起"悟"字,他更
多地强调在"寻常日用"的生活中,来直接体验"见成良知",故
云:心之妙用"与'饥来吃饭倦来眠'同一妙用也。人无二心,故

---

① 　按,该书国内未见藏本,转引自荒木见悟:《中国心学の鼓动と佛教》第
　　五章"毛稚黄の欲望格去说",第 240 页。
② 　《龙溪王先生全集》卷四《与狮泉刘子问答》,第 309 页。
③ 　如其所云:"性之灵明曰良知。良知自能应感,自能约心,思而酬酢万
　　变。知之为知之,不知为不知,一毫不劳勉疆扭捏,而用智者自多事
　　也。"(《东厓遗集》卷上《语录遗略》,第 652 页)

无二妙用。得此岂容一毫人力与于其间?"①;一是他的良知观有这样一个判断逻辑:由于良知是"原自见成"的、"纤力勿与"的、"自然感应"的,"与鸢飞鱼跃同一活泼泼地",所以良知本心就有一种"展舒自由""优游自在"的本质特征,而良知之在人心给人所带来的便是一种"快乐难名"的精神愉悦,这就涉及心斋的"乐学"思想。以下我们就来探讨一下东厓有关"乐学"问题的论述。

## 第三节　乐即道也

据天台弟子杨希淳②的记述,嘉靖四十四年(1565)仲秋,东厓赴南京讲学,其间与杨希淳有一番对话:

> 东厓子之始至而论学焉,有问学何以乎? 曰:"乐。"再问之,则曰:"乐者,心之本体也。有不乐焉,非心之初也。吾求以复之其初而已矣。""然则,必如何而后乐乎?"曰:"本体未尝不乐,今日必如何而后能? 是欲加于本体之外也。""然则,遂无事于学乎?"曰:"何为其然也? 莫非学也,而皆所以求此乐也。'乐者乐此学,学者学此乐'。吾先子盖言之也。""如是,则乐亦有辨乎?"曰:"有。有所倚而后乐者,乐以人者也。一失其所倚则慊然若不足也;无所倚而自乐者,乐以天者也,舒惨欣戚,荣悴得丧,无适而不可也。""既无所倚,则乐者,果何物乎? 道乎? 心乎?"曰:"无物故乐,有物则否矣。且乐即道也、乐即心

---

① 《东厓遗集》卷上《语录遗略》,第 653 页。
② 关于杨希淳的生平,可参看焦澹园:《杨道南希淳传》(《国朝献征录》卷一一四,第 5033 页)。称其卒年四十二。

也。而曰'所乐者道,所乐者心',是床上之床也。""学止
于是而已乎?"曰:"昔孔子称颜回,但曰'不改其乐',而其
自名也,亦曰'乐在其中',其所以喟然而与点者,亦以此
也。二程夫子之闻学于茂叔也,于此盖终身焉,而岂复有
所加也?"曰:"孔颜之乐未易识也。吾欲始之以忧而终之
以乐,可乎?"曰:"孔颜之乐,愚夫愚妇之所同然也,何以
曰'未易识也'? 且乐者心之体也,忧者心之障也,欲识其
乐而先之以忧,是欲全其体而故障之也。""然则何以曰
'忧道'? 何以曰'君子有终身之忧'乎?"曰:"所谓'忧'
者,非如世之胶胶然、役役然以外物为戚戚者也,所'忧'
者道也,其忧道者,忧其不得乎乐也。舜自耕稼陶渔以至
为帝,无往而不乐。而吾独否焉,是故君子终身忧之也。
是其忧也,乃所以为乐,其乐也,则自无庸于忧虑耳。"凡
东厓子之论学,随机指示,言人人殊,而其大都不出乎此。
以故上智者闻而乐焉,曰"明珠在怀,而吾何必索之途
也"? 浅机者而乐焉,曰"吾亦有是珠,而独何为其自昧
也"? 盖自东厓子至,而留都诸同志皆如大寐之得醒,其
骎骎向往之志,若决百川而赴之海也。谓之载道而南也,
不其信乎!(《东厓遗集》卷上《诗引》,第 674—675 页)①

这篇记录可谓曲尽其详,而且对东厓思想有极高之评价,在东厓
文集中非常少见,弥足珍贵。该文的由来是,东厓在南京讲学
后,杨希淳等八位同仁作《诗》送别东厓,杨希淳应邀为这些诗作

---

① 按,末署"嘉靖乙丑重阳后二日太岳山人杨希淳顿首拜书"。焦澹园对
此有一评论,云:"先生(按,指东厓)孔孟之言未尝一日去于口,其推而与
世共也,未尝一日忘于心,而大意具此矣。"(《澹园集》卷三十一《王东
厓先生墓志铭》,第 494 页)

撰"引言"。①在"引言"后，附录了八篇诗文，最后又有张遂所撰的《跋》，文中称自己宦于留都三数年来，"凡三遇先生（按，指心斋）乃子东厓君"②。准此，则东厓在嘉靖四十四年之前的三年期间，曾多次赴南京讲学，至少不下三次，这是《年谱》《行状》等资料未有的记录，应予补之。由此亦可窥见一点重要的消息：东厓作为民间儒者与士人之间的来往毫无阻隔，这或许可以说明当时在讲学活动的影响之下，士庶两层的交往已日趋频繁，反映出阳明倡导的"四民异业而同道"③之观念已有了实质性的社会影响。

就上述对话的内容来看，整个话题围绕着孔子和颜渊的"不改其乐""乐在其中"这一宋明理学史上非常著名的所谓"孔颜乐处"的问题而展开。这里有几个关键的说法，首先东厓指出"乐是心之本体"，意谓乐是心体"本来如是"的自然呈现，并强调"本体未尝不乐"④，这是对阳明观点的重复，无须多说；其次东厓重申了心斋的乐是学、学是乐的乐学观点，主张"乐莫非学"，意谓

---

① 按，八首诗的作者分别是：许孚远、焦竑、许吴儒、金元初、龚燧、沈桐、王尧臣、李登。由这些诗作可见，东厓此次南京讲学产生了轰动效应。这里从许敬庵的诗中摘录几句，以观其对心斋及东厓的赞赏之情："大明辟宇宙，万古显斯文。谁是继往者，几见开来人。我闻心斋子，崛起东海滨。倡明千圣学，独立三才身。……喜见东厓君，君闻过庭训。解脱形与神，信手拈灵秘。平空转法轮，指挥无一字。提点化工新，到处生光霁。人人洗宿尘，我因君始悟。君与我同臻，此气塞宇宙。……"（《东厓遗集》卷上，第675页）

② 《东厓遗集》卷上，第677页。按，作于乙丑秋九月。

③ 语见《王阳明全集》卷二十五《节庵方公墓表·乙酉》。余英时称赞阳明该文之撰述是"新儒家社会思想史上一篇划时代的文献"（新版《士与中国文化》，第456页）。

④ 焦澹园归结为"吾体自乐"，见《澹园集》卷三十一《王东崖先生墓志铭》，第494页。

"乐"不是排斥为学工夫;再其次,谈到了"乐以人也"与"乐与天也"的分别,认为"乐以人也"只是一种"有倚而乐",一旦失去"倚靠",乐便随之消失,而"乐以天也"乃是一种"无倚而乐",在东厓看来,这才是根本意义上的"乐",事实上,同于"吾体自乐"的说法;随后,由此引出了一个问题:乐与道的关系问题,东厓提出了"乐即道也、乐即心也"的命题,意谓乐是道体或心体的一种必然表现,但又不必说"所乐者道,所乐者心",他认为若如此说,则是床上叠床、屋上架屋,意谓乐成了在道之上或之外的另一种东西。指出这一点相当重要,因为"乐"只是心体"本来如是"的一种状态表现,绝不是某种实际的存在物,更不是某种光景形象,如后所述,黄宗羲批评东厓的"乐学"说,认为东厓"犹在光景作活计"(详见后述),似与此处东厓之意不合。

最后话题回到了"孔颜之乐"以及周程"寻孔颜乐处"的问题上,东厓的观点非常鲜明:"孔颜之乐,愚夫愚妇之所同然也。"这是贯穿于心学的一个基本立场:此心此理,圣愚一律。由此推论,孔颜之乐必与愚夫愚妇之乐相同。接着他对"乐"与"忧"的关系问题的解释也很有特色,他认为"忧"无非是"乐"的一种遮蔽、一种障碍,绝不能以"忧"作为"乐"的前提,而所谓"忧道"①,也无非是说"忧其不得乎乐"而已,这是从"乐"的丧失与否这一角度,来理解历史上孔子所提出的"作《易》者,其有忧患乎"②这一所谓儒家的"忧患"意识问题。他以"舜自耕稼陶渔以至为帝,无往而不乐"为例,阐明了一个道理:乐不仅存在于帝王事业中,也存在于日常生活中。如果我们否认这一点,那才是"君子终身

---

① 语见《论语·卫灵公》:"君子忧道不忧贫。"
② 《易·系辞下传》。

忧之"的原因所在。总之,在东厓看来,一是"吾体自乐",一是"乐即道也",这两点是理解和诠释"孔颜乐处"之问题的关键。而在杨希淳及焦澹园看来,东厓思想的"大意"亦在于此,意谓东厓有关"乐"的观点阐述便是其思想的旨趣所在。这一评价值得引起注意。

黄宗羲对东厓之言"乐"则表达了一种批评性的意见。他首先指出东厓所谓的"乐"虽本诸心斋"乐学之歌",但"龙溪之授受,亦有不可诬也",认为东厓在思想上受到龙溪的很大影响,此说大体符合东厓思想之实情。①进而宗羲指出:

> 白沙云:"色色信他本来,何用尔脚劳手攘? 舞雩三三两两,正在勿妄勿助之间。曾点些儿活计,被孟子打併出来,便都是鸢飞鱼跃。若无孟子工夫,骤而语之以曾点见趣,一似说梦。"②盖自夫子川上一叹,已将天理流行之体,一日(按,"日"字当作"口")迸出。曾点见之而为暮春,康节见之而为元会运世。故言学不至于乐,不可谓之乐(按,"乐"字当作"学")。至明而为白沙之藤蓑,心斋父子之提唱,是皆有味乎其言之。然而此处最难理会,稍差便入狂荡一路。所以朱子言曾点不可学,明道说康节豪杰之士,根本不贴地,白沙亦有说梦之戒。细详先生之学,未免犹在光景作活计也。(《明儒学案》卷三十二《泰州学案一·王襞传》,第719页)

这里须注意两点:一是宗羲借用白沙之言"一似说梦",主张若无工夫作为前提,一味强调"曾点见趣"③则不可取;一是宗羲指出

---

① 关于龙溪之言"乐",可参见《龙溪王先生全集》卷八《愤乐说》。
② 白沙语见《陈献章集》卷二《与林郡博·七》,第217页。
③ 典出《论语·先进篇》。

孔子"川上一叹"乃是"风乎舞雩""曾点见趣"的思想根源,因为所谓"子在川上曰:逝者如斯乎! 不舍昼夜"[1],在宋儒的理解当中,无疑已经指点出"天理流行之体"犹如"鸢飞鱼跃"一样,一切都是自然而然、如斯而已的必然展现,绝非人力所能阻挡,而人们在精神上所获得的愉悦快乐应当就是天理自然流行的一种表现。在这里,已有"乐即道也"的某种含义。宗羲指出,心斋父子之提倡乐学,盖"有味乎其言"的缘故,意谓心斋父子对于孔子的"川上一叹"都能有所领会。然而,宗羲接着指出"此处最难理会,稍差便入狂荡一路",对宋儒以来人们津津乐道的"孔颜乐处"这一境界说提出了警告,显然宗羲有取于朱子的"曾点不可学"以及白沙的"一似说梦"的观点[2],指出泰州学的"乐学"思想有可能走向"狂荡一路",最后落实到对东厓之言"乐"的判断上,便批评东厓之学"未免犹在光景作活计也",意思是说,东厓是把"乐"当作了一种想象中的"光景"。

　　这里涉及阳明心学尤其是阳明后学中的"光景"问题,我们在后面涉及近溪思想时,会有较详的讨论。在此只提示一点,所谓"光景",意指恍惚有物的景象,随影而显亦随影而灭,在阳明心学的话语脉络中,"光景"特指某种缘体而起的观想,且以为这种"光景形色"的观想就是心体或知体的本来应有的实在状态,

---

[1]　《论语·子罕篇》。

[2]　按,黄宗羲所引朱子语及白沙语,只是一种借用,事实上朱子对于曾点言志亦有肯定性的评论,可参见《朱子语类》卷一一七"训门人五"以及《论语集注》卷六;至于白沙,其思想旨趣却在于"自然",他虽言"若无孟子工夫,骤而语之以曾点见趣,一似说梦",但他的实践工夫却不是孟子那一套,而是"静坐中养出端倪"。参见牟宗三:《从陆象山到刘蕺山》,第 286 页;张亨:《〈论语〉中的一首诗》,《台大中文学报》第八期,1996 年 4 月。

或者将心体或知体想象成一种容易把捉的对象物而与"实有诸己"的体验工夫无关,其中涉及心学的一些特定的义理问题,这里暂不深入讨论。对于东厓之言"乐",宗羲断之以"光景",却没有具体交待做出这一判断的根据。在我看来,这或许与宗羲对泰州学派尤其是对泰州后学深致不满这一前见意识有关,在宗羲的眼里,即便是竭力主张"拆除光景"的近溪思想虽与东厓落入"光景想象"不同,但在实质上,其思想却早已掉入了"不落义理、不落想象"的祖师禅的窠臼之中①。可以看出,黄宗羲的明代思想史观有一个基本态度:晚明时代的心学末流的种种弊病几乎都与泰州学派有关。我在上面曾指出黄宗羲不惜把"泰州学案"拼凑成了一个"大杂烩",其因盖与这一基本态度有关。我们从他批评东厓"乐学"观的语调中也可以感受到他在总体上对泰州后学并不看好。

不过,就东厓"乐即道也"这一命题而言,可以理解为这是将"乐"的理据诉诸于"道"的一种表述方式。换言之,"道"是"乐"的依据,但不是说"乐"是"道"的一种光景。应当说,这是"乐即道也"的真意所在。所谓"吾体自乐",亦应作如是解。事实上,东厓之所以津津乐道于宣扬"乐"的观点,这与他有关"天道自然"的观点是有关联的。例如,我们可以从以下两段叙述中对此加以确认:

> 鸟啼花落,山峙川流,饥食渴饮,夏葛冬裘,至道无余蕴矣。充拓得开,则天地变化、草木蕃殖;充拓不去,则天地闭、贤人隐。(《东厓遗集》卷上《语录遗略》,第650页)

> 吾人之学,必造端夫妇之与知与能、易知易从者而学

---

① 《明儒学案》卷三十四《泰州学案三·罗近溪传》,第762页。

焉。及其至也，察乎天地而不可强而入也。希天也者，希天
之自然也。自然之谓道，天尊地卑，自然也，而乾坤定位矣。

（同上书卷上《上道州周合川书》，第 656 页）

其中第一段话，非常著名，常为学者们所使用。例如牟宗三曾引
用及此，并对东厓之言"乐"有一义理分疏及评价，指出：东厓所
强调的"乐"乃是一体道之境界，"然而并不是说穿衣吃饭之生理
的感受就是道。此绝不可误解。因此，历来言学重点都不在此
义上多加宣扬。因此，若专以此为宗旨（此既是一共同境界，实
不可坐宗旨），成了此派底特殊风格，人家便说这只是玩弄光景，
依此义而言，我们可名这一传统曰曾点传统"①。牟氏之意是
说，"曾点见趣"或"孔颜乐处"乃是一平常而又极高之体道境界，
为儒释道三家所能共有，既为"共有"便非那家的特殊宗旨，故儒
学史上言"乐"者并不多见，由此，东厓之言"乐"只成了泰州一派
之特殊风格，不但会招来"玩弄光景"之指责，且有可能"演变为
狂荡一路"。牟氏的这一判断颇为奇特，似是全盘接受了上述黄
宗羲的判断思路，其实，牟氏的真实用意在于由此引出另一重要
的思想史判断："顺泰州派家风作真实工夫以拆穿良知本身之光
景使之真流行于日用之间，而言平常、自然、脱洒与乐者，乃是罗
近溪，故罗近溪是泰州派中唯一特出者。"故在牟氏看来，东厓远
在近溪之下，其思想亦自然会有种种流弊，唯有等到近溪出来加
以超越、克服，才将阳明心学"调适上遂而完成王学之风格"②。
可见，牟氏基于自己的对心学义理所具有的强烈而又自信的判
定标准，对于东厓的乐学观之评价基本上是置于可否之间。当

---

① 《从陆象山到刘蕺山》第三章，第 287 页。按，着重点原有。
② 以上，参见同上书，第 286—288 页。

然此亦自成一说,可置勿论。

我们再来看上述所引东厓的两段话。他在这里所欲强调的
是,"道"具有一种自然而然的性质和特征,结合上述东厓有关
"乐"的阐发,可以看出,在东厓的观念中,"乐"就是一种天道自
然的展现,换言之,"乐"是合乎"道"的一种自然表现。无论是
"人道"还是"天道",其价值和意义的表现方式,犹如"鸟啼花
落,山峙川流,饥食渴饮,夏葛冬裘"一样,是再自然不过的了,容
不得一丝一毫的人力牵强、意识安排。这既是天的自然,同样也
是人的自然。"吾人之学"的至上目标("及其至也")就是"希天
之自然也"。所以东厓指出:"道本无言,因言而生解,执解以为
道,转转分明,翻成迷念。"①道的这种言诠、意解也无法最终究
明其底蕴的存在本质,用东厓的说法来表述,就是上面所揭示的
"自然之谓道"这一命题,用另外一个概念来表述的话,就是上面
东厓所说的"本色"。既然"道"具有这样一种自然本色,所以对
于人来说,我们若要把握它、接近它,最好的办法就是保持本心
的自然状态,屏弃一切"念虑亿度、展转相寻之私"②,这是因为
"愈平常愈本色,省力处便是得力处也",若能做到这一点,那么
就会带来莫大的快乐,用东厓的话来说,就是"日用间有多少快
活在!"③

由"自然之谓道""乐即道也"的立场出发,进而以论良知本
体及致良知工夫,亦须主张不可杂"纤毫意见",不可有"用智之
私"。东厓指出:

> 着衣吃饭,此心之妙用也。亲亲长长,此心之妙用

---

① 《明儒学案》卷三十二《泰州学案一·东崖语录》,第721—722页。
② 《东厓遗集》卷上《语录遗略》,第651页。
③ 《东厓遗集》卷上《寄庐山胡侍御书》,第660页。

也。……舜事亲而孔曲当,亦此心之妙用也。溥博渊泉而时出之者也。若将迎,若意必,若检点,若安排,皆出于用智之私,而非率夫天命之性之学也。(《东厓遗集》卷上《上敬庵许司马书》,第 655 页)

　　良知之灵,本然之体也,纯粹至精,杂纤毫意见不得。若立意要在天地间出头,做件好事,亦是为此心之障。(同上书卷上《语录遗略》,第 650 页)

至此我们已经明了东厓为何强调"乐即道也,乐即心也"的缘由了。良知本体作为一种"本然之体",容不得"纤毫意见",即便立意要"做件好事",亦会成为"此心之障",其结果会适得其反;如果我们能够抛弃一切诸如"将迎意必""检点安排"等"用智之私",做到顺其良知、率夫天性,犹如"着衣吃饭"那样自然而然,那么就会"快乐难名!"[1]可见,"乐"既是道体或心体"不容自已"的一种必然表现,同时也与我们的行为方式密切相关。

　　东厓的"乐学"思想还有一个重要的观念基础,亦即他的"天道"观,他说:

　　斯道流布,何物非真?眼前即是,何必等待?略着些意,便是障碍[2]。诸公今日之学,不在世界一切上,不在书册道理上,不在言语思量上,直从这里转机向自己,没缘没故,如何能施为作用?穿衣吃饭,接人待物,分青理白,项项不昧的,参去参来,参来参去,自有个入处,方透得个无边无量的大神通受用。此非异学语,盖是尔本有具足的良知也。此知人人本有,只是自家昧□,所以别讨伎俩,逐外驰求,颠

---

① 《东厓遗集》卷上《语录遗略》,第 651 页。
② 这一句录自《明儒学案》卷三十二《泰州学案一·东崖语录》,第 724 页。按,以下从《东厓遗集》录出。

倒错乱。□□□□□□沦没昏沉，苦恼终身，无有出头之期，深为可怜悯者。(《东厓遗集》卷上《寄会中诸友》，第663页)

这里东厓强调了天道流行、当下即是的观点，因此，我们不能在本体上着丝毫意必之心，今日之学也不能"在书册道理上""在言语思量上"拟议安排，必须彻底转向自己内心，在"穿衣吃饭，接人待物"的日常生活中体验良知，因为良知是"本有具足"的、"人人本有"的，如果对此不能树立自信，反而向外寻讨伎俩，就会颠倒错乱，带来无穷烦恼。这就从一个侧面告诉我们为学工夫亦须以"乐即道也"的信念作为基础。可见，"乐"既与"良知见成"说也与"天道"观密切相关。在他看来，如果良知不是现成具足、当下呈现的，天道存在不是"眼前即是"的，而需要种种意识安排、施为作用才能体现良知或天道，那么就根本不可能实现"乐即学，学即乐"，反而会坠入"无有出头之期"的终身烦恼。所以他对于人们不能反身自求，乐在其身，深为慨叹："古今人人有至近至乐之事于其身，而皆不知反躬以自求也，迷闭之久，则临险阻以弗悟，至枯落而弗返。重可悲也夫！"[1]

## 第四节　小结

由上述可见，在东厓的思想构造中，"良知见成""天道自然""吾体自乐""乐即道也""乐即心也"等观念叙述形成了一个有机的体系，彼此成为不可缺失的理论环节。其中可以明显地看出受到了龙溪"现成良知"理论的影响，这一点"不可诬也"，但更为主要的影响则是来自心斋，他对自己的"家学"有一种自觉承担

---

[1]　《东厓遗集》卷上《语录遗略》，第650—651页。

的意识,他的"乐即道也"的思想是对心斋"乐学"观的进一步论证。

从总体上看,东厓思想之于阳明以及心斋的心学理论有着明显的承继关系,杨道南、焦澹园等人之所以对东厓思想有很高的评价,也正是基于这一观察,认为其思想守住了良知一脉以及家学传统,所以后人有"宗顺,心斋一个肖子"①之评。耿天台在《祭文》中,曾指出东厓思想之于阳明和心斋都有一种渊源关系,用"克嗣家学"之说法对东厓思想做出了初步的历史定位,他这样说道:

> 昔文成之崛起兮,续千古之正脉。肆心斋之嗣兴兮,询宗传之靡忒。自虔台而印可兮,归载道于淮南。阐格物之真谛兮,驾姚江为两骖。顾家学之渊源兮,其克嗣者为谁?惟君之挺持兮,寔五常之白眉。我常扣其由入兮,惟反身而默识。感一言之契予兮,至于今其无斁。……(《东厓遗集》卷下《祭文》,第 710 页)

然以吾人之见,东厓在守住"家学"之传统的同时,却也缺乏新的理论开拓,此亦不容讳言。若将其思想与心斋之学对照合观,则可以发现不少东厓与心斋的重叠之处,譬如"修身立本""出入为师""尊道尊身""修身见世"②,还有就是以讲学布道为毕生志愿,徜徉于乡村山林、学士文人之间,贯彻了心斋的以讲学为修身见世的思想精神。不过同时也应看到,心斋的保身、安身、爱身、敬身等观点却在东厓的言论中绝少提及,像心斋的《王道论》那样,对当朝政治敢于谏言和批评的精神,在东厓那里也

---

① 《心斋全集》卷五《门人列传·王衣》,第 65 页下—66 页上。
② 以上参见《东厓遗集》卷上《语录遗略》,第 650、664、656、656 页。

非常欠缺。当然,其对地方社会的秩序重建亦抱有一定的关心,例如他在给地方官员的书信中常常自称"山野中人"或"山野朽夫",故唯有在"山野中徜徉自乐",而不敢有"出位之思",然于地方治理亦偶尔流露出关切之情,对于由于灾荒而导致民间出现鬻子卖女之现象,深为痛心,以为"今兹圣世,何见有此!"急切呼吁实施"仁政"以拯救灾民①。

由于受文献资料这一客观条件的限制,我们对东厓思想的考察只能浅尝即止,但并不是说对于以东厓为代表的泰州后学的思想与实践就没有深入研究的空间。譬如至少有二点,是值得进一步探讨的课题:一是东厓对讲学事业尤为重视,他甚至认为讲学乃是"实致其良知于日用间"的一种真切实践;一是东厓特别强调"天地万物同流同体"的观点,因而吾人在世必须有"为天下师者"的抱负。这就为我们从社会思想史的角度深入探讨和重新评估东厓思想的历史意义提供了可能。且看以下两段资料:

> 昔见阳明师翁与学者书曰:"讲学一事,虽犯时讳,老婆心切,遂能缄口结舌乎?仁者爱物之诚,又自有不容已者。要在默而识之,不言而信耳。"非今日之谓欤!教言所谓灵明一点,正指良知一脉之传也。实致其良知于日用间,以求自慊,何乐如之!此左右极切语,更何言哉!第此旨时时向人提掇,最易令人醒悟,特欠与人痛加发挥,终至淹晦。(《东厓遗集》卷上《答秋曹漳州陈文溪书》,第 661 页)

> 菊墙安乐,本无边中,而舞雩沧浪,亦何旁畔?安置踪迹,奚容讨访?此乃天地万物同流同体之根子,而当面错

---

① 《东厓遗集》卷上《答瓯宁亲翁丁二尹书》,第 659 页。

过,卒成虚语。□□大成家法,睿圣道破,而儒宗矩范,已示的□。仲尼所以卓,由前世继作之圣,而世为天下师者。当其时,未尝一日不与人接,不暇有安暖之席,固以是为易天下之道也。……拟议等待,即当面错过,久矣。天地万物便成两截,何处是同流同体处耶? 吾人莫看天地万物应与不应,只看自家精神可有换歇处。(同上书卷上《复泾上同志吴竹山王乐庵二兄书》,第664页)

总而言之,东厓思想谨守心斋开创的泰州"家学"之传统,同时也受到龙溪思想的影响,在有关阳明良知之教的一些基本原理等问题上,其立场无疑是坚定的,因此广而言之,其思想仍属于阳明心学的范围之内,此亦毋庸置疑。因为在我看来,在"方便""权说"的意义上,"泰州学派"一词虽可成立,然就其思想实质而言,仍属于阳明心学之一支,没有理由认为该"学派"已经完全游离于阳明心学之外,恰恰相反,他们是主动积极地向阳明心学靠拢,自觉地接受了心学乃至儒学的伦理观、价值观,这从其内部对阳明的尊称来看,亦可得到有力的证明——他们大多极为尊敬地称阳明为"阳明师祖"或"阳明翁""明翁"。称呼的使用,看起来虽是一种外缘性的因素,但其实却能证明他们对于阳明良知一脉有着极其强烈的自我认同意识。正是在此意义上,我们可以说,东厓既是心斋思想的继承者,同时也是一位阳明心学家。

当然东厓思想亦有一些独特之风格及意义,他作为民间的布衣儒者,通过在下层社会的讲学实践,加速了心学思想在地域社会的渗透和扩展,同时也加强了泰州"家学"的传统,心斋思想正是有赖于东厓而得到了很大程度的发扬光大。其思想在理论阐述方面虽缺乏一定的深度和广度,但其思想的特色之一却表现在这样一个方面：思想与实践、学术与生活的结合和互动。故他特别注重在日常生活中"实致其良知"、体验良知心体所带来的"自在快乐"。

最后须注意的一个事实是，虽然东厓的身份只是布衣儒者，但他却拥有一批进士出身的同志朋友，其思想在官僚士大夫的上层社会也产生了一定的影响。因此东厓思想作为一个特殊的个案，却能从一个侧面说明，晚明时代的儒学思想已出现了"民间化""大众化"的发展趋向。关于晚明儒学的"民间化""大众化"问题，这里不能深入讨论，将在本书的末章再来探讨。

# 第四章　王栋:诚意慎独之学

## 第一节　生平及著述

王栋,字隆吉,号一庵,泰州姜堰镇人。生于弘治十六年(1503),卒于万历九年(1581)。出身贡生,在心斋一辈的王氏家族中,他是唯一的非布衣出身,多年任教谕、学正等职,官职虽低,但却是堂堂正正的官僚士大夫之一员。先祖王伯寿,伯寿有三子,长子国祥、三子国禛析居安丰场,次子国瑞析居姜堰镇。王艮为王国祥一系,王栋为王国瑞一系。王国瑞以下的谱系是:国瑞—善卿—德元—文显—潜。王潜号栢林(生卒不详),以行医为生,即王栋之父。

年方7岁,受父命而始习举子业。11岁那年,泰州疫病流行,其父命其"边施药材",以救乡人,因骑马不慎而受伤,于是父命其弃医"业儒"。24岁,习《易经》,补郡庠生,次年,食廪饩。其时,恰逢阳明弟子王瑶湖出为泰州守,一庵师事之,并拜入伯兄心斋之门,《年谱》载曰:"受格物之旨,躬行实践,得家学之传。"①嘉靖三十七年(1558)56岁时,应岁贡,出任江西建昌府

---

① 《一庵王先生遗集》卷上《年谱纪略附出处事迹》。以下简称《一庵遗集》。

南城县训导①,应建昌府台使之邀,入主白鹿洞,继又主持南昌正学书院的讲会,并在太平乡创立讲会,"集布衣为会,人多兴起"②。嘉靖四十二年因母卒而离职居丧,嘉靖四十五年起补山东泰安州州学;未几,迁江西南丰县教谕,在当地复联同志为会,"四方信从益众"。隆庆二年(1568),创水东会,作《会学十规》,著《一庵会语》,刊刻行世。③隆庆五年,迁深州学正。隆庆六年,时年70,致仕归,据传"清贫如洗"。归里后,"大开门受徒,风动远近。创归裁草堂,著《会语续集》"④。据此,则隆庆二年所著《一庵会语》当即《遗集》中的《会语正集》。万历四年(1576),受泰州守萧抑堂之邀,主持安定书院,"朝夕与士民讲学"⑤。万历九年逝世,终年79岁。

王一庵的著作现存有《一庵王先生遗集》(以下,简称《一庵遗集》)。《四库全书存目丛书》子部第10册所收南京图书馆藏明万历三十九年抄本。按,该本实非明万历三十九年抄本,而是据清初复刻本所抄。当题作"明万历三十九年王守安刻,明天启

---

① 关于明代贡生为官,是有年龄规定的,据韩邦奇(1479—1555)的说法:"岁贡虽二十补廪,五十方得贡出,六十以上方得选官,前程能有几何? 不有以变通之,如天下斯民何! 莫如多取进士,每科千名,乡试量其地方加之,或三之一,或四之一,或五之一。庶乎无偏无党,而治可成矣。"(《苑洛集》卷十九《见闻考随录》二,第5页)可见,他对于贡生晚年出仕并不看好,认为已入晚年的贡生出仕,已无前途可言,其结果"必为私家之计"(同上),亦即所谓的"为禄而仕"。由此可知,一庵为何直至56岁才出仕的缘由。
② 《一庵遗集》卷首《年谱纪略》,第49页。
③ 《年谱纪略》的作者特意在此说明:"其间,诚意之旨,尤发前圣所未发。"(《一庵遗集》卷上,第49页)盖指一庵"意为心之主宰"之说,此为一庵思想之主旨,详见后述。
④ 《一庵遗集》卷首《年谱纪略》,第49页。
⑤ 同上注。

四年王家俊重刻清王真重修,清抄本"。原刻本现见藏于北京大学图书馆、台湾"中央图书馆"等处。卷首有明天启四年孙之益序。抄本与刻本不仅在内容上基本相同,而且每页行数及字数完全相同,显然属于同一版本。抄本分上下两卷,卷之上又分卷一、卷二,收录《年谱纪略》《会语正集》《会语续集》;卷之下为诗类、歌类、书类、《名公赠别册略》《祭文·附挽诗》,末有《行状》《墓志铭》等,除诗类仅存一部分以外,其余均缺。每卷题名之下,有校正、重梓、补辑、参阅等姓名,末尾列有五代孙王象晋等人名。抄本则列有"己未季夏十二世孙真重梓"。

此外,一庵尚有一篇重要佚文,即《诚意问答》,为一庵门人李梴记录,记于"庚午春王正月",即隆庆四年(1570)。这篇佚文的最早发现者为刘蕺山弟子董玚[1],据其《刘子全书抄述》的记载,他在蕺山卒后38年,即1683年左右,"得泰州王氏门人王一庵先生栋《遗集》二册读之,内有《会语》及《诚意问答》,所言与子(按,指蕺山)恰合"[2]。可见,董玚所见《一庵遗集》与现存的刻本及抄本均不同,或许便是万历三十九年王守安的原刻本。这篇文字的发现,对于蕺山门人董玚及黄宗羲来说,意义重大。因为围绕蕺山思想的宗旨之一:"意为心之所存",在蕺山后学当中产生了两种截然相反的意见。一则以为,言意为心之所存,有悖先儒(尤其是程朱)之说,宜于整理文集时稍加删节或变通处理,这种意见以蕺山门人恽仲升(字日初,1601—1678)为主要

<hr>

[1] 按,董玚(号无休,1615—1692),世称东池先生,会稽人。传见邵廷采:《思复堂文集》卷三《东池董无休先生传》,第177—179页。有遗著存世,即见藏于天一阁的《是学堂寓稿》残稿一册,笔者未见,参见钱茂伟:《姚江书院派研究》,第86页。另按,董玚的生卒年,史无确载,今从钱著(《姚江书院派研究》,第88—89页)。
[2] 《刘子全书》卷首,第5页上。

代表,蕺山长子刘汋(字伯绳,1613—1664)、蕺山弟子张履祥(号念芝,世称杨园先生,1611—1674)亦属于这一阵营;一则以为蕺山所以异于诸儒者,正在于有关意的问题的新发现,这种意见的代表人物便是董玚和黄宗羲。意见的对立最终引发了蕺山学派内部的分化与冲突。故有人说"蕺山身后,弟子争其宗旨"①,黄宗羲亦坦言"子刘子既没,宗旨复裂"②。现在董玚竟然发现早在一百年左右以前(若以蕺山的角度言,约早了半个多世纪),有关意的哲学,便已有十分相同的观点出现,亦即上述所谓"(一庵)所言与子恰合",盖指一庵的"意为心之主宰"与蕺山的"意为心之所存",两者旨意正相契合。据黄宗羲的考证,蕺山"未尝见泰州之书",所以两者的相合,是"至理所在,不谋而合"。③董玚则不无夸张地说道:"……并证以一庵氏之说,使知'意之所存'一语,标揭尼山秘旨于二千一百余年之后,又有遥相契合者,非为异说,子之苦心庶不终晦。"④在这里,一庵虽是蕺山的陪衬,但据此推论,则亦可说一庵的"意"的学说同样也是将二千年来的孔子"秘旨"复明于天下。

　　另外在董玚的《刘子全书抄述》中还摘录了一庵寄给东厓的一封书信,未见于今存的《一庵遗集》,亦很重要。大意是说,一

---

①　孙静庵:《明遗民录》,第93页。

② 黄宗羲:《刘伯绳先生墓志铭·丙午》,《黄宗羲全集》(增订版)第十册,第314页。按,关于蕺山后学围绕蕺山宗旨问题的争论及其由此所透显的清初思想的发展动态,王汎森有详细的讨论,参见氏作:《清初思想趋向与〈刘子节要〉——兼论清初蕺山学派的分裂》,载台北《中央研究院历史语言研究所集刊》第68本第2分,1997年。

③ 黄宗羲:《先师蕺山先生文集序》,《黄宗羲全集》(增订版)第十册,第54页。

④ 《刘子全书》卷首,第7页上下。

庵曾有《诚意解》数条之刻,当即《诚意问答》,寄予家乡诸友,却未见答复,东厓虽有回信,然而只是做了抽象肯定,未对其中的旨意"一一批答",一庵对此表示了深深的无奈。从中可以强烈地感受到,在有关意的问题上,一庵当时的处境是非常孤立的,同时也恰恰说明,一庵对于自己独创的诚意说,有着相当程度的自觉意识,所以他甚至坦言道:"知我者其惟此刻乎? 罪我者其惟此刻乎?"[1]这一心情颇有点类似于阳明在将《朱子晚年定论》公开发表时的那种"不得已而然"的复杂心情。

最后补充一句,在董场发现一庵《诚意问答》之后的十年,约在1693 年,黄宗羲著《明儒学案》,对一庵的诚意说给予了很高的评价,他强调指出一庵的"意"的学说乃是蕺山"意为心之所存"的理论先驱,并将此全文揭诸《明儒学案》当中,使后人得以窥见全豹。对于一庵来说,他在百年以后遇到了知音,实亦一大幸事。

所以我们下面将主要探讨一庵的意的学说,在此之前,则有必要考察一下一庵对于阳明的良知说、心斋的格物论的态度,由此可以帮助我们了解一庵在思想上对阳明学及心斋学有何种程度的认同,并且可以了解他又是在怎样的思想背景下,提出他独特的诚意学说,最后我们就能对他的思想做出恰当的历史定位。[2]

## 第二节 反对"以知是知非为良知"

对于后阳明时代的心学家来说,良知论是不可绕过的重大

---

[1] 参见《刘子全书》卷首,第 6 页下。

[2] 关于一庵思想的专题研究,有两篇论文可以参看,吉田公平:《王一庵の诚意说》,《陆象山と王阳明》,研文出版,1990 年,第 303—335 页;钱明:《王一庵的主意说及其对泰州王学的修正》,载《哲学门》第二卷第二册,2001 年。

问题。一庵亦莫能外。他说:

> 阳明先生提掇"良知"二字,为学者用功口诀,真圣学要
> 旨也。今人只以知是知非为良知,此犹未悟良知自是人心
> 寂然不动、不虑而知之灵体,其知是知非,则其生化于感通
> 者耳。(《一庵遗集》卷一《会语正集》,第 52 页)

这段话可分两段来理解,第一段对阳明的良知说做了充分的肯
定,第二段对其后学将良知认作"知是知非之心"提出了批评。
前者且不论,后者所关涉的义理问题却非常重大。

如所周知,良知者是非之心,这是阳明上承孟子而对良知所
做出的基本定义。这里不必具体引证。阳明到了晚年,在著名
的"四句教"中也明确指出:"知善知恶是良知。"不用说,知善知
恶即知是知非,这是阳明良知学说的基本义。而一庵不满于人
们"只以知是知非为良知"的理由有二:一、良知"自是人心寂然
不动、不虑而知之灵体";二、"知是知非"只不过是"生化于感通
者耳"。这两点理由,彼此相通。在一庵看来,良知除了具有"知
是知非"之能力以外(他对此似乎并没有全盘否认),更为根本的
特征乃是"寂然不动"的"灵体",这是正说;反过来说,知是知非
乃是"感而遂通"之后的"生化"现象。以根源论的思维方式而
言,"寂然不动"是整个宇宙的原初状态,具有根源性的意义,一
切现象都是源自于此;与此相对应,"感而遂通"乃是渊源于"寂
然不动"的一种生化现象。以体用观而论,前者是"体",后者是
"用"。一庵所说"灵体"和"生化",正是以体用分言良知。

揆诸阳明,他亦能承认良知本体具有"寂然不动"之本质特
征,他说:

> 性无不善,故知无不良,良知即是未发之中,即是廓然
> 大公,寂然不动之本体,人人之所同具者也。但不能不昏蔽

于物欲,故须学以去其昏蔽,然于良知之本体,初不能有加损于毫末也。知无不良,而中寂大公未能全者,是昏蔽之未尽去,而存之未纯耳。体即良知之体,用即良知之用,宁复有超然于体用之外者乎?(《传习录》中,第155条)

在这里,阳明的确明白无误地承认:良知即是"寂然不动之本体"。而且他也承认,良知有体有用。然而阳明对于分解地看待体用,却是竭力反对的,故他在提出上述见解之后,立刻又强调这样一个观点:

> "未发之中"即良知也,无前后内外而浑然一体者也。有事无事,可以言动静,而良知无分于有事无事也。寂然感通,可以言动静,而良知无分于寂然感通也。动静者所遇之时,心之本体固无分于动静也。理无动者也,动即为欲。循理则虽酬酢万变而未尝动也,从欲则虽槁心一念而未尝静也。动中有静,静中有动,又何疑乎?有事而感通,固可以言动,然而寂然者未尝有增也,无事而寂然,固可以言静,然而感通者未尝有减也。动而无动,静而无静,又何疑乎?无前后内外而浑然一体,则至诚有息之疑,不待解矣。(《传习录》中,第157条)

此处所言"无前后内外而浑然一体",可以认为是阳明良知学的根本要义。在这里,阳明对此语重复了两遍,显然意在强调:从体用的角度看,虽可分言"寂然"与"感通"、"未发"与"已发"、"有事"与"无事"、"动"与"静"等,凡是一切现象都存在着相对的可能,但是良知本体却正是超越这种相对或相待的一种绝对、一种无待。因此,从良知本体的角度看,一切相对的存在都融入其中而浑然一体,更无差别对待之景象可言;同样,以根源性思维来区别看待"寂然"与"感通"(或者"未发"与"已发"),以为根据发生学的原理,"感通"必根源于"寂然",所以良知本体所具有的"寂然"和"感通"这两种属性,也就决定了两者必然有时间上的先后关系。这种将良知之体用作分解式地理解的观点,在阳明看来,无疑是一场大误会。因为就良知本体而言,即体即用、即无即有、即动即静,乃是其本来如是的本质状态,更无时间或空间意义上的"前后内外"之别。所以说到最后,更无必要以"寂然"和"感通"来分言良知。应当说,对此义若无深切的了解与认同,则不免于阳明良知说尚隔一层。

事实上,由上述一庵之言"灵体",令我联想起良知"归寂派"的聂豹(号双江,1487—1563)和罗念庵的思想主张。而且我有一个猜测,一庵长期在江西做官,很有可能通过与江右王门的接触,受到了聂、罗的思想影响。由于资料的缺乏,笔者无法从外缘的角度(如书信往来等)来证实一庵与聂、罗的关系,但是一庵所使用的"灵体"这一概念,应当就是双江思想的一个核心概念:"虚灵本体"①。笔者曾对聂、罗的思想有过较详的讨论②,这里不宜做深入涉及,仅就这里的议题,略做提示。双江坚持的一个核心观点是:寂然不动是良知之体,"感应是良知的应迹";寂然不动是"虚灵本体",感而遂通则是因体而立的一种效应;所以他的哲学纲领就是两句话:"立体以达用,归寂以通感。"而得出这一结论的思维方式恰恰就是我在上面提到的那种根源性思维,双江是这样立论的:"用生于体,故必立体以达用,归寂以通感,

---

① 这里仅举三处可供参考的资料:《聂双江先生文集》卷十一《答王龙溪》,第 26 页下;同上书,页 53 下;同上书卷十《答戴伯常(即幽居答述)》,第 61 页下。

② 参见拙著:《聂豹·罗洪先评传》。

可也。"①与此基本立场相关,双江又有一个重要的判断:"知是知非者心之用也",而"心体"则是"未发而中""寂然不动",故"不可以知是知非言者也"②。这句话与上述一庵所说的良知"知是知非"只不过是"生化于感通者耳"的意思就相当接近了。当然,笔者无意将一庵思想与双江或念庵的思想合而同之,事实上,聂、罗的义理进路与一庵仍有很大的不同,他们所提倡的"归寂预养""收摄保聚"这套理论,与一庵的思想主旨相距甚远,切不可相提并论。只是有一点,他们有着共同语言,亦即他们都把"知是知非"的"知"字,认作"知觉"层面的含义。而一庵所担心的问题是:如果偏执于良知的"知觉"作用,误以为一切心体作用之层面的经验意识、知觉作用便是心体之本身,此即双江所批评的"以知觉为良知",亦即蕺山后来所批评的"情识而肆"这一心学流弊。可见,至少在这一点上,一庵的问题意识与归寂派有极为相似之处,对此似亦难以否认。

至此,我们再来看一庵以下之言,也就不难理解了:

> 良知虽人人自有,多为见闻情识所混,认识不真。且如古今从事于学者,往往有拘执道理而昧于变易之宜,或因袭故常而安于流俗之套,皆良知混于闻见而误以闻见之知为良知也。又或牵昵恩私,如请祷夫子厚葬颜渊之类,增减礼制,如欲去饩羊门人为臣之类,及一切过于厚,过于爱,矫枉而过直,救偏而过中者,皆良知混于情识,而误以情识之知为良知也。(《一庵遗集》卷一《会语正集》,第58页)

> 学者一得良知透露,时时楚楚,昭朗光耀,诸所动作,皆

---

① 《聂双江先生文集》卷八《答欧阳南野》三,第20页上。
② 引自《欧阳南野先生文集》卷四《寄聂双江》一,第11页上。

在其中。故曰:"盖有不知而作者,我无是也。"苟于此天性良知,不能彻底皎洁,而藉见闻为知识,则不过知之次者耳。圣人原不藉见闻为知识,故其教人也,虽鄙夫有问,皆可叩两端而竭尽无余。(《明儒学案》卷三十二《泰州学案一·一庵语录》,第 737 页。按,这条语未见《一庵遗集》)

这两段话的主旨相近,都是批评以见闻情识为良知这一心学弊端。将这里所述与上面介绍的第一段话合而观之,我们就不难发现,一庵竭力反对将"知是知非"认作"良知"本体的思想缘由了。

问题是,知是知非固然是良知之用,然此"知"乃是道德之知、德性之知,绝非是见闻知识或知觉情识①,因此"以情识之知为良知"与"以知是知非为良知"(严格地说,当是"以知是知非之知为良知"),原本就是两回事,属于不同层次的问题。一方面,良知若无知是知非之作用与能力,便无所谓良知;另一方面,良知作为是非之心,作为心之本体,又恰恰是知是知非之作用与能力的本体论依据。在此意义上可以说,良知之体即良知之用,体用一源、相即不离。反之,如果以根源性思维来思考,以"用生于本""感生于寂"为基本立场,以为在"用"之上或之外,另有一根源性的本质存在,即"未发之中"或"寂然不动"之本体,然后要求人们向虚灵本体回归,以"灵体"为立足点,就能保证生发作用、情感知觉无不中节合理。这种观点就未免将体用视作发生学关系,体与用便有时间上的断裂。这种观点与阳明良知学的根本要义殊难契合。不容否认,一庵在良知问题上,他的观点是相当

---

① 在晚明的心学话语中,知觉和情识又可连用并举,借以批评那种将作用心、经验心冒认为心体或知体之本身的思想观点。例如王塘南,参见《友庆堂合稿》卷二《答唐凝庵·壬寅》。

保守的,同时还可看出他欲对阳明的良知学说提出某些修正。例如我们在下面将要看到,他甚至有一种非常大胆的想法,欲将"致良知"的"致"字去掉,或者干脆将"良"字去掉而变成"致知"亦可。

## 第三节　良知之上"不必加致"

由上所述,可以看出一庵的良知观有一个基本立场:良知是人心的寂然不动之"灵体",因此紧紧护住"灵体"而不失即可,至于那种"以知是知非为良知"的观点则是非常危险的。与此立场一致,他认为良知之上"不必加致",只要讲"致知"即可,而不必说"致良知",这在阳明后学和泰州后学中,可谓是石破天惊之语。他这样阐述道:

> 明翁（按,指阳明）是于孟子不虑而知处,提出"良知"二字,指示人心自然灵体,与《大学》"致知"不同。《大学》教人当止于至善,则其本末始终、一先一后之辨,宜必有体认工夫,方能知到极处,非以良知有所不足,而以是帮补之也。特人气禀习染有偏重,见闻情识有偏长,故必有格物之学,体认而默识之,然后良知本体洁净完全,真知家国天下之本,实系自修其身而主宰确定,则诚意工夫方始逼真。盖立本之知,既已昭明而不惑,则反身之念亦自真实而不欺矣。故曰欲诚其意者,先致其知,致知在格物。若明翁所指之良知,乃是大人不失赤子之知,明德浑全之体,无容加致者也。盖物格而知至,方是识得原本性灵无贰无杂,方可谓之良知。若复云致,岂于良知上有增益乎? 故谓致知则可,谓致良知则不可。（《一庵遗集》卷一《会语正集》,第52页）
>
> 明翁初讲致良知,曰:"致者至也,如云丧致乎哀之致。"

其解物格知至,曰:"物格,则良知之所知者,无有亏缺障蔽,而得以极其至矣。"观此则所谓致良知者,谓致极吾心之知,俾不欠其本初纯粹之体,非于良知上复加致也。后因学者中往往不识致字之义,谓是依着良知,推致于事,误分良知为知,致知为行,而失知行合一之旨。故后只说良知,更不复言致字。今明翁去久,一时亲承面命诸大名贤,皆相继逝,海内论学者,靡所稽凭,故有虚空冒认良知,以易简超脱,直指知觉凡情为性,混入告子、释氏而不自知,则不言致字误之也。二者之间,善学者须识取。(《明儒学案》卷三十二《泰州学案一·王一庵语录》,第735—736页。按,此条《会语续集》所录不全)

先来看第一段。这里的阐述有几层转折,归纳起来,他有三步推论:一、阳明所说的良知是"人心自然灵体",是"明德浑全之体";二、在"物格而知止"的意义上,方可识得自然灵体"无贰无杂","方可谓之良知";三、因此结论是:在良知之上不可"复加致字"。

在第二段当中,一庵强调了三点:一、阳明所谓的"致良知",是指"致极吾心之知",复其"本初纯粹之体",而不是说在良知之上"复加致也";二、然而后人却往往将"致字之义"误解为"依着良知,推致于事",这就导致将良知认作"知",将致良知认作"行",为纠正这类割裂知行的误解,所以阳明后来"只说良知,更不复言致字";三、当今之世,阳明第一代弟子们纷纷谢世,论学者无所依凭,故而开始出现了"虚空冒认良知""直指知觉凡情为性"等流弊,这则是"不言致字误之也",这里的"致"当是指"致知"之"致"。

要之,合起来看,由于良知是"自然灵体""浑全之体""纯粹之体",又由于阳明所谓的"致"字,是"知至"之"至",是"极其至"之意,因此,在良知之上更不必言"致";如果误将"致"之义理解为"依着良知,推致于事",则是将良知与致字分为两截,导致知行割裂,这是非常危险的。以上,便是上述两段话的基本思路。

一庵还说道:

> 良知无时而昧,不必加致,即明德无时而昏,不必加明也。《大学》所谓"在明明德",只是要人明识此体,非括去其昏,如后人磨镜之喻。夫镜,物也;心,神也。物滞于有迹,神妙于无方,何可伦比?故学者之于良知,亦只要认识此体端的便了,不消更著"致"字。先师云:"明翁初讲致良知,后来只说良知,传之者自不察耳。"(《一庵遗集》卷一《会语正集》,第52页。按,所引心斋语,出处不详)

至此,我们大体上明确了一庵主张良知不必言"致"的内在思路。因为良知是"无时不昧"的,意谓良知是圆满自足的(这里开始涉及良知现成的问题,详见后述),所以只要"明识此体"便可,不消以"致"字冠之于上。此外,还有一个外缘性的考察,认为从阳明思想的历史发展之过程来看,最初讲"致良知",晚年"只说良知",这与上面引文中"(阳明)更不复言致字"的说法一致,而且他还指认这是心斋的一个观察,后人传阳明之学者却未能对此加以细细体察。

然而我们却不得不说,他的这一历史观察没有任何依据,所谓"先师云",现在也查无实据,心斋遗集中并未见任何类似的说法,这并非是问题的关键。关键是他的观察是否有阳明自己的说法可以作为内证,然而结论却是否定的。因为若对阳明的思想宗旨及其发展过程略有了解,大概都会想起阳明自己所说的一句非常著名的话:"吾平生讲学,只是'致良知'三字。"①这句话是阳明于嘉靖六年(1527)起征思、田的途中,在家书中所披露的一个说法,可谓是阳明在晚年对自己一生学术思想的自我定位,同时在某种意义上也可视作是传世遗训。阳明晚年从未说过只须讲良知而无须讲致良知。相反,阳明却抱有这样一种忧虑,他认为自从"良知"学说复明于天下之后,同道中人都能口言良知,无不信从,然而却不作"实有诸己"的"致"字工夫,未免有一种把良知当作"光景"玩弄之迹象,结果便不免"孤负此知耳"。②因此对阳明来说,不是只讲良知即可,而是只要讲致良知即可,相反,只讲良知乃是万万不可的。

　　既然一庵的历史观察没有内证,那么我们就只能说,这是他自己的一种哲学诠释,是他自己对阳明良知学的一种理解和阐述而已。至于这种诠释和阐述是否成立,主要应当看其内在理路是否可以成立。然而事实是,古人往往容易把思想分析与历史观察混合不分、搅在一起,一庵亦复如是。就一庵上述的良知之上不容"复加致字"的义理进路而言,他一方面说"致"字之义是"致极吾心之知"的"极"字义、"知至"的"至"字义,然而另一方面又说只要"明识此体"、只要"认识此体端的"便可,那么就会产生两个问题:所谓"致极吾心之知"可否理解为推广扩充吾心固有之良知? 所谓"明识""认识"又究为何指? 对于前面一个问题,一庵可能做出的回答是否定的,因为"致"字没有积极的动作义,而是指已臻及"至"的静止义,或者说它意味着自足圆满、"无有亏缺障蔽",已经达到了"物格知至"的境地了,由此作为动作

---

① 《王阳明全集》卷二十六《寄正宪男首墨二卷》,第990页。
② 引自钱绪山:《刻文录叙说》,《王阳明全集》卷四十一,第1575页。

义的"致"字便失去了实质性的意义,进而也就无法认可将"致"字理解为"依着良知,推致于事"的见解。如果说这一思路可以成立的话(依阳明良知之教,则无法成立),那么对于第二个问题,我们却不知一庵所说的"明识""认识"的真实用意何在,或许还应当结合一庵的其他阐述来进行具体分析,可惜一庵在这方面为我们留下的文献记录实在是非常短缺的。就上述一庵所说的"明识此体,非括去其昏,如后人磨镜之喻"这一表述来看,"明识"相当于直接悟入、即本体是工夫、在本体上用功等含义。若此,则阳明良知学中固有此一路,应当承认此说自有成立之依据。然而当他不承认"致"字含有"推致于事"的意义,则对阳明的致良知学说是一重大误解,因为按照阳明之说,"随时就事上致其良知"便是致良知的根本要义,换言之,致良知就是指推广扩充吾心之良知于事事物物上。

那么对于一庵来说,他果真是要与阳明的良知学说划清界线吗? 其实并不尽然。以下我们将从另一面来考察一庵在"见在良知"等问题上的观点,以便进一步全面了解一庵的良知观。

## 第四节　良知本体、人人具足

一庵指出:

> 心性良知,自完自足,不须闻见帮补,不假知能衬贴,而天下之道无不统会于中,故曰一以贯之。(《一庵遗集》卷一《会语正集》,第70—71页)

> 良知自辨,良知自真。凡涉于迹者,皆非真也。(同上书,第66页)

> 学求易简,古今名言,世多不识易简宗源,只作草率疏略看。夫乾确然健动故易,坤隤然顺静故简。吾人日用间,

只据见在良知,爽快应答,不作滞泥,不生迟疑,方是健动而谓之易。中间又只因物付物,不加一点安排意见,不费一毫劳攘工夫,方是顺静而谓之简。如此却与天地相似,易简而天地之理得矣。今以易简为名,而只要草率便宜行事,何谬如之!先师一诗云:"莫因简易成疏略。"盖为斯人发也。(《一庵遗集》卷二《会语续集》,第85—86页)

看到上面这些话,我们会有似曾相识之感。良知"自完自足""自辨自真"、良知"见在",故而在良知本体上不能加以"一点意见安排",也不必有"一毫劳攘工夫",所有这些观点在心斋、东厓那里都能很容易找到,无非就是"良知见成"或"良知见在"的观点表述而已。特别是上述一庵所云"吾人日用间,只据见在良知,爽快应答,不作滞泥,不生迟疑",应当就是良知现成理论的一个典型表述。

结合上述一庵所说,可以获得一个了解,一庵之所以反对"以知是知非为良知",原因之一在于在他看来,"知是知非"已经落入了"知能衬贴""涉于迹者"的窠臼之中了;同样,所以说"良知无时而昧,不必加致",其因在于良知能够"自辨自真"。看来,一庵以上的两个观点,自有其"见在良知"说作为其观念支持。就此而言,一庵在良知问题上对阳明以及心斋有一基本的认同,而且还应当说,他的理解有一定的深度,这与归寂派的聂、罗两人始终不能认同良知现成观念有着很大不同。但他的问题在于,当他将目光转向致良知工夫论的层面时,却有着一些颇为奇特的观点表述,未免走向了另一极端。

既然良知是见在的、现成的,必然在日常生活、意识活动中"如其所是"的当下呈现,容不得后天的人为意识、闻见知能掺杂其间,所以我们更不能冒以闻见知识或知觉情识认作良知本体。

那么,我们面对"见在良知"又能做些什么呢? 或许应当这样问:"见在良知"如何能保证我们的日常行为及意识活动必然中节合理? 一庵提出了一个答案:"信得及""悟得入"。意思是说,不是应当怎么做才能把握良知,更不能对良知本体有任何怀疑,首要的问题是,必须确立信心,于本体上直接悟入。一庵这样说道:

> 良知本体,人人具足,不论资质高下,亦不论知识浅深,信得及,悟得入,则亦明得尽矣。有不能者,百倍其功,终有明尽时节。到得明尽,便亦都无查滓,所谓明则诚也。学者但当尽力,此明不必更求其次。只缘当时说个其次,惟庄敬以持养之,遂使无限英雄尽择取其所谓次者,而终身用力,孰敢自任资美,而从事于明尽浑化之功者乎? 故《中庸》论困知勉行,只说人一己百,人十己千而已。工夫初无二项,以是知资美者,合下便明得尽,其次则须师友讲求,潜心体悟,岁月磨砻,便亦可以明得尽矣。所谓明尽,只是认得良知的确无遮蔽处耳。(《一庵遗集》卷一《会语正集》,第62页)

首先,一庵肯定了良知存在是"人人具足"的,与资质高下、知识深浅无关,继而一庵强调对于这样的良知本体,必须"信得及、悟得入"。这里涉及心学中的"信"和"悟"的问题。这一问题在明代心学史上非常突出,陈白沙就有"人争一个觉"①的著名口号,到了阳明那里,更是十分关注"信得及"的问题,例如他曾这样说:"学者信得良知过,不为气所乱,便常做个羲皇已上人。"②其中"信得"是一关键词,而他在《大学古本序》中提出的"致知存乎

---

① 《陈献章集》,第243页。
② 《传习录》下,第311条。

心悟"①一说,更是在阳明后学中广泛流传、影响至深②。所以在阳明后学尤其是良知现成派一系中,对"信"和"悟"的问题亦有深切的关注,甚至有一些神秘经验的学者也很重视"悟"的问题(譬如罗念庵),刘蕺山则以"尊悟"来归纳二王(心斋和龙溪)学术之特征。③心斋及东厓虽很少提及"悟",但是到了泰州后学罗近溪那里,更是以"自信从""自觉悟"作为思想口号,成为其思想的一个重要标志。一庵提出"信得及""悟得入",自然与心学内部的义理问题密切相关。在他看来,良知之在人心,是一个不容分辩的存在事实,是见在如此、本来如是的当下存在,对此我们不能以言说知识去拟议商量、劳攘安排,唯有从内心出发,彻底信从觉悟,对于良知之在吾心这一存在事实,更不容怀疑。如果能充分相信这一点,悟出了这层道理,那么心中良知便自能"明得尽","到得明尽,便亦都无查滓",意谓人心更无杂质混淆,良知本体便恢复了"昭朗光耀"④"皎然莹彻"⑤的本来面貌。上面提到的"只是要人明识此体",抑或就是这里的"明尽"之意。所以一庵说"明识""非括去其昏,如后人磨镜之喻",意同这里所说的"信得及""悟得入"。值得注意的是,在嘉靖六年(1527)发生的心学史上著名的"天泉证道"之际,阳明曾使用过"明尽"一词

---

① 原文为:"乃若致知,则存乎心悟,致知焉尽矣。"(《王阳明全集》卷七《大学古本序·戊寅》,第 243 页)

② 这里仅举一例,王塘南曾这样评论阳明思想:"阳明先生见处极高。……及至晚年,始发致良知一语,又于《大学故本序》中特示以'存乎心悟',此则尽泄底蕴,以俟后学者也。"(《友庆堂合稿》卷四《三益轩会语》,第 256 页)

③ 参见《明儒学案》卷首《师说》。

④ 《明儒学案》卷三十二《泰州学案一·王一庵语录》,第 737 页。

⑤ 《一庵遗集》卷一《会语正集》,第 70 页。

来回应龙溪、绪山有关从本体上悟入与在意念上实修的关系问题,当时阳明表明了一个基本观点:"人心本体原是明莹无滞的",因此上根之人可以直接"从本源上悟入""一悟本体,即是功夫";中下根人则未免有习气在,本体受蔽,故须"在意念上实落为善去恶",等到工夫熟后,"渣滓去得尽时,本体亦明尽了"。①由此可知,"明尽"是对着"人心本体原是明莹无滞"而言,换言之,"明尽"是人心本体之原有状态的恢复。一庵所云"明尽"应当也是在这层意义上使用的。

　　不过,一庵也注意到了另一问题,即与"悟"相对而言的"修"的问题(尽管他没有提到"修"字),他承认也"有不能"悟者,可以通过"百倍其功",最终也能到达"明尽时节",即所谓及其成功一也。可见,在一庵的观念中,虽然良知存在这一事实是不分资质高下的,但是现实状态中的具体的人,则有资质上下之分,"资美者"即相当于上根之人,可以直接悟入,"合下便明得尽","其次者"即相当于中下根之人,"则须师友讲求,潜心体悟",亦可实现"明尽"。须注意的是,即便是"百倍其功"、倚靠"师友讲求",也仍然须要"体悟",才能最终实现"明尽"。套用当时的一个术语,这就叫作"修中有悟"②。最后,一庵对于何谓"明尽"有一界定,"只是认得良知的确无遮蔽处耳"。此即上面提及的"认识此体端的"之意。可见,"明识此体"也好"认识此体"也好,其实都与"信得及""悟得入"的体悟有关,而与认知无关。

　　关于"悟",一庵还有具体的申说:

　　　　一友见同志中有述其所自悟者,而歉夫己之独不能也。

①　《传习录》下,第 315 条。
②　关于这一问题,阳明再传弟子王时槐有较为深入的分析,参见拙著:
　　《聂豹·罗洪先评传》附论《王时槐论》四"悟由修得",第 282—289 页。

> 告曰:信心自得者有悟,虚心信人者无悟。有悟者知识明,
> 然亦易差而患于自是,当勉以沉潜之功;无悟者践履实,然
> 亦易倦而患于自馁,当奋以刚果之志,各求得力而已,何必
> 同? 吾人今日切实用功,只一反身正己便了,更有何说? 信
> 者信此,悟者悟此,终身行之,一以贯之,更不出此。(《一庵
> 遗集》卷一《会语正集》,第 66 页)

这里讲到了"有悟者"和"无悟者"各自的长处及短处,强调指出
"有悟者"亦须"勉以沉潜之功","无悟者"则须"奋以刚果之
志",归根结底,只要"切实用功,只一反身正己便了",而所谓
"信"、所谓"悟",实亦不离此义。可见,一庵所说的"信"和
"悟",并不是指脱离实际、与生活无关的悬空冥想。所以他对于
当时学术界出现的只讲本体而忽略工夫的思想现象其实是十分
警觉的,他曾指出:

> 良知善应处便是本体。孔门论学,多就用处言之,故皆
> 中正平实。后儒病求之者,逐事支离,不得其要,从而指示
> 本体,立论始微,而高虚玄远之蔽所自起矣。(《一庵遗集》
> 卷一《会语正集》,第 61 页)

其实,一庵直接谈论"本体"问题的文献记录相当少,这里所阐发
的观点具有一定的代表性。开首一句"良知善应处便是本体",
应当是一庵有关本体问题的一个基本立场,末尾一句,则反映出
一庵对于"指示本体"所可能带来的"高虚玄远之蔽"十分敏感。
整段话语的旨趣在于:既反对宋儒以来的"逐事支离"的繁琐哲
学,也不赞成心学以来的"指示本体"的抽象哲学。

须指出的是,这一态度之表明很值得注意。因为历来以为
凡是讲"良知见成"或"见在良知"之学者,大多喜言本体而将工

夫置于本体之下,甚至提出了"识得本体便是工夫"①之类的主张,其中可以王龙溪为代表。龙溪弟子张元忭(号阳和,1538—1588)则针对于此,提出了一个著名的观点:"本体本无可说,凡可说者皆工夫也。"②一庵所说的"良知善应处便是本体",可谓与阳和之说有异曲同工之妙。所以,如果从心学发展的思想背景来看,一庵的这一命题或许有着十分重大的意义,因为从中透露出心斋学乃至心学的义理发展已开始出现某种转向的迹象。到了明末,未曾读过一庵著作的刘蕺山亦说出了几乎是旨趣相同的命题:"工夫处即是本体流露处。"③两者之间出现的偶然一致,自有心学内部的义理开展作为依据,所谓其中必有"至理所在",是矣。由此亦可说,"良知善应处便是本体"这一命题在心学史上自有一定的理论意义和历史意义。

总之,由良知本体,人人具足,良知见在,不容安排,得出了为学工夫必须"信得及""悟得入"的结论,但这并不意味着固守本体而取消工夫。因为在一庵那里,所谓"信"和"悟",只是意味着对拟议安排、意见商量等未免于良知本体缺乏信心之态度的一种拒斥,与此同时,他也强调必须在良知感应处着实用功,而反对那种只谈本体的"高虚玄远之弊"。在这个意义上可以说,

---

① 参见张元忭:《不二斋文选》卷三《寄查毅斋》。张元忭对此观点有所批评,大力主张"悟修并进,知礼兼持"(参见同上书卷三《寄罗近溪》)之说。

② 《不二斋文选》卷三《寄罗近溪》。按,阳和此说乃是针对近溪弟子复所而言,宗羲以为是针对龙溪而发,盖误(参见《明儒学案》卷十五《浙中王门五·张元忭传》)。另按,宗羲在《明儒学案原序》中曾提出过这样的命题:"心无本体,工夫所至,即其本体。"引起今人关注,谓其与当代西哲潮流中的"消解本体"之说暗合,不免过于想象。

③ 《刘子全书》卷十九《答履思·二·辛未十一月》,第7页下。

其思想特质与心斋、龙溪之"尊悟"并不完全一致。其次,我们也应该看到,他在良知本体的见在性、当下性等问题上,表明了积极肯定的态度,显示出其思想对阳明良知之教有着一定程度的认同,故其思想在总体上并没有逸出良知心学的义理格局。但是同时也须承认,一庵的良知观自有其独特之处,也有不尽合乎阳明学之义理的观点,譬如他的良知之上"不必加致""不必加察"①的观点,便未免偏激,而将"知是知非"之"知"认作良知发用流行之后的知觉现象,否定此"知"即良知,认定"寂然不动"才是良知之本体,则未免偏离了阳明良知学的本意。至于一庵思想在历史上如何定位,则留待"小结"再做探讨。

## 第五节　从格物认取良知

现在我们要探讨的问题是,一庵对心斋的淮南格物说是如何看待的,同时他自己在格物问题上又有何见解。

一庵从心斋那里"受格物之旨""得家学之传",这是《年谱纪略》中既已披露的一个说法,说明一庵子弟或门人在评价一庵思想时,就已经得出了一个结论,一庵是心斋学术思想的忠实继承者,而这里所谓的"家学",显然是特指泰州心斋王氏之学。《年谱》嘉靖十九条下,这样记载道:"越中提出良知要旨,教人体认;淮南指出格物把柄,教人下手。先生合而□之。"②其中虽有一字无法辨认,但不妨读作"合而一之"。意思是说,一庵将阳明良

---

① 例如"问:欲致良知,必须精察此心本无色货名利之私夹杂,方是源头洁净?曰:此是以良知为未足,而以察私补之也。良知自洁净无私,不必加察,但要认得良知真耳。不认良知而务察其私,其究能使色货名利之私一切禁遏而不得肆,安望廓清之有日哉!"(《一庵遗集》卷一《会语正集》,第57页)

② 《一庵遗集》卷首《年谱纪略》,第50页。

知、心斋格物做了统合归一的工作。令人注意的是,嘉靖十九年(1540)是心斋逝世的那一年,《年谱》的记述者于是年条下做这样的记录,其用意是非常明显的:自此以往,越中、淮南之旨将有赖于一庵来继承发扬。

其实,在十三年之前的嘉靖六年条下(按,一庵拜师心斋之次年),《年谱》有这样一个记录:说一庵于是年"受格物之学","有所得,出而语人曰:'格物乃为学把柄,良知人人自有自足,但为见闻情识所混,识认不真,故有格物之学。以身度人,推心絜矩,彼此皆安,内外无失,方是良知洁净而不为见闻情识所混。故曰:致知在格物。物格而后知至也。'于是阐发家学益明。"①这段记录很重要,其中所述一庵之语,可以视作一庵在格物问题上的一个基本见解。须指出的是,《年谱》的系年显然有误,如上所述,心斋最终发明"淮南格物"是在1537年,而一庵自己亦曾回忆:"某初闻先师格物之说,苦为旧说牵缠,再三致疑,思辨体贴数十年,方始焕然冰释。"②由此可知,嘉靖六年一庵对格物问题已有根本了断,实不可能。他对淮南格物说的最终认同,也应当是相当晚的事,至少应在16世纪40年代以后。

上述《年谱》嘉靖六年条所载一庵语,其实就是上面已有介绍的"良知虽人人自有,多为见闻情识所混"那条语录的后半部分,特别应注意的是《会语正集》的这一表述:"皆良知混于情识,而误以情识之知为良知也,故必有格物之学。"③由此可以推知,一庵对格物问题的最终了悟,盖与其良知观的形成时期大致相当。换言之,为了纠正世上所存在的以情识为良知这一严重弊

① 《一庵遗集》卷首《年谱纪略》,第50页。
② 《一庵遗集》卷二《会语续集》,第95页。
③ 《一庵遗集》卷一《会语正集》,第58页。

端,故有必要讲"格物之学"。而一庵所认为的"格物之学"的主要内涵就是后面的十六字:"以身度人,推心絜矩,彼此皆安,内外无失。"《会语正集》中的记述则较为复杂:"以良知为靠心絜矩,务使内不失己,外不失人,彼此皆安,而本末不乱。"①相比之下,《年谱》所录非常工整,显然有后人加工修饰的痕迹,多了"以身度人"一句,但少了"以良知为靠心絜矩""本末不乱"这两句,亦应引起注意。合起来看,在这当中出现了四个关键词:身、良知、絜矩、本末。尤其是对心斋格物说而言,这四个关键词非常重要。由此可见,一庵对淮南格物说的关节点有很好的把握。现在,我们就从一庵对心斋格物说的评议说起。先来看两段资料:

> 先师之学,主于格物,故其言曰:"格物是止至善工夫。格字不单训正,格如格式,有比则推度之义,物之所取正者也。""物即物有本末之物,谓吾身与天下国家之人。"格物云者,以身为格而格度天下国家之人,则所以处之之道,反诸吾身而自足矣。(《一庵遗集》卷一《会语正集》,第53页)

> 格物之说,明翁云:"格者正也,正其不正以归于正也。"此是格之成功。先师却云:"格如格式,有比推度之义,物之所取正者也。"则自学者用功之,其究亦同归于正而止矣。但谓之格式,则于格字文义亲切,可以下手用功。明翁所谓正其不正,已自含此意,在学者体贴有得,当自晓然矣。(同上书卷二《会语续集》,第78—79页)

第一段"故其言曰"以下,当是摘取心斋语而成,均为心斋格物说

---

① 《一庵遗集》卷一《会语正集》,第58页。按,后面一句即:"方是良知洁净而不为见闻情识之所混也。"

的观点,唯"格物云者"一句,似是一庵对心斋格物说的一个归纳总结。其中突出强调了两个问题:一是"格"字的训诂问题,一是"物有本末"的问题。一庵复述了心斋的观点,训"格"为"格式"之义,亦即"比则推度之义",是物所取正的准则之义;至于"物",则亦如心斋所言,取《大学》"物有本末"一说,物为身、家、国、天下之人的总称,若以心斋之说言之,则其中又以身为物之本,以家国天下为物之末。最后,一庵以自己对心斋的理解,对"格物"下了一个定义:"格物云者,以身为格而格度天下国家之人,则所以处之之道,反诸吾身而自足矣。"基本上,这一界定符合心斋格物说的要义,特别是"以身为格"和"反诸吾身"两句,无疑是心斋格物说的精髓之所在。这一点,上面第二章的"格物安身"一节已有详细讨论,此不赘述。所不同者,一庵在这里对于"安身"说只字不提,他在另一处说到"只自安正其身,便是格其物之本"①,其中"安正其身",意即"安身",但说法较为含糊,详见后述。

第二段文字则将阳明和心斋做了比较,一庵认为从原则原理上说,阳明训"格"为"正"并没有错,但比较而言,心斋训"格"为"格式",显得更为亲切,容易下手。原因在于"正"字含有"成功"义,非指下手处。语气中,显然更为倾向于心斋的格物解释。由此可见,一庵之于心斋的格物之旨是非常看重的。由下述一语,亦可明此:

> 问:"格物如心翁之说,果若于穷至物理有间矣。然今天下又有以感化民物言者,又②格神之格;又有以格去物欲

---

① 《一庵遗集》卷二《会语续集》,第79页。
② 按,承下文,此"又"字疑当作"如"字。

言者,如废格之格,二说何如?"曰:"宋儒自朱子前,已尝有
此二说,皆关系学术不全,故皆为晦翁所弃。今先师云:'格
即絜矩之义,物乃物有本末之物。'絜度于心,孰本孰末,机
要得矣。于是一心修己立本,更不尤人责人,此于圣经中自
有明文可据。且已上三说,无不包括在内。盖既修己立本,
自人无不感化,自无物欲相干,亦自于事物之理,罔不明尽。
此所以为学术之全功,不易之定说也。"(《一庵遗集》卷二
《会语续集》,第 80 页)

在这里,一庵对历史上各种"格"字训义都表示了不满,他以为心
斋的格物解释最为精当,其中主要就是两条:"格即絜矩之义"
"物乃物有本末之物"。由此推出,心斋格物说的精神则在于"修
己立本"(亦即"修身立本")一句,若能据此加以切实推行,则自
然于"事物之理,罔不明尽"。最后将心斋的格物说定格为:"学
术之全功,不易之定说。"

而且,在一庵看来,心斋的格物说有补于阳明的良知说,是
阳明的功臣。他说道:

……天生我阳明夫子,一朝默悟此一知字不从闻见外
来,乃是天德良知,性所自有。所谓致知,致此而已。此一
知字既明,更不消复讨闻见知识,而格物之非穷理,不待辨
矣。然奈何不善学者,又或只以寻常任气作用误认良知,往
往知以良知责人,而不知自己之知已先亏缺。故我先师为
人挑出古人格物真旨,说《大学》篇中"自天子至于庶人"以
下,乃是申解格物要语。可见"物有本末",身为本,天下国
家为末,"其本乱而末治者否矣"。格度于此,而"知所先
后",则吾良知之所知者,方是"止于至善",故曰"物格而后
知至"。舍格物而言致知,非天分极高、原无气质之累者,鲜

不谬也。然则发明翁之蕴,教万世无穷,我先师之功不大矣哉!(《一庵遗集》卷二《会语续集》,第 80 页)

这里采用了历史叙述的方式,但其中却有着一庵自己的义理判断。从历史的角度看,心斋提出格物说的用意是否在于解决阳明良知学的义理问题,这是很可怀疑的。按照一庵在这里的说法,阳明以后,他的良知学说被后人严重误解了,也就是我们在上面所看到的:"以知是知非为良知""以闻见知识为良知"之类的后遗症,这里则表述为"以寻常任气作用误认良知"。暂且不论一庵的这一判断是否合乎阳明学的历史实情,他接着说,心斋于是"为人挑出古人格物真旨",语气是说,心斋的格物说是针对着上述良知学的后遗症而来的,所以结语就是:心斋"发明翁之蕴,教万世无穷","我先师之功不大矣哉!"无疑地,与其说这是历史判断,还不如说这是哲学判断。因为,从心斋发明淮南格物说的前因后果来看,我们找不到任何线索可以证明一庵的上述论述有何历史真实性。但是我们又不必怀疑一庵自己的内心的确是这么想的,这是因为一庵有着自己的义理判断,他内心主要想着两个问题:一、良知学的确产生了严重的弊端,如"以情识为良知";二、淮南格物所强调的"修身立本"乃是救治这一病症的最好良药。上面提到一庵自述曾苦苦思索数十年,于心斋格物说"方始焕然冰释",大概与此问题的最终解决有关,这个问题可以这样化约:心斋的格物与阳明的良知如何打通贯穿。这一问题应当是长期积蓄在一庵内心的一个难解的思想疑问。

另外须指出的是,透过上述一庵的历史和思想的双重判断,我们可以感受到一庵对于"舍格物而言致知"非常忧心忡忡,他虽然也承认"天分极高之人"可以做到这一点,但是这种舍格物而直接从致知入手的方法毕竟不具有普遍的意义,因为普通大众毕竟都是天分低的人,如果这些人都不分青红皂白,竞相效仿,岂不大谬! 所以,就有心斋出来,以格物拯救良知。也正由此,所以说心斋大有功于阳明,也大有功于天下万世。从中可以看出,一庵对于心斋的格物说实在是推崇备至,到了无以复加的地步了。

问题是,格物能够拯救良知吗? 具体地说,"修身立本"的淮南格物说能否成为医治"舍格物而言致知""以情识为良知"之类的思想弊病? 这显然是存在于一庵心中的一个非常重要的问题意识。有人就曾向一庵提出了一个问题,这个问题的实质其实就是上述我们所设定的问题,亦即格物与良知的关系究竟如何的问题。这一问题的由来以及一庵对这一问题的回答是这样的:

> 或疑心翁以格物为反身之学,用于应事接物时甚好,但若平居未与物接,只好说个良知,更有何物可格? 曰:格物原是致知工夫,作两件拆开不得。故明翁曰:"致知实在于格物,格物乃所以致知。"可谓明矣。且先师说物有本末,言吾身是本,天下国家为末,可见平居未与物接,只自安正其身,便是格其物之本;格其物之本,便即是未应时之良知。至于事至物来,推吾身之矩,而顺事恕施,便是格其物之末;格其物之末,便即是既应时之良知。致知在格物,可分拆乎? 况先师原初主张格物宗旨,只是要人知得吾身是本,专务修身立本,而不责人之意,非欲其零零碎碎于事物上作商量也,夫何疑哉!(《一庵遗集》卷二《会语续集》,第79页)

应当说,这一问题也许是一庵自己提问的,是一庵自问自答。问题的设定首先假设了两种情况:"应事接物"时与"未与物接"时;接着问题是:前者固然可以做格物工夫,后者便无格物工夫可做,而只有讲求如何保持良知一念之不失。这是说,格物工夫与良知工夫是可以分开的,应当在不同时段做相应的工夫。显然这一问题提得并不确切,下面一庵的一句话:"格物原是致知工夫,作两件拆开不得",便可将这一问题完全消解。因为按照良知学的常识来看,格物工夫何尝离得开良知? 若无良知作为主脑,格物工夫岂不成了遗内逐外、即物穷理——程朱理学的那套学问了吗? 因此,依照阳明良知学的理论,格物与致知相即不离,两者之间原不存在矛盾。但是,如果改换一下提问方式,或许就可看出一庵的问题设定的真实用意。他内心其实是想问:格物作为修身为本的工夫固然离不开"应事接物",而良知作为人心本有之本体,人人具足、当下见在,原是明莹无滞、无时而昧的,所以既与"应事接物"无关,也与格物工夫没有必然的直接关联,那么格物与良知的关系果真如此吗? 应当注意,这是一庵的问题,而不是阳明良知学的问题。

与此问题相关,一庵另有一场对话设计,做了十分精彩的回答:

> 有辨于予者曰:"既是良知自明,何俟学术透露?"曰:"夫人性体虽一,而气质不同,故夫高明善学之士但一收摄精神、内观本体,则其天性虚灵精粹皎洁,而良知真窍自与圣贤同明。由此涵养充拓,知性知天,更有何事? 此明翁专以良知教人之本旨也。若中人以下,一时未能洞识真体,则其方寸之中,恍惚疑似,虽有知觉,而气质习染、见闻情识,皆能混之,故必有格物工夫体认默识,方是知至,方是真正良知。此则《大学》详为学者立法,而先师复主格物之本旨也。予每说'学必使从格物认取良知',以此。"(《一庵遗集》卷二《会语续集》,第79页)

问题的设定是：既然"良知自明"，那么与其他学术又有何关系？也就是说：良知是由不得任何其他学术（包括格物工夫）来干预的。一庵承认"高明善学之士"可以做到这一点，他们可以根据良知"涵养充拓"，直至达到"知性知天，更有何事"的境地，而且这也正是阳明良知之教的"本旨"。但是，"中人以下"怎么办？如果他们也蜂拥而起、群起仿效，在未能"洞识真体"的情况下，便将自己的一切坏毛病——比如：见闻情识、气质习染，与良知混而同之，其结果实在不可想象。所以，"必有格物工夫"来加以纠正，这就是先师心斋提出格物说的根本旨意之所在。

说到这里，令我们有一种历史的错置感，我们仿佛回到了嘉靖六年"天泉证道"这场明代心学史上著名的对话，主角由阳明变成了一庵，在他之下，龙溪变成了阳明，绪山变成了心斋，然后，一庵在法庭上对阳明和心斋进行缺席审判，他判定阳明良知之教只使用于"高明之士"（犹如阳明判定龙溪"四无说"只适合于"上根之人"），心斋格物之说则适用于中人以下的普通大众（犹如阳明判定绪山之说只适合于"中根以下之人"①），因此，相比之下，心斋格物说比阳明良知学更具普世意义。最后的裁决是：从今往后，普天之下的学者必须按照我所说的去做："从格物认取良知！"

至此，一庵的用意昭然若揭了。其用意便是：心斋格物说完全可以拯救阳明良知学之弊，甚至可以用格物来替代良知。应当看到，一庵的这场审判，有他自己的法律依据及其程序，他所介绍的阳明和心斋的事实陈述，其实已经有了重大的扭曲。主

① 关于"天泉证道"，可以参看《传习录》下，第315条；《龙溪王先生全集》卷一《天泉证道纪》。

要有二点:一、心斋提出格物安身并不是冲着阳明良知之教而来;二、阳明并没有只说良知而不讲致良知,而且阳明自信他的致良知工夫是"彻上彻下工夫",具有普遍意义。然而对于一庵来说,阳明和心斋的所谓"事实陈述"并不重要,重要的是,经过他对阳明学和心斋学的一番"创造性诠释",这一诠释结论便成了历史的真实,无可怀疑。当然,在我们看来,这一判定是否有效,亦即是否合乎心斋及阳明的格物说、良知学的思想实情,则是不无疑问的。只是在一庵看来,这类疑问完全属于另一层面的问题,他自有一套"法律",亦即他有自己的义理判断。对此吾人却也不能横加指责,因为思想家有权利对思想历史做出自己的判断和解释。我们可以把一庵对阳明和心斋的审判看作是思想史上的一个案例,从中可以发现,一庵有他自己的问题意识以及思想立场。而他的问题意识和思想立场正是通过对阳明和心斋的重新审视,从而得以形成和确立的。重要的是我们必须看到,由他的问题意识引出的对心斋、阳明的思想解释,未必一定是符合心斋、阳明的思想本义的,从哲学义理的角度而非从文献考据的角度看,诠释与被诠释者之间存在的距离(或可称之为思想与文本之间的"不可译性"的张力)是不可避免的。这是因为一庵对心斋或阳明的思想文本的解释,绝非是经学意义上的字义训诂式的解释,而是一种哲学解释,他是想通过这一解释,以建构其自己的一套哲学想法。

归结而言,他对阳明的良知学说虽有一定程度的认同,承认良知本体,人人具足,承认若是善悟者,"悟得良知明尽,则格物自在其中"①,但他却又坚定认为良知只是相对于"善悟者"或

_____

① 《一庵遗集》卷二《会语续集》,第 90 页。

"高明者"而言的一种非常高明而又有一定局限性的学问。而且在他看来,良知是不可"致"的,故而只可说"致知"而不可说"致良知",进而他又以《大学》文本"致知在格物"的经典阐述为据,以为致知必在格物上加以落实,如此良知之学所带来的所有弊病,均可通过格物之学来挽回和纠正,而他所理解的格物之学正是心斋的淮南格物说,除了对其中的"安身"说,一庵采取了回避态度以外,其他有关"格物"的字义训解以及义理阐释,一庵基本上认同心斋的全部说法。最终他提出了自己的思想口号:"从格物认取良知。"用他另外一种说法,则是:"从事反身格物以体认天性良知。"以上就是一庵在良知与格物问题上的主要义理取径。

按我们的分析,一庵此说的特点有三:一、他所主张的"格物原是致知工夫,作两件拆开不得",表面看来,意在打通格物与良知的隔阂,将两者结合起来,然其实质却在于以格物取代良知,换言之,致知本身并无工夫可言,唯有通过格物工夫,才能"认取良知";二、他认为良知学不具有普世的意义,只是"高明之士"的一种专门学问,根据孔子所说的"中人以下不可以语上"[1]的教学原则,一庵自称自己不敢"躐等于上智大贤之地位",所以只能"与诸君说破孔门学术宗源"在于这样一句话:"从事反身格物以体认天性良知。"[2]竭力强调了格物之学才具有普遍意义;三、他对格物的理解,基本上承袭了心斋的格物说,特别是从中汲取了两条原则:修身立本、反求诸身。前者是就格物之义而言,后者是就格物之方法而言。故他说:"是修身非格物,而务修身以立

---

① 《论语·雍也》。一庵引述见《一庵遗集》卷二《会语续集》,第90页。
② 《一庵遗集》卷二《会语续集》,第90页。

本者,乃格物也。"①"反求诸身,则一正百正,一了百了。"②他甚至认为格物就是"反身之学",并断言:"孔门传授,无非此学。"③

最后我们可以得出结论说,一庵之于心斋的思想关系,基本上可以用"受格物之旨""得家学之传"这十个字来定格,但这并不意味着一庵是完全被动地接受而无自己的创新(详见下述);一庵在思想上的创新之一表现在"从格物认取良知",但是一庵在思想上的更为重要的创新工作则是诚意慎独理论。

## 第六节　意是心之主宰

### 一　诚意一言,关系总要

上面提到,隆庆二年《一庵会语》刊刻行世,《年谱纪略》的作者特意加了一个按语,称一庵的"诚意之旨,尤发前圣所未发",这是暗示一庵的诚意说于此时已经形成。黄宗羲在对一庵思想进行总结的时候,指出了两条:一则说一庵"禀师门格物之旨而洗发之",通过上面的考察,此说基本可信;一则说一庵"不以意为心之所发"④,这是说一庵在"意"的问题上则有独创之处。可见,时人及后人都有一种看法,认为一庵思想的独特之处在于他的诚意学说。

关于诚意的话题还要接着格物问题来说。首先一庵遇到的一个问题是,心斋的格物理论中,何以只讲修身、反身,而不讲"诚意"工夫? 换言之,诚意与格物究竟是一种什么关系? 问题

---

① 《一庵遗集》卷一《会语正集》,第58页。
② 《一庵遗集》卷二《会语续集》,第89页。
③ 《一庵遗集》卷一《会语正集》,第53页。按,承上语,这里所谓"此学",是特指"格物之学,究竟只是反身工夫。"
④ 《明儒学案》卷三十二《泰州学案·王一庵传》,第732页。

的由来是心斋以下的一条语录:

> 《遗论》一条云①:"《大学》言治国在齐其家,齐家在修
> 其身,修身在正其心,而不言正心在诚其意,诚意在致其知。
> 可见,正心、诚意、致知各有工夫。"

对这段话,一庵的判断是,或恐传者失误,意谓这句话存在的问
题可能是记录错误。一庵指出:

> 何为其然也? 曰:此恐传之或失其真。但自今而观,物
> 格知至,实乃止至善工夫,非专为诚意而设。但知止而后志
> 有定向,是意亦由之而诚也。今言诚意致知工夫各别,似亦
> 无可疑者,而曰正心不在诚意,岂诚意之外,复有正心之功
> 乎? 特诚意一言,关系总要。良知真宰,自慊不欺,则诚于
> 中者,必形于外,不独内克其心,宽广而正。抑且外润其身,
> 舒泰而修,又不独畅于四支,而赫喧宣著,民不能忘;抑且发
> 于事业,而亲贤乐利,没世感化。是则诚意通于修齐,达于
> 治平,非止为正心之要而已。(《一庵遗集》卷一《会语正
> 集》,第 63 页)

应当说,强调诚意是"关系总要",这是一庵对心斋格物说的又一
创造诠释。显然一庵意欲以诚意补格物,亦即以他的诚意说来
补充心斋的格物论。表面看来,一庵的"诚意一言,关系总要"之
说与阳明的"《大学》之要,诚意而已矣"这一著名判断完全一致。
事实上,正如后面所述,由于一庵对"意"字另有新解,故其诚意
说与阳明已有了很大的不同,此待后述。

接着又有一个问题是:"问:'物格知至,既云修己立本,何复

---

① 按,此条见《心斋遗集》卷一《语录》,第 1 页上。末尾多出一句:"不可
不察也。"

有诚意工夫?'"这是问:既然已经有了"修己为本"的格物工夫,同样也可由此实现"物格知至"的目标,那么为什么还需要"诚意工夫"? 这个问题的实质就是:格物与诚意究竟是一种什么关系? 在这个问题的背后则隐藏着另一个疑问:心斋的修身为本的格物学说是否已经充足完备? 若是,则已无必要由其他工夫来作为补充。按照心斋的想法,他的修身说完全可以打通《大学》全经的层层义理关节,三纲领八条目都可以由修身立本之说来一以贯之。如果一庵全盘领受了心斋的格物说,坚持以"从格物认取良知"作为自己的思想方针,那么何以又需要"诚意工夫"? 对于上述的提问,一庵做了如下的回答:

> 物格知至,方才知本在我。本犹未立也,故学者既知吾身是本,却须执定这立本主意,而真真实实反求诸身,强恕行仁,自修自尽。如此诚意做去,方是立得这本。若只口说知本在我,而于独知之处,尚有些须姑息自诿,尤人责人意念,便是虚假,便是自欺。自欺于中,必形于外,安得慊足于己,而取信于人乎? 故诚意二字,正吾人切实下手立本工夫,方得心正身修,本可立而末可从也。(《一庵遗集》卷二《会语续集》,第80—81页)

这里讲了两层意思:一、我们大家虽然已经都知道了"吾身是本"的道理,但是还须要立定一个"修身立本"的"主意",在这个"主意"的率领之下,去做修身工夫,方能"立得这本",而这就是诚意工夫,反过来说也一样,诚意工夫便能"立得这本";二、如果我们只是口头上说"吾身是本"的大道理,而在自己的意识深处,仍然有着一些"姑息自诿""怨天尤人"的念头,这便是一种"虚假""自欺",这便如何能"慊足于己,取信于人",因此结论就是,诚意才是"切实下手立本工夫"。

这里的一个关键表述是:"须执定这立本主意。"那么何谓"立本主意"呢? 直接翻译的话,这是指修身立本之主意。取一庵之意来解释的话,一庵是想说,在修身立本、吾身是本这层道理之外,还有一个更为根本的问题需要解决:我们何以保证修身立本、吾身是本作为一种工夫能准确无误地加以实施? 答案是:这须要由"主意"来决定。那么接下来的问题自然便是:又何谓"主意"呢? 通俗地说,任何人的行为都离不开人的意识来主导、来统领,由意识来主宰行为,这个意识便是"主意"。按一庵这里的说法,他所说的"立本主意"是指:必须树立起"吾身是本"这个主意。如何树立? 这就需要去掉意识中的虚假、自欺的成分,亦即端正自己的意识,使其达到真实无妄的境地,这就是"诚意"。实现了"诚意工夫",那么自然就会实现"心正身修,本可立末可从"的目标,换言之,诚意工夫可以一揽子解决身心问题、本末问题(包含家国天下)。格物问题也自然可以由诚意工夫来解决,也就是说,反身立本的格物工夫有赖于诚意工夫,而诚意工夫又必须首先立定一个吾身是本的"主意",因此"意"就成了所有问题的关键。

接下来的问题是,既然诚意可以"立本",那么为什么又需要有"正心工夫"? 对此,一庵的回答道出了一个关键命题。这场问答是这样的:

> 问:诚意既足以立本矣,何复有正心工夫? 曰:这却只是一串道理。意是心之主,立本之意既诚,则心有主,故不妄动,而本可立、身可修。若自家不曾诚意立本,而望施之于人,侥幸感应,皆是妄想,皆是邪心,皆是中无所主,憧憧往来病痛。故意诚而后心正,非于诚意后,复加一段正心工夫也。(《一庵遗集》卷二《会语续集》,第81页)

这里的问题大概也是一庵本人的设定。问题本身并无深意,从
阳明心学的背景来看,其实关于正心与诚意的关系问题,在阳明
那里已获得了基本的解决。按阳明的想法,心之本体哪有不善,
故心体之上本无工夫可做;心体随感而动便是意,在意的层面上
便有善恶出现,所谓"意则有善有恶",是矣,此时就需要做一番
诚意工夫,故正心在诚意。这里的关键是,意是心之动或心之
发。现在来看一庵的说法,我们马上发现一庵对于"意者心之
动"这一传统命题来了一个翻转、颠倒,他劈头一句便是:"意是
心之主。"这对一庵来说,无疑是一个关键命题。这一命题如果
不成立,以下所说都将无以立足。上揭《年谱》所谓一庵之诚意
说"发前圣所未发",盖指此而言。

　　为了证明他的"意是心之主"的命题,一庵紧接着又设定了
一场问答:

　　　　问:"前辈多言敬则中心有主,今日诚意则心有主,谓主
　　敬不如主诚者乎?"曰:"不然,诚与敬俱是虚字,吾非谓诚能
　　有主,谓诚此修身立本之意,乃有主也。诚字虚,意字实。
　　譬如方士说丹,意是铅汞丹头,诚则所谓文武火候而
　　已。……今只泛言敬,则中心有主不知主个甚么,将以为主
　　个敬字,毕竟悬空无所附着,何以应万变而不动心乎? 吾辈
　　今日格物之学,分明是主修身立本,诚意是所以立之之功,
　　不须说敬而敬在其中。盖自其真实不妄之谓诚,自其戒慎
　　不怠之谓敬,诚则敬,敬则诚,其功一也。"(《一庵遗集》卷二
　　《会语续集》,第81页)

这里又出现了一个关键命题:"诚字虚,意字实。"整段话的中心
意思是:意是"中心有主"之意,故"实";诚只是工夫火候之意,
故虚。结合上面一段话来看,这里的"中心有主"亦即"意为心之

主"的意思。

## 二　意是心之主宰

众所周知,"意"历来被解释为"心之所发",这是朱子《四书章句集注》中的一个极重要的观点,在《大学章句》中,便有"意者心之所发"这一定义,对于心与意的关系问题,阳明亦完全认同朱子的这个见解。特别是朱子此说,出自几百年来被列为科举功令的必读之书,可以想见,其影响之大之深,在经历过举子业的学子或士人的心目中,这句话便是权威解释。现在一庵却要提出正面的质疑,而且还要来一个一百八十度的大翻转。可以说,问题是相当严重的。

不仅如此,一庵所遇到的直接对手将是他的师祖王阳明。阳明在《大学古本傍释》中就有一个经典定义:"心者身之主,意者心之发,知者意之体,物者意之用。"前面两句完全与朱子的说法相同,后两句才是阳明的独到发挥。值得注意的是,在这四句对心意知物彼此关系的界定中,出现了三个"意"字,除了"身"字以外,心、知、物却都与"意"有着关联。这里暂且将"物者意之用"排除在我们的讨论之外,因为这句话涉及"意之所在为物"的义理问题,与我们将要讨论的"主意"问题暂无关联。

其中的第二句"意者心之发"与第三句"知者意之体",乃是整个阳明心学体系得以成立的一个关键。我们知道,阳明心学的整个哲学基础是建立在"心即理"这一命题之上的,阳明所理解的"心"是一个本体概念,故又有"心之本体"或"心体"之说法。到了晚年阳明更是发展出了一套良知学说,而心之本体即是良知,换言之,良知即心体。了解了阳明学的这些基本常识,那么我们就不难了解何以谓"意者心之发",又为何说"知者意之体"。阳明的基本想法是，心作为一种道德本心，它具有本体论的意义，是人的行为必然趋向于善的最终依据，也是道德实践成为可能的最终依据，因此，心体是纯粹至善的，不存在"恶"的问题；一旦心体落到现象世界或生活世界，便有善有恶，这就是意之动，所以人的意念活动是有善恶的，于此之际便有必要下一番诚意的工夫，以上就是为什么说"意者心之发"的原因所在，换言之，意是心体的一种现象表现，所以意不可能是心体之上或之外的另一本体，也不可能是心体之中的主宰；另一方面，意既然有善有恶，那么诚意工夫又如何可能，我们既不能将善的意用来作为"诚"的对象，也不能将恶的意用来作为"诚"的手段，更不能让善的意和恶的意去互相争斗，这样也不能解决根本问题，所以就需要有一个第三者，需要一个扮演客观公正之角色的第三者，那就是良知。其实"知者意之主"的"知"绝不可误会成"知识"，而是指"良知"。结论是，诚意工夫须由良知来主导，因为在人的意识中，存在着一个根本的东西，可以主宰意识的活动、引领意识的走向，这个主宰除了良知更非别物，有了这个主宰，诚意工夫便成为可能。所以说，"意者心之发"与"知者意之体"，对阳明来说，是一字不可更换的。如果说"意为心之主"，那么"知者意之体"就不成立，如此一来，整个良知哲学也就倒塌崩溃了。

以上所据《大学古本傍释》出版于 1518 年，反映了该年以前阳明的思想，大约十年后，即阳明逝世前一年，他还在强调这一观点，讲得更为明确，他说：

> 意与良知当分别明白。凡应物起念处，皆谓之意。意则有是有非，能知得意之是与非者，则谓之良知。依得良知，即无有不是矣。（《王阳明全集》卷六《答魏师说·丁亥》，第 217 页）

现在我们再回来看一庵的解释：

> 旧谓"意者心之所发"，教人审几于念动之初。窃疑念既动矣，诚之奚及？（《一庵遗集》卷一《会语正集》，第54页）

"旧谓"，系指朱子、阳明对"意"的训解。按一庵的理解，这一解释包含着一层重要意思："教人审几于念动之初。"意谓教人在意念发动之际去做审查、检点。于是，一庵表示了自己的疑问：既然意念已经开始活动，那么"诚"的工夫如何能把捉住这个"意"呢？在这个疑问的背后，隐藏着他的一个观点，就是他认为在念头发动处，是不可能做"诚意"工夫的。其实这个观点是非常重要的，是他在"意"的问题上想要推翻前人、有所突破的一个关节点。根据他的这个观点来推论，那么结论之一就是，意应当是"寂然不动"的，相反，心则是无时不动的。所以紧接着上面这句话，一庵点明了自己的观点立场：

> 盖自身之主宰而言，谓之心；自心之主宰而言，谓之意。心则灵虚而善应，意有定向而中涵，非谓心无主宰，赖意主之。自心灵虚之中，确然有主者，而名之曰意耳。大抵心之精神，无时不动，故其生机不息，妙应无方，然必有所以主宰乎其中，而寂然不动者，所谓意也。犹俗言"主意"之意。盖意字从心从立，中间象形太极圈中一点，以主宰乎其间。不著四边，不赖依靠。人心所以能应万变而不失者，只缘立得这主宰于心上，自能不虑而知。不然，孰主张是？孰纲维是？圣狂之所以分，只争这主宰诚不诚耳。（《一庵遗集》卷一《会语正集》，第54—55页）

这段文字是一庵的新诚意哲学的纲领，值得细细领会。他首先亮出了他自己的鲜明立场："意为心之主宰。"接着来分别解释他所理解的"心"和"意"。他认为心是虚灵善变、无时不动的,意则是确有定向、寂然不动的。那么什么叫作"定向"呢? 他打了一个比方,犹如俗言"主意"的"意",还用了一个拆字法,说是"意字从心从立",中间的"日"字则好比是太极圈中的那一点。这里面有牵强附会之处,可以不论,其中重要的是"主意"一词。

一庵的想法有几层意思:其一,作为"中涵"(心中涵有)之"定向"便是"主意";其二,心不能自身主宰自身,必须"赖意主之",这是说唯有心中之"意"才能成为心之主宰;其三,大抵说来,心是动的,意是静的,故心能善应万变、妙应无方,而意则是"不著四边,不赖倚靠",独立自在、寂然不动的;其四,心所以能应万变,原因在于有"意"主宰于"心上";其五,在这个意义上,可以说"意"是"自能不虑而知";其六,结论是,能"主张是"、能"纲维是"的主体便是那个"不虑而知"的"意",更无可能是其他任何东西。

对于理学或心学的理论稍微有所了解者来说,一庵上述的一大套说法,仿佛在自说自话,听起来头头是道,但总觉得哪里不对。一言以蔽之,我们最终还是不知道一庵所说的"意"到底是什么。整个说法中,只有一句比喻,形容得最为恰当——"犹如俗言'主意'之'意'",这是说,"意"就好比是我们日常生活中人人都会说的"我心中已打定了'主意'"——那个"意"。那么问题是,这样一个"意",它有什么内容或本质呢? 它又根据什么来保证它的"主宰"是正确的呢? 它能保证自己所主宰的心不走失方向吗? 所谓"确然有主""寂然不动""太极圈中一点"等措词用语都不能解答这个问题。当朱子说"意者心之所发",当阳明说"意则有善有恶",这个"意"是一个中性词,其本身并无价值和意义,也正由此,它不能成为心的主宰,而只能成为"诚"的对象,并须要由"知"来引导。反之,如果说"意"是心之主宰,那么这个

"意"就不能是没有价值意义的中性词,而应当是善的意志或至善本体。一庵没有用"善"来界定"意",但他曾说:"意近乎志""志、意原不相远"①,承认"意"与"志"是十分相近的,只是他始终拒绝"意即是志"的定义性说法,他认为毕竟"意略在前,主意立而后志趋定矣"②。总之,到目前为止,我们不能确切地了解一庵说的"意"是否是具有"好善恶恶"这一良知判断能力的善的意志,抑或是纯善之本体。顺便说一句,同样主张意为心之主的刘蕺山则明快地指出,意是有善而无恶的纯善之体,具有好善恶恶的意志力量③,所以意能够成为心的"定盘针",为心指定趋善避恶的明确方向。

### 三 独即意之别名

不过,正如以上对一庵之言"意"的几层含义所做的分析那样,一庵提出了"不虑而知"这个概念,以此作为"意"能"主宰于心上"的根据。依照阳明的良知学说,这个概念应当就是指"良知"。是从孟子的"不学而能""不虑而知"的良知概念而来。如果一庵明确地宣称他在这里所说的"不虑而知"就是良知的话,那么,我们在上面所做的层层追问,自然可以得到一个令人满意的回答,问题就变得非常简单。但是如果说"意"就是"不虑而知"的良知,那么"意为心之主",就变成了"知是心之主",表述方式虽不够严谨,但还是可以为阳明所认可,因为"知是心之本体",这是阳明良知学的一个基本命题,只是在阳明那里,良知与心体是同质同层之概念,两者之间不存在谁"主张"谁的问题,因

---

① 《明儒学案》卷三十二《泰州学案一·王一庵·诚意问答》,第742页。
② 《一庵遗集》卷一《会语正集》,第55页。
③ 参见《刘子全书》卷十二《学言·下》等。

此"知是心之主"的"主"字若是"主宰"义而非"本体"义,则对阳明来说,也还是大有问题的。尽管如此,一庵还是提供了一个解释的方向。虽然在他的阐释过程中,"意"的确切含义、内容规定并不明朗,但是有一点却是可以确认的,"意"绝非就是"良知",与此同时,"意"又确是一个"不虑而知之灵体",一庵名之曰"独"。他这样说道:

> 诚意工夫在慎独,独即意之别名。慎则诚之用力者耳。意是心之主宰,以其寂然不动之处,单单有个不虑而知之灵体,自作主张,自裁生化,故举而名之曰独。少间扰以见闻才识之能,情感利害之便,则是有所商量倚靠,不得谓之独矣。世云独知,此中固是离知不得,然谓此个独知处,自然有知则可,谓独我自知,而人不及知,则独字虚而知字实,恐非圣贤立言之精意也。知诚意之为慎独,则知用力于动念之后者,奚无及矣。故独在《中庸》谓之不睹不闻,慎在《中庸》谓之戒慎恐惧。故慎本严敬而不懈怠之谓,非察私而防欲者也。(《一庵遗集》卷一《会语正集》,第55页)

这段话对于我们了解一庵的诚意哲学将有决定性的意义。从"独即意之别名"到"故举而名之曰独"的一段表述尤为关键。

整段叙述的一个核心思想是诚意与慎独的融合贯通。这一思想颇有点类似于刘蕺山的慎独诚意学说,尤其是蕺山到了晚年,他也力图将其中年发明的慎独说与其晚年主张的诚意说合而归一,此不赘述。①按照"独即意之别名"的说法,那么也就意味着"意即独"。那么,何谓"独"? 一庵解释道:"以其寂然不动

---

① 可以参见蕺山的以下一些说法:"独即意"(《刘子全书》卷十九《答史子复》),"诚意之功,慎独而已"(卷二十五《读大学》),"指此意而言,正是独体"(卷十九《答门人》),等等。

之处,单单有个不虑而知之灵体。"这里出现了三个关键词:"寂然不动""不虑而知""灵体"。其中,"以其"两字,是承上文"意是心之主宰"而来,因此,代名词"其"当是指"意"。按其脉络,以下的解释便是针对"意"而来。接着又说:"自做主张,自裁生化,故举而名之曰独。"则是要表明"意即独"的理由。值得注意的是,这里的"意"—"灵体"—"独"的三元素构成了一个整体结构。作为这一结构的特质及其功能,则可表述为:"寂然不动""不虑而知""自做主张""自裁生化"。

那么,一庵所谓的"灵体",又究为何指呢? 我们通过回忆,就会有一个大发现,在上面"反对'以知是知非为良知'"一小节中,我们看过一庵有一个鲜明的观点:"良知自是人心寂然不动、不虑而知之灵体。"若以此为准,则上述一庵的种种曲折的表述,不如直接点明"独即良知"或"灵体即良知"。但他始终只是含糊地使用"不虑而知之灵体"的说法,而不愿直接以"良知"来规定"独"或"意"。或许这是由于一庵的思想有早期和晚期的变化过程,只是现有资料无法明确这一点。然而隆庆二年发表的《一庵语录》所含有的诚意说当是其晚年的成熟思想,则无可怀疑。在其有关"意"的问题的阐述中,良知显然已退居次要地位。尽管"不虑而知之灵体"含有良知的意味,但在上述的脉络中,这个"灵体"则依然主要是指"独"。

为什么一庵要回避将"独"字指认为"良知"? 其因之一在于一庵认为,"独"与"独知"应做严格分别。我们回头来看上面引文中"世云独知"以下一段文字,即可明了。其中针对朱子《中庸章句》中的"人所不知而己所独知"的这一经典解释[1],一庵提出

---

[1] 就"独知"的本意而言,朱子的这一解释亦为阳明所认同,只是阳明更为强调这个"独知"就是良知,参见《传习录》下,第 317 条。

了严肃的批评,理由是,"独"中自然有知,但没有人我彼此之分,在层次上,"独"字实而"知"字虚,如果正像朱子所说的那样,结果反而成了"独"字虚而"知"字实。一庵认为,这种观点与儒家圣学不合。从中可以读取的一个信息是,在一庵的观念中,"独知"概念亦应当重新解释,两个字中显然"独"字应为首出之概念,"知"字则轻而虚,是"独处"的一个属性,属于"自然有知"的性质。一庵的这个观念与其认"独"为"意"的思路是一致的,换言之,他所不能认同的是认"知"为"意"。①也正由此,独与知在概念名义上有虚实轻重之别,不可混淆。一庵所认定的这样一种性格独特的"独",已非常接近于蕺山的"独体"概念,只是一庵并没有明确点出。但有一点一庵与蕺山却非常相近,他们的哲学工作有一个毕生的愿望:将慎独与诚意融会贯通。

既然讲到"慎独",一庵还将面临一个问题,就是应当如何具体地来理解慎独工夫? 他首先明确指出慎独不是说"用力于动念之后者",并引用了《中庸》本文中的说法:"不睹不闻""戒慎恐惧",将前者解释成"独",将后者解释成"慎",这一思路很接近于心学以来的一个传统说法:"不睹不闻是说本体""戒慎恐惧是说工夫"②。应当说,一庵在这里的解释只是部分地解决了何谓慎独的问题,但丝毫没有解决如何慎独的问题。上面引文中的最后一句:"故慎本严敬而不懈怠之谓,非察私而防欲者也。"

---

①　有趣的是,蕺山认为阳明学的一个根本弊端正在于"认知为意",从而"将意字认坏",结果一错百错(参见《刘子全书》卷八《良知说》)。一庵之思路,亦有与此同者。

②　《传习录》下,第266条。阳明对此分解式的观点提出了批评,他指出:"此处须信得本体原是不睹不闻的,亦原是戒慎恐惧的。戒慎恐惧,不曾在不睹不闻上加得些子。见得真时,便谓戒慎恐惧是本体,不睹不闻是功夫,亦得。"(同上)阳明此说虽精妙,然亦最易引起后学争议。

则是指明"慎"字之义在于"严敬而不懈怠",这明显有取自于程朱理学的"居敬"说,然其内涵所指却有不同,关于这一点,下面将会谈到。后面一句"非察私而防欲者",则是一庵的全新见解,正与他的慎独非"用力于动念之后者"的思路完全一致。因为,如果说慎独便是"察私防欲",也就意味着慎独工夫必在"动念之后"才能下手,然而按一庵的思路,此正是"旧说"或"世云"的一种传统见解,而绝不是他所说的诚意慎独之教的本义。他甚至断言:"察私防欲,圣门从来无此教法。"①这一宣言与其反对慎独工夫"用力于动念之后"的观念有着非常密切的关联。但是说到最后,我们依然要追问:如何慎独?这一问题又在何种思路的引导之下,与一庵反对动念之后"察私防欲"的思想立场关联起来?以下所引的几段资料,我们将要看到一庵对"慎独"与"研几"之关系等问题的讨论,其中他将回答如何慎独的问题。他这样说道:

> 慎独注云:"谨之于此以审其几。"②后儒因欲审察心中几动,辨其善恶而克遏之,如此用功,真难凑泊。《易大传》曰:"君子上交不谄,下交不渎,其知几乎。""几者,动之微,吉之先见者也。"则几字是在交际事几上见,非心体上有几动也。心体上有几动,则是动于念。杨慈湖所以谓之"起念"即非《大学》《中庸》所谓独也③。《大传》又曰:"夫易,圣

① 《一庵遗集》卷一《会语正集》,第56页。
② 朱子语,见《大学章句》第六章。
③ 按,杨简(号慈湖,1141—1226),象山弟子。其学以"不起意"为宗旨,认为"洗心""正心""惩忿""窒欲"等语均非圣人之言(参见《慈湖遗书》卷十三《论大学》《论中庸》,《四库全书》本),在后世引起了轩然大波。顺便指出,在晚明已有人将心斋比作慈湖(参见《小心斋札记》卷三),或将龙溪比作慈湖(参见《刘子全书》卷十三《会录》)。其实,(转下页)

　　人所以极深而研几者也。"朱子解云："所以极深者，至精也。所以研几者，至变也。"以变释几，非事几乎？后儒因又谓"于心几动处，省察而精察之。"以是为研，谬亦甚矣。(《一庵遗集》卷一《会语正集》，第55—56页)

在这里，一庵对朱子的两个解释(一则释"慎独"，一则释"研几")进行了批评，并在此基础上，亮示了自己的观点。其中主要强调了两层意思：慎独不是指"审察心中几动"；"几"字非指"心体上有几动"，而是指"交际事几上见"。其主旨则在于强调慎独绝非是于"心几动处"，待其善恶萌发，然后再去加以"克遏"，若此则已落了后手，永远"凑泊"不上；所以，慎独工夫应当是在动念之前而非已发以后。他又指出：

　　不睹不闻，非是说目不睹色、耳未闻声之时，乃其心性中涵，寂然不动，目不可得而睹，耳不可得而闻之本体也。(《一庵遗集》卷一《会语正集》，第56页)

　　未发之中，亦即不睹不闻底物事。《中庸》本言"喜怒哀乐之未发"，非曰未发喜怒哀乐之时。盖谓心之生机无时不发，当其发喜发怒发哀发乐之际，皆必有未尝发者，以宰乎其发，故能发而皆中节也。不然，只是乱发，岂复有中节之和哉？故养其未发之中，亦即慎独工夫也。(同上)

在这里，"心性中涵""寂然不动""未发之中"，都是对"意"或"独"的一种描述，它是"不睹不闻地物事"，也是"宰乎其发"的"本体"，关键是如何保持住这个"未发之中"的本体，使其能够主

────────────

　　(接上页)一庵的诚意说与慈湖的"不起意"说，性格完全不同，慈湖意在通过对"意"的否定，回到"纯明"之心体，而一庵的意图却不在此。关于这一点，此不赘述，可以参见拙文：《杨慈湖をめぐる阳明学の诸相》，载《东方学》第97辑，1999年1月。

宰已发,这就须要"养其未发之中",一庵指出,这就是"慎独工夫"。终于,一庵对于如何慎独的问题提供了一个答案。

从这个答案中,我们可以强烈地感受到一庵所主张的是一种极其严格的道德主义,他坚定地认为,我们必须将一切不善的念头消灭在萌发之前,而要做到这一点,就必须时常保持住"不睹不闻""心性中涵""不虑而知"的"本体"——即"意"或"独",使其"宰乎其发",而"主宰一定",则能保证"发而皆中节",即人的行为无不合乎规矩准则。这应当就是一庵所谓的诚意学说的主要思路,也是他为何提出"意是心之主宰"的主要原因。然而亦须看到,所谓"养其未发之中",与聂双江的"归寂预养"之说颇为相近①,所谓"未发之中,亦即不睹不闻底物事",也与双江的"中是天然自有、寂然不动的本体"②之说相近。一庵根据他的诚意说,还竭力主张"收摄精神向内"③,这与双江所主张的"一意内顾""预养未发"之说,在思路上亦有相通之处④。当然从总体上看,一庵的诚意说与双江的归寂说,其思想性格并不相同,此亦不待赘言。

一庵还指出,当今学者之所以纷纷误入歧途,转向佛老,原因就在于人们已经不能真切地了解《大学》的诚意之说,故而以

---

① 例如我们可以将一庵此说对照一下双江的这段话:"盖未发之中,天地之心,生民之命,万世之太平,千圣之绝学。故执中所以为天地立心,为生民立命,为万世开太平,为往圣继绝学。圣人到位天地、育万物,也只从未发之中上养来。"(《聂双江先生文集》卷十四《困辨录·辨中》,第4页下—5页上)
② 《聂双江先生文集》卷十《答戴伯常(即幽居答述)》,第78页上。
③ 《一庵遗集》卷二《会语续集》,第85页。
④ 参见拙著:《聂豹·罗洪先评传》第二章"聂豹论"第八节"心有定体",第146—165页。

为儒学不如佛老之超脱,这实在是非常可悲的事情。他说:

> 今之讲学者,不入于老则入于佛,不入于佛则入于告子。……推原其故,盖始于认《大学》诚意为心之所发,是不免于发后求诚,而去欲防私之弊所由以起,此高明之士所以鄙之,而跳入于老佛场中,亦无怪其然也。《大学》诚意,本说心之主宰,主宰一定,自无邪私物欲可干,此先天易简之真机,不俟去而欲自不侵,不待防而私自不起者。老佛之超脱,只缘窃得此机括耳。不究其因,反以吾儒之学不如彼之直截超脱,而往往借用其说,以补吾儒教法之全,不亦惑之甚哉!(《一庵遗集》卷一《会语正集》,第75—76页)

可见,在他的心目中,他自己独创的"意是心之主宰"的诚意学说乃是儒学的"先天易简之真机",若能依此而行,自然"无邪私物欲可干",欲不待去而不侵,私不待防而不入。而这正是吾儒之学的"直截超脱"之处。

但是一庵也清醒地意识到他的这一套学说,不但有悖于朱子和阳明,而且也与先师心斋的观点不尽一致,所以当有人问道:心斋"《遗录》一诗言'念头动处须当谨',似亦以意为心所发,如何?"一庵断然回答:

> 谨念是戒其莫动妄念,非于动后察善恶也。亦是立定主意,再不妄动之义。且予所谓意犹主意,非是泛然各立一意,便可言诚。盖自物格知至而来,乃决定自以修身立本之主意也。《中庸》即曰"诚身",孟子曰"反身而诚",不本诸身,便是妄了。不以意为心之所发,虽是自家体验,见得如此,然颇自信心同理同,可以质诸千古而不疑。岂以未尝闻之先师而避讳之哉!(《一庵遗集》卷一《会语正集》,第63—64页)

这里，一庵做了一个巧妙的概念转换，这也是他经常使用的一个解释策略，他去掉"动处"两字，而取其首尾两字，合成"谨念"一词，并解释成"戒其莫动妄念，非于动后察善恶"，显然这已非心斋诗句的原义，而是一庵自己的观点。应当说这句解释再加上"立定主意，再不妄动""决定自以修身立本之主意"，便是一庵诚意说的基本要旨。其中所说"不本诸身，便是妄了"，要求严格按照孟子的"反身而诚"的教导，在身上落实诚意工夫，则又体现了心斋格物学说的基本精神，仿佛又回到了本节开首所引的一句话的立场："故学者既知吾身是本，却须执定这立本主意，而真真实实反求诸身，强恕行仁，自修自尽。如此诚意做去，方是立得这本。"可见，在一庵看来，"执定"吾身为本的"主意"，"真真实实反求诸身"，便是诚意工夫，当然，"以意为主"这一原则是绝不能放弃的。最后"心同理同"的一句话，则无疑是一庵在思想上的独立宣言。"心同理同"作为宋明儒学家的一种共同理念，适以成为一庵敢于创新、坚持己见的精神支撑。

## 第七节　小结

先来看一下黄宗羲对一庵思想的判断：

> 先生之学，其大端有二：一则禀师门格物之旨而洗发之。言"格物乃所以致知，平居未与物接，只自安正其身，便是格其物之本。格其物之本，便即是未应时之良知。至于事至物来，推吾身之矩而顺事恕施，便是格其物之末。格其物之末，便即是既应时之良知。故致知格物，不可分析"①。

---

① 按，这段话见《一庵遗集》卷二《会语续集》，第79页。原文是顺着"先师说'物有本末'"而来，是对心斋格物安身说的一个解释。

一则不以意为心之所发。谓"自身之主宰而言,谓之心,自心之主宰而言,谓之意。心则虚灵而善应,意有定向而中涵。自心虚灵之中,确然有主者,名之曰意耳"。昔者,先师蕺山曰:"人心径寸耳,而空中四达,有太虚之象。虚故生灵,灵生觉,觉有主,是曰意。"故以意为心之所发为非是,而门下亦且断断而不信。……岂知一庵先生所论,若合符节。先生曰:"不以意为心之所发,虽自家体验见得如此,然颇自信心同理同,可以质诸千古而不惑。"顾当时亦无不疑之,虽其久于门下者,不能以释然。下士闻道而笑,岂不然乎?(《明儒学案》卷三十二《泰州学案一·王一庵传》,第732页)

黄宗羲的这个历史判断应当说是准确的,他指出一庵在格物问题上一禀师说,在诚意问题上则自有创新,这两点可谓深中一庵思想之肯綮,只是宗羲没有点明经过一庵的创造诠释,良知问题变成了格物问题,格物问题变成了诚意问题,诚意问题又与慎独问题构成了有机的联系。继而他说道蕺山与一庵有关"意"的观点"若合符节",而蕺山与一庵所遭受的境遇也十分相似,同样为各自门人所不能"释然"。关于其中的原因,这里也就不必深究了。

若就学术思想史的角度而言,由于一庵的《诚意说》在其生前身后备受冷落,并没有产生积极的反响(包括批评性的反响),故在整个16世纪至17世纪的将近一百年的历史当中,几乎处于湮没无闻的状况,自然对其有何历史意义也就难以做出评估。然而若从哲学史的角度看,从阳明良知之教到蕺山的慎独诚意之教的将近一百年之间,一庵的诚意说却可以说是一个不可或缺的重要理论环节。更加令人深思的是,蕺山晚年由心学内部出发完成了对阳明学的批判之后,竟然在毫不知晓"泰州之书"
的情况下,得出了与一庵颇为相同的观点:"意为心之所存。"对
此,我们就无法从学术思想史的角度来获得圆满的解释,而唯有
从哲学史的角度,才能了解其中的奥妙。因为一个显而易见的
事实是,蕺山与一庵既无任何师承关联,也没有任何思想影响之
痕迹,他们的意识哲学的见解之所以达到如此相似的程度,完全
应该从哲学思想的内在义理以及各自思想的问题意识当中寻找
答案,在这样的场合,哲学的观念史研究就能充分发挥其所长。
而且,通过这种研究方法,我们就能比较清晰地展现一庵诚意说
的思想意义及历史意义。在我看来,蕺山晚年通过对阳明学的
全面批判,发现阳明的错误根源在于"将意字认坏",故而提出了
"意为心之所存"的新的诚意哲学;同样,一庵通过数十年的沉
思,终于打通了格物与良知的环节,发现"以知是知非为良知",
终将落于在发动流行处去把捉良知的被动局面,故而提出以
"意"来主宰"心",来为"心"指明正确的走向,庶几能从根本上
解决"诚之奚及"的意识问题。可见,蕺山与一庵虽无任何直接
的交流,但在相似的问题意识中,却能得出某些相同的哲学观
点。用黄宗羲的说法,这恰恰就是"理之所至"的缘故,用一庵的
说法,应当就是"心同理同"的缘故。

须要指出的是,一庵之所以提出并坚持"意是心之主宰"这
一观点,一个最大的理由是,如果意是心之所发,那么于念头发
动处去做诚意工夫就会遇到"诚之奚及"这一无法解决的问题。
他这样说道:

> 若以意为心之所发动,情念一动,便属流行。而曰及其
> 乍动未显之初,用功防慎,则恐恍惚之际,物化神驰,虽有敏
> 者,莫措其手。圣门诚意之学,先天易简之诀,安有此作用

哉?(《一庵遗集》卷一《会语正集》,第 55 页)
这是对"意"字之"旧解"的一个根本质疑。由此怀疑出发,他指出:"不睹不闻即所谓独。""独"就是"心中所涵"之"本体"。由此,一庵提出了"意"即"独"的观点,所谓"意是心之主宰",其根本理据就在于此。基于此,一庵认为诚意工夫"只争这主宰诚不诚耳"。其实,这就是他的诚意说的基本主张,同时也是他的诚意说的要旨所在。

更为重要的是,一庵诚意说的一个最大特点在于道德严肃主义。他强烈要求将邪念、私意、人欲等"克遏"于将萌之前、动念之前,他认为一旦动念之后,即便是在"乍动未显之初"的微妙状态,诚意工夫也已落入后手,转辗烦难,恐怕在此"恍惚之际",也已经"物化神驰","虽有敏者,莫措其手"。所以,他的诚意哲学要求人们在"起念"之前,就必须"立定主意"。然而既然意念未起,何以诚意? 他的另一解释是,他的诚意就是慎独,因为"独即意之别名",而"独"正是寂然不动、不虑而知的灵体,只要牢牢坚守住"灵体"而不失,这就是慎独工夫,同时也就是诚意工夫。显然,一庵的这套思想透露出一种非常严肃的道德主义精神,也正由此,他对心斋以来的泰州后学有许多严肃的批评,无论是"出入为师"还是"乐学"主张,在他看来,心斋所说的本意不错,但到了心斋后学那里就产生了问题,不可不加以警惕,甚至有必要加以修正①。他晚年提出的诚意学说显然就是由此问题意识出发而逐渐形成的,并且他也明确地意识到这一学说主张不唯与朱子、阳明有所冲突,即便是先师心斋也不会认同,然而他却

---

① 他对泰州后学的一些批评,本文已无暇再做详细讨论了,可以参见《一庵遗集》卷一《会语正集》,第 63、77、70 页等。

知其不可而为之,自信"质诸千古而不疑惑",不能因先师未尝言而"避讳之"。所有这一切都充分表明其思想已从心斋开创的泰州学派的义理方向有所转变。尽管这一"转变"并不意味着"背道而驰",他的批评仍然是从心学内部出发,他的理论建构也仍然未能脱出心学模式而别创一套新心学。所以他的有些说法和观念,甚至都可在蕺山哲学中找到影子,但由于他缺乏深入的理论批判能力,故其思想的理论效力便不能与蕺山学同日而语。

总之,他的思想经历了对心斋格物说的长期思索,数十年后,终于有了一个了断,并得出了"从格物认取良知"的结论,这表明一庵对心斋及阳明的学术传统形成了自己的独特判断。晚年则由对"意者心之所发"的怀疑出发,提出了"意是心之主宰"的崭新命题,进而得出了"诚意工夫在慎独"的结论,完成了他的诚意哲学的建构。严格来说,一庵的学术思想应当称之为诚意慎独之学。其思想相对于心斋的泰州学来说已发生了种种不相谐调的因素,其对泰州学的义理走向做出了许多重大的修正。从学术史的角度看,一庵依然可以说是泰州学的传人,迄今为止大多数学者也坚持此见①,然而若从哲学史的角度看,一庵思想无疑对于泰州学的传统有重大突破,他的思想可谓别具一格,自

---

① 例如,周海门曾指出:"王一庵,为心斋先生门人。见地抑何超卓,真称其为心斋门人也。顾以名位不显,世无闻者。余游宦心斋故里,始得见其《遗言》而读之,因为表著于编后。"(《东越证学录》卷三《武林会语》,第 246—247 页)今人钱穆则云:"独心斋弟子王一庵(栋)于师门步趋不失,而醇正深厚抑有过之。然泰州有一庵,正犹浙中有绪山。"(《中国学术思想史论丛》第 7 册,安徽教育出版社,2004 年,第 157 页)钱明则持完全相反的看法,他断言一庵"可以说是师门之叛逆"(《王一庵的主意说及其对泰州王学的修正》,第 87 页)。"叛逆"一词可能下手过重,我以为不如用"修正"一词来定位其思想之于心斋泰州学的关系,较为稳妥。

有其一定的理论意义和历史意义。

最后我们来看一段钱穆先生的评论,以此结束本章的考察:

> ……今一庵提出意字,说其有定向而中涵,不下本体字,而恰恰坐落到孟子性字的意义上。当知性正指人心之有定向处,而又是涵于人心之中,非独立于人心之外。故一庵诚意慎独之说,正可补救阳明良知学易犯之流病,使人回头认识心体,则不致作一段光景玩弄。但心之定向,由一人一世看,尚不如由千万人千百世看,更为明白是当。一庵对此处,惜未见有所发挥。则慎独之学,到底又不免要转入江右主静归寂的路去。此后刘蕺山亦主诚意慎独,与一庵意思不谋而合。(《略论王学流变》,载《中国学术思想史论丛》第七册,第158页)

# 第五章　颜钧:思想与实践的宗教趋向

## 第一节　前言

在宋明儒学的研究领域中,如何看待儒学的宗教性问题,是与如何审视这一时代不少儒者所拥有的"神秘体验"等问题密切相关的,这也是学界近年来相继有所讨论的课题之一。事实上,英文世界中的 mysticism,特别是在欧洲中世纪的神学传统中有特殊表现的神秘主义以及神秘经验、神秘体验等问题,如何与具有理性精神这一前近代之特征的儒学传统(在此特指宋明理学)进行比照合观,这本身就是一个颇具挑战性的课题。诚如陈来先生在冯友兰哲学的研究中所指出,在 20 世纪中国哲学家中,"冯友兰是最早注意到所谓的'神秘主义'的问题","甚至,他把中国古代哲学的神秘主义肯定为可以使世界哲学改善和发展的一个主要贡献"①。而陈来自己不仅对心学传统中的神秘主义问题有过专门讨论,还在颜山农思想的研究中,对其神秘体

---

① 陈来:《现代中国哲学的追寻——新理学与新心学》第 12 章"冯友兰哲学中的神秘主义",人民出版社,2001 年,第 276 页。按,冯友兰关于神秘主义问题的研究,系指发表于 1924 年的《一种人生观》、1927 年的《中国哲学中之神秘主义》等。

验的种种表现做了深入的探源性考察。①这些研究工作无疑拓展了宋明儒学的研究视野。余英时先生在《颜钧集》出版不久,便对山农这一思想个案发生了兴趣,他以"儒学的宗教转向"为题,从山农的宗教实践入手,深入讨论了"泰州学派所代表的儒学转向"这一问题。他发现《颜钧集》的突然出现,"为泰州学派的研究开一新纪元",他通过文献的细致挖掘以及特有的理论诠释,揭示了明代阳明学以降,不但儒学的转向表现为"从政治取向转为社会取向",而且儒学到了山农的手上"已转化为宗教,这是毫无疑问的",山农"已超过了儒学的民间讲学的阶段,走上了化儒学为宗教的道路"。他还富有卓见地指出:晚明的"儒学转向包括了宗教化的途径","我们只有把宗教变动也当作社会变动的一个组成部分,然后将颜山农的宗教化运动放在这一更广阔的视野之中,晚明儒学转向的历史意义才能获得比较完整的理解"。②这些观察和结论无疑是非常独到而有根据的。

　　一般说来,明代心学家尤其是泰州后学,一方面有经世主义之倾向,以讲学为手段,广泛涉入社会,积极推动教化运动;另一方面在个人修养问题上,又普遍注重在身心上落实道德之践履,主张在日常生活当中切实把握良知,以求实现自我的生命意义、道德价值。这一点,通过上述对心斋及东厓的思想考察,是不难得到确认的。这里以泰州后学颜山农的生命体验为例,试图揭

---

①　参见陈来:《心学传统中的神秘主义问题》(《有无之境——王阳明哲学的精神》附录);《明代的民间儒学与民间宗教——颜山农思想的特色》(《中国近世思想史研究》所收)。

②　以上,参见余英时:《士商互动与儒学转向——明清社会史与思想史之一面相》,新版《士与中国文化》,第 556—565 页。

示在他的生命历程及其人生修养中虽含有某些宗教性因素的神秘经验,但在根本上他的生命体验又有儒学意义上的"安身立命"的特征。通过对其思想的初步考察,我们还可以了解到,山农在自己家乡创办了"萃和会"组织,积极推动讲学化俗运动,在思想上主张"放心体仁"的观点,而他的行为与思想均与其早年的生命体验密切相关。此外,山农还抱有积极的社会参与意识以及拯救"溺世"的具体设想,这些思想因素虽非"神秘体验"所能涵盖和诠释,但他又往往以"神秘"的言说方式及其行为方式涉入社会、张扬自我,这是我们在考察泰州后学的思想观念以及行为方式有何互动关联等问题时,应当加以充分的关注。事实上,山农正是借助于带有神秘色彩的言说方式,使其思想在社会上产生了一定的影响,也招来了人们的非难。

关于山农思想,在黄宣民先生整理的《颜钧集》于 1996 年出版之前,学界对此了解甚少,大多是借助于《明儒学案》的片段记录来加以审视的。其中,对人们影响极大的是黄宗羲对泰州后学的一句判词:(心斋之后)"传至颜山农、何心隐一派,遂复非名教之所能羁络矣。"①基于这一判定,不少学者认为山农(包括心隐)思想具有背离传统、反叛名教的性格,甚至进而推断泰州学派与晚明出现的要求个性解放以及启蒙主义思潮有着种种思想上的关联。这一判定是否符合泰州学派的思想实际,在《颜钧集》重见天日的今天,值得重新思考。

其实,晚近学界已有研究对上述观点表示了质疑,这里仅举两例。台湾学者王汎森曾指出:从种种迹象来看,黄宗羲并没有读过颜山农的遗稿,其对泰州后学的判断,实际上是以有限的二

① 《明儒学案》卷三十二《泰州学案一》,第 703 页。

手资料为依据的，故其信赖程度需大打折扣。①陈来则通过对山农文本的严密解读，从而指出泰州后学的颜、何一派"并未逾越名教藩篱"，而黄宗羲在这里所说的"名教"亦非指通常理解的儒学的道德原则、价值体系，而是指"士大夫儒学的思想、行为方式，是代表正统儒家士大夫对于世俗民间儒者的排斥"。②上述两种观点的侧重面虽有不同，然而都对黄宗羲的上述判断提出了重大质疑，这是值得我们加以充分重视的。上面提到的余英时的论文则委婉地指出，黄宗羲的这一说法，虽为研究者常常引用，"但是我们在何心隐、罗汝芳、李贽等泰州门下的著作中并无法证实这样的看法"③。

　　笔者以为，就"名教"一词而言，似不必回避其原来的含义，不妨径直理解为儒学的观念形态、价值体系。事实上，民间儒者对这套观念形态和价值体系是认同还是叛离，并不妨碍黄宗羲在儒学原有的意义上使用"名教"一词来进行评判。问题在于我们后人如何看待黄宗羲的思想史观及其从中反映出来的对泰州学派的性质判定，而不能毫无分析地被动接受。笔者无意否认黄宗羲《明儒学案》的史学价值，但至少可以说，其中泰州学案的设定安排及其对泰州后学的种种批评，反映出黄宗羲的明代思想史观未免混乱，而在某些史实判断上也有严重失误（参见第一章）。

　　这里不准备对山农思想做全面的观念史考察，而是仅以山

① 王汎森：《明代心学家的社会角色——以颜钧的〈急救心火〉为例》，《郑钦仁教授荣退纪念论文集》，稻香出版社，1999年，第249页。
② 上引陈来论文：《明代的民间儒学与民间宗教——颜山农思想的特色》，载《中国近代思想史研究》，第474页。
③ 余英时：新版《士与中国文化》，第557页。

农的生命体验、放心体仁等功夫和言说这两个方面作为分析对象,最后对其拯救"溺世"的社会政治设想做一简单考察。通过考察,以期为我们深入了解泰州后学的思想风格提供一个新的分析视角。

## 第二节　生命体验与乡村教育

颜钧(1504—1596),字子和,号山农,又号耕樵,因避万历帝讳,改名铎,江西吉安府永新县三都中陂村人。山农为心斋门人徐樾(号波石,?—1551)的弟子,由于曾亲见心斋,故他常称心斋为师,称阳明为祖师或道祖①,俨然自认是心斋的直传弟子。

1540 年,颜山农在江西省城豫章(按,即南昌)的同仁祠,以著名的《急救心火榜》开门授徒讲学,据载,"榜曰急救名利心火,沸谈神格,得千五百友"②,后来成为泰州后学的中坚人物罗近溪便是于此时拜入山农门下。1566 年,山农以事被逮,系狱于南京。二年后,近溪亲赴南京,并撰写《揭词》③,向官方游说,通

---

① 参见《颜钧集》卷一《急救心火榜》,第 1 页。
② 《颜钧集》卷三《自传》,第 25 页。按,"沸"字疑是"弗"字之误。
③ 参见《颜钧集》卷五《著回何敢死事状》附录,又参见《罗明德公文集》卷五《柬当道诸老》。两者文字颇有出入,前者所附"助赀姓氏"为《罗明德公文集》所无,其中详细记录了捐献银两的数目及其人名。按,关于"揭词",又有"揭贴"之称,类似于今人的"传单",在当时社会起到了舆论宣传的作用。到了晚明,"揭词"或"揭贴"成了下层士人或"生员"向当地官员及朝廷施压抗议的工具,一个最为著名的案例便是明亡前夕,由黄宗羲等人发动的"留都防乱揭"事件,有 140 余名学士签名,大力声讨所谓"阉党"残余势力的代表人物阮大铖,获得了极大的成功,全祖望后来评价道,此"揭"代表了"太学清议",对于"塞奸人之胆",其功"不为不巨"(《鲒埼亭集》卷十一《梨洲先生神道碑文》,《全祖望集汇校集注》上,第 216 页)。罗近溪的"揭词",在性质上虽与上述(转下页)

过各方筹集，最终以银两还清赃款，山农从而获释出狱①，充戎福建邵武。在充戎地，曾一度受到著名将领俞大猷的关照，并被聘为军师。1571 年，放戎归乡。此后在家乡颐养天年，竟得高寿九十有三而卒。

就在近溪拜山农为师之际，两人之间曾有过一场神秘体验。据载，近溪首先向山农谈起自己几年前曾身患"心火"疾病，其时又在乡举考试中遭到失败，但能做到"生死得失不复动念"，对此，山农大声喝道："子死矣，子有一物，据子心，为大病，除之甚益"，并指出"子所为者，乃制欲，非体仁也"②，这句话正点出了近溪多年来为"心火"所困的症结所在，使近溪忽然大悟，从而甘拜为师。

然而接下去还详细记录显示，当时近溪在山农身旁"听受二十日夜"，才有所领悟，然后又"归学三月"，终于"豁然醒，如几不可遏者"③。据陈来推测，近溪此时竟然听受"二十日夜"，不可能不涉及山农所擅长的"七日闭关法"；归学三月，忽然醒悟，亦与山农七日来复的经验相同。此一推测，当可成立。然而上述说法仅见诸山农方面的文献，近溪方面却没有"听受二十日"或"归学三月"之类的记载。近溪方面的记录非常简单，只提到了"制欲非体仁"，相比之下，山农方面甚至记录了"听受二十日"等具体经过，这其间的一出一入，颇值得注意。对近溪来说，也

---

（接上页）事件不同，但其目的之一显然也是为了制造舆论。这一事件本身所造成的社会影响可能不大，但却足以表明泰州学子往往具有性格张扬的特征。

① 关于山农何以获罪入狱的原因，参见第一章。
② 贺贻孙：《颜山农先生传》，《颜钧集》卷九附录一，第 82 页。
③ 《颜钧集》卷五《著回何敢死事》，第 43 页。

许是由于"听受二十日"等经历,事涉"神秘",故而不愿诉诸笔端。然而笔者还是愿意相信近溪拜山农为师之际,受到了"七日闭关法"的训练,因为结合近溪一生来看,可谓奇遇不断,拜胡宗正为师而悟《易》,遇泰山丈人而宿疾顿愈,年至七旬还问心于武夷先生,等等,其中未免有一种神秘气氛。有理由认为,近溪26岁时与山农相遇只是其一生中的奇遇之一,并不值得惊奇。但是,从思想史的角度看,此次相遇对于近溪的思想形成,无疑具有重大的转折意义(详见第四章)。

为了解山农对近溪的思想有何影响,有必要先就山农的神秘体验及其方法做一客观的描述。所谓山农的神秘体验,也就是他自称的"七日闭关法"。关于此法的起手入门、日程操作、注意事项等具体内容,原有九条,现仅存一条。该条内容如下(为方便后面论述,撮其要者,分段编号):

(1)二十四岁[①],又际阳明传引良知心学,传自仲兄钟溪,笔示四句曰:"精神心思,凝聚融结,如猫捕鼠,如鸡覆卵。"耕樵(按,山农自称)触目激心,即如四语默坐澄心,自为七日闭关,自囚神思之无适,竟获天机先启,孔昭焕发,巧力有决沛江河之势,形气遂左右逢源之□。

(2)嗣是,试诱寡慈(按,指山农母),牖开忧怀,三月底豫,家乡萃和,直若孔子入鲁大治也。由是放游,遇师(按,指徐波石和王心斋)先授三教活机,后□大成仁道。据此蒸蒸操炼方向三十年。岂知危言危行,招来匡桓,煅熟南狱。近溪援救,全生归庐。乃谋邱隅之难成,遂笔炉铸之绪功。功先设

---

① 据山农《明羑八卦引》(《颜钧集》卷二)的自述,时在25岁,即1528年。黄宣民亦以为山农始读《传习录》当在1528年,参见《颜钧年谱》(《颜钧集》卷十附录二,第122页)。

立,回光腔裏,三日苦磨困神,各致其力,于闭关七日之前曰:

(3)凡有志者,欲求此设武功,或二日夜,或三日夜,必须择扫楼居一所。摊铺联榻,然后督置愿坐几人,各就榻上正坐,无纵偏倚、任我指点:收拾各人身子,以绢缚两目,昼夜不开;绵塞两耳,不纵外听;紧闭唇齿,不出一言;擎拳两手,不动一指;跌跏两足,不纵伸缩;直耸肩背,不肆惰慢;垂头若寻,回光内照。如此各各自加严束,此之谓闭关。

(4)夫然后又从而引发各各内照之功,将鼻中吸收满口阳气,津液漱嚓,咽吞直送,下灌丹田,自运旋滚几转,即又吸嚓津液,如样吞灌,百千轮转不停,二日三日;不自已已。……各各如此,忍捱咽吞,不能堪用,方许告知,解此缠缚,倒身鼾睡,任意自醒,或至沉睡,竟日夜尤好。

(5)醒后不许开口言笑,任意长卧七日,听我时到各人耳边密语安置,曰:各人此时此段精神,正叫清明在躬,形爽气顺,皆尔连日苦辛中得来,即是道体黜聪,脱胎换骨景象。须自辗转,一意内顾深用,滋味精神,默识天性,造次不违不乱,必尽七日之静卧,无思无虑,如不识,如不知,如三月之运用,不忍轻自散涣。如此安恬周保,七日后方许起身,梳洗衣冠,礼拜天地、皇上、父母、孔孟、师尊之生育传教,直犹再造此生。

(6)嗣此,左右师座,听受三月,口传默受,神聪仁知,发明《大学》《中庸》,浑融心性阖辟,此之谓正心诚意,知格鳞鳞乎修齐身家,曲成不遗也。故曰:三月成功,翕通心性之孔昭;七日卧味,透活精神常丽躬。三月转教,全活满腔之运。即《大学》之切磋琢磨,洞获瑟僴喧赫者也。……后开八款以冲日用程级,以宏七日成功,⋯⋯何疑此功三年不可变易天下之无道也!(原注:其后八条阙佚)(《颜钧集》卷五《引发九条之旨》,第37—38页)

第一段是说,山农24岁(当为25岁)时,因其兄颜钟溪①所传阳明的《传习录》,读到其中"精神心思,凝聚融结,如猫捕鼠,如鸡覆卵"这四句话,忽有触目惊心之感,竟获得了"天机先启"的成功体验。其中引人注意的是,阳明的四句话竟然是诱发山农开创"七日闭关"之方法的机缘。两者之间有何因果关联,实难断定,吾人似亦不必深入追究个中原因。有一点则是可以肯定的:这四句话的要义无非就是要求宁静思虑、一意内敛、收摄精神,达到像"猫捕鼠""鸡覆卵"一样精神意识高度集中的状态。很显然,这在静坐修炼的过程中,是极其重要的。然而在宋代以来的儒学传统中,对此却又可做道德的解释,接近于"主一无适""收拾身心"的居敬工夫。就阳明的本意而言,应当是从道德修养的角度出发,提出这四句话的。然而到了山农那里,显然发生了根本变化,他由此"默坐澄心"(实即静坐),采用了"七日闭关"的方法,以使"神思"不走失放逸,最终获得了某种神秘体验。据他自述,这一神秘体验的经验现象是这样的:"孔昭焕发,巧力有决沛江河之势,形气遂左右逢源之□。"所谓"孔昭""巧力""形气",其义在此不必深究,要之描述的是一种与身体锻炼引起的某种生理变化有关的现象。

第二段是讲,山农通过"默坐澄心""七日闭关"而大获成果

---

① 颜钟溪(1498—1572)名钥,字子启,号钟溪(按,一作"中溪"),山农二兄,举人出身,历任教谕、知县等职。在山东茌平县任教谕时,张后觉(号弘山,1503—1578)拜入其门下,张为北方王门的开创者之一,传见《明儒学案》卷二十九《北方王门学案》。

之后,返乡创办了"萃和会"①,历经三月而大获成功,犹如孔子入鲁三月而大治。随后出游四方,先后拜徐波石、王心斋为师,得"三教活机"和"大成仁道"之旨。从此三十年,依此实践,颇有成效。不料却因讲学,而获罪入狱,被系南京狱中,幸蒙近溪救援而获释归乡。虽得以全生,但自知讲学难以收到实际效果,于是诉诸笔端,将"七日闭关"之法记录下来。这段记录是山农对自己一生的人生经历的简单回顾,从中可见,山农一生几经曲折,及至晚年,他回归于自己早年的那段神秘体验,并期望这一体验方法能够永久传承下去。

以下各段是对"七日闭关法"的详细介绍,在此不一一重复。其要点是:第三段,讲了修习这一"武功"的准备阶段,类似于道教内丹修炼的"筑基"阶段;第四段,讲了如何运气、呼吸,类似于内丹修炼的"炼气"功夫;第五段的内容是整篇文字的核心,山农开始出场,进行具体指导,向修炼者示以"秘语",令其"一意内顾深用",以防走火入魔。可以看出,整个修炼过程在山农的控制之下。在修炼了七天以后,达到无思无虑、无知无识的境界,大功初步告成。随后,还必须在师傅身边听受三月,目的是巩固成果,不令"散涣",否则前功尽弃。三月"转教"以后,才算是大功告成。这有点类似于内丹修炼的"炼神"(或"炼神还虚")阶段。此后,还必须坚持不懈,经一年或三年的继续修炼,才能最终获得圆满。后面还有八款条目的内容,由于缺载,故已不得而知。不过,最后一句很值得注意,他说"何疑此功三年不可变易天下之道",由其语气来看,他是告诫弟子必须将此法弘扬天下,如此则可改变天下。意谓天下之道可以通过每个人的"七日闭关法"

① 详参《颜钧集》卷三《自传》。

之修炼,得以焕然一新。可见,山农所述既是具体的修炼方法,同时也是一种传道方法,从中不仅反映出山农怀有一种传教布道的宗教精神①。事实上,在他的内心肯定有这样一种想法:他是想组织一种以"七日闭关"之修炼为主要手段的宗教团体,通过互相传授,不断扩大社会影响,最终实现改变天下的目标。

由于文献缺载,对于上述修炼方法的具体内容,今天已难以确认。从宗教学的角度看,这类经验之谈纯属个人体验的内容,往往带有不可言传的神秘特征。据近溪弟子曾守约的叙述,他曾因近溪的引荐,得见山农,经常看到山农的修炼过程,他这样描述道:

> (山农)兀然端坐,操觚染翰。近之则见先生(按,指山农)跃而起、忻而惕,若物之既失而复得者。留坐久久不忍舍别。叙及平生事,出示罗师(按,指近溪)《辨诬稿》,乃知先生事亲至孝,学由天启,触阳明"凝神融结"之旨,而拳拳服膺。俄自觉坚如石、黑如墨,白气贯顶而纷然汗下,至七日恍若有得,其所谓"七日来复"者,非与?(《颜钧集》卷九附录一《心迹辨》,第79页)

按,《辨诬稿》即近溪所撰《揭词》,以下将会述及。引人注目的

---

① 按,至于如何弘扬此法,现已无法详考。笔者推断,方法之一是讲学。通过讲学能达到以一传十,以十传百的社会效应,这是当时讲学运动的一个普遍理念。近溪曾说:"如予一人能孚十友,十友各孚十友,百人矣;百友各孚十友,千人矣;由千而万而亿,达之四海运掌也。"(《盱坛直诠》卷下,第250页)可见,讲学本身犹如布教传道。1540年,山农在江西省城以"急救心火榜文"招徕学徒,便带有这类性质。晚近的研究表明,泰州后学尤其是颜、何一派的传教活动中带有某种传教布道的特征,参见黄宣民:《颜钧及其"大成仁道"》,载《中国哲学》第十六辑;钟彩钧:《泰州学者颜山农的思想与讲学——儒学的民间化与宗教化》,载《中国哲学》第十九辑。

是，"白气贯顶"等描述，显然是对神秘体验的一种现象描述。毋庸置疑，这种神秘体验具有浓厚的宗教性特征。

然而在山农看来，他的这一私人经验亦可在社会道德领域得以展示和发挥，从而赋予某种"正心诚意"的道德意义以及"修身齐家"的社会意义。关于这一点，近溪在营救山农出狱之际所写的《揭词》中，有所披露：

> 一夕，偶闻其兄举人颜钥谈圣贤之学，忽胸中凝思七昼夜，即心孔豁然内通。后潜居山谷，历九月余，归则与兄论伦理道义，沛然若决江河，邻族争听，兴起联会，人皆躬行实践，无不改旧从新，遂名"三都萃和会"。（《罗明德公文集》卷五《柬当道诸老》，第22页下）[1]

显然，这是对山农的神秘体验试图做出儒学式的诠释，强调指出山农在获得神秘体验之后，积极开展乡村教化活动，创办了"三都萃和会"，联合乡族众人举行讲会，大讲伦理道德，令人人"躬身实践""改旧从新"。

关于"萃和会"的成立经过及其活动情况，据山农自述，是由其母亲倡议的，她集合家中"众儿媳、群孙、奴隶、家族、乡间老壮男妇，凡七百余人"，命山农"讲耕读正好作人，讲作人先要孝弟，讲起俗急修诱善、急回良心"，"如此日新又新，如此五日十日，果见人人亲悦、家家协和。……竟为一家一乡快乐风化，立为萃和之会"。[2]从其人数来看，不像是颜氏一族的宗会，而应是整个"三都"地区的乡村组织。从其活动情况来看，也没有经济目的

---

[1]　按，《颜钧集》卷五《著回何敢死事》附录《揭词》在"心孔豁然内通"之后，又有"灿然灵光，如抱红日"（《颜钧集》卷五，第44页）一句，然而却被《柬当道诸老》删去。

[2]　《颜钧集》卷三《自传》，第24页。

或政治色彩,而是属于乡村教化的自发性组织①,由下段资料显示,其成员可以包括士农工商。关于该会成立之后所产生的社会效应,山农又有如下生动的描述:

> 会及半月,一乡老壮男妇,各生感激,骈集慈(按,指山农母)闱前叩首,扬言曰:"我乡老壮男妇自今以后,始知有生住世都在暗室中鼾睡,何幸际会慈母母子唤醒也。"会及一月,士农工商皆日出而作业,晚皆聚宿会堂,联榻究竟。会及两月,老者八九十岁,牧童十二三岁,各透心性灵巧,信口各自吟哦,为诗为歌,为颂为赞。……鼓跃聚呈农(按,山农自称)览,逐一点裁,迎几开发,众皆通悟,浩歌散睡,直犹唐虞瑟儞喧赫震村谷,间里为仁风也。(《颜钧集》卷三《自传》,第24页)

据此看来,"萃和会"的成立虽历时仅有两月,但其家乡"三都"地区竟已呈现出唐虞三代之风。不过,不久便发生了重大转折,导致"萃和会"的迅速消亡:

> 不幸寡慈患暑,发一月,不起。一乡老壮男妇怲惨泣涕,如失亲妣,交视殡殓,各勤辛力,各动所费,七日而葬,皆尽哀。直见诚感神应,不疾而速,各致其道有如此。惜哉!匹夫力学年浅,未有师传,罔知此段人和三月,即尼父相鲁,三月大治,可即风化天下之大本也。奈何苦执哀泣之死道,竟废一乡之生机。(《颜钧集》卷三《自传》,第24页)

可见,"萃和会"与当时各地正逐渐兴起的乡约组织有很大不同,并没有严密的组织体系,仅仅因为山农之母的逝世,便遽

---

① 颜山农所创的"萃和会"与下一节将要看到的何心隐所创的"聚和会",虽同属基层的乡村组织,但两者却有很大不同,详见后述。

然告终，显得非常脆弱。不难推测，该会是在山农的感召下得以聚集而成，人们似乎是冲着山农的"七日闭关法"而来。令人注目的是，山农之母在其中扮演的角色颇为特殊，俨然有点"教母"的味道，当然也有可能是山农夸大其词。不过，时当25岁的山农似乎还没有担当起统领"萃和会"的资格和威望，这应是事实。所谓"力学年浅，未有师传"，便透露了其中的消息。顺便指出，据史料记载，山农母逝于嘉靖七年（1528）十一月①。

　　母亲的逝世以及"萃和会"的失败，促使山农做了一个重大举动，从此出游四方，投身于各地讲会②。据称，他"遍证青原人豪，大半未然"③。意谓与当时江西庐陵县地区的一些宿儒名士进行交流，却未能达到彼此相契④。1536年和1539年，山农先

---

① 据清乾隆年永新中陂颜氏余庆堂谱。转引自黄宣民：《颜钧年谱》嘉靖七年条（《颜钧集》卷十附录，第123页）。

② 按，黄宣民推断山农是在服丧三年完毕后（即1531年）离家出走的（参见《颜钧年谱》嘉靖十年条）。笔者以为，恐怕难以世俗常理来判断其行为，参之《明羑八卦引》所述，他此后遍证江西阳明弟子而未有所得，"如是又七年"（《颜钧集》卷二，第12页），这是指他于1536年拜徐波石为师之前的一段经历，以此估算，山农当于1529年即已离家出游。其因显然是由于"萃和会"的失败，使其难以在乡里立足。

③ 《颜钧集》卷三《自传》，第24—25页。按，"青原人豪"盖指江西籍王门弟子，他们于嘉靖年间常在江西庐陵县青原山举行讲会，时有"青原会"之称，参见拙著：《明代知识界讲学活动系年：1522—1602》嘉靖十二年条。按，据黄宗羲称，是时曾师事阳明弟子刘师泉（名邦采，1492—1578）而"无所得"（《明儒学案》卷三十二《泰州学案一》，第703页），经过不详。

④ 另据《明羑八卦引》载："吉郡凡及明翁（按，即阳明）门者，莫不遍证所传之次，而皆不识男子所诣，且恣疑叹：'古之狂简，恐不类子'。如是又七年。"（《颜钧集》卷二，第12页）由此看来，似乎阳明弟子对山农颇为不恭。其实，一位布衣学者在儒者士大夫之间难以得到认同，应是常情，而山农自述，往往有自我夸张之处，故亦不可尽信。

后分别拜徐波石、王心斋为师。1540年,返回江西,道经南昌,于是发生了以上提到的在南昌"同仁寺"揭榜讲学之事。据山农自述,他此次讲学的目的除了救人"心火"以外,主要是为了传心斋之道于"西江"(按,即江西)。在某种意义上可以说,江西一系的泰州学之形成与发展,可以这一事件作为主要标志。山农这样说道:

> 农之学,自授(按,当作"受")承于东海(按,指心斋),单洗思虑嗜欲之盘结,鼓之以快乐,而除却心头炎火。农之道,传衣钵于西江,专辟形骸凡套之缰锁,舞之以尽神而尽涤性上逆障。(《颜钧集》卷一《急救心火榜文》,第3页)

在这里,山农明确指出他要以继承心斋思想为己任,通过消除人们的"思虑嗜欲",倡导"快乐"以根除"心头炎火",而且将传道于"西江",来改变人们身体上及心性上的各种弊病。其中所谓"快乐",显然是源自于心斋的"乐学"思想,这一点值得重视,表明山农的一个重要思想资源正是心斋的"乐学"思想,这与他后来竭力主张"开心遂乐"之观点当有密切关联。山农在《录阳明心斋二师传道要语》中,亦曾提及于此,他称阳明的"如猫捕鼠,如鸡覆卵"之说为"开心遂乐之先务",同时又将心斋的《乐学歌》全文录出,并称"山农受传,而造有获,自成仁道"[1]。意谓山农从阳明和心斋那里获得了"开心遂乐""大成仁道"的思想旨意。用山农的话来说,又可化约为"放心"和"体仁"。而"放心体仁"说,可谓是山农思想的核心内容,也是后来山农向近溪传授的主要内容之一。

---

[1] 《颜钧集》卷五,第42页。

## 第三节　"放心体仁"与"开心遂乐"

关于近溪拜山农为师的经过,山农方面的记述甚为简略,仅见《著回何敢死事》一文,而且内中所述颇具神秘气氛,并没有提到为后人所熟知的那句名言:"制欲非体仁",这句话仅见于近溪方面的记录①。黄宗羲以近溪之说为据,在《明儒学案》做了详细描述,后人遂以为这是山农的一个重要观点。关于此说的思想意涵及其与近溪思想的关联,我们准备在第二章再做详述,这里我们主要考察一下与"制欲非体仁"密切相关的放心体仁说的思想内涵。②

关于放心体仁说,莫详于贺贻孙的记载:

> 始罗(按,指近溪)为诸生,慕道极笃,以习静婴病,遇先生(按,指山农)在豫章,往谒之。先生一见即斥曰:"子死矣。子有一物,据子心,为大病,除之益甚,幸遇吾,尚可活也。"罗公曰:"弟子习澄湛数年,每日取明镜止水,相对无二,今于死生得失不复动念矣。"先生复斥曰:"是乃子之所以大病也。子所为者,乃制欲,非体仁也。欲之病在肢体,制欲之病乃在心矣。心病不治,死矣。子不闻'放心'之说乎?人有沉疴者,心怔怔焉,求秦越人决脉,既诊,曰:'放心,尔无事矣。'其人素信越人之神也,闻言不待针砭,而病霍然。……子惟不敢自信其心,则心不放矣;不能自见其心,则不敢自信,而心不放矣。孔子曰:'朝闻道夕死可矣。'放心之谓也。孟子曰:'学问之道无他,求其放心而已矣。'但

---

① 参见《会语续录》卷上以及《盱坛直诠》卷下。
② 关于山农的"放心"说和"体仁"说,上揭陈来论文已有讨论,可以参看。

放心则萧然若无事人矣。观子之心，其有不自信者耶！其有不得放者耶！子如放心，则火然而泉达矣。体仁之妙，即在放心。初未尝有病子者，又安得以死子者耶？"罗公跃然，如脱缰锁，病遂愈。(《颜钧集》卷九附录一《颜山农先生传》，第82—83页)①。

这段记述，大意有四：一、近溪所云"死生得失不复动念"乃是心病。二、治其"心病"，必须"放心"；所谓"放心"，是指不用担心之意，而不是孟子"求其放心"命题中追寻已然散失之心的意思。三、体仁之妙，即在放心，意谓"放心"才是体仁的根本手段。四、"放心"还是"自信其心"以及"自见其心"的关键所在。总之，"放心"正是"制欲"的反义词或反命题。如果说，"制欲非体仁"旨在反对对人心的有意克制或强行抑制，那么"放心体仁"则旨在揭示放松心态的重要性，主张随着心体的自然发动，扩而充之，就好比"火之始燃，泉之始达"，人心之善儿，便有如江河之沛然莫决，势不可遏，如此则是真正意义上的"体仁"功夫。

如所周知，"求放心"之说出自孟子，按照后汉赵岐以来的传统解释，所谓"放心"，是指本心状态的丧失，因此"求放心"也就是指将走失、放逸之心重新收拾、安顿。至于如何收拾安顿，则是属于存养工夫的问题。在宋代理学史上，理学家们关于"放心"的解释，虽在某些细节问题上各有分疏，但大致而言，以上的理解是其主流。不过，也有一种见解大异其趣，倒是与山农之说非常接近。此即邵雍的解释，据《鹤林玉露》载："孟子言求放心，而康节邵子曰：'心要能放。'"接着，该书作者罗大经引申其

---

① 按，贺贻孙(生卒不详)字子美，是明遗民。传见《清史稿》卷四八四《文苑一》。与山农同为永新人，故其所述当有一定根据。

义曰：

> 二者天渊悬绝。盖放心者，心自放也。心放者，吾能放
> 也。……众人之心易放，圣贤之心能放。易放者流荡，能放
> 者开阔。流荡者，失其本心。开阔者，全其本心。[①]

这是说，对"放心"一词，有两种解释：一是"心自放"，一是"心能
放"。前者是传统之见，后者则是新解，两者有如天壤之别。不
难看出，以"能"字增入"放心"一词的解释当中，赋予了"放心"
以全新的意义。也就是说，"放心"不再是消极的、负面的概念设
定，而是具有了积极的、正面的意义，因而不再是收拾安顿的对
象。在山农的思想资源中，邵雍思想占有何种地位，目前不得其
详，难以确定。或许山农对"放心"的理解完全是由于自己体认
的缘故，而与邵雍没有必然的思想关联。不过，从观念史的角度
看，邵雍之说值得重视。

不管怎么说，经山农重新释义的"放心"说，在心学史上可谓
别树一帜。在山农看来，"放心"就是指敞开心灵、任其自然，完
全应当做正面积极的理解。由此出发，"制欲"则被认为走向了
"放心"的反面。那么，对于人心之欲望，山农又是如何看待的
呢？我们知道，在宋明理学的诠释传统中，欲的问题是与理的问
题密切相关的，人们往往在天理与人欲的框架中来理解人心欲
望的问题。并在"存天理，灭人欲"这一观念模式中，来思考和探
索如何消除或克制人欲的方法、途径。近溪的"制欲"功夫，无疑
是这一思想背景下的产物。作为这一功夫路向的重要理念是：
人欲乃是纠缠于人心中的一种负面存在，对此容不得有丝毫的
宽容或放松。即便在阳明的良知理论当中，人欲也被理解为是

---

① 《鹤林玉露》丙编卷之一"放心"条，第248页。

良知本体的一种遮蔽状态,是应当消除和克制的对象。然而在如何消除和克制的具体方法上,阳明则主张"循其良知",反对执着意识、人为强制,这就为阳明后学中"率性自然""当下即是"等观点的出现埋下了伏笔。

表面看来,山农反对"制欲",似乎是在正面肯定欲望的正当性,其实不然。上述引文中有"欲之病在肢体"这一说法,可以看出,山农对"欲"之本身并未做出道德上的肯定,他也认为欲望是身体的一种生理障碍,是必须加以克制的对象。只是"制欲"关系到如何端正心态的问题。换言之,对于生理上的人欲是否应该强行"克制"才是问题的关键所在,因此,我们不能简单地将山农反对"制欲"的观点理解为是在主张纵欲,或者理解为是在主张自然人性论。在笔者看来,山农之所以反对"制欲",主要有两点理由:一是在如何对待自我心体的问题上,他主张任其自然,反对人为强制,就此而言,这与阳明心学的顺着良知本体的自然发动,便无有不是这一重要观念有关;一是山农反对"制欲",与其自身的生命体验有着密切关联,从上面介绍的"七日闭关法"中可以看到,"翕通心性""透活精神""全活满腔"乃是山农的那套修炼功夫的重要特征,也就是说,这套方法重在开发心智、打通心性,而不在于消极抑制。显然,这与山农主张"放心"说是密切相关的。

还须指出的是,在山农的思想构造中,他的"放心"说与其对"心体"问题的看法也有密切关联。其曰:

心所欲也,性也。(《颜钧集》卷二《论长生保命》,第15页)

人为天地心,心帝造化仁。(同上书卷二《论三教》,第16页)

从心为斯仁哉!（同上书卷二《论三教》,第 16 页）

从心以为性情。（同上书卷二《辨性情神莫为互丽之义》,第 14 页）

可以看出,山农在"心"的问题上,表现出一种积极、乐观的态度,其中并不存在人心与道心的紧张对立。而山农反复强调的"从心",简直就是"放心"说的另一种表述。在山农看来,是否能够做到"从心",是把握自己"性情"、实现仁者境界的关键,而"从心"或"放心"都重在任其心体的"随时运发",在此意义上又可叫作"从心率性"①。山农认为,唯有做到"从心率性",才能真正懂得为学之根本在于"开心遂乐"。由此可见,"从心""放心""开心"与"乐学"在思想上亦有一脉相承之关系。山农说:

引发乐学,透入活机。（《颜钧集》卷一《急救心火榜文》,第 1 页）

知是昭心之灵,乐是根心之生。（同上）

破荒信,彻良知,洞豁乐学。（同上书,第 2 页）

乐学大成正造,快遂自心。（《颜钧集》卷四《履历》,第 35 页）

从心孕乐,率性鼓跃。（同上）

显然,这是源自于心斋"学即乐,乐即学"的乐学观点,其中突出强调了"乐"是"学"的追求目标、理想境界。对山农来说,"开心遂乐"是为了根治"心火";"从心""放心"要求自信其心、抛弃执念,其目的则是达到"乐学"境界。顺便指出,近溪之论学也强调"乐学"的重要性②,可以看出"乐学"主张几乎构成了泰州学派

---

① 《颜钧集》卷二《日用不知辨》,第 14 页。

② 参见《盱坛直诠》卷下,第 60 页。

的特殊家风。

总之，从思想上看，"放心体仁"与"开心遂乐"正可互相诠释。然而究极而言，放心体仁是一种工夫手段，开心体仁才是终极目标。而"体仁"说和"乐学"说，可谓是山农思想的主要风格，并对近溪思想产生了深刻的影响，特别是在"仁学"问题上，近溪更有极大的发扬和独到的阐发，甚至可以说"仁学"便是近溪思想的主要风格。①同时也可以说，在心斋至近溪的思想传承过程中，山农的历史地位是不容忽视的。

## 第四节　急救溺世的政治主张

山农对现实抱有一种强烈的忧患意识和批判精神。在他看来，当今之世已病入膏肓，用他的话来说就是："天下大溺。"具体而言，在经济上，"上下征利，交肆搏激"，其结果"逐溺邦本，颠覆生业"；在政治上，"近代专制，黎庶不饶"；在军事上，"达倭长驱，战陈不息"；在社会上，"水旱相仍""大半啼饥"；在法律上，"刑罚灭法，溢入苛烈"。

面对如此严重之情景，又有什么灵丹妙药可以挽回败局？为此，山农提出了一系列拯救溺世的方法，在吾人看来，其中的大部分主张未免不切实际，但是山农却非常认真。首先他指出：

> 只要一仁天下之巨臣，能知有种闲储之银，散藏四方，三项去处，非官非人民非矿金所堪敌，具目密启帝旁，六耳

---

① 山农关于"仁"的观点值得重视："夫尧舜之道，帅天下以仁义而已。是故仁，人心也。""夫孔孟之道，亦仁而已矣。是故其学根心生色，睟面盎背，以尽孝弟慈让之行，以为子臣弟友之人，以齐家教国风天下，皆归于仁已矣。"（《颜钧集》卷三《明尧舜孔孟之道并系以跋》，第 19 页）

> 忌莫泄扬,直透帝心悦信,必仗帝德吸采,采委哑口数人,行
> 取三月五月,积得亿万万银,聚塞帝庭,听国需用。

意思是说,拯救天下之重任唯有寄希望于皇帝身边的一位重臣(大概是指宰相一类的实力人物,尽管明代已取消了宰相制度,实行内阁制),该人能够知道天下闲散诸银之所藏处,然后密告皇帝,博取皇帝欢心,依仗皇帝之力,让他委派数名哑人,去收取那些非官非民亦非矿产之亿万万金银财宝,以为皇帝之需、国家之用。也许他把希望寄托于"天下之巨臣"的观念受到了程伊川的"天下治乱系宰相"这句名言的影响,但是不得不说,山农在政治上的上述设想过于浪漫,不但无实际的操作性可言,而且从根本上说,这套政治设计也缺乏一种政治上的理念。他所相信和所期望的一是皇帝,一是皇帝身边的一位"巨臣",认为只要通过他们的力量,聚敛天下之财,便可彻底解决社会经济问题。至于这位皇帝是否具备"天德"的资质,所谓"巨臣"是否具备了推行"王道"的能力,这些问题山农是不考虑的。

不仅如此,山农还认真地以为,在亿万万金银的基础上,边饷问题,以及中外臣工、大小官吏、皇家亲戚的诸般费用、年俸工资,"率皆取用于此无不足";然后,在社会财政问题上实行"三年免征",这样就可以"大苏民困";在刑法问题上,实行"随领洗牢,恩赦一切,原恶重狱,均与其生",意即释放所有的囚犯;与此同时,在社会上实施一次普查,使得"怨女旷夫"及流浪无归者,在"富豪士民"的慷慨帮助下,洗刷冤屈,重获新生,如此则能收到上"不劳不费",下"富且庶矣"的理想效果;最后,还有一个重要国策:必须在国家教育方面广泛吸收有学之士、贤良能人,将他们"取聘来京",授之以"孔氏心造",然后让他们"衍教四方",如此则能"丕易人心",用不到数月的时间,便能使得天底下黎民

百姓"悦亲而尊亲",用不到数年的时间,便能使天下"归仁"。总之,若能依照上述方略加以实行推广,最终就能收到四个方面的社会效果,从根本上彻底解决"民食""民命""民欲""民性"的问题:"大赍以足民食、大赦以造民命、大遂以聚民欲、大教以复民性。"他真切地呼吁:

> 如此救溺,方为急务;如此济世,是为雷雨动满盈也。
> (以上均见《颜钧集》卷六《耕樵问答·急救溺世方》,第53—54页)

以上便是山农开具的"急救溺世方",亦即拯救世界的宏伟计划。在今天看来,这套策略是否切实可行,自然是颇为可疑的,反映出心学思想家或讲学活动家们在具体的社会政治及经济等问题上未免有一种理想主义的色彩,往往有一种浪漫的思想倾向。就其实质而言,山农所设想的方案是一种自上而下的改革方案,在他看来,必须在皇帝主导以及官方体制之下才能实施这套改革方案。这也从一个侧面充分说明,山农在政治思想上并不具有反抗体制的特征,相反,显示出与官方积极合作的姿态。同样,他的教育改革的设想也强调了儒学意识形态的主导作用。

总的说来,上述的社会改革方案在具体细节问题上,未免天真而不切实际,但也应看到,他具有一种强烈的忧世意识、用世期望以及担当精神,这一点则是不容否认的,我们不能以今人的眼光,认为他的方案过于幼稚,从而加以嘲笑。事实上,他在最后所提到的"民食""民命""民欲""民性"等一系列问题,确是抓住了要害,这反映出在山农的观念中同样具有儒家传统的民本主义思想倾向。

## 第五节 小结

山农文化程度不高,文章佶屈聱牙,甚至语意不通,近溪称其文章"辞气不文,其与人札,三四读不可句"①。可见,山农并不擅长玄远思辨或著文立说,其兴趣志向亦不在此。然而在某些人的眼里,山农却极富个人魅力。这显然与他的生命体验有关,其中洋溢着一种神秘氛围,具有极强的吸引力,故而在他身边总能聚集一批文人学士或三教九流之辈。他之所以能够跻身于文人士大夫的讲坛之中,除了当时开放的讲学风气为他营造了客观条件以外,他从泰州学派那里继承而来的传道精神亦是其中的主要原因。虽然,山农思想有某种宗教性特征,但他毕竟不是一位神学家,其对阳明学以及心斋学抱有强烈的认同意识,为弘扬心学、推阐道德,以实现天下归仁作为自己的毕生志愿,可以看出其根本精神乃在于社会关怀、重振人心、拯救世界。

总之,《七日闭关法》和《急救溺世方》可谓是山农的两部代表性著作。前者涉及私人领域的问题,体现的是山农的生命体验;后者涉及社会领域的问题,体现的是山农的人文关怀。可以说,这两部著作充分体现了山农的思想特征。从山农身上,我们可以看到,注重言说与行动、观念与实践之间的互为贯通,注重社会参与和宗教性的生命体验,乃是山农思想乃至是泰州后学的一大特色。而山农思想之特殊风格则表现为:要求回归孔孟、恢复人心、重整秩序、拯救天下。基于此,我们可以说山农思想并未越出儒学传统之藩篱。

最后须指出,余英时注目于山农的生命体验及其思想的宗

---

① 《颜钧集》卷五《著回何敢死事》附录《揭词》,第44页。

教性特征,指出山农思想的根本特质在于"化儒学为宗教"①。基于此,余英时认为颜山农是泰州学派史上一位"划时代"的人物,并强调对于山农思想我们已不能以宋明以来的理学或心学传统来视之。应当说,这一观点是明锐而深刻的,值得引起我们注意。然而其"划时代"之说以及以"化儒学为宗教"来评判山农思想的这一见解,虽可指明山农已非儒家道统所能范围,但是否意味着其思想已越出了名教体制,则当另有深说。依笔者之见,以山农的个人性情,他对于理学的那套言说难以相契,却能欣赏心学的那种张扬个性的精神,故他对于阳明、心斋抱有强烈的认同意识;他对讲学化俗的社会功能极为重视,并亲自设立"道坛"、主张"聚财"以为推动讲学的经济支柱,故他实是一位讲学活动家;同时他又极其重视宗教化俗的社会功能,在他身上洋溢着一种传教精神,并以此感染和吸引了一批文人学士,故他又是一位宗教运动的实践者②;最后从政治观念、社会理想的层面来看,山农有着浓厚的"得君行道"的意识,他甚至寄希望于寡头政治的出现,由皇帝身边的一位"巨臣"独揽天下,并主张以儒家的传统学术"衍教四方",同时在他的思想中又有以民为本的倾向。总之在我看来,山农思想的最终归趋仍然未能摆脱儒家传统的价值观念,相反他对以阳明和心斋所代表的儒家学说更有积极的认同,尽管从历史上看,由于其思想的言说方式以及他的行为方式非常独特,因此已难以得到儒家士大夫的真正认同。

---

① 余英时:新版《士与中国文化》,第556—565页。
② 上揭黄宣民的论文指出:山农"要把道坛变成颇具宗教色彩的社团",而山农本人"似乎不像是儒者而像是一个教主。"(《中国哲学》第十六辑,第371—372页)余英时亦表示"完全同意"这一看法(新版《士与中国文化》,第574页)。

# 第六章　何心隐:乡村改良运动的实践家

## 第一节　前言

　　何心隐(1517—1579),本姓梁,名汝元,字柱乾,号夫山,后改名何心隐,江西吉安府永丰县瑶田梁坊人。[1]在布衣众多的泰州学派中,他是一个例外,30 岁时(1546)得中乡试第一,成为一名堂堂正正的举人,但却一生未入仕途,说起来也只能算是准士大夫,亦即无官僚身份和仕宦经验的地方乡绅。

　　心隐作为山农弟子,而被列入泰州学派。但是两人有何交往,相关史料却无详细记载。据黄宣民推测,心隐从师山农约在1546 年以后的一段时期。[2]山农在《自传》中称其为"旧徒梁汝元"[3],既不以后人通常使用的"何心隐"相称,又称之为"旧徒",值得重视。按,《自传》作于 1582 年,离心隐之死已有三年,梁汝元之改名为何心隐,山农理应知悉,为何却以旧名以及"旧徒"相称,原因似乎是心隐已被逐出门外。[4]在山农眼里,心隐算不上

---

[1]　《何心隐集》附录《县志本传》,第 125 页。

[2]　《颜钧集》卷十附录二《颜钧年谱》,第 134 页。

[3]　《颜钧集》卷三《自传》,第 27 页。

[4]　关于这一点,后面将引用的王世贞的说法可备一参。按,梁汝元之所以改名为何心隐,是为了逃避当局的追捕,时间约在 1560 年以后心隐尝自述:"自庚申(1560)前在学,乃梁其姓而汝元其名也;自庚(转下页)

是得意门生,他只承认两位门徒能够"继述"①此道,即程学颜②和罗近溪,尤其对程学颜之学识褒奖有加,甚至超过近溪。③而心隐则与近溪、学颜以及天台之交往频繁,与学颜之交尤深。1559年,心隐一度入狱,便是由于学颜的极力斡旋,才得以出狱。④关于山农与心隐之关系,王世贞有一说法,可备一参:"何心隐者,其材高于山农而幻胜之,少尝师事山农。山农有例,师事之者,必先殴三拳,而后受拜。心隐既师山农,察其所行,意甚悔。一日,值山农之淫于村妇,避隐处,俟其出而扼之,亦殴三拳使拜,削弟子籍、因纵游江湖。"⑤此说虽不可全信,但也透露出一个信息:在当时的士人圈内似有传闻心隐与山农所交不深且有龃龉。总之,以现有资料来看,心隐作为山农之徒,大致只是一种名义上的师徒关系,两人在思想上有何深入交流以及承继关系并不明确,这一点是有必要首先加以确认的。⑥确认这一点的目的不在于推翻作为泰州后学之一支的江西泰州学的传承

---

(接上页)申后游学,乃何其姓而心隐其号也。……夫以何易姓,而以心隐易名者,一以避难,一以便称也。"(《何心隐集》卷四《上湖广王抚院书》,第109页)按,"避难"是实,"便称"只是托词。另可参见《何心隐集》附录《县志本传》、邹南皋:《梁夫山传》。

① 《颜钧集》卷三《明尧舜孔孟之道并系以跋》,第20页。

② 程学颜(生卒不详)字宗复、号后台,湖北孝感人,举人出身。心隐死前留下遗言,希望死后与学颜同葬,后来其遗愿得以实现(参见《何心隐集》附录,程学博:《祭梁夫山先生文》,第135页)。

③ 参见《颜钧集》卷三《自传》,第27页。

④ 参见容肇祖:《何心隐及其思想》(《容肇祖集》,第345页)。

⑤ 王世贞:《嘉隆江湖大侠》,见《何心隐集》附录,第144页。

⑥ 余英时指出:《颜钧集》中"虽提及'梁汝元'之名,但无一字评语。这是一个值得作进一步研究的问题。"(《士商互动与儒学转向——明清文化史与思想史之一面向》,《士与中国文化》,第574页)

谱系：徐波石——颜山农——何心隐、罗近溪，而是旨在揭示在泰州后学内部，其思想上的传承往往是比较宽松的，而不具有严密的学术史意味。①

　　然而黄宗羲却将两人并列，称之为"颜山农、何心隐一派"，俨然在泰州后学中存在着所谓"颜、何一派"，而且认为该派之思想已"复非名教之所能羁络"，意谓已经完全逸出儒家正统。虽然黄宗羲声称，今之人言颜、何者，大多本诸王世贞的《国朝丛记》，而王世贞又是本诸当时的"爰书"②，"岂可为信！"③但是，"颜、何一派"之名却出自于王世贞，而黄宗羲对颜、何一派的判定，亦与王世贞《嘉隆江湖大侠》中的语气有几分相似。比如，王世贞指责山农为"鱼馁肉烂，不复可支"与黄宗羲所说的"复非名教之所能羁络"，应当说在旨意上是相近的。值得注意的是，在泰州后学中，颜、何两人均曾被官方逮捕入狱，故而在士人圈内的名声颇为不佳，甚至唯恐避之而不及，故称他们为"狂"（耿天台语）也好、"鱼馁肉烂"也好，的确含有这样一种意向：两人均已逸出名教之藩篱。

　　然而，不论是官方的司法指控还是在野士人的批评指责，反映的都是儒家士大夫的价值观念，如果我们"反其道而行之"，视这类指控为"信史"，由此推论颜何一派（且不论该词在思想史上是否属实）必定是儒学之价值观念乃至是封建礼教体制的反叛者、批判者，那么也就使得自己的判断立场陷入混乱，反而会混

---

① 关于这一点，张学智亦曾指出，参见氏著：《明代哲学史》第十六章，第239页。

② 按，《国朝丛记》不详，似是指《弇州史料后集》卷三十五《嘉隆江湖大侠》一文。所谓"爰书"，据黄宣民考证，系指记录囚犯口供的官方文书，参见上揭论文：《颜钧及其"大成仁道"》。

③ 《明儒学案》卷三十二《泰州学案一》，第703页。

同于 16 世纪的所谓正统士大夫的判断立场。以吾之见,若以两人现存的《文集》为据,对其思想做一冷静仔细的观察分析,则未必会同意诸如"鱼馁肉烂"、反叛"名教"之类的结论。事实上,从上述山农的生命体验及其乡村教育实践来看,可以说山农的行为意识并不表现为反叛儒学传统或抵制现存制度,相反他的所作所为以及思想观念表现为要求回归孔孟、恢复人心、重整秩序、拯救世界,尽管其中有诸多浪漫主义、理想主义的色彩成分。以下,我们将通过对何心隐这一个案人物的分析考察,几乎可以得出同样的结论。

关于何心隐的社会参与活动,可以从两个方面来看:一是他的重整乡村秩序的社会实践,具体表现为创立"聚和会";一是他的讲学活动,具体表现为他的"原学原讲"这一讲学理念。

## 第二节 乡村改良运动

在进入正题之前,先来了解一下明代正德、嘉靖年间江西永丰县的风土民情。以下是阳明弟子、同样是永丰县人聂双江的介绍:

> 永丰僻在山间,非水陆往来之冲。北无虏祸,南鲜倭难,鼠狗窃发,间一有之,其称雄作乱者,数百年不一见。而谷粟鱼肉之值,又弗若邻界之腾踊不常,旧称乐土,民固相安于无事也。正德以来,吏兹土者,往往以横政扰之,征输苦于耗赠,运解掊于加尅,粮里库斗,供亿之费,词讼听断,科罚之滥,宴筵侈靡,囚系淹连,甚者淫刑以逞,戕民以货己,残酷戾虐,谓为衣冠之倭虏,非耶?(《聂双江先生文集》卷四《赠邑侯凌海楼入觐序》,第 30 页下—31 页上)

这里讲的大约是 16 世纪初叶的三十年间永丰地区的社会情况。在双江的笔下,旧称"乐土"的永丰在嘉靖年间已逐渐变

第六章　何心隐：乡村改良运动的实践家

成了"倭虏"之地。在双江看来，其咎在于地方官僚的身上。双江对于现实社会、政治状况的这一略显偏激的看法，与上述山农所披露的"天下大溺"之看法，基本一致。要之，社会现实总是与理想不符，往往充满着混乱和邪恶，可以说这是儒家士大夫的一种忧患意识的典型表现。何心隐对现实社会是否也有如此激烈的不满情绪，目前不得而知，但是他在自己家乡积极推广乡村改良运动，并最终与当地官员发生激烈冲突，以致于两次被捕，最终死于武昌狱中，这表明他确乎是现实社会制度的牺牲品。

　　嘉靖三十二年（1553），心隐在家乡创建了一个族会组织，取名为"聚和会"。与山农所创的"萃和会"虽仅有一字之差，但旨意相同，都突出了"和"的精神，概指乡邻和睦之意。不过，山农突出了他个人的地位和作用，甚至以其母为该会的"慈母"，至于组织形式却无具体设计，随着其母的逝世便很快消亡，而且会中众人须向其母"叩首"，他自己却以"随机点化"为手段，招集众人实践他的所谓"七日闭关法"，可见该会颇有些神妙气氛。心隐所创的"聚和会"则全然不同。

　　首先，心隐有一严密的全盘计划，对组织形式有具体的设定，在"聚和会"中分设两个组织：一是"教"，一是"养"。并且各设"率教"一人和"率养"一人，分别管理会内的教育事务和经济事务；其下另设"辅教"三人、"辅养"三人、"维教养"四人（"维教维养"各二人），加上"率教""率养"，共十二人，组成了"聚和会"的上层管理部门。心隐亲自担任"率教"。①在大会成立之初，心隐还精心制作了两篇施政纲领，即《聚和率教谕俗俚语》和《聚和

---

① 据《聚和老老文》载，有此十二人的名号，"率教"名为"茹薏"，即心隐；"率养"名为"茹芹"，当与心隐为同族。其余十人的名号无一字相同者。参见《何心隐集》卷三，第72页。

率养谕俗俚语》。前者关于会内的教育问题,提出了几点亟需改革的意见及其理由,其曰:

> 本族乡学之教虽世有之,但各聚于私馆,栋宇卑隘,五六相聚则寥寥,数十相聚则扰扰,为师者不得舒畅精神以施教,为徒者不得舒畅精神以乐学。故今总聚于祠者,正欲师徒之舒畅也。
>
> 况聚于上族私馆,则子弟惟知有上族之亲;聚于中族之馆,则子弟惟知有中族之亲;聚于下族之馆,则子弟惟知有下族之亲。私馆之聚,私念之所由起。故总聚于祠者,正以除子弟之私念也。
>
> 每月朔望,自率教以下十二人,同祠首相聚一坐,乐观子弟礼以相让,文以相勖,懽如翕如,而相亲相爱之念亦皆油然而兴矣。故总聚于祠者,又以兴长上之亲爱也。(以上,《何心隐集》卷三《聚和率教谕族俚语》,第68页)

看得出,这是一篇大政纲领,叙述了为何有必要废除各族的私馆制度,以及将上中下各族的私馆合并为一的主要理由:一来可以加强上中下各族的团结,二来可以增强子弟们"相亲相爱"的感情。

以上还只是一种基本理念。从操作层面看,心隐还有更为具体的设想和规定,其中涉及许多细节问题,原文恕不一一引用。归纳而言,首先是"总送馔"制度的设定,规定凡是送子弟入祠接受集体教育的家庭,不必由各自家庭送馔,而是实行集体用餐制,类似于当今的学校食堂制度,资金则不分"远近贫富",一律平等负担。其次,设立"总宿祠",也有点类似于当今学校的寄宿制度,目的是为了防止各家子弟的"游荡"。为了严格实行上述制度,规定即使家族内发生婚冠丧礼等事,原则上不允许"擅归"，视具体情况，酌情处理，比如父母生病或父母诞辰之际，可以"审其缓急，处有常条"，意谓可以灵活处理，但也须根据条例操作。至于大小宴会、公私应酬，则一律不准"擅赴"。如果"半年以后"，没有犯规行为，学业稍有长进，则可变通权宜，另作处理；如果"三年后小成"，则又可另作"变通之处"；如果"十年大成，则子弟不论贫富，其冠婚衣食，皆在祠内酌处"①。可见，这一"总宿"制度实非今人所能想象，远较当今的寄宿制度要严格得多，几乎是十年之内不准擅自离开。尽管以"冠婚衣食"全部免费作为最后的奖励措施，但是这一制度能否为族内子弟毫无怨言地贯彻实行，却留有不少疑问。最后，心隐热切地表示：

> 伏惟合族长少，同心体悉，以图成功，则不惟不负祖宗，亦且表率后嗣，不一世获庆，亦且永世有赖矣。（《何心隐集》卷三《聚和率教谕族俚语》，第69页）

由上可见，聚和会首先是一教育组织，且有一套教育制度的设计。心隐的目的是要建立一个宗族范围内的公共教育体制，其终极目标则是要实现整个宗族或家族（包括本姓和外姓②）的和平共处、长久繁荣，为人子弟者则可不愧祖宗，为人父母者则可造福子孙。应当说，这实际上便是儒家学者所津津乐道的"大同"社会之理想模式。

然而若要推动实行上述教育方针，还须有赖于经济基础。换言之，族内的经济问题如何解决，关系到上述"总馔""总宿"这一教育制度能否落实。这就涉及"养"的问题。聚和会设立"率养"一职，主要任务就是统一管理族内的经济事务。根据《聚和

---

① 参见《何心隐集》卷三《聚和率教谕族俚语》，第69页。
② 同上注。

率养谕族俚语》来看,具体而言,"率养"一职主要管理乡村的赋
役问题,而不是生产问题或财产分配问题。因此"率养"相当于
"粮长"的角色,但其责任范围又超过"粮长",实际又有"里长"
的职权。其实,赋税以及劳役涉及乡村经济与国家经济的关系
问题,在明代嘉靖年间,一条鞭法虽已在江南的部分地区实
行①,但是江西永丰县的情况如何,目前不及详考。根据心隐的说
法来看,估计是以田赋为主,实行实物征收方法。要而言之,赋役
既是相当复杂的经济问题,同时又是与当地社会秩序密切相关的
问题,而且还涉及每家每户的实际利益。从实际运作的层面看,
至少有征讨、储仓、解运等各种环节的问题需要周到考虑。一句
话,这是公共领域的问题,既需要乡村基层组织的积极配合,又需
要地方政府的背后支持,实非一人之力所能承担解决。然而何心
隐却要尝试着从根本上解决当地的赋税等经济问题。

　　首先,心隐从个人与国家这一社会经济关系的角度说起,指
出:就个人而言(心隐以自己为例),都知道自己是父母养育成
人,而非"君之所赐";也都知道自己的田产是"亲之所遗",而非
"君之所赐"。因此,对于国家征收赋税劳役,大家都以为是"费
我之财""劳我之力",即便勉强应承,也只是出于"苟免刑罚"的
考虑而已,并非出于本心的意愿,甚至有些人为了逃避赋役,不
惜费财贿赂当局,以他房、他族及其他同胞兄弟来代替自己的

--------

① 　参见小山正明:《关于明代的十段法(一)》,转引自滨岛敦俊:《围绕均田均
　　役的实施》,载《日本学者研究中国史论著选择》第六卷,中华书局,
　　1993年,第219页。按,所谓一条鞭法,据《明史·食货志》载,即"计亩缴
　　银,折办于官"。实即赋役统一摊入田亩而以银两折算。据黄宗羲《明夷
　　待访录》载,嘉靖末年,一条鞭法已开始在各"通府州县"广泛施行。另可
　　参见蒙文通:《中国历代农业产量的扩大和赋役制度及学术思想的演变》,
　　载《古史甄微》第五卷,巴蜀书社,1999年,第355页。

"劳与费"。结果导致"兄弟因之以相忤,一房因之以相残,一族因之以相戕,不惟忘君之所赐,亦将失亲之所养矣"。为从根本上杜绝这类问题的发生,故有必要设立"率养"制度。对于个人来说,重要的是必须首先端正认识,要认识到这样的道理:

> 我有田产,不有君以统于上,则众寡相争,田产不得以相守也。今我得以守其田产者,得非君所赐欤? 我有形躯,不有君以统于上,则强弱相欺,形躯不得以相保矣。今我得以保其形躯者,亦非君所赐欤? 知其赐之难报也,故已设率教,又设率养,以报其赐。(《何心隐集》卷三《聚和率养谕俗俚语》,第 70 页)

也就是说,个人财产乃至身躯都有赖于国家的保护,归根结底,个人所有均为"君主"所赐,既得所赐就须思以报恩,纳税服役便是报恩的一种手段。为了确保赋役的实行,除了设立"率教"以外,还有必要设立"率养"。可见,"率养"制度之设立是建立在这样一种观念之上的:个人有义务纳税服役,以报答皇帝和国家之"所赐"。

具体而言,除"率养""辅养""维辅养"六人以外,另设"总管"十二人,管理一年四季的粮食征收;四季又细分为"八节",分设"二十四人"承担催粮任务;其下又另设"七十二人",任务是"各征粮于各候"。也就是说,在"率养"一级的管理部门以下,又分别设立"管粮""催粮""征粮"这三个部门,具体负责管理和征收粮食的一系列具体事务问题。并且规定,征粮者向催粮者负责,催粮者向管粮者负责,最后"四季完讫",将总数交付"辅养",再由"率养"核实确认,以便统一管理。①但是也有万一的情况发

---

① 按,即所谓的"以俟率养之所率也"(《何心隐集》卷三《聚和率养谕俗俚语》,第 71 页)。至于如何统一管理,心隐没有做具体说明,依我推测,可能包含两个方面:一是统一交纳赋税,一是拨付"养教"方面的费用。

生,如果"征粮"这一环节出现问题,未能如期如数完成征收任务怎么办? 首先"各候粮有未完",则由"各节粮"来弥补;其次,"各节粮有未完",则由"各季粮"来弥补;再其次,"各季粮有未完",则上报"维养者",再"转达辅养,以达率养";最后,由"率养"根据情况向"率教"通报,由"率教"出面,进行说服教育工作。可见,这是强调层层负责以及各职能部门须承担责任的相对完整的一套组织设计,其出发点在于"管理",至于基层的生产如何保证产量以及农民的利益分配如何解决等问题则在这套设计方案之外。更为重要的是,如果上述万一的情况发生,而且"率教"实行的教育失败("教之不改"),那么问题的性质就会改变,就不能由"本族"来解决,而要"呈于官司",最终由法律来解决。也就是说,在"聚和会"这套制度的背后,还须有官方的支撑。

现在我们无法得知,聚和会成立之初,是否征求了官方的同意。但是,在当时"乡约"一类的文书中,向官方寻求合作的规定非常普遍。比如在著名的阳明所亲手制订的《南赣乡约》中就规定,如果遇到纠纷或其他不测情况,不能在"乡约"范围内得到妥善解决,就可以"呈官究治""呈官追究""呈官治罪"①。聚和会做出可以上呈官司的规定,这表明该会虽是民间自发组织,但同时也显示出与官方积极配合的姿态。事实上,心隐曾经向永丰知县凌海楼写信,试图得到他对聚和会的认同。②反过来说,地方官员为了治理地方事务,也有必要得到

① 《王阳明全集》卷十七《南赣乡约》,第 601 页。
② 凌海楼(名儒,生卒不详),泰州人,心斋再传弟子,又是罗念庵的门下,与心隐有同门关系。聚和会成立的次年,凌海楼出任永丰知县,在心隐集中现存有二封给凌的书信,可参见其中的一封《修(转下页)

地方乡绅的大力合作与支持，况且聚和会的"率养"制度，对于处理复杂的地方赋役问题，提供了相当的方便。当然，乡村组织与地方政府往往处于一种紧张关系之中，当地方官员的行为出现问题时，所管辖地区便会随之出现失序现象乃至发生暴动。心隐的第一次被捕，便是由于地方官员横征额外税额，而心隐奋起抵抗的缘故，关于这一点，详见后述。

现在有必要谈一谈心隐建立聚和会的另一个理念问题，具体地说，这一问题表现为如何处理公私关系以及"欲"的问题。这是《聚和老老文》一文的主旨。在该文的开头，心隐首先指出："欲货色，欲也；欲聚和，欲也。"进而指出：欲有两种，一是私欲，一是公欲。其曰：

> 族未聚和，欲皆逐逐，虽不欲货色，奚欲哉？族既聚和，欲亦育育，虽不欲聚和，奚欲哉？（《何心隐集》卷三，第72页）

意思是说，一族之聚和乃是关键，欲与不欲，则系于聚和之实现与否。如果"族未聚和"，那么即便"不欲货色"，而欲望也会是"逐逐"而不停息；如果"族既聚和"，那么人的欲望也就会得到正常的"发育"。接着心隐又对"育欲"问题展开了论述，指出："相

---

（接上页）聚和祠上永丰大尹凌海楼书》（《何心隐集》卷三）。关于凌海楼在永丰任知县的情况，可以参见《聂双江先生文集》卷四《赠邑侯凌海楼入觐序》。另据清乾隆年修《吉安府志》卷二十一《职官表》载，凌海楼任永丰知县为嘉靖三十三年至三十七年。继凌海楼之后上任的知县陈瓒则是聂双江的弟子，也与王门有着亲密关系，任期为嘉靖三十八年至四十三年。参见《聂双江先生文集》卷四《赠邑侯陈雨亭膺奖序》，清乾隆年修《吉安府志》卷三十六《名宦传》。但是，陈瓒与心隐有何私人交往不明，根据其任期推测，或许后来心隐联合族会抗拒交纳额外征税而导致被捕入狱这一事件，与陈瓒不无关联。

聚以和,育欲率也。……相聚以和,育欲辅也。……相聚以和,育欲维也。育欲在是,又奚欲哉!"很显然,这是结合聚和会的率、辅、维这三种管理层的设置而言的。最后,心隐表示:"汝元亦奚欲哉?惟欲相率、相辅、相维、相育欲于聚和,以老老焉,又奚欲哉?"由此看来,欲货色是欲,欲聚和也是欲,但两种"欲"却有根本区别,前者只是单纯的一人之私欲,而后者则是"欲以百姓同欲"①的公欲。所谓"育欲",则是指对后一种公欲的发育和培养。总之,心隐的"育欲"主张,并不意味着人性论意义上的欲望肯定论,而应当理解为是对推动聚和会这一乡村改良运动的一种理念表述。②

以上主要就聚和会的组织形式以及具体设想做了考察,其中"率教"和"率养"制度是否现实可行,又取得了什么效果? 对这些问题,今已不可详考。不过,根据时人的复数记载,聚和会之设立取得了令人瞩目的成果,邹元标(号南皋,1551—1624)称:聚和会成立之后,当地社会"彬彬然礼教信义之风,数年之间,几一方之三代矣。"③另据《省志本传》《县志本传》等记载,心隐所建的"聚和堂"非常成功,使其家乡一带"数年之间,几于三代"④。就连对心隐思想不无批评的黄宗羲亦云:"乃构萃和堂以合族,身理一族之政,冠婚丧祭赋役,一切通其有无,行之有效。"⑤当然,"几于三代"云云未免虚构,但取得了一定的社会

---

① 以上,《何心隐集》卷三《聚和老老文》,第 72 页。
② 按,关于"欲"的问题,又可参见心隐的另外两篇文字:《何心隐集》卷二《辩无欲》《寡欲》。其中,对孟子的"寡欲"说和周濂溪的"无欲"说做了正面肯定。
③ 《何心隐集》附录《梁夫山传》,第 120 页。
④ 《何心隐集》附录,第 124、125 页。
⑤ 《明儒学案》卷三十二《泰州学案一》,第 704 页。

效果，大体上则是可信的。

　　然而，还有一个问题需要考察。依理推之，若要使"管粮""催粮""征粮"这套运作机制得以正常进行，有一前提性的问题需要解决，即必须首先确定各家各户所须负担税粮的数字依据，这个数字依据的算出又必须以田亩数为据，换言之，最终必须落实确定田亩的数额。根据有关资料显示，何心隐当时有"计亩收租"之举①，显然"计亩"是"收租"的前提。不过通观《何心隐集》却不见任何有关"计亩"的记录，也许心隐并没有大动干戈地重新丈量土地，以确定各户的田亩数，看来聚和会的"率养"制度，其目的也只是解决"以赡公家粮税"②的问题，而不在于改变各户的田亩占有现状。问题是，如果瑶田梁坊一带的田地占有情况存在不均现象而又不加以纠正，便开始实行新的征粮制度，岂不容忍了贫富不均？乃至有可能加剧贫富差距？然而事实上，"计亩收租"应当属于政府行为，地方乡绅参与其间的事例虽屡见不鲜，但从根本上说，非个人之力所能承担。③就心隐本人来说，他所能做到的也许惟有捐出"千金"④，用来"创义田、储公廪"，并作为"冠婚丧祭、鳏寡孤独之用"⑤，以此表明他自己对地

① 参见《何心隐集》附录，《梁夫山传》《省志本传》《县志本传》。

② 参见《何心隐集》附录，《省志本传》《县志本传》。

③ 按，根据明代文人的记录资料显示，在乡宦士绅的观念当中，丈量土地、核准税额，不仅是为官者的义务，其目的之一还在于防止横征暴敛等腐败行为的发生，江西籍阳明大弟子邹东廓曾为其家乡的《丈田总册》作序，指出：丈田之结果可以"使吏胥不得加损侵渔以重病吾赤子"。（《邹东廓先生文集》卷二十三《县总后序》，第126页）

④ 参见《何心隐集》附录，《梁夫山传》《省志本传》《县志本传》。按，据耿天台称，梁氏为永丰望族，"家累万金，族众数千指"（《耿天台先生文集》卷十六《里中三异传》，第1623页）。

⑤ 参见《何心隐集》附录，《省志本传》《县志本传》。

区社会所能尽到的义务。看来,贫富问题只有靠个人的善举来加以暂时的缓和,通过重新丈量土地,从源头上解决富室大户将纳税负担移稼于贫困小户身上的社会问题,已经远远超出了像何心隐这样的既无官僚身份、又无仕宦经历的一介乡绅所能力及的范围。

如上所述,政府与地方、官僚与乡绅经常处于一种紧张微妙的关系当中,如果地方官员忽然向地方额外增派税收,就必将引起地方的不满,晚明社会出现的许多"民变"现象,大多起因于此。何心隐以"聚和会"这一组织形式向地方政府做了保证,特别是"率养"制度的确立,事实上许诺了以规定数额向地方当局交纳税粮,显示出与当局积极配合的姿态,但同时也意味着向乡亲父老保证维护他们的利益。然而意外的事件还是发生了,事件的起因是地方政府忽然额外加征"皇木银两"税。围绕这一事件,心隐采取了公然抵制的激进态度,其结果是被捕入狱,从而改变了他后半生的命运。

根据黄宗羲的记载,事件的经过是:"会邑令(按,指永丰县令)有赋外之征,心隐贻书以诮之。令怒,诬之当道,下狱中。"①说得不很明确。王之垣②《历仕录》的记录比较详细:

> 梁汝元,原籍江西永丰县人,以侵欺皇木银两犯罪,拒捕,杀伤吴善五等六命,初拟绞罪,后末减,充贵州卫军。著伍脱逃各省。(《何心隐集》附录,第 145 页)

---

① 《明儒学案》卷三十二《泰州学案一》,第 705 页。
② 按,王之垣,山东新城人,嘉靖四十一年进士。即万历七年下令逮捕心隐,并将其杖死于武昌狱中的当事人。其著《历仕录》,目的是为了洗刷自己的"罪名"。原因是张居正败后,时议普遍认为王之垣之杀何心隐是为了取媚于张居正。

第六章　何心隐：乡村改良运动的实践家

这里所说的"侵欺""拒捕""杀伤""脱逃"等罪名，是否完全属实已无法详考。但至少是"充军"和"脱逃"这两项，结合心隐的后半生来看，应是事实。而所谓"侵欺"，这大概是属于"欲加之罪，何患无词"之类的捏造，拒不实行"赋外之征"应是实情。耿天台则是这样记述的：

> 一岁，邑下令督征，狂（按，指心隐）谓中有非正供者，抗弗输。为书抵令，令怒以状白当道。当道故夙有闻也，趣捕逮下狱。（《耿天台先生文集》卷十六《里中三异传》，第1624页）

此说当可信从。所谓"非正供者"，正是指"赋外之征"。根据容肇祖的研究，事件发生在嘉靖三十八年（1559），所谓拒交"皇木银两"，大概与梁氏一族有关，由于心隐是族中领袖，故有可能被指为"为首之人了"[1]。总之，1559年前后，心隐因抗拒交纳"赋外之征"而得罪当道，被捕下狱，后因友人相救，获释充军贵州，继而又从充军地脱逃，从此改姓易名，行游四方。

综上所述，"聚和会"的存在大约经历了六年时间，与颜山农的"萃和会"只维持了三个月相比，无疑是一个奇迹。考中举人之后，心隐一直未入仕途做官，大概与他立志献身于家乡的"聚和会"这一社会公益事业有很大关系。事实上，心隐的前半生大概也就做了这么一件轰轰烈烈的大事。就"聚和会"的组织设置

---

[1]　容肇祖：《何心隐及其思想》，《容肇祖集》，第344—345页。按，邹南皋《梁夫山传》则认为事件发生在嘉靖四十一年（1561），起因是当年流寇侵袭永丰，心隐反对县令及其他乡绅商议拆除"近城内外居民"之主张，结果"开罪贵势，削名被毒，欲置之死"（《何心隐集》附录，第120页）。容肇祖以为此事纯属误传（参见上揭同氏论文）。根据是心隐的自述，他以"庚申"（1560）作为自己一生的前后分期（参见《何心隐集》卷四《又上湖西道吴分巡书》等）。

及其主要活动来看,这是在乡绅主导之下的一场乡村改良运动。内容虽然只是涉及强化民间教育、改善纳税体制,但从维护地方的社会秩序和经济秩序的角度来看,这两项内容无疑具有典型意义。然而改良毕竟不同于制度上的根本改革,聚和会所努力创建的纳税体制建筑在报"君之所赐"这一理念的基础之上,要求民众在赋税问题上与官方积极配合。然而具有讽刺意味的是,一乡一族的"率养"制度却无法避免与"赋外之征"的矛盾冲突,而最终导致失败。表面看来,"赋外之征"与聚和会并无直接关联,但不妨设想一下,如果当地没有聚和会的"率养"制度,那么"皇木银两"之税也就与心隐一族不发生直接关系,正是由于"率养"制度的确立,对于乡亲的税有定额的承诺便与地方政府的"赋外之征"不免发生矛盾冲突。作为"为首之人"的何心隐因而挺身而出,也就自然是情理之中的事了。

## 第三节  以"讲学"为生命

"聚和会"的失败,由此改变了心隐后半生的命运。庚申(1560)年后,心隐逃离贵州、离乡背井、浪迹天涯,据其自称,他的长达 19 年的后半生就是在讲学活动中度过的,此言基本属实。①在其从事讲学活动的背后,有着阳明王门以及泰州王门的暗中援助。换言之,正是由于当时阳明后学诸子在各地兴起了一股倾动朝野的讲学运动,所以能够使得流离失所的心隐容易寄身其间而得到庇护。而在心隐的意识中,无论是前半生的"聚和会"实践还是后半生的讲学实践,他所从事的就是一件事——

---

① 按,其间于万历五年(1577),曾一度归省,为父母举葬,时仅三月,便因官兵前来搜捕,而再次出逃徽州祁门。参见《何心隐集》卷四《上岭北道项太公祖书》,第 91 页。

亦即"讲学"，而且讲的都是"孔孟之学"。其云："汝元所事讲学以事生平事者，事孔孟所讲所学事以事也。"并称："自庚申前，而汝元与郡邑乡族所讲者此学也。……自庚申后，而汝元与东西南北所讲者此学也。"①以至于万历七年（1579），心隐在被捕之后，还坚持认为自己是"为讲学被毒"②。尽管他清楚，官方的正面理由是"为缉大盗犯"③。

那么，他为什么坚持认为是由于讲学而被捕？其中实有一段隐秘，与当时权重天下的宰相张居正有些牵连，同时也涉及心隐的死因究竟如何解释的问题。关于这一问题，历史上众说纷纭，并无定论。详考姑且从略，就结论言之，大致有两种说法：一是认为心隐之被捕而致死，是张居正直接授意，由湖广巡抚王之垣痛下毒手。此为居正败后，御史赵崇善上疏时所披露的说法，疏中弹劾王之垣为取媚居正而杀心隐。④邹南皋亦持类似的看法，但他没有指明是张居正的直接授意，而是说这是王之垣"杀士取媚"的结果。⑤另一种看法认为，此事绝与张居正无关，而是下属官员（如李幼滋之流）为讨好居正而擅自采取的鲁莽行为。此为李卓吾等人的见解。⑥对此，耿定力有所反驳。认为既与张居正无关，亦与李幼滋无关，而是由于王之垣与心隐密友程学博素有怨恨，从而加害于心隐。⑦至于今人有一种观点以为，李卓

---

① 《何心隐集》卷四《又上湖西道吴分巡书》，第89页。
② 《何心隐集》卷四《上新建张大尹书》，第85页。
③ 《何心隐集》卷四《上岭北道项太公祖书》，第91页。此外，还有"逆犯""妖犯"等罪名，参见同上书卷四《上赣州蒙军门书》，第98页。
④ 参见《万历疏钞》卷六《明公论正大典伸积冤以彰国是疏》。
⑤ 邹南皋：《梁夫山传》（《何心隐集》附录，第121页）。
⑥ 参见李卓吾：《焚书》卷三《何心隐论》；《焚书》卷一《答邓明府》。
⑦ 耿定力：《胡时中义田记》，《何心隐集》附录，第142—143页。

吾曾暗示耿天台不但见死不救,反而落井下石。这一解释未免过度,完全是由于同情卓吾而视天台为反面人物这一学术立场所致。①

　　尽管心隐之死与张居正似无直接关联,但是他的命运却与当时的政治气氛有关,这一点却是无可置疑的。就在庚申年,从贵州"脱逃"以后,他便涉足京城,由罗近溪的介绍,与耿天台相识,并由耿的介绍,而与张居正曾有一晤。会后,张对耿说道:"元本一飞鸟,为渠以胶滞之。"而心隐则对耿说道:"张公必官首相,必首毒讲学,必首毒元。"②成为万历七年,心隐被杀的一个伏笔。③值得注意的是,当时耿天台对他的态度,据天台自称,当时恰有他任而离京,否则"当北面矣"④,意谓或许会拜心隐为师。从后来天台转而对心隐持批评态度来看,他的这一回忆当可信从。这从一个侧面反映出,心隐当时在京受到士人圈内的欢迎。另一方面,当时的北京政局,尚在严嵩的严密掌控之下,但是政坛中已有一股倒嵩势力正在蠢蠢欲动,耿天台于是年毅

① 容肇祖认为卓吾有两篇文字(按,即《答邓明府》及《何心隐论》)可以证明卓吾在心隐之死的问题上对天台"不无微词"(《李卓吾评传》,商务印书馆,1936年,第14页)。其依据是卓吾的下列文字:"其坐视公之死,反从而下石者,则尽其聚徒讲学之人。"(《焚书》卷三《何心隐论》,第89页)其实,这段文字并不能证明这是暗指天台。据耿定力的说法,当时见死不救者,却是罗近溪(参见上揭《胡时中义田记》)。
② 《何心隐集》卷四《上祁门姚大尹书》,第77页。按,关于这场对话,有复数记载,另可参见《耿天台先生文集》卷十六《里中三异传》,第1625页;耿定力:《胡时中义田记》。
③ 不过,时人对此亦有怀疑,据沈德符《万历野获编》卷八《邵芳》载:"江陵(按,即张居正)最憎讲学,言之切齿,即华亭(按,即徐阶)其所严事,独至聚讲则艴然见色,岂肯与一狂妄布衣谭道?"(第219页)
④ 《耿天台先生文集》卷十六《里中三异传》,第1625页。

第六章　何心隐：乡村改良运动的实践家

然上疏弹劾严嵩一党的吏部尚书吴鹏，因而与严嵩生隙①，而何心隐则以另外一种方式参与了倒嵩运动。看来，心隐在京的活动并非纯粹是从事讲学，他与士人官僚之交往似有一定的政治背景。事见耿天台的《里中三异传》，大意是说，心隐与一"箕巫者"相勾结，并授之以"密计"，向皇帝告密，阴以中严嵩父子，而严嵩一党的某些人反而求助于心隐，欲保其自身，另被"重用"，由此心隐陷入了中央政坛的旋涡之中，后来遭遇种种麻烦，其因盖源自于此。根据其他史料的记载，此所谓"箕巫者"，当是指道士蓝道行。黄宗羲指出：

> 心隐在京师，辟各门会馆，招来四方之士，方技杂流，无不从之。是时政由严氏，忠臣坐死者相望，卒莫能动。有蓝道行者，以乩术幸上。心隐授以密计，侦知嵩有揭贴，乩神降语："今日当有一奸臣言事。"上方迟之，而嵩揭至，上由此疑嵩。（《明儒学案》卷三十二《泰州学案一》，第705页）②

最终严嵩告败，其子被下诏狱，事在嘉靖四十一年。未几，蓝道行亦因事发败露而死于诏狱，而心隐则慌忙出逃，"南过金陵"③，此即上述天台所言"祸"者。以上所述心隐参与倒嵩，事涉奇异，但从其"癫狂"④之性格看，亦并非不可能。至于说他在京"招来四方之士，方技杂流"，亦有天台的记载可资佐证："从之游者，诸方技及无赖游食者，咸集焉。"天台劝其慎之，心隐却慷慨陈词："万物皆备于我，我何择也！"⑤可见，阳明学所倡导的

---

① 《耿天台先生全书》卷八《观生纪》嘉靖三十九年条，第10页下。
② 按，另据《明史纪事本末》卷五十四载，事在嘉靖四十年，其中未见心隐名。
③ 《明儒学案》卷三十二《泰州学案一》，第705页。
④ 参见《耿天台先生文集》卷十六《里中三异传》。
⑤ 《耿天台先生文集》卷十六《里中三异传》，第1626页。

"万物一体"之信念,根据利用者的行事作风,却可成为行不掩言、猖狂无忌之口实。

其实,在心隐的生命历程中,如同山农一样,行事风格有点神秘。据李卓吾称,耿定理曾从心隐那里得到一种所谓的"黑漆无入门之旨"①,名称就有点神秘古怪,尽管内容不详。心隐还曾自称,他与道士阮中和曾有三次会晤,此人年近九十,善治火疾,得纯阳(按,指吕洞宾)之道法,而当时名流罗念庵亦深"得其法",且"极口扬之"。②据此,则心隐在京常与"方技杂流"相交,又与道士蓝道行"同流合污",当不诬也。所有这些离奇古怪的行径反映在天台的眼里,便未免"颠狂"。王世贞虽称其为"侠",但也符心隐的行事作风。如果结合阳明的"万物一体"之观念来看,则不妨可称之为"狂者"。试看阳明《拔本塞源论》中的一段表述:

> 呜呼!今之人虽谓仆为病狂丧心之人,亦无不可矣。天下之人心,皆吾之心也。天下之人犹有病狂者矣,吾安得而非病狂乎?犹有丧心者矣,吾安得而非丧心乎?(《传习录》中,第181条)

阳明的这种"狂者"精神,正是基于"万物一体"之信念。这一信念在心斋开创的泰州王学当中,亦有典型表现。但在某些人的眼里,这种"丧心病狂"者不免被视为另类:"明儒自姚江流泽后,满腔皆是狂气。"③"姚江以千载绝学标良知,泰州以兼善万世树孔帜,不无张皇之过焉。"④甚至泰州诸子无不是"今之理学中之

① 《焚书》卷四《耿楚倥先生传》,第142页。
② 《何心隐集》卷四《又上赣州蒙军门书》,第100页。
③ 管东溟:《从先维俗议》卷四《孔门诸贤不可轻议》,第34页上下。
④ 管东溟:《惕若斋集》卷一《惕见二龙辨义》,第60页上。

侠客"，而心隐则是泰州之"霸徒"。①当然若转换视角，则可得出全然不同的结论，比如李卓吾便认为"何心老英雄莫比"②、其"狂者"之精神乃"见龙"之精神，"非他物比也"。③

行文至此，吾人似乎看不到心隐有什么明显的从事讲学的痕迹，事实上，一直到他最后被捕为止，阳明或心斋之门下在各地举行的大型讲会，也几乎看不到心隐的身影。也许我们只能说，由于受史料不足的限制，今天已无法详知心隐从事讲学的活动情况。但是更有一种可能，他对讲学的理解与我们的理解已有根本不同。他本人自信庚申前后与"郡邑乡族"所讲以及与"东西南北"所讲，都是讲学，而且讲的都是堂堂正正的"孔孟之学"。换言之，他是以讲学为生命，把自己的生命历程就看作是讲学本身。若此，则吾人又有何言可以相对？很显然，在心隐的内心深处，他的确是这样认为的，而且非常认真。这从他被捕之后、临死之前，坚信自己是由于"讲学被毒"，亦可略窥。所以李卓吾称赞道："人伦有五，公舍其四，而独置身于师友贤圣之间。"④此论可作信史。

## 第四节　原学原讲

心隐自己在万历七年被捕后，在狱中写了一篇文章，题名叫《原学原讲》，文章颇长，构思独特，堪称奇文。他企图以此文上疏当局，结果可想而知，被置诸不理。写作的目的是为了伸张自

---

① 《从先维俗议》卷二《追求国学乡学社学家塾本来正额以订正书院旁额议》，第 104 页上。
② 《续焚书》卷一《与焦漪园太史》，第 28 页。
③ 《焚书》卷三《何心隐论》，第 90 页。
④ 同上注。

己一生从事讲学的正当性。从中可以看出,心隐为何视讲学为生命的理据之所在。从该文论述的目的来看,他是要证明两个问题:一是"学"的根据何在? 一是"讲"的根据何在? 从其结构来看,大致可分为四个部分:一、讲学的发生与《尚书·洪范》的关系;二、讲学的历史展开;三、孔子之讲学:讲学之集大成者;四、孟子之讲学:孔子讲学精神之继承和发扬。

　　文章的开头一句,点出了全文的核心问题,同时也表明了作者的核心观点:

　　　　学则学矣,奚必讲耶? 必学必讲也,必有原以有事于学于讲,必不容不学不讲也。(《何心隐集》卷一《原学原讲》,第 1 页。按以下凡引此篇,不再出注)

接着心隐以《尚书·洪范》的有关人体的五种表象和功能("五事"):"貌、言、视、听、思"为例,指出:"自有貌,必有事,必有学也,学其原于貌也。"乍见之下,貌—事—学,这三者之间何以能以"必"字推论? 难道三者之间存在必然关联? 这里不得不用我们的语言来转述心隐的想法,他是想说:凡人都有面貌,而人之有面貌便可证明人是具体的存在,凡是具体的存在便必然与具体的事物发生关联,既然有具体的事物发生,随之就必然有学问的存在。所以归根结底,"学"发源于"貌"。这一转述与心隐的原意大致不差。当然哲学解释有时可以不顾及"原意",姑且撇开心隐的原意,就上述推论本身来看,应当承认这一推论基本上是可以成立的,其前提是:貌—事—学,都属于具体的人这一概念设定的范围之内。如此,按着同样的推论步骤,余下的"言、视、听、思"与"学""讲"的关系也就可以顺理成章地得出同样的结论。人既有"言",则"必有讲也",故"讲其原于言也";人既有"视、听、思",则必"有所学""有所事""有所讲"。进而言之,既然"有所学""有所讲"，也就必然"有所聚""有所统""有所传"。因此，"学"与"讲"的关系也就自然是"既有"与"必有"的关系，所谓既有学必有讲，反过来说，学而不讲则是对两者关系的错误理解。故曰："学也者，学乎其所讲也，不有讲奚有学耶？"以上是就"五事"与"学""讲"之关系所做的推理论证，要之，"即事即学也，即事即讲也"。分而言之，"事"是指"貌、言、视、听、思"之"五事"；合而言之，"事"即是学、即是讲，更不容再做分别。

至此可以看出，学和讲——合而言之，便是"讲学"——是由人体的表象及其功能所发生、所决定的，因为人若无"貌、言、视、听、思"，便不成其为人；由于"有貌必有学""有言必有讲"……，因此，学和讲便是人之所以为人的根本要求和必然表现。这就是心隐在论述讲学之必要性问题时的基本思路。顺此思路，拓展下去，心隐又以六个"又况"的表述方式展开进一步论证，依次从尧、舜、禹、文、武、周公讲起，由此得出结论说，在前孔子时代，就"已有学而学，已有讲而讲"，"又奚惟原于孔子而始有学名以名其所学，始有讲名而以名其所讲耶？"接着，心隐又以孔子的那句名言"学之不讲，吾之忧也"为依据，强调指出："乃不容不学不讲，其原也；乃必学必讲，其原也。"点明了全文的主题："原学原讲"。进而指出：

> 孔子以学以讲名家，则学其孔子家也，乘乎其讲者也。而讲则孔子以论以语乎成家之成法也，御乎其学者也。……自有生民以来，未有孔子若此其与颜（按，即颜渊）与曾（按，即曾点）与二三子相与以学以讲名家，以乐以忘其忧其盛也。

意思是说，孔子是以讲学"名家"，亦以讲学"成家"的，故欲学孔子，就须学其讲学。甚至，世界自有生民以来，还从未看到过像孔子及其弟子颜渊、曾点那样相与讲学,并以讲学为乐、以讲学忘忧。换言之,孔子之讲学正是"乐以忘忧"的精神源头。

总之,儒家圣人孔子以讲学为其一生的根本追求,同时讲学也是孔子之精神的体现,是其名家成法的根源,因此"原学原讲"就是"原于孔子",亦即回归孔子。至于"亚圣"——孟子,乃是孔子之讲学精神的忠实继续者,"亦惟原于孔子其统其传"而已。全文的结论是:孟子之原学于孔子,正是学习孔子之学、孔子之讲,因此今人若要讲学,不回归于孔孟之学、孔孟之讲,则所学所讲岂非无从谈起? 显而易见,全文的主旨在于:他力图证明讲学作为人的身体要求及其精神体现,发源于儒家并且存在于尧舜至孔孟的一脉相传的道统之中。当然,同时也是为心隐自己从事讲学寻找其合理性、正当性的儒学依据。

## 第五节　小结

以上,我们主要就两个方面——"聚和会"之社会实践以及"讲学"之社会实践,对何心隐的生命轨迹、主要思想进行了初步的考察。从中可以看到,作为举人出身的儒家学者——何心隐在区域社会的各种事务当中,是如何发挥重要作用的。但需要指出的是,一方面,在他的后半生积极从事讲学活动的背后,存在着一种明确的理念:"万物皆备于我,我何择也",亦即阳明心学以来的"万物一体"之理念;另一方面,从何心隐积极推动"聚和会"这一乡村改良运动来看,在其背后的思想理念与阳明心学有何关联,并不明确。

当然,从现存的不少文献中可以了解到,不论是阳明王门还是泰州王门,其中的大多数人积极从事地方的教化运动、规划和整顿社区建设、参与或主持丈田工作,以及兴讲学、办乡约、建义仓、修族谱，在各地的地方事务中形成了广泛的影响。①但是尽管在 1546 年前后，心隐就已拜入山农门下，尽管在 1554 年，心隐与泰州王门凌海楼相识并相交，然而从其有关"聚和会"的记录资料来看，仍然无法证明其所推动的乡村改良运动与当时的心学思潮有何直接关联。

应当说，心隐的所作所为，是出于儒家士人的自觉担当意识、人文关怀精神，而非哪家哪派的特定思想学说所能定义和规范，至少就他的聚和会实践而言，是可以这么说的。因此有理由认为，一方面应当注重以社会史、生活史乃至是政治史的研究视角来观察和评估明代心学运动的思想意义及其历史地位，但是另一方面，哲学观念史也有其自身的发展脉络，若以社会史、生活史等研究视角来夸大评估心学理论对乡村运动、社区建设乃至家族经济的影响作用，却有落于想象之可能。如果以心隐属于泰州王门为据，便断言"聚和会"这一社会实践正表明泰州学派具有融入社会事务、敢于面对现实、积极推动民间教化运动的特殊思想风格，则会使问题趋于简单化。事实上，1560 年以前，心隐的社会活动局限在永丰瑶田梁坊，其与心学家们的思想交流没有任何明显的痕迹；甚至，其后半生的所谓讲学活动，多少也带有一些自我夸大的成分。当然不是说，泰州王学并无上述这些特殊风格，笔者只是强调心隐的乡村实践与泰州王学未必存在必然的思想关联。

何心隐的一生被一分为二，前半生曾有过辉煌，但以失败告终；后半生则是在改姓易名、流浪漂泊中度过的；最后的生命结

---

① 有关这方面的研究，可以参见吕妙芬：《阳明江右学者的讲学与地域认同》，《阳明学士人社群——历史、思想与实践》，台北"中央研究院"近代史研究所，2003 年。

局更是悲惨凄凉。但是其一生却有着一贯之精神支撑："修身必先齐家"之精神，"一体同善""兼善万世"之精神，"万物皆备于我，我何择也"之精神。也就是阳明和心斋所大力弘扬的"万物一体""人人君子"之精神。就结论而言，他的一生是失败的。若以成败论英雄，他算不上是一位"英雄"。李卓吾对他有一句评论，可成为心隐的"盖棺定论"："公家世饶财者也，公独弃置不事，而直欲与一世贤圣共生于天地之间。……人莫不畏死，公独不畏，而直欲搏一死以成名。"①故在卓吾的眼里，他是"英雄莫比"。心隐自己在入狱后，有一句自我表白："且以元为名教中罪人，诚有之矣。"这是坦陈：若以"名教中罪人"作为罪名，那么他甘愿一身承担。然而"肆毒于元者，不以名教罪之，而以妖逆罪之"②，则根本是无稽之谈。由此看来，黄宗羲称颜、何一派"复非名教之所能羁络"，盖有所自。但是，出自心隐之口，实是自我挪揄、无可奈何的心情表露；而出自黄宗羲之口，便带有正面抨击、致人死地的味道。对此，若以今日之立场观之，则是不容不经批判便可全盘接受的。

总之，与其说心隐是离经叛道的思想家，还不如说是一位乡村运动的实践家、民间教育家、讲学家。从根本上说，其思想意识、行为方式仍然未摆脱儒学传统的观念模式、价值体系。由于其行事古怪的作风，故被称为"狂"或"侠"或"霸"，但不足以成为推翻心隐对于"孔孟之学""孔孟之道"抱有强烈的自觉承担意识的论据。相反，我们可以从他的身上（而主要不是从他的理论）强烈地感受到以讲学为生命的抱负已经化为他的具体实践，

① 《焚书》卷三《何心隐论》，第88页。
② 《何心隐集》卷四《与邹鹤山书》，第83页。

他的"聚和会"的乡村改良运动及其后半生周流天下的经历都是一种讲学实践,并且通过"原学原讲"再三强调他所讲的都是"孔孟之学",由此亦可看出,心隐对于儒学思想有着强烈的认同感。当然我们也应该坦率地承认,从卓吾对他的"英雄莫比"的至上评价,从他自己甘愿承认"为名教中罪人"等方面来看,宋明以来的理学或心学的义理传统确已难以规范其思想格局。①

---

① 余英时通过对《颜钧集》的细致分析,指出颜山农"既没有自觉地发展一套思想系统,也无意将自己的某些想法放进当时理学或心学传统之中",所以"严格地说,他的议论如果放进《明儒学案》是很不调和的"(《士商互动与儒学转向——明清社会史与思想史之一面相》,《士与中国文化》,第558页)。这是很有见地的论断。应当说,心隐在这方面的情况与山农十分一致。

# 第七章　罗汝芳:泰州学的终结

罗汝芳(1515—1588),字惟德,号近溪,门人私谥明德,江西建昌府南城县泅石溪人。关于近溪一生的思想历程,其孙罗怀智有一归纳:

> 盖公十有五而定志于洵水,二十有六而证学于山农,三十有四而悟《易》于胡生,四十有六[1]而授(按,当作"受")道于泰山丈人,七十而问心于武夷先生。其他顺风下拜者不计其数,接引友朋,随机开发者,亦不知其数。(《罗明德公文集》卷首《罗明德公本传》,第 22 页下—23 页上)

此可略见近溪一生不断拜师交友。近溪弟子杨起元(号复所,1547—1599)亦称近溪一生"德无常师,善无常主"[2]。意谓近溪学无常师,其思想常在不断变动完善之中。的确,综观近溪一生,我们难以确定哪一年便是其思想成熟的最终标志,大致地说,26 岁那年拜师山农,标志着其思想基本完成了由理学向心学的转型,34 岁那年悟《易》,可以认为是其思想基本成熟的一个标志,然而中年及晚年,近溪在思想上仍有几次重要的了悟

---

[1] 按,"四十有六"有误,详见后述。

[2] 杨复所:《罗近溪先生墓志铭》,《罗近溪先生全集》卷十附录,第 40 页上。

经历。

以下,先从其生平学履说起。

## 第一节　生平学履

**家族背景**　南城县罗氏家族的世系传承可上溯至西汉,到近溪一代,已相衍了二十一世。其父罗锦(1490—1565),字崇綗,号前峰,为郡庠生,毕生"留心教事,隆师取友,以倡合族",而其家族成员则大多从事"生殖以广赀"。①近溪的祖父两代参与建造了家乡的临田寺②,反映出其家族有信佛背景。近溪早年由于身体屡弱而食素,曾习《法华》诸经,故终其一生未敢轻议佛学。③近溪母宁氏则是虔诚的佛教信徒,据载"日惟瞑目静坐"④。

前峰年少时,师从江西临川人饶行斋⑤习阳明良知之学。行斋曾于正德九年,入阳明门下⑥,准此,则前峰为阳明再传弟子。前峰曾多次参加乡试而未果,遂在家乡建"里仁社会"(又称"里仁会"),约族人讲学"数十余年","盱人士知讲学明道,实自先君始之"。⑦后来,近溪继承前峰的遗志,将"里仁社会"改为

---

① 《罗明德公文集》卷三《南城四石溪罗氏祠记》,第12页下,13页上。
② 《罗明德公文集》卷二《临田寺砧基薄序》,第72页上下。
③ 《罗明德公文集》卷四《云南唐中丞墓志铭》,第48页上。
④ 《罗明德公文集》卷四《先母宁太安人墓志铭》,第54页上。
⑤ 参见《龙溪王先生全集》卷十四《赠前峰罗公寿言》。据《江西通志》卷八十二《人物》十七载:"饶瑄字文璧,以字行,临川人,正德癸酉乡试。……初善横渠以礼为先之教,中慕邵子静生百原之学,最后独深信象山而遵体之。盖文璧之学凡屡变而卒归于简易云。自号行斋,学者称为行斋先生。"
⑥ 《王阳明全集》卷三十三《阳明年谱》正德九年条,第1237页。
⑦ 以上参见《罗近溪先生全集》附录《乡约全书》,第26页下,《罗明德公文集》卷四《先母宁太安人墓志铭》,第53页下。

"里仁乡约",进一步推动家乡的讲学活动。

**静坐制欲** 近溪 5 岁时,其母授以《孝经》《小学》,开始识字。7 岁入乡学,15 岁拜张洵水①为师,开始系统研习举子业。当时他主要倾心于《近思录》和《性理大全》等理学书籍,并对书中所说的各种工夫"信受奉行也,到忘食寝、忘死生地位"②,但收效甚微。约在 17 岁那年,近溪因明初理学家薛瑄(号敬轩,1389—1464)的"澄心"主张而感到振奋③,于是"立薄,日纪功过,寸阴必惜,屏私息念。如是数月,而澄湛之体未复。壬辰(1532),乃闭户临田寺中,独居密室,几上置水一盂、镜一面,对坐逾时,俟此中与水镜无异,方展书读之。顷或念虑不专,即掩卷复坐,习以为常,遂成重病"④。其实,近溪所习乃是理学家提倡的"制欲"或"克念"之类的功夫,结果患上了"心火"疾病。罗前峰诊断"儿病由内非由外也",欲治此"心病",唯有放松心态,于是,前峰拿出阳明《传习录》,"指以致良知之旨",据传近溪"阅之大喜,日玩索之,病瘳"⑤。可以说,由《近思录》《性理大全》转向《传习录》,标志着近溪在思想上由理学转向心学,对其思想的形成具有重要意义。不过,在思想上迎来重大转机,则要等到拜师山农以后。

**拜师山农** 1536 年,近溪 22 岁入县庠。26 岁参加乡举考试而失败。同年,颜山农在江西省城举行讲会,号称为天下人

---

① 《新城县志》卷十《人物志》四《儒林》:"张玑,洵水,嘉靖三十四年贡太学,任钱塘训导。"

② 《明道录》卷三,第 126 页。

③ 参见《罗近溪先生全集》卷十,杨复所:《罗近溪先生墓志铭》,第 32 页下。

④ 《盱坛直诠》卷下,第 289—290 页。

⑤ 同上书,第 290 页。另可参见《明道录》卷三,第 126 页。

"急救心火"①。近溪受到"心火"一词的吸引,入内与之接谈,一晤之下,"大梦忽醒"②,遂下拜为师。关于其经过,在第五章已有叙述,在此不赘。按杨复所的说法,两人的对话可称之为"制欲体仁"之辩。③对近溪来说,这场对话的意义在于:一味克去己私的制欲工夫不仅是多年来"心火"病的症结所在,而且与儒学的"体仁"工夫更是南辕北辙。山农一针见血地说道:"子如放心,则火燃而泉达矣。体仁之妙,即在放心。"④意谓首先须确立"自信",进而"放心"如此就能收到"火燃泉达"之效,最终便能达到"快遂自心""率性鼓跃"⑤的境界,"心头炎火"⑥也就不治而愈。据载,近溪闻后"如脱缰锁,病遂愈"⑦。由 20 岁左右"病瘵",到此时"病愈",标志着近溪思想已有重大转向,他意识到宋儒的各种工夫在为学方向上已然有错,未免与"自信本心"发生偏离。所以,后来近溪一生坚持"人能体仁,则欲自制"⑧的思想观点。

**归学十年** 三年后,29 岁的近溪终于乡试及格,成为举人。次年,参加会试也顺利通过,但是近溪却放弃了殿试的机会而遽然返乡,此后在家度过了近十年的闲暇时光,即所谓"归学十年"。在京,近溪与心斋弟子徐波石及颜山农兄颜中溪等人相识,并一起参加了"灵济宫大会"⑨。返乡次年,近溪即开始展开

---

① 参见《颜钧集》卷一《急救心火榜文》。
② 《会语续录》卷上,第 266 页。
③ 《太史杨复所先生证学编》卷四《识仁篇序》,第 379 页。
④ 贺贻孙:《颜山农先生传》,《颜钧集》卷九附录一,第 82—83 页。
⑤ 《颜钧集》卷四《履历》,第 35 页。
⑥ 《颜钧集》卷一《急救心火榜文》,第 3 页。
⑦ 贺贻孙:《颜山农先生传》,《颜钧集》卷九附录一,第 83 页。
⑧ 《盱坛直诠》卷下,第 249 页。
⑨ 同上书,第 292—293 页。

了讲学活动,常与友人讨论"明道、象山、阳明、心斋义旨"①。1547年,近溪出游江西吉安、永新,趋访山农②,随后顺道拜访了双江、念庵、东廓、师泉等阳明大弟子③,目的似是为了参加该年江西籍王门弟子在庐陵县举行的"青原大会"④。

关于"归学十年"的思想经历,近溪后来回顾道:"余会试告归,寔志四方。初年游行,携仆三四人,徐而一二人,久之自负笈,行不随一介。凡海衿簪之彦、山薮之硕、玄释之有望者,无弗访之。及门惟以折简通姓名,或以为星相士,或以为形家,或通或拒,咸不为意。其相晤者,必与之尽谭乃已。"⑤可见,十年期间,出游访学几乎不断。可以说,访学交游是近溪思想得以最终形成的关键。

**拜师学"易"** 嘉靖二十七年(1548),近溪拜胡宗正为师,随其学《易》,关于其间经过,《行实》记载甚详,大意如下:"宗正乃言曰:'《易》之为《易》,原自伏羲泄天地造化精蕴于图画中,可以神会,而不可以言语尽者。宜屏书册,潜居静虑,乃可通耳。'师(按,指近溪)如其言,经旬不辍。宗正忽谓师曰:'若知伏羲当日平空白地著一画耶?'师曰:'不知也。'宗正曰:'不知则当思矣。'次日,宗正又问曰:'若知伏羲当日平空白地一画未了,又著二画耶?'师曰:'不知也。'宗正曰:'不知当熟思矣。'……如是

---

① 《盱坛直诠》卷下,第293页。
② 《罗明德公文集》卷四《永新蒋母李孺人墓志铭》,第75页下。据载,同行者"数十辈"。
③ 据颜山农《新城会罢过金溪县宿疏山寺游记》(《颜钧集》卷一)载,是年,山农与近溪同游南城、金溪,与心斋弟子吴疏山会晤,在疏山寺举行讲会。
④ 参见《耿天台先生文集》卷四《与邹汝光》第三书,第376—377页。
⑤ 《盱坛直诠》卷下,第293—294页。

坐至三月,而师之易学恍进于未画之前,且通之于《学》《庸》《论》《孟》,诸书沛如也。"①从易学史的角度看,宗正所谓"伏羲泄天地造化精蕴于图画中",这表明其所擅长的是"图书易"而非义理易。图书易借助"图"为诠释易理之工具,注重"神会"而排斥文字索解。所谓"图"也只是某种观念的形式表示,"图"之本身并不重要,如何通过图中的黑白、方位以及点数的排列变化来了解和领会蕴涵于其中的易理才是关键所在。②不难想见,近溪静坐三月,决非是为了从言语上求得有关易学的知性了解;宗正的不断指点则是要求近溪参透"未画之前"宇宙造化的"本真"意义。故后来近溪自己也说,为学的目的就是要了悟"性命的根源"③。总之,从 26 岁到 34 岁,近溪两次拜师都有重大领悟。拜师山农是其思想发生重大转向的一个标志:由《近思录》转而"信仰"《传习录》,由宋儒工夫"回头"返向孔孟宗旨;拜师宗正的结果,却从根本上解决了易学与其他儒家经典如何贯通的问题,最终对宇宙造化、性命根源有了根本领悟。在此意义上说,34 岁的这次体悟经验实是近溪思想基本成熟的一个标志。

**格物之悟**　次年,近溪对格物问题有所领悟。他说:"比联第归家,苦格物莫晓。乃错综前闻,互相参订,说殆千百不同。每有所见,则以请正先君,先君亦多首肯,然终是不为释然。三年之后,一夕忽悟今说,觉心甚痛快。中宵直趋卧内,闻于先君。先君亦跃然起舞曰:'得之矣! 得之矣!'迄今追想一段光景,诚为平生大幸大幸也!"④由"联第归家"到"三年之后",从时间上

① 《盱坛直诠》卷下,第 294—295 页。
② 参见郑吉雄:《易图象与易诠释》所收《论儒道〈易〉图的类型与变异》。
③ 《一贯编·论语上》,第 244 页。
④ 《会语续录》卷上,《近溪子集》,第 266 页。

看,当是指 1544 年至 1547 年这段时间。然据《本传》所载,"三年后"被系于"己酉"之后,若此,则当在 1552 年。今姑从《本传》之说。在上述"沉思数月"一段文字之后,近溪结合自己早年的思想经历,提出了有关格物问题的独到理解,就字义看,近溪释"物"为"本末始终"的一切物事;释"格"为古先圣人为后人制定的"法程""规矩"。但重要的是,《大学》格物应与其他儒家经书"贯通"起来理解。他说:"岂止《四书》,虽尽括《五经》,同是'格物'一义。盖学人工夫,不过是诚意、正心、修身、齐家、治国、平天下。而四书五经是诚正修齐治平之善之至者。圣人删述,以为万世之格,《大学》则撮其尤简要者而约言之,所以谓之曰:'在格物也。'今观其书,通贯只是孝弟慈,便人人亲亲长长,而天下平。孟子谓:'其道至迩,其事至易。'予亦敢谓:'其格至善也。'"①显然,在他看来,格物问题并不单纯是"即物穷理"或"求诸良心"的工夫问题,而是贯通四书五经以及诚正修齐治平等工夫的一般原理。总之,近溪的格物之悟意味着其对天命之性、人性至善、孝弟情感等问题终于有了一个"通贯无二"的全盘了解。

**浑化自然** 至此,近溪经历了几次思想变迁之后,其思想已日趋成熟。1553 年,近溪终于决心结束游学生涯,北上应廷试。途经山东临清,忽罹重病,偶遇"泰山丈人",指以病症在"心"而不在"身",并示以药方,近溪得以身心豁然,痼疾全消。《全集》记录了两人的大段对话:"翁(按,即泰山丈人)曰:'君自有生以来,遇触而气每不动,当倦而目辄不瞑,扰攘而意自不分,梦寐而境悉不忘。此皆君心痼疾,乃②仍昔也,可不亟图疗耶?'罗子愕

---

① 《一贯编·四书总论》,第 221 页。
② 按,"乃"《罗明德公文集》卷三《泰山丈人》作"今"。

然，曰：'是则予之心得，曷言病？'翁曰：'人之身心，体出天常，随物感通，原无定执。君以宿生操持，强力太甚，一念耿光，遂成积习。日中固无纷扰，梦里亦自昭然。君今谩喜无病，不悟天体渐失，岂惟心病，而身亦不能久延矣。盖人之志意，长①在目前，荡荡平平，与天日相交，此则阳光宣朗，是为神境，令人血气精爽、内外调畅。如或志气沉滞，胸臆隐隐约约如水鉴相涵，此则阴灵存想，是为鬼界。令人脉络纠缠、内外胶泥。君今阴阳莫辨，境界妄縻，是尚得为善学者乎？'罗子惊起，叩谢伏地，汗下如雨。从是，执念潜消，血脉循轨。"②这段对话有点神秘气息。从其内容看，所述乃是与道教修炼术有关的一种功法，所谓"神界""鬼界""天日相交""阴灵存想"，均属道教内部的特殊术语。与13年前，近溪与山农所讨论的问题相比，既相似又有差异。相似性在于两次体验都涉及了如何从根本上解除"心病"的问题；差异性则在于：此次对谈显得更为专业和深入，泰山丈人以"水鉴相涵""阴灵存想""脉络纠缠""内外胶泥""阴阳莫辨""境界妄縻"等一系列专业术语，指证了近溪"心病"的症结所在，不得不令近溪伏地叩谢，汗如雨下。有史料证明这次"来自外道"的神秘体验是近溪对心性问题最终有所了悟的一大契机。其中说道近溪初年将自己的本心气性"强力调摄"，弱冠以后"乃遇高人相见，痛加呵斥"，因而有所领悟，但是"以其来自外道，甚不甘心"，于是发奋读书，钻研儒家经典，终于"惊惕惭惶，汗流浃背。……忽尔一时透脱"。③可以称之为心性之悟。大致说来，此次心性之悟是在与泰山丈人相遇之后不久的某段时期内所发

---

① 　按，"意，长"《泰山丈人》作"虑，常"。
② 　《罗近溪先生全集》卷七，第47页下—48页下。
③ 　《一贯编·心性上》，第335—336页。

生的。我们不妨借用近溪门人所说的"浑化自然"①一词来评价和定位近溪这次最终的体验和了悟。要之,1553年近溪终于决心结束游学生涯的前后一段时期,其思想的基本格局已告形成。

**出仕与讲学** 1553年,近溪终于通过廷试,及第进士,从此踏上仕途。在长达约17年的宦途中,总的来说非常平稳。这里仅就其官僚生涯中的讲学活动略做介绍。就在及第进士的当年,近溪被委任太湖县令。据载,他治理地方有三大法宝:"乡约""讲规""圣谕",他自己曾说:"惟居乡居官,常诵我高皇帝《圣谕》,衍为《乡约》,以作'会规',而士民见闻,处处兴起者辄觉响应。乃知《大学》之道在我朝果当大明。"②所谓《圣谕》,即洪武三十一年(1398)颁布的《教民榜文》中的六句话:"孝顺父母,恭敬长上,和睦乡里,教训子孙,各安生理,勿作非为。"近溪不仅将"六谕"放在儒家经典史上来定位,盛赞其为"直接孔子《春秋》之旨"③,甚至将朱元璋本人置于"承契"尧舜孔孟这一儒家道统的谱系之中,将其"神格化",并常以"圣神"称之。三年后,近溪转任刑部主事,在京任职期间,先后与耿天台、耿定理兄弟相识,经常聚会讲学。1562年出任宁国府知府。据称,与治理太湖一样,"以学会、乡约治郡"④"联合乡村,各兴讲会"⑤,制定《宁国府乡约训语》⑥,将"圣谕六言"纳入其中,并以通俗的语

---

① 出自近溪弟子曾凤仪在"泰山丈人"条上的批语:"此是先生生平学案,由矜持而浑化,即勉强而自然。"(《罗近溪先生全集》卷七,第47页下)可见,近溪门人十分看重近溪的这次体悟。
② 《明道录》卷一,第24—25页。
③ 日本九州大学藏本《近溪子集·庭训下·言行遗录》,第2页上。
④ 《盱坛直诠》卷下,第309页。
⑤ 杨复所:《罗近溪先生墓志铭》,《罗近溪先生全集》卷十附录,第34页下—35页上。
⑥ 《罗近溪先生全集》卷十三附录《乡约全书》,第1页上—16页下。

言对此做了演绎解释,完成了《太祖圣谕演训》。1564 年合宁国府六县,举行了声势浩大的"六邑大会"①。其时,恰逢耿天台出任南畿督学,两人经常联手在南京举行讲会。②可以说,直至1565 年宁国知府任期届满为止,近溪在徽州、南畿一带将讲学运动推向了高潮,据称起到了"教化大行,远迩向风"③的社会效果。

　　1565 年后,近溪父母前后去世,他在家乡服丧期间仍不忘讲学,并开门授徒,来学者"日益众"④。同时,也经常参加南城附近的各种家族性质的讲会⑤。万历元年(1573)起复。上京途中,一路讲学不辍。抵京后,得补山东东昌太守。未几,迁云南屯道宪副。1575 年抵达云南后,在当地频举讲会⑥。万历五年,以云南地方官员的代表身份,入京为万历帝祝寿。事毕,上疏乞休,有终养之意。⑦正值该年为会试年,各地学子云集京师,近溪终日与同志讲学,与僧侣辈为伍"谈禅"。张居正遣子往听之,近溪却赠以《太上感应书》,令居正颇为不悦。⑧据传,居正"唆使"言官弹劾近溪,降旨"玩旨废职",责令致仕。⑨至此,近溪结束了仕宦生涯。

---

① "六邑"指:宣城、泾、太平、宁国、南陵、旌德。
② 《盱坛直诠》卷下,第 238—242 页。
③ 同上书,第 304 页。
④ 同上书,第 310 页。
⑤ 参见《罗明德公文集》卷一《乐安衙北詹氏谱序》《乐安古塘陈氏谱序》《乐安前团张氏谱序》等。
⑥ 各处讲学语录有:武定、澂江、临安、石屏、楚雄、永昌等。参见《近溪子集》卷书,第 169—198 页。
⑦ 参见《罗明德公文集》卷五《家报十纸》第五、六、八、九各书。
⑧ 参见九州大学本《近溪子集·庭训下》,第 37 页下;《盱坛直诠》卷下,第 346 页。
⑨ 参见《明实录》卷六十六"万历五年闰八月辛亥"。

**晚年遗行** 近溪致仕后的万历年初,由于张居正实行严禁讲学的政策,使得嘉、隆以来的讲学运动遭到了严重挫折。万历十年,随着张居正的逝世,近溪的讲学活动才逐渐恢复。1584年,近溪取道崇仁,经永丰,入吉安访王塘南,入安福访邹颖泉,入永新访颜山农,入泰和访胡庐山,沿途讲学,留下不少讲学记录,近溪自称"此行了数十年期约会"①。1585年,近溪在南昌举行大会。近溪逝世前二年(1586),他出游南京,沿途举行了各种系列讲会,在南京滞留月余,讲学于鸡鸣寺凭虚阁,据称南京"各部寺诸大夫及都人士""六馆师生"纷纷参与,达到了"日会百计"或"一集数百人"②的程度,另有记载,与会人数"无虑千人"或"殆万人"③。这可能是近溪在南京讲学月余的合计数字。返程途中,又连举讲会,"缙绅士民一时云集"④。会后整理出版了《会语续录》,后与《近溪子集》六卷合并而成八卷。可以说,这次讲学活动是近溪学术生涯达到辉煌顶点的标志,并在南京一带重新燃起了一股讲学风潮,但同时也为他人非议近溪晚年之"遗行"留下了口实。

所谓"遗行",含指晚年行为略有问题。用耿天台的说法,就是指"一二遗行"或"不检押行事"⑤,由此引起了种种非议。其

① 《盱坛直诠》卷下,第350—351页。
② 以上,参见《盱坛直诠》卷下,第352—353页;《罗明德公文集》卷二《会语续录引》;赵瀫阳:《会语续录序》(《罗近溪先生全集》卷首);赵瀫阳:《近溪罗先生墓表》(《罗近溪先生全集》卷十附录),等。
③ 《杨复所先生家藏文集》卷三《知好录序》、卷五《文塘黎先生墓志铭》(叶数字迹不明)。
④ 《盱坛直诠》卷下,第361页。
⑤ 参见《耿天台先生文集》卷三《与子健·四》;《耿天台先生文集》卷三《与周柳塘·十四》。关于近溪晚年"遗行"问题,佐野公治曾有探讨,参见《明代知识人の一侧面——罗近溪の隐された人间像》。

中最受人议论的乃是近溪晚年的"丧子"事件。1579 年,近溪受到同年进士刘尧晦(号凝斋,1522—1585)的邀请①,偕二子罗轩、罗辂及道士胡中洲②出游广东。然而,就在广东肇庆,二子及胡中洲突然死亡,死因或许是感染了当地的流行疫病③。本来,此事完全可做医学上的解释,不值得大惊小怪。不过引起后人非议的是,近溪后来对于死亡经过以及对亡灵现象所做的种种神秘描述。首先是罗轩忽得重病不起,自料"大数已定",近溪问中洲,罗轩死后将"焉往?"中洲答曰:"生西方第七朵金莲中。"接着,罗辂亦随之病倒,近溪"急讯中洲",中洲答道:"兹岂独二令郎哉? 吾亦将告行矣。"并预告了自己的死期。继而罗辂自云死后将"职供斗府,积累将可复",并口授一文,由近溪代笔,详记"频年持诵功课簿"④,焚之以呈"斗府"。意谓斗府便是他来生归宿之地,而斗府乃是道教中的一种信仰。最后近溪写道:"自是二子灵应叠出,显明无比。备纪于怀智孙《行略》。""灵应叠出"概指亡灵现象,俗称"显灵"⑤。要之,在近溪家族中不仅

---

① 刘凝斋时为两广总宪,见罗近溪:《二子小传》(《罗明德公文集》卷四,第 22 页下)。

② 关于胡中洲(1532—1579)其人其事,各种记载错综复杂。可参见以下史料:《龙溪王先生全集》卷十五《祭胡东洲文》、《耿天台先生文集》卷六《寄示里中友·一》、《罗明德公文集》卷四《二子小传》、《二父行略》(罗怀智撰)、《松枢十九山·狯园》卷三"玄符老人"等。

③ 据《二子小传》载,行至广东前既已"闻广中病气甚烈"(《罗明德公文集》卷四,第 22 页下)。

④ 所谓"功课簿",实即"功过格"之一种。据近溪说,"词意悽惋,真足以动帝听"(《罗明德公文集》卷四《二子小传》,第 25 页上下)。

⑤ 《罗明德公文集》卷四《二子小传》,第 26 页上。参见《罗明德公文集》卷四《二父行略》。

有"灵魂不死"的宗教信仰,甚至还有"与神灵通话"之类的宗教体验。[①]有史料显示,这一事件在当时已传得纷纷扬扬,近溪死后,还被人上疏指责,认为近溪的种种神秘描述是"必无之事"[②]。不过在天台看来,近溪在生活上虽涉足佛老,但其思想归趣仍在儒家圣学。[③]唐鹤征的见解与天台也非常相近,认为世人多以近溪之"踪迹"未免有疵而横加非议,但究极而言,近溪之见识"终不可废也"[④]。

**简短小结**　由上可见,近溪一生的思想经历具有多重复杂的面向,他在公众领域坚持以儒学作为教化之本,大谈良知孝弟,但在私人领域却处处表现出对释老之学及静坐体验的关心。对于近溪思想的这种多重面向,黄宗羲有一中肯之论:虽然时人以为近溪未免玩弄"气机之鼓荡,犹在阴阳边事",与吾儒圣学似有"一间之未达",然而"以羲论之,……若以先生近禅,并弃其说,则是俗儒之见,去圣亦远矣"。并针对上面提到的杨止庵对近溪的严厉批评,宗羲指出:"此则宾客杂沓,流传错误,毁誉失真,不足以掩先生之好学也。"[⑤]应当说,黄宗羲对近溪所表示的这一理解,与其对其他泰州学子的评判相比显得颇为不同,值得重视。[⑥]总之,近溪对儒学思想特别是阳明以来心学理论的深刻认同必然根源于他一生独特的生命体验。因此,当我们在探索

---

① 关于近溪死后的"尸解"现象,沈德符《万历野获编》卷二十七《尸解》一文亦有具体介绍,另可参见《涌幢小品》卷二十九《刘罗陶仙游》。

② 《杨端洁公文集》卷一《文体士习疏》,第 659 页。

③ 参见《耿天台先生文集》卷十九《记怪》,第 1911—1917 页。

④ 《宪世编》卷六《罗近溪先生》,第 822 页。

⑤ 《明儒学案》卷三十四《泰州学案·三·罗近溪传》,第 762、763 页。

⑥ 牟宗三认为宗羲这一评论"不见得中肯",故而"不取""不录"(《从陆象山到刘蕺山》,第 290 页)。

近溪思想的意义结构之前,有必要充分重视他的生活实践、生命历程。

## 第二节　仁学思想

明儒好讲学,讲学喜言"宗旨",这是史家的一般看法。黄宗羲编撰《明儒学案》便以各家"宗旨"作为重要的取舍标准。①那么,近溪之学以何为"宗旨"呢? 许敬庵认为,近溪之学"大而无统,博而未纯",意谓近溪学显得杂乱无章,缺乏一贯宗旨。宗羲以为敬庵此说"已深中其痛也"②。邹南皋对此则有反驳:"或疑先生(按,指近溪)学'大而无统,博而未纯'者。先生云:'大出于天机,原自统;博本乎地,命亦自纯',余读斯语,恍然如见先生。"③此外,时人对近溪学之宗旨又有具体的评述,以下三例依次出自王塘南、周海门、孟化鲤(号云浦,1545—1597):

> 先生(按,指近溪)平生学以孔孟为宗,以赤子良心、不学不虑为的,以天地万物同体,撤形骸、忘物我,明明德于天下为大。(《罗近溪先生全集》卷十附录《近溪罗先生传》,第13页下)

> 先生学以孔孟为宗,以赤子良心、不学不虑为的,以孝弟慈为实,以天地万物同体,撤形骸、忘物我,明明德于天下为大。(《罗近溪先生全集》卷十附录《圣学宗传·罗近溪传》,第23页下)

---

① 《明儒学案》卷首《明儒学案序》,第8、17页。
② 《明儒学案》卷三十四《泰州学案·三·罗近溪传》,第762页。
③ 《罗明德公文集》卷首《罗明德公本传》引邹南皋《近溪罗先生墓碑》,第26页下—27页上。按,又见《盱江罗近溪先生全集》卷十附录邹南皋:《近溪罗先生墓碑》,第51页下;曹鲁川:《行实》亦引此语,见《盱坛直诠》卷下,第333页。

《罗近溪集》大要以孔门求仁为宗旨,以联属天地万物为体段,以不学不虑、赤子之心为根源,以孝弟慈为日用。(《孟云浦集》卷二《与孟我疆·六》,第 4 页上下)

以上三说具有相当的典型意义。海门之说当是源自塘南,但多出了"以孝弟慈为实"一句,值得留意。总起来看,三说非常接近,并有重叠之处,大致揭示了四点:一、以孔孟求仁为宗;二、以赤子之心为的;三、以孝弟慈为实;四、以万物一体为大。若与阳明心学做一比照合观,赤子之心意同良知本心,万物一体亦是阳明心学题中应有之义,只是以求仁为宗,以孝弟慈为实这两条,应说是近溪的孤旨独发,与阳明之立言宗旨略有不同,由此亦可略窥近溪思想之于阳明又有新的开发。

杨复所从另一角度对近溪学做了如下归纳:

罗子之学,实祖述孔子而宪章高皇(按,指朱元璋)。盖自江门(按,指陈白沙)洗著述之陋,姚江揭人心之良,暗合于高皇而未尝推明其所自,则予所谓莫知其统者也。姚江一脉,枝叶扶疏,布散寰宇,罗子集其成焉。(《太史杨复所先生证学编》卷三《论学书》,第 347—348 页)

这里有三层意思:近溪学直接孔子之统绪,宪意明太祖"圣谕六言",集阳明心学之大成。复所在另处甚至断言:"窃谓孔子一线真脉,至我师始全体承受。"[1]这是欲从儒家道统的高度,赋予近溪以孔孟之后第一人之地位。当然这类说法乃是宋代以来儒家道统意识的一种反映,是否符合思想史之实情,则是颇可怀疑的。不过客观地看,复所之说亦有留意之必要,反映了他对身处其中的思想状况的一种判断:在阳明后学的末流演变中,唯有

---

[1] 《太史杨复所先生证学编》卷二《焦漪园会长》,第 322 页。

近溪能将心学发扬光大。

## 一　"求仁"宗旨

由上述可知,近溪在思想上有一段由迷惘于"诸儒工夫"进而"回归孔孟"的重要经历。根据其回忆,他自童蒙以来,"日夜想做个好人",却对《论》《孟》所言"孝弟"未有深切之体认,只是依循宋儒所说的各种工夫"东奔西走",刻苦实践,结果"几至亡身";自从拜师山农以后,"从此回头",再来细读《论》《孟》,"更觉字字句句,重于至宝""更无一字一句,不相照应",最终他发现,孔孟"极口称颂尧舜,而说其道孝弟而已"。[1]可见,近溪之回归孔孟,事实上也就是发现了孔孟宗旨之所在,即"孝弟"。另据他的回顾：

> 《论语》一书,直是难读。芳初读时,苦其淡然无味,殊觉厌人。稍长从事孝弟,乃喜其一二条契合本心,然往往以近易目之。后养病家居,因究心《书》《易》,至尧舜二典、乾坤二卦,间有悟处,乃通身汗浃,始知天生孔孟为万世人定魂魄、立性命,从之则生,违之则死也。自此以后,非《语》《孟》二书,辄厌入目。以至莅官中外,随处施措,自然翕顺,愈久而愈益简要、愈益精纯也。(《一贯编·四书总论》,第212页)

这段话说得更为明确。从"究心《书》《易》"到"自此以后",是指从胡宗正学《易》的一段经历。其中,"非《语》《孟》二书,辄厌入目"一句值得重视,这表明近溪对孔孟宗旨已有深切的认同。他深信《论》《孟》是儒家经典中的经典,而两书中所阐发的

---

[1]　《罗近溪先生全集》卷五《语录》,第1页下—2页上。

"求仁"思想正是孔孟宗旨。他说：

> 孔孟宗旨在于求仁。（九州大学本《近溪子集·庭训下》，第 12 页下）

> 孔门之教主于求仁。（同上书，第 30 页上）

> 盖孔子一生，学只求仁。（《近溪子集》卷御，第 156 页）

> 孔门主教，只是求仁。（同上书，第 155 页）

> 孔门宗旨只在求仁。（同上书，第 155 页）

他甚至认为，《论》《孟》"求仁""孝弟"已将《大学》《中庸》的义理阐发殆尽，其曰：

> 孔子谓"仁者人也，亲亲之为大焉"①，其将《中庸》《大学》已是一句道尽；孟子谓"人性皆善，尧舜之道，孝弟而已矣"，其将《中庸》《大学》亦是一句道尽。（《一贯编·四书总论》，第 220 页）

正是基于对孔孟宗旨的这一认识，所以近溪坚决主张："一切经书，皆必会归孔孟"，而孔子的"一切宗旨，一切工夫"，皆"必归孝弟"、必归"求仁"。②

根据近溪的种种回顾性自述来看，上述"发现"是近溪自己经过一番人生磨难、求学体验而最终获得的。若追溯其思想渊源，那么可以说，"求仁"及"孝弟"之被重新揭示和强调，其实在心斋、山农那里就已有种种类似的迹象。比如，心斋撰有《孝箴》《孝弟箴》，强调"孝弟"乃是"天则""心之理"，并强调"尧舜所

---

① 语见《中庸》《孝经》。按，近溪认为《中庸》是孔子亲撰，是"五十而知天命"以后之作，参见《一贯编·中庸》，第 288 页。顺便指出，他认为《大学》亦为孔子亲笔，参见《近溪子集》卷礼，第 69—70 页。

② 《一贯编·易》，第 170 页。

为,无过此职"①。山农亦云:"夫孔孟之道,亦仁而已矣。""夫尧舜之道,帅天下以仁而已。"②因此可以说,重"仁"、重"孝",乃是泰州学派自心斋以来的一贯"家风",只是到了近溪那里,这一思想旨趣有了更为集中的理论表述。在吾人看来,近溪思想之基本格局也正是通过对"仁""孝"这一孔孟宗旨的重新发现而得以形成的。

关于仁与孝的关系问题,近溪认为两者"亦无分别",他指出:"人固以仁而立,仁亦以人而成,人既成,则孝无不全矣。"意思是说,仁是人之所以为人的依据,孝是人之所以成就人的实践证明,故而"在父母则为孝子",必然同时意味着"在天地则为仁人"③,反过来说也一样。总之,每个人都想成为"仁人""孝子",必然是同时成就,更无分别。人而非仁,仁而非孝,这在理论上是不可能的。在此意义上可以说,仁孝合一,便是"孔孟宗旨"。

不过,从理论的角度看,"仁"显然具有根本的地位,按近溪的看法,仁不仅是人文世界的存在原理,还是宇宙万物的生生之理。所以近溪有时只提"仁"字,而讲到"孝"则往往"孝弟"或"孝弟慈"并称。至于仁、孝的各自地位,近溪的基本看法是:仁是抽象原理,孝是具体原则,他说:"仁义是虚名,而孝弟乃是其名之实也。……仁义是皆孝弟安个名而已。"④显然这是从概念的名实关系之角度而言的。要之,在观念层次上讲,仁与孝是有区别的,"仁"可以涵盖"孝",反之则不行,然而若从实践层面上

---

① 和刻本《王心斋全集》卷四,第91—92页。
② 《颜钧集》卷三《明尧舜孔孟之道并系以跋》,第19页。
③ 以上见《一贯编·中庸》,第72—73页。
④ 《近溪子集》卷御,第159页。

讲,仁孝应当是合一的,必然是同时完成的。

### 二 《中庸》与"仁学"

由上可见,近溪将孔孟宗旨归结为《论》《孟》的"仁""孝"。但在近溪的意识中,《论》《孟》未必在价值上高于《学》《庸》。他认为,《学》《庸》特别是《中庸》具有十分重要的思想意义。他指出《中庸》在抽象义理上"浑融含蓄",《大学》在工夫问题上"次弟详明";就两书关系而言:"此今细心看来,《大学》一篇相似只是敷演《中庸》未尽的意义。"①意谓两书在义理上是可以互补的,故说"《中庸》《大学》当相连看"。同时,他也坚持认为"若论入德,到先《中庸》",理由是:"合而言之,《中庸》则重天德,而《大学》则重王道也。"②这里以"王道""天德"来分别定位《学》《庸》,很值得注意。在近溪看来,若究极而言,《中庸》可成就内圣,《大学》则通向外王,由于"天德"较诸"王道"具有更为根本的意义,所以说《中庸》也具有实践论意义。这个看法与宋明理学的两大领袖人物朱熹和阳明都看重《大学》的观点不同,显示出近溪思想的独创性。

与以往有关《大学》作者的传统看法不同,近溪认为《大学》是孔子亲作,是孔子"取夫六经之中至善之旨"而成,而且"其旨趣自孟子以后,知者甚少"。在他看来,《大学》只是提供了一套"格物"手段,相比之下,《中庸》"天命之谓性一语,孔子得之五十以后,以自家立命微言,而肫肫仁恻以复立生命之命于万万世者",两书旨趣之不同即在于此。比较而言,《中庸》义理深奥,

---

① 《一贯编·四书总论》,第224页。
② 《近溪子集》卷数,第229页。

《大学》"规模广大,矩度森列"。当然从思想的角度看,《大学》一书自有精义,特别是"善之至""物之格","尤是六经之精髓,而为《礼》之大经,仁之全体也"①。而《大学》旨意则是由《孟子》"大人之学""赤子之心"得到了进一步的彰显②。

我们知道,朱子通过对"四书学"的长期研究,得出的一个结论是:《中庸》义理深奥,最为难懂,而《大学》义理浅近,最适宜作为初学者的入门教材,故他主张为学者须有读书次第而不可乱:先《学》,次《论》《孟》,终《庸》。对此,近溪不会没有了解,他说:"先贤亦云《大学》为入道之门。"然而他还是要跟朱熹唱反调:"但以鄙意臆度,则义理勿论,而其次弟则当先《中庸》而后《大学》。"③这是说,不仅就"义理"而言,《中庸》在《大学》之上,即便就工夫"次弟"来看,《中庸》亦在《大学》之先。那么在近溪的眼里,《中庸》又为我们提供了什么具体的实践方法呢?事实上,这涉及如何解读"中庸",如何把握《中庸》和《大学》之间的关系。近溪对"中庸"两字,有一个独到的理解视角:

> "中庸"二字可以概言,亦可分言。概言则皆天命之性也;分言则必喜怒哀乐。……细细看来,吾人情性俱是天命。"庸"则言其平平遍满,常常俱在也;"中"则言其彻底皆天,入微皆命也。故其外之日用,浑浑平常,而其中之天体,时时敬顺,乃为慎独,乃成君子。是"中"者"庸"之精髓,"庸"者"中"之肤皮。(《一贯编·中庸》,第293页)

这是从"概言"和"分言"这两个角度来训释"中庸"字义。概言之,"中庸"讲的是天命之性,分言之,"中庸"讲的是喜怒哀乐之

---

① 以上分别见《近溪子集》卷礼,第65、69页。
② 《近溪子集》卷御,第142页。
③ 《一贯编·四书总论》,第220页。

情。究极而言，则两者互为表里，性情是一，俱从天命。就字义上看，"中""庸"则可互相训释，"中"是微妙义，"庸"是平常义；"中"指内在性体，"庸"指外在日用。结论是，"中"构成"庸"之本质，"庸"赋予"中"以形式。与此相应，近溪又以"良知良能"释"中"，以"民生日用"释"庸"；或以"平常而可通达"来解释《中庸》篇名的字义。①质言之，《中庸》一书既有"蕴藏无尽"②的义理阐发，又有贴近"民生日用"的具体内容。这也正是近溪为何强调工夫次第亦"当先《中庸》而后《大学》"的原由所在。

有弟子问："《大学》自有先后之序，如何必先《中庸》？"对此，近溪答道：

> 吾人此身与天下万世原是一个，其料理自身处便是料理天下万世处。故圣贤最初用功，便须在日用常行。日用常行只是性情喜怒，我可以通于人，人可以通于物；一家可以通于天下，天下可以通于万世。故曰："人情者，圣王之田也。"此等平正田地，百千万人所资生活，却被孟子一口道破，说人性皆善。吾不先认得日用皆是性，人性皆是荡荡平平，了无差别，则自己工夫已先无着落处，又何去通得人、通得物、通得国家？而成"大学"于天下万世也哉？（《一贯编·四书总论》，第221页）

这段话的主旨是说："日用常行"就是"人情"，而"人情"乃是成就"圣王"之"平正田地"，也是千百万人"所资生活"之处，"生活""日用"之中，处处都是"性"的体现，而人之性体是"了无差别"的，因此只有落实在日用常行中去"用功"，才是"料理自

① 以上见《一贯编·中庸》，第287、290页。
② 《一贯编·四书总论》，第217页。

身"，由此推之，才有可能"料理天下万世"。显而易见，"日用常行"是这里的关键词。在他看来，《中庸》所揭示的"日用常行""庸德庸言"这些道理，正是"通于人""通于物""通于家国"，进而成就"大学于天下万世"之理据。

从思想上看，近溪对《中庸》一书之所以有特别的关注，还有这样的理由：《中庸》开头的三句话"天命之谓性，率性之谓道，修道之谓教"，其实已将圣门精蕴"全盘托出"。从其语义脉络来看，"天命率性"是为"启乎修道之端"，而"修道"一句则是为了"卒乎天命率性之蕴"；从其义理结构来看，"《中庸》一书前头条分缕悉，何等精详！后面穷神知化，何等融液！分明'天命'三句只是一直说下，而不至尽性，不足以成教也耶！"反过来说，"圣人尽性，以至天命，乃《中庸》以至之也"。总之，"《中庸》欲学者得见天命性真，以为中正平常的极则"①。可见，在近溪看来，"天命"以下三句，实已"把天地人的精髓，一口道尽"②。正是在此意义上，近溪认为《大学》只是在工夫问题上对《中庸》的"意义"做了敷衍。究极而言，《中庸》的"意义"是自具自足的，无须用《大学》来敷衍解释，《中庸》自身就可解释《中庸》，故他说："噫！人亦何苦而不把《中庸》解释《中庸》，亦何苦而不把《中庸》服行《中庸》也哉！"他甚至说："无怪乎，《中庸》一篇大旨埋没千载，而直至今日也！"③语气分明是，《中庸》一书的奥义大旨是近溪重新"发现"的。不仅如此，他还坦陈直言人们必须相信自己就是《中庸》，提出了"我自己即是中庸"④的命题。

---

① 以上三条原文分别见《一贯编·中庸》，第288、287、290页。

② 《一贯编·中庸》，第294页。

③ 以上两条原文分别见《一贯编·中庸》，第291、294页。

④ 《明道录》卷三，第136—137页。

### 三 《易》与"仁学"

由上可见,在"四书"问题上,近溪特别看重《论》《孟》《庸》,相比之下,对于朱子和阳明所看重的《大学》则不免有所轻视。近溪的这一态度,值得注意。实际上,由对"四书"在儒家经典传统中之地位的评估,反映出近溪思想的问题意识不但与朱子不同,且与阳明也发生了某些偏离。朱子由"格物"贯穿《大学》的观点固然不为近溪不取,他甚至认为阳明以"致良知"来解释《大学》而于孟子所言"良知"却"未暇照管"[①]。究其原因,恐怕是由于近溪对孔孟宗旨的认同与朱子和阳明都有所不同的缘故。在近溪看来,"仁"字才真正是孔孟宗旨,他自负地说道:"孔孟两夫子心事,只有天知,至暗藏春色于言语文字,不无端绪可寻,却二千年来,尚未见人说破。"[②]这语气可与程明道"天理两字却是自家体认出来的"这句名言相仿佛。近溪进而指出:

> 芳幸遇人略曾指点,但择焉不精、语焉不详,亦久蓄疑而未由请正。今诸君兴言及此,又敢过自爱耶? 盖孔子一生话头,独重两个字面:一个是"仁"字,一个是"礼"字。两个字常相为一套,却乃各有重处。仁是归重在《易》,礼则归重在《春秋》。(《一贯编·易》,第 197 页)

其中涉及仁、礼的关系问题。在这一问题上,近溪的立场可以八个字来归纳:"仁以根礼,礼以显仁。"[③]不过总体说来,近溪对"仁"以及对《易》的重视,远远超过其对"礼"以及对《春秋》的重视。因为在他看来,"仁"是一种人文精神、道德意识的集中表

---

① 《明道录》卷四《会语》,第 170 页。按,近溪对阳明良知说的态度,详见后述。
② 《一贯编·易》,第 197 页。
③ 同上书,第 195 页。参见《会语续录》卷上,第 278 页。

现,而"礼"作为一种人文制度,毕竟只是成就"仁"的补充手段。故他又说:《学》《庸》二书若"一字以蔽之,则仁而已矣"①。这是因为,"仁"之一字是孔孟宗旨,《语》《孟》《学》《庸》概莫能外。

令我们关注的是:"仁是归重在《易》"这句命题。当近溪说孔子一生独重"仁""礼",而两个字"常相为一套"的时候,他是就孔子"克己复礼,天下归仁"而言的,而当他说"仁是归重在《易》"之时,则是将《论语》的"复礼"与《周易》的"复,其见天地之心"的两个"复"字贯穿起来说。其云:

> 《易》所以求仁也。盖非《易》,无以见天地之仁,故曰:"生生之谓易。"而非"复",无以见天地之易。故又曰:"复,其见天地之心。"(《近溪子集》卷礼,第82页)

我们知道,"复卦"之复与"复礼"之复,在具体所指上是不尽一致的,"复礼"之复,是指回复或恢复,属于后天人为的结果,含有"失而后复"的意思。相比之下,"复卦"之复则与此不同,它是"天理自然"之"复"、"天机自动"之"复",不涉及人为的意识作用,而是指宇宙存在的根本原理,是生生不息之理的自然表现。从"一阳来复"到万物萌生,"复"便是宇宙生化的开始,也是阳明变化的端倪。同样,在人伦社会、日用常行当中,也有个"复",这便是"复个善"。近溪认为,这两种"复"在根本原理上是完全相通的。因为,"复"是"生生之理",而"仁"也是"生生之理",所以孔门的"求仁"宗旨与《易经》的"复卦"又可"统之以'生生'一言"。②意谓"生生"观念是打通"复"和"仁"的依据。正是在此意义上,"求仁"之关键在于一个"复"字,故云"仁是归重在《易》"。

---

① 《会语续录》卷上,第279页。
② 《近溪子集》卷礼,第199页。

## 四 仁即是心

至此我们已经明了,孔门宗旨在于"求仁",此乃近溪坚持的一个观点。那么什么是"仁"呢? 近溪常以孔子的"仁者人也""亲亲为大"来进行解答。对于何谓"仁者人也"的问题,近溪有一基本界定:"仁为天地之性,其理本生化而难已;人为天地之心,其机尤感触而易亲。故曰:'仁者人也。'此个仁德与此个人身,原浑融胶固,打成一片,结作一团。"①这是说,仁是天地之性,人是天地之心,仁之理具有生生不已之特性,而人之心尤有感应之能力,故仁德与人身原自浑融一片,仁与人原自浑然一体。

近溪还认为仁是根植于人心中的"真种子",他说:"今日为学第一要得种子。《礼》云:'人情者,圣王之田也。'必本仁以种之。孔门教人求仁,正谓此真种子也。"②所谓"种子",当然是一种比喻性的说法,意谓在"人情"这片可以成就圣王的田地里,必须要有"种子"的存在,而"仁"作为天地之性,正是人情中的一点"真种子",同时也是孔门"教人求仁"的一点"真种了"。近溪接着指出:

> 然其正经注脚,则却曰"仁者人也"。人即赤子,而其心之最先初生者,即是爱亲,故曰"亲亲为大"。至义礼智信,总是培养种子,使其成熟耳。(《一贯编·孟子下》,第329—330页)

仁作为人心中的"真种子",具体表现为"爱亲"和"亲亲",这是赤子之心"最先初生"的一点真实感情。"仁者人也",是指"人而

---

① 《近溪子集》卷御,第155页。
② 《一贯编·孟子下》,第329页。

不仁非人也",仁是"天地之性",同时也是人的本质;"亲亲为大",则是指人的一种道德情感,是赤子之心的具体表现。因此,孔子对"仁"字的"正经注脚"就是两句话:"仁者人也""亲亲为大"。而"义礼智信"这些具体的德目则是"培养"仁之种子,"使之成熟"的条件。

我们知道,孟子对"仁"有一个定义:"仁,人心也。"意即"仁"是内在于人心的本质。近溪的"种子"说应是顺着孟子这一思路而来。不过,近溪更为强调的是:仁是人心中的一点"真种子",是人身中的"主宰"。正是由于仁在心中,仁在身中,故能保证"心不放失",如果人能把握住这个自身的"真种子","便心即是仁,仁即是心;内则为主宰,发则为正路矣"[①]。又由于"心是活物,应感无定而出入无常,即圣贤未至纯一处,其念头亦不免互动"[②],所以"仁"作为人心之种子、人身之主宰,也就显得格外重要,"仁"是决定人心之走向的关键性因素。

那么,仁与心又是什么关系呢? 近溪认为仁不能直接等同于"应感无定""出入无常"的经验之心,从根本上说,仁之全体就是"浑然本心""良心之知"[③],显然仁具有本体的意义。前面所说的"种子"或"主宰"这类比喻性的说法,其实也就蕴涵着仁便是心之本体这层意味。在此意义上可以说"仁即是心,心即仁"[④]。重要的是,由于仁即心体,而心体属于本体概念,所以仁又是一种"虚名",它必然有实际的指向。结论是,仁是虚名,孝

---

① 以上,参见《近溪子集》卷礼,第 77 页。
② 《近溪子集》卷射,第 132—133 页。
③ 同上书,第 136 页。
④ 《近溪子集》卷数,第 203 页。按,严格地说,应当这样表述:"不违仁者正心即是仁、仁即是心处也。"(同上)

弟是实。他说:"仁义之实,只是爱亲从兄。"①"爱亲"指"孝","从兄"指"弟"。唯有"孝弟"才是构成"仁义"的实质内容。近溪又说:

> 盖天下最大的道理,只是仁义。殊不知仁义是个虚名,而孝弟乃是其名之实也。今看人从母胎中来,百无一有,止晓得爱个母亲;过几时,止晓得爱个哥子。圣贤即此个事亲的心,叫他做仁,即此个名而已。三代以后,名盛实衰,学者往往知慕仁义之美,而忘其根源所在。……今即《孟子》七篇看来,那一句话离了孝弟,那一场事曾离了孝弟?陈王道,则以孝弟而为王道;明圣学,则以孝弟而为圣学。(《一贯编·孟子下》,第312—313页)

这个观点非常重要。近溪通过对仁孝之名言虚实的关系界定,强调了一个观点:仁义之道德观念必须在具体的孝弟行为中才能得以落实。孝弟既构成仁义的真实内涵,同时也是实现仁义的根本方法。

在他看来,由于"三代以后,名盛实衰",导致人们只在名义见解上讨论想象,却忘却了实现仁义的根本方法就在于孝弟,甚至忘却了成就内圣或外王都离不开孝弟这层道理。由此我们也就不难理解,近溪为何要强调"孝弟慈"之观念在道德实践论上的重要意义。

## 第三节　孝弟慈

### 一　孝弟慈

承上所述,"求仁""孝弟"不仅是孔孟宗旨,其实也就是近溪

---

① 《近溪子集》卷射,第135页。

思想的宗旨。不过,近溪往往以"孝弟慈"并称,构成了其独特的
伦理学思想体系。他说:

> 由一身之孝弟慈而观之一家,一家之中未尝有一人而
> 不孝弟慈者;由一家之孝弟慈而观之一国,一国之中,未尝
> 有一人而不孝弟慈者;由一国之孝弟慈而观之天下,天下之
> 大亦未尝有一人而不孝弟慈者。又由缙绅士夫以推之群黎
> 百姓,缙绅士夫固是要立身行道,以显亲扬名、广大门户,而
> 尽此孝弟慈矣;而群黎百姓虽职业之高下不同,而供养父
> 母、抚育子孙,其求尽此孝弟慈,亦未尝有不同者也。……
> 总是父母妻子之念固结维系,所以勤谨生涯,保护躯体,而
> 自有不能已者。其时,《中庸》天命不已与君子畏敬不忘,又
> 与《大学》通贯无二。(《会语续录》卷上,第267页)

这是说,从家庭与国家、个人与社会的整体性来看,孝弟慈是人
人皆有、天生具备的,既是"自不容已"的人伦情感,又是"天命不
已"的道德天性。由此,《中庸》的"天命之性"与《大学》的"孝弟
慈"正可彼此贯通、互为诠释。近溪强调孝弟慈是推之于一家、
一国乃至天下,由"缙绅士夫"乃至"群黎百姓",由"供养父母"
乃至"抚育子孙"的普遍道德法则。也就是说,孝弟慈不仅是家
庭伦常关系的基本要素,更是"治平天下"的基本原则。

有弟子向近溪提问:"治平天下,其礼乐法制多端,今何只以
孝弟慈为言?"[1]这个问题很朴实。其意是说:从"治平天下"这
一社会问题的角度看,难道"孝弟慈"便能代替各种具体的"礼乐
法制"吗?应当说,这一问题触及了家庭伦理原则与社会礼仪规
范之间的关系问题。对此,近溪做了长篇回答,其基本要旨是:

---

[1]　《一贯编·礼》,第208页。

从王者经纶天下的角度言,"礼"占有很重要的地位,相对而言,"乐"和"法"只是"礼"的一种辅助手段,不可与"礼"并言;但是"礼"有经礼和曲礼之分,重要的是礼之经,《大学》便是整部"礼"之"大经";而《大学》是圣人精神("圣心")之体现,圣人《论语》"孝弟"一章才真正是《大学》"治国平天下"的骨子①。结论是,不是礼乐法制而是孝弟慈才是治平天下的根本大法,其他诸多礼乐制度则是这一根本大法的具体体现。可见,近溪把"孝弟慈"提到了治国平天下的高度。他又说:

> 此个孝弟慈,原人人不虑而自知,人人不学而自能,亦天下万世人人不约而自同者也。今只以所自知者而为知,以所自能者而为能,则其为父子兄弟足法,而人自法之,便叫做明明德于天下,又叫做人人亲其善、长其长,而天下平也。(《近溪子集》卷御,第142页)

近溪认为,孝弟慈既是处理家庭内父子兄弟之关系的法则,同时也是内在于人心中的自我"法则",孝弟慈不仅仅是行为法则,更是根植于人心的心性原理。如同"不虑而知""不学而能"的"良知良能"一样,孝弟慈便是内在于人心的良知良能。由此可见,孝弟慈作为治平天下的行为原理,其依据则是人心的良知良能。

严格说来,孝弟慈作为行为原理,其内涵并不等同于良知本身。近溪之意在于强调:孝弟慈这一伦理观念如同良知一样,是先天赋予的,生而具足的;从其根本特征来看,孝弟慈作为一种先天的道德意识同样也具有良知良能的那种"不学不虑"之特征,是"自知""自能"的,也是"自生""自法"的,而非后天的经验意识所能强制安排,亦非后天的社会环境所能扭曲改变。在此

---

① 《一贯编·礼》,第208—209页。

意义上,可以说孝弟慈是具有普遍意义的伦理法则。故近溪
又说:

> 此三件事(按,指孝弟慈)从造化中流出,从母胎中带来,
> 遍天遍地、亘古亘今。试看此时薄海内外,风俗气候,万万
> 不齐,而家家户户谁不是以此三件事过日子也。只尧舜禹
> 汤文武,便皆晓得以此三件事修诸己而率乎人,以后却尽乱
> 做,不晓得以此修己率人。……却不知天下原有此三件大
> 道理,而古先帝王原有此三件大学术也。(《近溪子集》卷
> 御,第 142 页)

由此可见,后人之所以称近溪思想"以孝弟慈为的",是有一定道
理的。的确,在近溪看来,孝弟慈是人类社会乃至万千世界的普
遍原则,是尧舜以来,圣人所讲的"三件大道理""三件大学术",
既是家家户户依此"过日子"的法则,同时也是"帝王修己率人"
的"规矩",是使人人都能成就"大人""君子"的保证。总之,人
之作为一个人,原是父母所生,"既是个人",就必须"立身传
道",如何"立身行道,以显父母"呢? 就必须首先明白"其为人孝
弟"的道理,然后还必须"负荷纲常,发挥事业,出则治化天下,处
则教化天下。必如孔子《大学》,方是全人"①。显然,孝弟慈不
仅是人之初生时从母胎中带来,而且还是成就自己一生、实现
"全人"之理想境界的依据。

近溪有一个坚定的政治信念:不仅应以"孝弟"成就自己,更
应当以"孝弟"齐家治国、"治化天下""教化天下"。在他看来,
这就是孔孟以来"为政以德""道之以政"的儒学传统。所以他
说:"只一心既收,便万善咸集,此善政所以不如善教之得民,而

---

① 《近溪子集》卷御,第 145 页。

政刑所以不如德礼之'有耻且格'也。何况此心良知,人人皆同,处处皆同!"①在他看来,再好的"政刑"也不如道德教化来得有效,因为"刑政"作为一种外在强制并不能唤醒人的善良本心,相比之下,"为政以德"的教化则是以"此心良知,人人皆同"作为自身依据的,由此便能唤醒人们的道德意识、善良本性。因此,孝弟慈既可从道德上讲,也可在政治上讲。从内在人心的角度讲,孝弟慈即是天生具足的良知良能;从外在教化的角度讲,孝弟慈又必须落实在"为政以德"上讲,而不能泛泛而谈。故近溪强调指出:

> 若泛然只讲个德字,而不本之孝弟慈,则恐于民身不切。而所以感之、所以从之,亦皆漫言而无当矣。若论"以德为政",却有个机括。俗语云:"物常聚于所好。"又曰:"民心至神而不可欺。"今只为民上者实见得此孝弟慈三事是古今第一件大道、第一件善缘、第一件大功德。在吾身可以报答天地父母生育之恩,在天下可以救活万物万民万世之命。现现成成而不劳分毫做作,顺顺快快而不费些子勉强。心心念念言着也只是这个,行着也只是这个,久久守住也只是这个。(《近溪子集》卷书,第 173 页)

在近溪看来,孝弟慈不仅仅是家庭内的伦理行为方式,而且也必然外化为政治行为方式。反过来说,治理天下的政治理念、社会理念也必须建筑在孝弟慈的基础之上。否则,所谓"德学"便会脱离"民身""民心"。再从哲学上说,孝弟慈作为一种道德意识,是每个人天生具备、现成圆满的,故而容不得丝毫做作、一点勉强。近溪从诸多的伦理规范中抽出孝弟慈,将其提升至本

---

① 《近溪子集》卷御,第 163 页。

体的地位,并视其为人伦社会中的"第一件大道",是人生中的"第一件善缘、第一件大功德",与儒学重视"德政""德学"之传统观念正相契合。要之,孝弟慈不仅是个人的道德情感、家庭内的伦理法则,也应当是具有现实意义的社会政治理念。反之亦然,社会治理等政治问题完全可以按照人伦关系的一般法则——孝弟慈来加以解决。

　　总而言之,《大学》的孝弟慈就是《中庸》的天命之性、《孟子》的良知良能、《论语》的"为仁之本"①,甚至是《周易》"生生一语化将出来",而生生不已之天地生化原则"是替孝父母,弟兄长,慈子孙,通透个骨髓"②,这是因为《周易》中的"生生"原理正是父母、兄弟、子孙乃至人类与宇宙能够彼此感通、互为一体的根本依据。由此可见,孝弟慈是贯通四书的普遍原理,且有易学思想作为其义理根据。从其言说的形式来看,近溪将良知本体等抽象观念落实在具体的道德情感上来加以叙说、推演,突出了良知所具有的道德情感的层面;从这套言说的结论来看,德性、德学、德政以及民身、民心、民命等涉及社会政治伦理等一套价值观念都可在孝弟慈这一基本伦理情感中得以真实的体现。其理论意义在于:他通过对儒家经典文献的意义发掘,揭示出孝弟慈具有贯通家庭伦理和社会伦理的普遍价值和意义,进而丰富了儒学的孝弟思想以及注重人伦亲情的人文传统;同时,与本心良知等抽象的道德观念相比,孝弟慈这套言说方式无疑具有贴近普通百姓生活的世俗性特征,是以真实的个体生命、道德情感作为其理论依据的,因而孝弟慈作为一种伦理学说,可以打通"缙

--------

① 关于"仁"及其与孝弟慈之关系等问题,详见后述。
② 《一贯编·四书总论》,第219页。

绅士人"与"群黎百姓"的界线,也不受家族/社会、道德/政治的局限,而成为普遍性的道德法则。应当说,近溪的有关孝弟慈的学说,既是建立在"不学而知、不虑而能"这一良知观念的基础之上,同时又是对阳明的作为先天判断准则的"良知"做了更具"世俗"意味的解释;是对阳明心学理论的进一步发展,也是其思想风格的主要表现。

## 二 赤子之心

上面提到时人对近溪宗旨所做的归纳中,都提到"赤子良心"或"赤子之心"是其思想宗旨之一。大量史料显示,在阳明后学中,对"赤子之心"的强调,莫过于近溪。他从《孟子》"大人者,不失其赤子之心"一语中提示出"赤子之心"这一概念,以此作为良知本心的一种"通俗"解释,其目的在于为"仁孝"原则寻找理论依据。在他看来,光说"仁,人心也"还不够,因为"人心"复杂多变,从人心发生的源头上看,唯有诞生之初的赤子之心才是纯粹无瑕、浑然至善的,人心之有"孝弟",即可从人人都曾亲身经历过的"赤子之心"中得到见证。更为重要的是,在近溪看来,人性至善这一抽象观念可以在作为经验事实的赤子之心中获得证明。从工夫修为的角度讲,既然《大学》即是"大人之学",既然"大人"就是"不失赤子之心",因此若要成就大人、完善自我,就必须回归赤子之心的本然状态。

从训诂学的角度看,"赤子"原指"婴儿","赤子之心"则是指"少小之心"①,及至宋代,理学家们大多给予了"赤子之心"以某种抽象的理解。譬如,程伊川与吕大临(字与叔,1046—1092)有关"赤

---

① 焦循:《孟子正义》卷十六《离娄下》,第 556 页。

子之心"有过反复讨论,他们从"赤子之心"的角度来探讨"中/和""未发/已发"等理学问题,伊川从"心属已发"这一观念出发,反对吕大临将赤子之心认作"未发之中""纯一无伪",经过与吕大临的反复辩难,最终伊川修改了原来的想法,承认"凡言心者,指已发而言,此固未当。心一也,有指体而言者(原行注:寂然不动,是也),有指用而言者(原行注:感而遂通天下之故,是也)"①。后来朱子对此观点深表赞赏,此且不赘。令人注意的是:吕大临的"赤子之心,良心也"②的观点已颇为接近后来的心学立场。近溪针对"乃见天则与发而皆中节"的问题,以"赤子之心"为例做了如下回答:

> 《礼记》谓:"人生而静,天之性也。"《孟子》曰:"大人者,不失其赤子之心者也。"夫赤子之心,纯然而无杂,浑然而无为,形质虽有天人之分,本体实无彼此之异。故生人之初,如赤子时,与天甚是相近。奈何人生而静后,却感物而动,动则欲已随之,少为欲间,则天不能不变而为人,久为欲引,则人不能不化而为物。甚而为欲所迷且蔽焉。则物不能不终而为鬼魅妖孽矣。……吾人与天原初是一体,天则与我的性情原初亦相贯通。验之赤子乍生之时,一念知觉未萌,然爱好骨肉熙熙恬恬,无有感而不应,无有感而不妙。是何等景象! 何等快活! 奈何后因耳目口体之欲,随年而长,随地而增,一段性情初焉偏向自私,已与父母兄弟相违,及少及壮,则天翻地覆,不近人情者,十人而九矣。今日既赖师友唤醒,不肯甘心为物类妖孽、又不肯作人中禽兽,便当寻

---

① 《河南程氏文集》卷九《与吕大临论中书》,《二程集》,第607—609页。
② 《宋元学案》卷三十一《吕范诸儒学案》,中华书局,1986年,第1180页。

> 绎我初起做孩子时已曾有一个至静的天体,又已曾发露出
> 许多爱亲敬长、饥食渴饮、停当至妙的天则。岂如今年长,
> 便都失去而不可复见也耶?(《一贯编·易》,第174—
> 175页)

这里强调了几层意思:首先,所谓"赤子之心",就是纯粹无杂、浑
然无为的本体存在;其次,人在后天不断生长的过程中,"人不能
不化",不免会有"偏向自私""不近人情"等情况发生,由此赤子
之心亦"不可复见也",甚至堕落成为"物类妖孽"或"人中禽
兽";再次,面对人心的这种现实状况,人们应该怎么做? 近溪指
出:尽管人心受后天的影响、被私欲所遮蔽,然而人的赤子之心
原未丧失,因此务须"当下反求",就会发现"天体依旧还在"①。
这一观点其实就是阳明心学的固有思路:良知本心,见在具足,
一念自反,当下即是。

在上述一段问答之末,近溪最后指出:

> 故细细反观,今日不患天则之不中,惟患天心之不复;
> 不患天心之不复,唯患所见之不真。其见既真,则本来赤子
> 之心完养,即是大人之圣。人至大圣,便自然"天地合其德、
> 日月合其明、四时合其序、鬼神合其吉凶"矣。许大受用,原
> 是生下带来至宝,又岂肯甘心于耳目口体之欲,致堕落禽兽
> 妖孽之归! 其猛省勇往,固有挽之而不容自已者矣。(《一
> 贯编·易》,第175页)

这里的表述已经非常明确:既然每个人都有一个赤子之心的"至
宝",何不"猛省勇往",克去私欲、不甘堕落、挽救自己! 而这种
愿望实是发自内心而"不容自已"的。

---

① 以上均见《一贯编·易》,第174、175页。

对近溪来说,更为重要的是所谓"大人不失赤子之心"并不
是说只有"大人"才能做到这一点,而是向世人揭示了"人性之
善"的普遍道理。①因为赤子之心其实就是良知良能,亦即"孩提
良知"②。这表明近溪是用赤子之心这一描述性概念,来指实孟
子的本心、阳明的良知。

不过,将赤子之心喻为人之本心或人之良知,虽令人感到亲
切,但在理论上有欠稳妥。因为从伦理学的角度看,赤子之心的
那种"爱敬孝弟",是一种自然的人伦之情,毕竟是浑然无别的原
初状态而"尚未有知",亦即尚未形成道德判断的自觉能力。所
以是否能在性之本体的意义上,由赤子之心推论出人性皆善,则
是不无疑问的。的确,在心学理论当中存在着这样一种倾向:直
接指认后天的赤子之心便是先天的良知本心。③事实上,阳明后
学中有关"现成良知"问题的争论,便涉及"赤子之心"是否就是
先验本心等问题,刘狮泉批评龙溪"现成良知"说,便指出:"赤子
之心、孩提之知、愚夫愚妇之知能,譬之顽矿未经煅炼,不可名
金。……以见在良知为主,绝无入圣之期矣。"④显然,赤子之
心、孩提之知等后天之心、现实之心在未经过一番刻苦的实践锻
炼之前,断然不能与圣人之"知能"划上等号,如果以为良知是见
在具足的,就将导致成圣工夫的虚无化,终无"入圣"之可能。另
一方面,根据龙溪等人"现成良知"说的义理进路,必然承认"赤
子""孩提"等后天之心就是先天之本心⑤,因为任何人的良知本

① 参见《一贯编·孟子下》,第314页。
② 《近溪子集》卷御,第147页。
③ 颜山农即已指出:"夫赤子之心,天造具足其仁神者也。"(《颜钧集》卷八《耕樵问答》,第55页)便是将"赤子之心"直接等同于先天具足的仁心。
④ 《石莲洞罗先生文集》卷十二《甲寅夏游记》,第43页上下。
⑤ 参见《龙溪王先生全集》卷七《南游会纪》等。

心都是见在具足、未尝泯灭的。近溪有关"赤子之心"的观点表述,在理路上显然接近于龙溪的现成良知说。关于心体存在的先天与后天的关系问题,近溪有何思考,以下我们就将讨论这一问题。

### 三 源头与后来

万历二年(1574),罗近溪在云南讲学,与学生有这样一场对话:

> ……其生良久对曰:"今只能存此心,即可兼通诸书矣。"予(按,指近溪)诘之曰:"如何是汝之心,又如何存汝之心?"生曰:"只常时求尽孝弟,便是存心。"复诘之曰:"孝弟二字极说得是,但今时汝之父母兄弟俱未在此,如何去尽孝尽弟? 或又只仍前说书相似矣。"生良久进曰:"此时敬对太公祖(按,指近溪),可是存心否?"予曰:"心是活泼泼地东西,在家便孝弟,在此便对答,顺而循之,便谓之存矣。"其生忽然踊跃不胜,曰:"吾心顿觉开明。"复诘曰:"恐还未然。"生曰:"岂敢空言,果觉开明。"予指而言曰:"此时汝心,他人不及见处即是隐、即是微,而独觉光明处即是莫见乎隐、即是莫显乎微。此个莫见莫显之体,虽率汝自家心性,然却是天之明命,而上帝监临之也。"(《近溪子集》卷书,第176页)

这段对话涉及两个基本问题:一、什么是心? 二、如何存心? 后者属于工夫论问题,我们以后再谈。关于第一个问题,近溪的回答含有两层意思:一、心是"活泼泼地东西";二、心是"莫见莫微之体"。所谓心是"活泼泼地东西",基本上是宋代以来有关"心"之问题的共同认识,不论是理学派还是心学派,概莫能外。所谓

"莫显莫微之体",又可称为"心体"或"天心""天之明命",用近溪的另一表述方式,亦即"从头说心"。换言之,必须了解根源之心,姑且称之为"源头心"。那么何谓"源头心"? 近溪认为可从"赤子之心"的角度来加以诠释,其云:

> 且问天下之人,谁人无心? 谁人之心不是赤子原日的心? 子如不信,则请遍观天下之耳、天下之目,谁人曾换过赤子之耳以为耳,换过赤子之目为目也哉?

> 今人言心,不晓从头说心,却说后来心之所知所能,是不认得原日之耳目,而徒指后来耳之所听、目之所视者也。此岂善说耳目者! 噫,耳目且然,心无异矣!(《一贯编·孟子下》,第 314—315 页)①

按,"原日"是当时的一种俗语,意同"原来",与"后来"相对。近溪指出心有两层含义:一是指原来之心,即赤子之心或源头之心;一是指后来之心,即长大以后人的耳目所知所能之心。若从根本上说,心只是"一心",从赤子到大人,"谁人曾换过?"这是就人心的本来状态而言;所谓"后来心",则是长大以后随着见闻知识的增长,被世情利欲逐渐熏染、扰乱之心,是赤子之心的一种丧失状态,这是就人心的现实状态而言。重要的是,必须明白人人都曾有过"赤子原日的心",此"心"并非是成就"大人"之后的结果;同时还必须了解此"赤子之心"在本来意义上便是"我心""圣心"②。

由此出发,近溪认为"心"作为一种"实在心",其根本特征是

---

① 按,关于"大人"与"赤子"的关系,近溪在另一处指出:"说道大人者,要不失这一点赤子时晓知爱爷、晓知爱娘、伶伶俐俐,不消虑、不消学的天地生成真心也。"(《一贯编·孟子下》,第 322—323 页)

② 《一贯编·孟子下》,第 315 页。

浑然合一的,更不容有圣凡之分。故而近溪反对以"体用""虚实"分言人心,指出:"心之不可分言体用。""实在心之为心也,原天壤充塞,似虚而实则非虚,神明宥密,似窍而实则无窍。今合虚灵与窍而并言之,则语非洁净,理欠精微。"①所谓"实在心",盖指真实存在之心。而此一真实存在之心亦即源头之心,原是"充天塞地"的天之本心。显然,近溪的这一观点承袭了阳明对良知心体之浑然性特征的描述。

必须指出,近溪由赤子之心即"实在心""原日的心""源头心"的立场出发,必然得出"我即圣心,圣即我体"②的结论。由于"我心"之本质就是"赤子之心",而"赤子之心"就是"真心""本心",所以"我心"在本质上就等同于"圣人之心",换言之,任何一个作为主体之存在的"我心",必然先天地具备"圣人之心"的本质。进而言之,由于"我心"在本来意义上就是"圣心",所以也就必然地得出这样的结论:"我即圣心。"进而推论,就可以得出"我即圣人"的结论。这一观点令人联想起心斋所宣扬的"捧茶童子即是道"以及"满街皆圣人"等思想命题。关于这些命题,我们将在下一节再来讨论。现在有一个问题值得思考,即"赤子之心"为何便是纯粹至善的道德本心?事实上,关于这一问题,在宋明理学史上是有所争议的。如宋代儒者江公望在其《性说》一文中,曾经提出过一个令人深思的问题:

> 今有赤子卧之空室,饥则乳之,不见一人,不交一语。及其长也,试问之孰为汝亲? 孰为汝兄? 汝爱其亲否? 汝

---

① 《近溪子集》卷数,第 208、207—208 页。
② 《一贯编·孟子下》,第 315 页。

爱其兄否？赤子终不能知其为兄亲也,亦不知所以爱其兄
亲也。①

意思是说:若以"赤子"为例来做一假设,使之与一切他人隔绝交
往,那么及其长大以后,该"赤子"难道还能知道去"爱"自己的父
母兄弟吗？回答显然是否定的。通过这一问题假设,江公望意
在质疑孟子的性善说。以今日之立场来看,这是对道德先验论
的一种批评。②的确,从伦理学的角度看,赤子之心的"爱敬念
头"是否能够成为人性先天至善的直接证据？人性至善是否可
以通过这种探源性思索方式得到证明？这是值得深入思考的问
题。应当看到,以"赤子卧之空室"之设定来追问爱亲之道德观
念是否具有先天性、普遍性,这在宋明理学史上是一个并不多见
的具有一定思想深度的提问。江公望根据对赤子之心的怀疑,
进而援用孔子"性相近,习相远"中的"习"这一概念引入到有关
人性问题的讨论当中,这一思路也值得重视。他强调人性善恶
与后天的积习密切相关,由此提出了"习与性成"③的命题。

　　显然,当近溪将"赤子之心"认定为就是人的本心之时,也必
须面对上述江公望的问题。然而近溪一方面承认"殴父骂娘"之
辈"极恶",另一方面却仍然坚信"人心良知不昧",坚信"极恶"
之人也有一点良知不容泯灭。他这样说道:

---

① 《诸儒鸣道集》所收江公望:《心性说》。转引自陈来:《略论〈诸儒鸣道
集〉》,《中国近世思想史研究》,第 15 页。按,江公望,字民表,生平不
详,《宋元学案》列入《元祐党案》,《宋史》卷三四六有传。据陈来推测,
从其对孟子的批评立场来看,有可能是私淑司马光(参见同上书,第
14 页)。

② 明儒湛甘泉亦有相似的问题假设,以批评当时的良知现成说,参见《湛
甘泉先生文集》卷二十三《天关语通录》,第 27 页下—28 页上。

③ 参看上揭陈来论文,第 15 页。

陈学博一泉（原行注：讳源）公曰："谁能出不由户，何莫由斯道也？如何夫子复有此叹？"子曰："圣人此语正是形容良知无须臾离处，如曰人皆晓得由户，则其终日所行，何莫而非斯道也。"陈曰："既是人人皆晓得，如何却有殴父骂娘之辈？"子曰："此辈固是极恶，然难说其心便自家不晓得是恶也。"陈曰："虽是晓得，却算不得。"子曰："虽是算不得，却终是晓得。可见吾人良知果是须臾不离也。"（九州大学本《近溪子集·庭训下》，第 31 页上下）①

应当说，"极恶"之人，心中仍有一点良知在，此类观点当在阳明心学理论中既已存在，所谓"良知在人，随你如何，不能泯灭。虽盗贼，亦自知不当为盗，唤他做贼，他还忸怩"②，即是此意。针对上述陈一泉的问题（实际上也就是江公望的问题），近溪答以"吾人良知果是须臾不离"，显然，这是用良知本质论来消解"殴父骂娘"之类的情景现象与人心必善之间的理论紧张。

刘蕺山对近溪的"赤子之心"说非常关注，他承认赤子之心最为接近"纯乎天者"，故近溪以"赤子之心"为宗，已经讲到了为学之根本，也是阳明的"意中之事"；另一方面，蕺山以为"赤子之心，人皆有之""此心原来具足"等观念虽须有赖于"信得及"的体悟，但近溪却未免将"悟"说得过于玄妙，与佛老所言"悟"未能划清界线，这是近溪之失。③这里，蕺山之见触及近溪"赤子之心"说的一个实质性问题，即"信""觉"的问题。近溪强调所谓"觉

---

① 按，该段语又见《一贯编·论语上》，第 252 页，然后者有删节。末句"可见"以下，《一贯编》作："可见人心良知不昧，果是道不可须臾离也。"（第 252 页）
② 《传习录》卷下，第 207 条。
③ 参见《刘子全书》卷十九《论罗近溪先生语录二则示秦履思》，第 40 页下—41 页上。

悟"无非是强调"自信从""自觉悟",亦即《易传》"复以自知"的
"自知"。而"自知"的对象内容并非是佛老所言"未生前"的那种
光景或消息,而是与生俱来、"原日已是如此"的那颗"浑然天理"
"不学不虑"的赤子之心。在这个意义上,所谓"自觉""自知",
无非是"知得自家原日的心"——亦即"源头心""赤子之心"而
已①。而一旦获得"自信""自觉"以后,那么"源头心"与"后来
心"、"原日的心"与"当下的心"便不再有任何区别(作为"实然"
的),也不必做任何区别(作为"应然"的),从而达到浑然一体的
境界。究其根源,就是因为"自家原有同天同地同圣人的心"。

## 四　日用即道

我们在第二章已对心斋"百姓日用即道"等命题有过讨论,
近溪亦有著名的"此捧茶童子却是道也"之命题,值得重视。他
这样说道:

> 曰:"此捧茶童子却是道也。"众皆默然,有顷一友率尔
> 言曰:"终不然,此小仆也,能戒慎恐惧耶?"余不暇答,但徐
> 徐云:"茶房到此有几层厅事?"众曰:"有三层。"余叹曰:"好
> 造化!过许多门限阶级,幸未打破一个钟子。"其友方略省
> 悟,曰:"小仆于此果也似解戒惧,但奈何他却日用不知。"余
> 又难之曰:"他若不是知,如何会捧茶,捧茶又会戒惧?"其友
> 语塞。徐为之解曰:"汝辈只晓得说知,而不晓得知有两样。
> 故童子日用捧茶,是一个知,此则不虑而知,其知属之天也;
> 觉得是知,能捧茶,又是一个知,此则以虑而知,而其知属之
> 人也。天之知只是顺而出之,所谓顺则成人成物也;人之知

---

① 参见《明道录》卷四,第146—148页。

却是返而求之,所谓逆则成圣成神也。故曰:'以先知觉后知,以先觉觉后觉。'人能以觉悟之窍,而妙合不虑之良,使浑然为一,而纯然无间,方是睿以通微,又曰神明不测也。噫,亦难矣哉! 亦罕矣哉!"(《明道录》卷三,第108—110页)①

以上就是"捧茶童子却是道"的经典论述。与心斋所述相比,近溪的论述与场景描绘相结合,显得更加亲近而又富有哲理。近溪从日常生活中的饮茶这一经验事实出发,指出童子捧茶和众人啜茶之所以井然有序、不失礼节,原因就在于一个"心"字上。不论是童子还是众人,他们"献茶"以及"啜茶"的行为举动,都是"顺心而动"的结果,都是源自"心"的主宰。显然,近溪以童子捧茶这一经验事实为喻,目的在于证明童子之心亦即"天之与我者"的"本心";而童子之"心"与"我的心"一样,都具备先天的道德本心,彼此之间互为一贯、自然一体。同时,近溪所欲强调的是:童子捧茶的平常心也就是人的自然本性,而平常心也就是本心的当下呈露。

然而若按上述蕺山的说法,赤子比孩提还要年少一二岁,则"童子"显然不能与"赤子"相提并论,由此说来,"童子捧茶"之比喻并不能证明童子之心即是赤子之心,反过来说,童子捧茶之行为必然为善的依据并不在于童子之心即赤子之心。不过,在近溪使用这一比喻的背后,其用意是明确的:童子之心、我心都是"天之与我者"的赤子之心,亦即道德本心、善良本性。正是在这一前提之下,童子捧茶这一看似漫不经心的行为,必然是合伦理行为,这就叫作"顺帝之则"。换言之,在"捧茶"或"啜茶"之

① 按,另可参见《近溪子集》卷乐,第94页;《会语续录》卷下,第297页。

类的日常生活行为当中,"献来即饮"、"啜毕"即置杯于盘中这样一些举动,充分体现出一个人的"本心",同时由于这些举动毫无做作之态,在此意义上,近溪赞叹道:"好造化!""妙矣哉!"必须指出,"童子捧茶却是道"与阳明后学中流行一时的"圣凡一致"等观念有着思想上的密切关联,用近溪的表述方式来说,就是"圣人即是自己"①,亦即心斋"满街皆圣人"、阳明"圣愚无间"、龙溪"圣凡平等"②等观念的另一种表述方式。近溪说:

> 人皆可以为尧舜,夫执途之人评其可以为尧舜,谁则信之? 而孟子独信其必然而无疑。盖以圣人有此爱敬,途人亦有此爱敬。(九州大学本《近溪子集·庭训下》,页 30 下)

> 原无高下,原无彼此;彼非有余,此非不足;人人同具,个个现成;亘古亘今,无剩无欠。以此自信其心,然后时时有善可迁;以此信人之心,然后时时可与人为善;以此信千百世人之心,然后百世以俟圣人而不惑。(同上)

这两段表述便是"捧茶童子却是道""圣人即是自己"等命题的主要理论依据。其中"人人同具、个个现成",亦即"现成良知"理论。然在近溪,他更为强调万世一心、人人一心,由此便可推出"圣即凡""凡即圣"的结论,他指出:

> 后世学者知得千心万心只是一心,既是一心,则说天即是人,可也,说人即是天,亦可也;说圣即是凡,可也,说凡即是圣,亦可也;说天下即一宗,可也,说一宗即天下,亦可也;说万古即一息,可也,说一息即万古③,亦可也。(《近溪子集》卷数,第 214 页)

---

① 　《盱坛直诠》卷下,第 248—249 页。
② 　引自《念庵罗先生文集》卷五《冬游记》,第 10 页上下。
③ 　此句原作:"说万古即一息",据上下语义,"万古"与"一息"当换位。

　　总之,由"赤子之心"到"童子之心"乃至于众人之心,在近溪看来,无不具备先天的本体之知,因此只要"顺心而动",即便是"童子捧茶"之类的微不足道的日常行为,也无不是合乎伦理的行为。从其论说方式来看,近溪就赤子孩提之类的经验事实着眼,从而揭示出"万人一心""万世一心"的抽象原理,目的是为心体存在的普遍性做某种超越方式的论证,亦即从"童子捧茶"这一经验事实当中抽象出对人类的共同本性的一般规定。从其理论效应来看,由于强调"我即圣人""圣凡一致",便会带来两个方面的后果:一方面告诉人们,由于人心在本质上便是圣人之心,因此圣人境界不再是高不可攀,在现实的日常生活中便可成就圣人,从而极大地提升了人心相对于外在权威而言的主体地位;另一方面,赤子孩提之心在经验事实面前,是否已具备判断是非的自觉道德意识并不重要,重要的是,童子之心所具备的未受见闻知识所习染的"不虑之知"也就是不学不虑的良知,必须而且应当依此良知本心而行。也就是说,在日常生活中如何辨别是非善恶等严肃的现实问题,都应诉诸内在本心而非外在规范,因为内在本心便是超越一切的普遍法则。如此一来,便有可能夸大人心的意识作用,甚至有可能误将知觉认作本体、误将情识认作本心。在某种意义上可以说,近溪的"赤子之心"说有一种夸大"自我"的理论趋向,他一再倡导的"自信从""自觉悟",也就是要求人们对自身所具有的道德判断能力的绝对信从,其依据是"复以自知"这一所谓的良知自知理论。依此思路拓展开去,"赤子之心"则有可能被抽象为只具有形式意义的良心①,因为

————————

① 关于儒家伦理学与形式伦理学的问题,可参见李明辉的论文:《孟子与康德的自律伦理学》,他断定孟子的伦理学"是一种形式主义伦理学",直接证之于"仁义内在说",间接证之于"性善说"。(李明辉:《儒家与康德》,联经出版事业公司,1990年,第56页)。

童子在"捧茶"过程中"只戒惧"而"不自知"的问题是否存在,在近溪的视野中完全可以忽略不计。同样,阳明和心斋在一定程度上亦表示关注的人心遮蔽状态以及日用不知状态如何克服等问题,亦已逐渐淡出近溪的视野。如此便将阳明、心斋的心学理论导向了某种极端形式。

## 第四节　良知说

### 一　良知评议

先从近溪对孔孟至宋明之思想演变的一个基本观点说起,这个观点其实也就是近溪对儒学道统系谱的一个基本判断。他说:

> 自孔子为教"只是以仁宗"以来,比至有宋,乃得程伯淳"浑然与物同体"之说,倡之于先;陆子静"宇宙一心无外"之语,继之于后;入我朝来,尊崇孔颜曾孟,大阐求仁为宗;近得阳明王先生发良知真体,单提显设,以化日中天焉。宁非斯文之幸,而千载一时也哉!(《盱坛直诠》卷上,第67—68页)

近溪点出程明道—陆象山—王阳明,以此作为上承孔孟、下启后世的关键性人物,此说值得注意。程朱一系在近溪眼里,几乎没有地位,对于心学传人的近溪来说,这也应当是在情理之中。令人颇费猜疑的是,在"入我朝来"与"近得阳明王先生发良知真体"之间,有所谓"尊崇孔颜曾孟,大阐求仁之宗",未知究为何指,参诸近溪的其他表述,当可推知是指明太祖朱元璋的所谓"圣谕六言"[1]。另须注意的是,在上述有关思想传承的谱系中,

---

[1]　参见《近溪子集》卷乐,第110、111页;《一贯编·易》,第197—198页,等等。关于这一问题,详见后述。

看不到心斋的身影。这表明近溪虽在学派传承上属于心斋一系,但是其在思想上毋宁对于阳明心学抱有自觉的认同意识。

不过,近溪对阳明的良知说也有批评:

> 曰:"心体之妙如此,乃今时学者于阳明良知之宗,犹纷纭其论,何哉?"(近溪)曰:"阳明先生乘宋儒穷致事物之后,直指心体,说个良知,极是有功不小。但其时止要解释《大学》,而于孟子所言良知,却未暇照管,故只单说个良知。"(《明道录》卷四《会语》,第 169—170 页)

此说有点特别。意谓阳明当时由宋儒"格物"问题出发,从而拈出"良知"两字。但在近溪看来,阳明的目的只是为了解释《大学》,而于孟子的良知说却未免疏忽。以阳明的立场看,也许并不能认同这一指责。其实,近溪此说另有企图,其意是在强调一个观点:只讲良知本体而忽略致良知工夫,并不可取。同时,近溪结合他自己对孔孟宗旨的理解,指出良知应当有个"实落"处,即必须"实落"在"爱亲敬长处言之",如此"工夫便好下手",便是"传心真脉也"。这才是近溪对于阳明只讲良知而于具体工夫之下手处未免有所忽略表示不满的根本原因。紧接着,近溪又说:

> "而此说良知,则即人之爱亲敬长处言之,其理便自实落,而其工夫便好下手。且与孔子'仁者人也'、'亲亲为大'的宗旨,毫发不差,始是传心真脉也。"曰:"阳明说要致良知,则其意专重'致'字,原亦不止单说良知已也。"(近溪)曰:"即良知本章,孟子亦自有说'致'的工夫处,原非'格其不正以归于正也'"。曰:"如何见得是致的工夫?"曰:"致也者,直而养之,顺而推之,所谓致其爱而爱焉,而事亲极其孝;致其敬为敬焉,而事长极其弟。则其为父子兄弟足法,

而人自法之……"（《明道录》卷四《会语》，第 170 页）

至此不难发现，近溪之所以说阳明于孟子"未暇照管"，是因为阳明提揭良知过重，而阳明以"格其不正以归于正"来解释"致"字，已非孟子"致"字之本义。也正由此，近溪认为阳明的良知说仍然是在围绕着《大学》问题转。在他看来，孟子自有"致"的工夫，亦即"直而养之，顺而推之"之意，这里并不需要用格物或用"正与不正"的说法来敷衍解释。至于孟子所谓的工夫，其实很简单，亦即"致其爱""极其孝""致其敬""极其弟"等一套工夫，换言之，也就是孝弟慈的工夫。

由上可见，近溪没有一味地顺着阳明讲，他欲对阳明良知学做一番翻新的功夫。他认为阳明在"致"字问题上并没有"会归于"孟子之本义上来讲，而过多地被格物与正心等问题所牵累，这是阳明良知教的一个不足之处。在近溪看来，致良知最终是为了"了结孔子公案"，即通过孝弟实践以实现"天下归仁"之理想。他说："吾辈今日之讲明良知，求亲亲长长而达之天下，却因何来？正是了结孔子公案。"[1]

总之，近溪一方面对阳明心学有强烈的认同意识，对其良知学有极高之评价，甚至认为在儒家道统上，当代唯有阳明有资格承接孔孟之统绪；另一方面，在工夫论问题上，近溪对阳明的良知说有所补充和拓展，认为应当以孔孟的"求仁"宗旨、"孝弟"原则来落实致良知工夫。具体而言，致良知必须落实在"爱亲敬长""孝弟慈"之实处，并由此推广至社会、国家、天下，使天下之人无不"亲亲长长"，如此才能最终"了结孔子公案"，亦即最终实现孔子的理想。无疑，这是近溪思想有进于阳明的一个重要表

---

[1] 《近溪子集》卷射，第 123 页。

现，也是其思想的一个重要特质。

## 二　良知见在

关于"现成良知"问题，我们在第二章等处已有讨论，在"捧茶童子却是道"一节中我们也已指出近溪此说与"现成良知"观念有一定的理论关联。当近溪强调"捧茶童子却是道"的时候，其潜台词显然是："捧茶童子"亦有"现成良知"。换言之，"良知"先天地存在于"童子"的心中。唯因如此，故童子的一举一动看似无意，却正是顺心而动之表现；只要是"顺心而动"，就必然是良知的当下呈现。分解地说，可做如上二段推论，直接地说，便是一句"捧茶童子却是道"。可以看出，"现成良知"观念对近溪来说亦至关重要。以下两段是近溪有关良知问题的直接论述：

> 良知良能，明白圆妙，真是人人具足，个个完全。但天生圣神，则能就中先觉先悟于天命。此个圣体，直下承当受用，正如矿石过火，便自融化透彻，更无毫发窒碍间隔，却即叫做圣人。然究其所觉悟的东西，则只是吾人现在不学不虑之良知良能而已。（《明道录》卷五《会语》，第208—209页）

> 今受用之，即是现在良知而圣体具足。其觉悟工夫，又只顷刻立谈，便能明白洞达，却乃何苦而不近前？况此个体段，但能一觉，则日用间可以转凡夫而为圣人，若不能一觉，则终此身弃圣体而其为凡夫。（同上书，第210页）

显而易见，良知本体"人人具足、个个完全"，"现在良知而圣体具足"，这些表述无非就是"现成良知"理论。近溪从圣凡关系着眼，指出虽然"转凡为圣"须有一"觉悟"，但就其"圣体"存在的先天性而言,是本来"具足"的;同样,吾人所"受用的"现在良知,也是无不"具足"的。因此,觉与不觉虽因人而异,但就人之本质而言,不论圣凡都具备"现成良知",这一点却是不容置疑的。近溪又说:

> 良知却即是明,不属效验;良知却原自通,又不必等待。况从良知之不虑而知,而通之圣人之不思而得;从良知之不学而能,而通之圣人之不勉而中。浑然天成,更无斧凿。
> (《明道录》卷七《会语》,第275—276页)

在这段话的前面,近溪从"通明"("圣之为圣,释作通明")的角度讲起,论述了周濂溪、程明道、朱子之为学目标都是指向"通明"之境界,接着话题转到阳明之时,近溪强调阳明"良知"既"不属效验",也"不必等待",良知本身"既是明""原自通",因此良知乃是"浑然天成,更无斧凿"的本质存在。近溪进而指出:对于阳明致良知学说,即便周、程、朱亦不能有以难也。近溪认为阳明良知教与宋儒讲求通过工夫效验然后达到"通明"这一思路有所不同,良知本身不属"效验"也不必"等待",它是一种"当下即是"的存在,因此工夫必须"直下承当"。而其关键就在于直接面对良知的"自信从""自觉悟",而绝不依傍他人,也无须等待效验的证明。因为,良知对吾人来说是可以"直下承当受用"的。要之,"知体""圣体"原是"人人具足,个个完全",这一现成良知理论正是"直下承当"的依据所在。

由上可见,在现成良知理论中,还有良知本体"千古遍在"这层含义。这是就良知本体的存在方式而言,用近溪的话来说,叫作"平铺遍在",其云:

> 自中国以及四夷,自朝市以及里巷,无人不有此知,无人不有此能,何等其大!自晨兴以至夕寝,自孩提直至老

毫,无时不用此知,无时不用此能,何等其久! 此个知能,平
铺遍在人间,洋洋充乎宇内。(《一贯编·易》,第 182 页)

所谓"平铺遍在",强调了良知的现在性、遍在性特征。从空间上
说,自中国以至四方,自中央以至地方;从时间上说,从晨至昏,
从小至老,良知无不"遍在"、无不"充塞"。在这个意义上,良知
具有超越时空、无有限隔的普遍性特征。当然,良知之无所不在
乃是阳明的固有观点。对于阳明来说,"良知遍在"是其建构良
知理论的关键性命题;对于近溪来说,"平铺遍在"既是对阳明良
知说的认同,同时也是建构其心学理论的基本观念。近溪坚信:
当下见在的赤子之心与圣人原自"同体"①。其依据则是赤子之
心和圣人之心都同样具备"德性之知",其云:"盖论德性之良知
良能,原是通古今、一圣愚,人人具足而个个圆成者也。"②可见,
以"人人具足""个个圆成"为基本特征的现成良知观念构成了近
溪思想的一个重要基调。

如果说,对"求仁""孝弟"等观点的强调表现为近溪要求回
归孔孟的思想趋向,那么其对良知"当下具足""现成圆满"这一
观念的强调,则清楚地表明近溪对阳明心学的积极认同。从理
论上说,承认良知是当下呈现的现实存在,是无所不在的普遍存
在,这是近溪展开自己思想言说的一个基本出发点。也就是说,
良知当下具足,乃是实行"求仁""孝弟"的理论前提。因此,不论
是"求仁"还是"孝弟",即便只是想"做个好人",归根结底必须
以"人己浑然是个良知"③作为内在理据。近溪指出:

盖圣人之学,致其良知者也。夫良知在于人心,变动而

---

① 《一贯编·孟子下》,第 329 页。
② 《近溪子集》卷射,第 130 页。
③ 《近溪子集》卷御,第 146 页。

不拘,浑全而无缺,时出而恒久弗息者也。今宗族称孝、乡
党称弟,而不善致其良知者,则执滞于一节,而变或不通;循
习于一家,而推或不广;矫激于异常,而恒久可继之道或违
焉,又安能以光天地、塞四海,垂之万世而无朝夕也哉?
(《近溪子集》卷御,第 146 页)

这是说,比起"宗族称孝、乡党称弟"的孝弟工夫而言,致良知是
更为根本的工夫。如果不能真正做到致良知,那么所谓"称孝称
弟"之行为也无法保持永远长久。

总之,近溪在良知问题上,基本上接受了阳明的立场,尤
其对心学理论中的现成良知观点是深表赞赏的。一方面,良
知作为"浑然天成""当下即是"的本质存在乃是人类赖以行孝
行弟的内在依据,是近溪主张"求仁"、实行"孝弟"的理论基
础,另一方面近溪显然更为强调在"爱亲敬长"处言"良知",才
能使"良知"有所"实落"。其所谓"爱亲敬长",既是"孝弟慈"
这类伦理原则的体现,同时也含有人伦情感的丰富含义。故
在近溪看来,良知不能停留于抽象议论,而必然落实在人伦情
感之中,从人类爱自己的父母、敬自己的兄长这类道德感性中
才能体现良知的存在、人心的本质。可以说,这是近溪思想不
同于阳明的独特之处。

## 三 破除光景

尽管就良知本体的角度言,"人人具足、个个完全""现在良
知、圣体具足",更毫丝毫亏欠;然而就人心的现实状态言,却不
免为知识所牵挂,为见闻所迷惑,从而"自生疑畏"、转觉繁难,渐
渐离"知体日远","愈不可释",其结果不唯"不识本真","以至
失真",甚至误执情识以为"知体"。凡此种种弊病,其因盖在于

不愿就"心本无知"、良知"现在"处自信自觉,从而导致"疑畏"相杂的缘故。所以,必须弃绝执着之"妄念",将心中一切羁绊牵挂、见识情虑等"全体放下",如此一来,即与圣人无异。近溪说:

> 圣人者常人也,肯安心者也。常人者,圣人而不肯安心者也。故圣人即是常人,以其自明故,即常人而名为圣人矣;常人本是圣人,因其自昧故,本圣人而卒为常人矣。(《明道录》卷七《会语》,第 306 页)

> 今若说良知是个灵底,便苦苦地去求他精明,殊不知要他精,愈不精;要他明,愈不明。若肯一切都且放下,坦坦荡荡,更无戚戚之怀,也无憧憧之忧。此却是能从虚上用功了。世岂有其体既虚,而其用不灵者欤? 但此要力量大,又要见识高。稍稍不伦,难以骤语。(《盱坛直诠》卷上,第 120—121 页)

这两段话,讲的角度不同,一是从圣人与常人的角度讲,一是就良知虚灵的角度讲,结论同样是:"一切放下。"前段大意,其实在"捧茶童子却是道"一节中亦可看出,讲的无非是"捧茶童子,当下即是"的道理;后段讲的无非是"心本无知""空空如也"的道理。在近溪看来,因为赤子之心莫非是道,故而一切放下,心中更无见识,也就意味着回归"本真",一旦回归"本真",即常人便是圣人;同样,因为良知本来"虚灵",故而一切放下,不起"念头",也就意味着此心"坦坦荡荡",这就叫作"虚上用功"①。他指出:

> 人生天地间,原是一团灵气,万感万应而莫究根源,浑

---

① 按,此"虚"字,当落实在"知体"上讲,即心体之无的意思,非泛指"虚玄"。

浑沦沦而初无名色。只一"心"字,亦是强立。后人不省,缘
此起个念头,就会生做见识,因识露个光景,便谓吾心实有
如是,本体实有如是,朗照实有如是,澄湛实有如是,自在宽
舒。不知此段光景,原从妄起,必随妄灭。及来应事接物,
还是用著天然灵妙浑沦的心,此心尽在为他作主干事,他却
嫌其不见光景形色,回头只去想念前段心体,甚至欲把捉终
身,以为纯一不已;望显发灵通,以为宇太天光,用力愈劳,
而违心愈远矣。(《盱坛直诠》卷上,第128—129页)

这段话非常重要,对于我们理解近溪思想有很大帮助。近溪先
从人生之初说起,指出人之生原无"名色",即便"人是天地之心"
的"心"字,亦是"强名",此义实与"心本无知"相同。人生之后,
便未免有"念头""见识"支离缠绕,从中窥见一个"光景",便以
为此便是"吾心"之实、"本体"之实;便以为吾心之"朗照"即此
"光景",吾心之"澄湛"亦此"光景",而且洋洋自得,以为"自在
宽舒"。却不知此段光景,实即四种"实有如是"之观想,乃是伴
随"妄念"而来,最终亦将随之而灭。尽管人们在"应事接物"之
际,自有"天然、灵妙、浑沦的心"为其作主,但"天然、灵妙、浑沦
的心"并不显示为"光景形色"(实亦本无光景形色可显),所以更
无从把捉。若以此"把捉终身",自以为已臻"纯一不已"之境界,
则是"用力愈劳而违心愈远",终将适得其反。及至晚年,近溪对
其孙罗怀智谆谆告诫道:"学有所执,悉属阴幽。汝只恋着当下
光景,受用不舍,终难入道。戒之哉!"[1]

　　上述近溪的观点,被牟宗三归结为"拆光景"[2],从而引起了

_____

① 九州大学本《近溪子集·庭训下》,页32下。
② 参见牟宗三:《从陆象山到刘蕺山》第三章,第282—298页。

不少学者的研究兴趣,并隐然成为研究近溪思想的一种套路①。牟氏指出"破除光景"和"当下呈现"乃是近溪学之"特殊风格",亦是其思想之根本归趣。②不过唐君毅则以"一体"观、"生化"观作为近溪学之最大"特点"③,针对于此,牟宗三以为"此则颠顶,未得其要也"④。牟、唐的意见分歧,值得引起我们的重视,此处不赘。⑤承前所示,近溪指出留恋当下光景,以为终身受用,则"终难入道",可以看出,光景问题确是近溪所面对的一个重要问题,基于此,即便说近溪思想之"特殊风格"表现在"破光景"这一方面,亦未尝不可。然而牟说对于近溪之重"仁"、重"一体"以及重"生生"这一思想面向,未免有所轻忽,此亦不必讳言。

其实,在"破除光景"之主张的背后有一种理念,即"本心浑沦"。"本心浑沦"是与"当下浑沦顺适"相关的重要观念。因心体"浑沦",没有"分别""计较",亦非"意念""存想"所能把捉安排,故而唯有"悠然顺适";若稍有"着力执持处,便总是意念矣",便"去心盖远矣"。所谓"浑沦"非指混沌无序,而是指心体"虚灵"之基本特征,亦即"浑融"。⑥其基本义是:浑然打成一片,毫无差别景象。

---

① 如古清美:《罗近溪悟道之义涵及其工夫》、《罗近溪"打破光景"义之疏释及其与佛教思想之交涉》,载《慧庵论学集》;黄淑龄:《明代心学中"光景论"的发展研究》。

② 牟宗三:《从陆象山到刘蕺山》第三章,第 290—291 页。

③ 唐君毅:《中国哲学原论·原教篇》(下),第 440 页。

④ 牟宗三:《从陆象山到刘蕺山》第三章,第 291 页。

⑤ 关于唐、牟的这一见解分歧,台湾学者杨儒宾既已指出唐的看法较为着实,参见氏作:《理学家与悟——从冥契主义的观点探讨》,载刘述先主编:《中国思潮与外来文化——第三届国际汉学会议论文集》,台北"中央研究院"中国文哲研究所,2004 年,第 194—195 页。

⑥ 以上参见《近溪子集》卷数,第 211 页;卷书,第 197 页;卷数,211 页。

近溪强调此心本无"形色"、亦无差别,在此意义上,可以说心体本是"虚灵神明"。但虚灵只是一种形容描述而非实指。就心体而言,它本身又有"实"的一面,是虚而实的统一,此即"浑沦一体"的真实义。若只是以此心之体为"虚灵发窍而已",则"所见犹未为亲切也已"。①可见,近溪之所以竭力主张"浑沦顺适",显然与心体本身"浑沦一体"这一观念有关。而"浑沦一体"之观念适可拓展出"全体放下""破除光景"之工夫论主张。反过来说,"破除光景"须以心体本身"混沦一体"作为前提预设,前者是后者在工夫论领域中的必然延伸。

的确,近溪一生非常突出强调"一切放下"的重要性,直至临死之际,近溪留下一纸"绝笔书"还谈到这一点:

> 此道炳然,宇宙原不隔乎分尘,故人己相通、形神相入。不待言说,古今自直达也。后来见之不到,往往执诸言诠。善求者,一切放下;放下,胸目中更有何物可有耶! 愿同志共无惑无惑焉! (《近溪子集》卷末《明德夫子临行别言》,第228页)

宇宙万物原无差别,人已物我原自相通,只缘后人执诸言说,故于此理此心"见之不到"。因此,善为学者正应"一切放下",抛却"言诠",令胸中更无牵挂。如此则能直达"此道"。这是近溪临死前向门人及子孙所做的最后训示。对近溪来说,"一切放下"与"破除光景",说法虽异,其意则一,这不但是一种为学方法,更是对生死关头的一种彻底了悟,甚至是"将来神鬼之关"②。

---

① 参见《近溪子集》卷数,第207—208页。
② 关于"将来神鬼之关"的问题,详见第五节"天心观"。

### 四　当下与因时

"当下"问题实即良知问题。首先须指出,近溪的"当下论"与其"一切放下""打破光景"之主张有关,但又有不同。一方面,所谓"一切放下""打破光景"显然与其"圣贤精神不离当下"这一观念密切相关①;另一方面,"当下"论则突出了"时"的重要性。如果说"打破光景"重在一"破"字,旨在"破执",那么"当下"论则重在揭示为学的"下手"处。

据近溪友人耿天台的回忆,嘉靖戊午(1558)近溪与天台在京相识之初,便大谈"当下"②,受其影响,天台一时亦为"当下"论所倾倒,时常"教人须识当下本体"③。嘉靖乙丑(1565),天台在南京与龙溪相会时,提到近溪常以"当下"为了手工夫④,对此,龙溪指出近溪之学虽已有一定的洞见,但毕竟尚有一机之未达⑤。龙溪认为"当下承当"亦有分疏,是就本体上"承当",还是在"见上"(见解意识)"承当",两者之间,差之毫厘而失之千里。

其实,近溪之论当下另有思想背景,与龙溪和念庵之争"良知现成"问题有关。在《盱坛直诠》中记录了这样一场对话:

> 乾斋甘公问:"念庵先生不信当下,其见云何?"师曰:"除却当下,便无下手,当下何可不信?"甘曰:"今人冒认当下便是圣贤,及稽其当下,多不圣贤。此念庵先生所以不信也。"师曰:"当下固难尽信,然亦不可不信。如当下是怵惕

---

① 《明道录》卷三,第101页。
② 耿天台:《读近溪罗子集》,《近溪子集》末附,第253页。
③ 参见《龙溪王先生全集》卷四《留都会纪》,第333页。
④ 按,天台对于"当下"说,后来亦有所批评,参见《耿天台先生文集》卷七《慎术解·赠邹汝光》,第818—819页;同上书卷六《与同志》第四书,第674—677页。
⑤ 《龙溪王先生全集》卷四《留都会纪》,第333—334页。

恻隐之心,此不可不信者也。当下是纳交要誉之心,此不可尽信者也。不可不信而不信之,则不识本体,此其所以不著察;不可尽信而苟信之,则冒认本体,此其所以无忌惮也。善学者在审其几而已。"(《盱坛直诠》卷下,第277—278页)近溪对当下问题的基本态度是"固难尽信而又不可不信"。"固难尽信"是针对当时存在的以"当下即是"为借口,以此"冒认当下便是圣贤"等思想现象而言,表现出近溪对当下论的一种谨慎态度。然而从理论上说,近溪又强调"当下"不可不信。他甚至认为"当下"是"最为进步第一义"。故针对"讲学者多云当下,此语如何"提问,近溪断然回答:"此语为救世人学问无头而驰求闻见,好为苟难者,引归平实田地,最为进步第一义。"[1]在近溪看来,若能对良知本体"当下具足"充满自信,从而坚信"此个功夫,亦是现在"[2],那么便是在实地做功夫。在此意义上,所以说"当下即是"这层道理是引导人们向上"进步"的"第一义"。

近溪还将"当下"问题与"时义"问题结合起来进行阐释。他指出:

> 问:"《论语》'时习'之时,旧作'时时',而先生必曰'因时'者,何也?"罗子曰:"圣人之学,工夫与本体原合一而相成也。时时习之于工夫,似觉亲切,而轻重疾徐,终不若因时之为恰好。盖因时,则是工夫合本体,而本体做工夫,当下即可言悦,更不必在俟习熟而后悦。……夫子尝谓'默而识之',正是识得这个时的妙处。……盖缘他(按,指孔子)识得时的根源真,而执得时的机括定。虽间有一人不知,而未

---

[1] 《盱坛直诠》卷下,第203页。
[2] 《盱坛直诠》卷上,第124页。

必人人之不知也。虽人有一时不知,而未必久久之不知
也。"(《一贯编·论语上》,第 243 页)

这段话从《论语》开篇"学而时习之"说起。释"时"为"时时",即
时常之义,这是朱子的训释,近溪则释作"因时"。经过这一解释
转换,突出了"时"的当下义、活动义。正是在"因时"这一行为过
程中,才能确切把握工夫与本体的"当下合一",由此才能说"当
下即可言悦"。在近溪的理解中,所谓"因时"不妨可以解作"顺
时""即时",工夫与本体亦是"即时"合一之关系,同时工夫也应
当是"顺时"而为、"顺时"而动,这又叫作"自然"之工夫。总之,
以工夫合本体或者即本体做工夫,这两种不同趋向的工夫实践,
在"因时"之"恰好"的意义上,均可当下"言悦"。

有弟子问:"学者要本体工夫合一,须是识得'时'字。而要
得'时'字明显,则又须从天命之性说来,何如?"对此,近溪指出
自从孔子一口道破"天命之谓性"以后,"口则悉代天言,而其言
自时;身则悉代天工,而其动自时。天视自我之视,天听自我之
听,而其视其听,亦自然而无不时也已"①。可见在近溪看来,一
个"时"字贯穿于孔子的思想与行为的过程当中。近溪又说:"孔
子至善,只是个时;孔子时中,只是个《易》。""孔门学习只一时
字。天之心以时而显,人之心以时而用。时则平平而了无造作,
时则常常而初无分别。"②显然,由孔子之学而发现"时"的意义,
并通过对"时"的意义之抉发,近溪强调"时"是天心和人心得以
展现的关键,天心和人心藏之于时而又显之于时,"时"给予"心"
这一本质存在以某种普遍形式。而且"时"又可以用来对心体存

① 以上,《一贯编·论语上》,第 244 页。
② 《会语续录》卷下,第 289、301 页。

在之本然状态的现象进行描述:"平平常常""了无造作""初无分别"。

我们知道,在孔孟那里,无论是孔子"时习",还是孟子赞美孔子"时中",其"时"字均是时间的含义,引申义则是"时常"。孟子谓"圣人时中",其意是说孔子时常不离"中",时时得"道"。然而近溪却说"孔子时中,只是个《易》",其中却另有深意:

> 问曰:"复之时义,大矣!岂寻常言复者多自天地万物为言,而兹谓复心者,则自吾身而言耶?"曰:"宇宙之间,总是乾阳统运,吾之此身无异于天地万物,而天地万物亦无异于吾之此身。其为心也,只一个心,而其为复也,亦只一个复。经云:'复,见天地之心';则此个心即天心也。……善言心者,不如把个生字来替了他。则在天之日月星辰,在地之山川民物,在吾身之视听言动,浑然是此生生为机,则同然是此天心为复。故言下着一生字,便心与复,即时混合;而天与地、我与物,亦即时贯通联属,而更不容二也已。"
>
> (《近溪子集》卷数,第223—224页)

近溪的观点是:一部《周易》离不开"时"字[1],不但"复"卦以及"生生"是"时义"的表现,甚且所有的卦爻变化也都是"时"的表现,在此意义上,"时"正可谓"天之则"。在近溪看来,"时"作为一种观念存在具有非常重大的意义,对"时的根源""时的机括"的把握,在历史上也许只有孔子一人,但在现实当中,却是人人都须努力的方向。因为无论是宇宙万物还是人类社会,无论是

---

[1] 《周易》对"时"的强调,可参见各卦之彖辞便可略知一二。如《豫》彖辞:"豫之时义,大矣哉!"《颐》彖辞:"颐之时,大矣哉!"《革》彖辞:"革之时,大矣哉!"

宇宙本心还是人类本心,都离不开时间这一存在形式,此即所谓
"更无出于时字之外者矣"之意。

　　总的说来,大致有二点可以归纳:一、"当下"观念强调的是良知
本体的"当下具足"性,由此出发,对良知本体的把握也必须是"直下
承当",而与见闻知识的增长积累无关,可见"当下"观念与良知理论
有密切关联;二、在本体与工夫的关系问题上,近溪强调"须是识得
时字","时"不仅表现为天地万物的"生生"原理,而且是天心与人心
最终实现合一的一大机缘。从本然意义上说,天与人或天心与人心
是"即时融合"的,但从现实存在的角度看,两者的合一还须通过一
番努力,其关键就在于能否把握住"时机"。这也就是近溪为何强调
"当下承当"、强调"因时"的缘由之所在。

　　总之,强调"当下"和"因时",目的是要人们重视良知是一种时
间的存在,良知在生活行为中的当下呈现是离不开时间这一要素
的。"当下即是"这一直觉判断须以良知本体的即时存在作为前提,
致良知功夫也只有在当下即刻的时间过程中才有可能,而与非时间
性的知性认知过程无关。问题在于,本体既存在于时间之中,同时
也未免在此过程中会产生种种本体遮蔽现象,并导致"冒认本体"等
结果。为防止这类现象的产生,关键在于切身把握时间的连续性、
不间断性。近溪将"时习"中的"时"之含义由"时时"之传统训解转
而解释成"因时"之义,便是出于上述考虑。因为"时时"只是含指时
常等之意,而"因时"则是指"即时",语气重在"因"字,强调的是其间
容不得时间上的丝毫断裂、片刻停顿。依近溪之见,时间上的这种
"不间断性",是区分"凡境"与"圣体"的关键所在,他甚至断言:"工
夫得不间断,方是圣体。……故学者欲知圣凡之分,只在自考工夫
间断不间断耳。"[1]应当说,在近溪的思想体系中,其对"当下"和

---

"因时"的强调,揭示了人的良知与人的存在的当下关系、即时关系,他坚定认为通过对这一关系的把握,就可成就圣人。显然,"因时"观念乃是近溪思想的独特之处,也是其理论贡献之一。

## 第五节　身心观

### 一　身心灵妙

何谓"身心",用西方哲学的术语来说,即肉体与灵魂、身体与心灵,用古代中国的术语来说,相当于形与神。司马谈《论六家要旨》在对道家的形神观进行概括时,披露了他的一个看法:"凡人所生者,神也;所托者,形也。……形神离则死,死者不可复生,离者不可复返。……由是观之,神者生之本也,形者生之具也。"[①]这一形神观在古代中国具有非常典型的意义,其基本要点是:神之于形具有优越性,形是负面意义的存在,神在形之上,形为神之具。我把这一形神观归纳为"形拙"观,意即身体见拙于神,是应加以控制的对象。

在儒学传统中,特别是宋明以降,儒家学者对心/性、理/气等结构问题有很大的关注和深入的探讨,然而"身/心"问题却始终未能作为关注的目标和探讨的对象。及至明代心学,情况也没有发生根本改变。然而到了近溪那里,我们却发现,身心问题成了近溪思想的一个显题,构成了其思想的重要问题意识。他说:

> 大道生乎天地,天地生乎民物,民物是其生化之末。犹且身心灵妙,莫可穷诘。天地乃其生化之原,则所为凝结稀希,又不可类推而知也耶。故知人物之身心既灵,则天地之凝成者自当益极其灵;民物之世界且妙,则天地之凝成者自

---

① 《史记》卷一三〇《太史公自序》。

当益极其妙。人能于是而昭然生此信心,则由信而生畏,由畏而生敬,戒谨恐惧于视听言动之间,谦卑慈惠于接物待人之际……我惟天以作依皈,天惟我而加呵护……我既心天之心,而神灵渐次洞彻;天将身吾之身,而变化倏忽融通,坚如金石,精诚可贯,微若尘沙,踪迹能潜。所谓飞跃由心而形神俱妙。固非法术之可私,而亦非思虑之能测矣。(《一贯编·易》,第 176—177 页)

这段话值得细细品味,他是从天人关系着眼,强调了宇宙有宇宙之身心,人有人之身心。从宇宙生化的角度看,天地是"生化"之根源,民物是"生化"之末节,天地万物便是宇宙之身,然而所以"生化"者则是"天地之心"。"人物之身心"与"民物之世界"在凝结生化过程中,同样有既灵且妙的作用现象。重要的是:人类之行为须以天的法则为法则,如此,则天亦会呵护我们;我之心既与天之心相即不离,而天亦将以我之身为其身。意思是说:天的存在能为人的行为提供保障,其因在于天心与人心原本就是互为贯通的,同时,合乎天则的行为也可与天心互相感通。其实,近溪上述思路与传统的"天人合一"观有相通之处。近溪的特点在于:天人感通的关键是"心天之心",以天心为人心,如此则天心会为人身提供保障,以人之身为其身。可见,近溪将宇宙及人类的存在模式纳入身心问题领域,在他看来,天人关系也就是身心关系。宇宙与人类各有身心,宇宙可以人之身心为身心,人亦可以宇宙之身心为身心。可以说,以上便是近溪在身心问题上的基本观点。

若就人身的角度看,近溪指出人之形体固是身,人之心知亦是身。这一观点也非常重要,意谓"身"是形神、心知的存在基础。这一观点是由以下的问题而来:"或曰:'如君(按,指近溪)之论,是以身为阳而在所先,以心为阴而在所后。乃古圣贤则谓"身止是形,心乃是神",形不可与神并,况可以先之乎?'"①这里的问题实质是:历来以为身是形体,心乃灵妙不测,形与神是不可同日而语的,若按近溪所言,身心岂不颠倒了过来,成为"身在心先"? 对此,近溪答道:

> 子恶知所谓神哉! 夫神也者,妙万物而为言者也,亦超万物而为言者也。阴之与阳是曰两端,两端者即两物也。精气载心而为身,是身也固身也,固耳目口鼻、四肢百骸而具备焉者也;灵知宰身而为心,是心也亦身也,亦耳目口鼻、四肢百骸而且备焉者也。精气之身,显于昼之所为;心知之身,形于夜之所梦。……是分之固阴阳互异,合之则一神所为,所以属阴者曰阴神,属阳者则曰阳神。是神也者,浑融乎阴阳之内,交际乎身心之间,而充溢弥漫乎宇宙乾坤之外,所谓无在无不在者也。惟圣人与之合德,故身不徒身,而心以灵乎其身;心不徒心,而身以妙乎其心。是谓阴阳不测而为圣,不可知之神人矣。或者憬然悟曰:孔夫子之从心所欲不逾矩,孟夫子之存心养性以事天,是诚阴阳合德而神之乎其为心也哉! 亦神之乎其为身也哉!(《一贯编·易》,第 185—186 页)

这段话涉及诸多问题。首先令人注意的是,近溪从身与心这一视角出发,对于"精气载心而为身""灵知宰身而为心"这一传统观点,做了诠释转换:灵知宰身之心"亦身也"。这是说,身既为精气为物之身,亦为"心知之身"。而"神"则是处于阴阳、身心之间的一种神妙不测的功能作用。圣人能"与之合德",故能做到

---

① 《一贯编·易》,第 185 页。

"身不徒身""心不徒心""心灵乎其身""身妙乎其心"。比如,孔孟便能达到"身心灵明""形神俱妙"的境界,此即所谓"阴阳合德而神之乎其为心也哉!"亦即所谓"心不徒心""身不徒身",达到了"妙万物"而又"超万物"的神化境界。尤为引人注目的是,"灵知宰身而为心"这一说法,所谓"灵知"或"心知",含指良知或心体。而"心知之身"这一概念则意谓良知心体在某种意义上,可以转化为"身"。具体说来,此"身"字不是指真实存在的、与心灵相对而言的肉体之身,而是在灵魂不灭的意义上,心知可以化作灵魂或神灵的载体(详见后述)。

由上可见,近溪对于"身止是形,心乃是神"这一视身体只具负面意义的"形拙"观是反对的,他认为从"生化"与"凝结"的过程来看,天有天之身心,人亦有人之身心,彼此之间是浑融相通的。天以人物为身,又以生物为心;人以天地为身,又以天地之心为心。在此意义上,可以说"身心灵妙""形神俱妙"。应当说,这一观点对传统的"天人合一"观做了更深层次的开拓和发展,"天人合一"不再是只具有宇宙论意义上的存在模式,更是人身存在的基本方式,具体地表现为"身心合一""身心灵妙"。进而言之,"身心灵妙"更是人类的一种精神境界。

## 二 身心不离

如所周知,"心者,身之主宰",这是宋明儒学的诠释传统中对"身心"问题的一个经典表述,无论是朱子还是阳明,在这一点上并无分歧。近溪也说"盖心者,身之灵明,则主宰于一腔之中",如果"心知不妙,则神明不显。于是形与天隔、性与命离,而圣不可希矣"。[①]这里"心知"盖谓心之灵明、心体良知。从价值

---

① 《一贯编·孟子下》,第 325 页。

层面看,心体或心知要优越于身体或形体。因此,把握心知是实现"形与天""性与命"相即不离、圆融合一的关键。在近溪看来,与心相对的身体在"尽心""存心"等一套为学工夫的程序当中并不具有首出的地位。然而,"尽心"功夫须紧扣身心问题来讲,近溪指出:

> 或又问"尽心"一章,说有不同,何如? 罗子曰:"此章之说,如阳明先生极于初学助长精神,然孟夫子口气似觉未妥。如晦庵先生虽得孟夫子口气,然分拆又觉稍多层节。某窃敢作一譬喻,谓其初二条,似一泓春水,其终条则似一片寒冰也。盖心性密藏,微妙深远,其研穷精彻,而知之真者,则是水影天光,空澄浩渺,而了无底止也。至于心性涵育,生化圆通,其因依顺适,而养之完者,则又是波流畔岸,宛曲萦回,而了无窒滞也。如此以知,如此以养,则心之与性、人之与天,极是活活泼泼、浑浑融融矣。然知彻于天,则愈深而愈微;养彻于天,则益纯而益泯。是即性之浮游渺漠,不至寒冰,何从坚定? 故吾此身,即心性之坚冰也……"
>
> (《一贯编·孟子下》,第326页)

首先近溪认为,阳明对"尽心"章的解释虽颇有益于初学者,然而与孟子之口气似有未合。相比之下,朱子的解释虽能得孟子之口气,然其分析又嫌过于繁复。要之,近溪颇为自信,他相信自己对孟子的理解最为恰当。他的理解是,"心之与性""人之与天",最终的归结点在于人之此身,所谓"故吾此身,即心性之坚冰也",盖谓此意。"坚冰"无非是一种比喻,意思是说,人之此身是心性最终凝结、落实之处。心性如果只是一片汪洋之水、浮游不定,则无法坚固凝结,亦即无法"坚定",而"身"却正是心性得以"坚定"的那一块"寒冰"——一块坚实的落脚之地。总之,近溪是想强调,不能就心性论心性,还必须从"身"的角度来审视"心之与性"的相互关系,心性之"活活泼泼、浑浑融融"最终必将通过此身得以表现。

然而,人又"何以是人"？除了人身以外,还有人心在起着主宰作用。近溪指出:一方面人心存在于人身之中,心之义理须由身体才能表现发露;另一方面,人而无心便意味着身体的死亡。从本来意义上说,人身与人心"原不相离",人所从事的"学问",也就是要做到"心不违仁"而已。其曰:

> 何以是人？盖人身耳目口鼻,皆以此心在其中,乃生活妙应。生活妙应,非仁如何？其生活应妙,必有节次分辨,即是心之义而所由以发用之路也。惟人心在人身,如此要紧,则心失而身即死人矣。此所以为可哀也。人身与仁心,原不相离,则人能从事于学问,而心即不违仁矣。(《一贯编·孟子下》,第 321 页)

> 盖人之为人,其体实有两件。一件是吾人此个身子,有耳有目、有鼻有口、有手有足,此都从父精母血凝聚而成,自内而外,只是一具骨肉而已。殊不知其中原有一件灵物,圆融活泼、变化妙用,在耳知听、在目知视、在鼻知臭、在口知味、在手足知持行,而统会于方寸,空空洞洞、明明晓晓,名之为心也。(同上书,第 322 页)

这两段话都是解释"何以是人"的问题。答案是:构成"人"的基本要素就是身体和心灵,只此"两件"而已。身是父母所给的血气肉体之身,心在身中而身是心之载体;心是身之灵物,圆融活泼、灵活妙应。然此心非肉体意义上的心脏之心,而是"统会于方寸(按,即心脏)"之中的心之精神,它具有"空空洞洞"而又"明明晓晓"的特征,显然,这是指人的心灵意识。要之,从人的结构关

系而言，身心"原不相离"。可以说，这是近溪对身心关系的基本
界定。

　　关于身心关系，近溪借用孟子的一对术语，称心为"大体"、
身为"小体"，并指出："从其小则为小人，从其大则为大人。"①这
也附合近溪强调的为学工夫"只专在'尽心'二字"的基本思路。
与此同时，近溪又把身体喻作"心性之坚冰"，其云："故吾此身，
即心性之坚冰也。若善知善养，以显著修为，使心运乎身、身体
乎性，亦即冱寒其水而凝成乎冰也。"这是说，身既是心性之坚
冰，还须善于修养，要做到"心运乎身，身体乎性"，就能实现合
一。犹如水之与冰，其状虽异，其体则一，彼此互为存在之条件。
不仅如此，如能通过养身以达到"通天""奉天"的地步，"久之而
身斯可以同天；同天则无始无终，我命在我，而寿夭更何足言也
哉？"②换言之，身体亦能与"天"相通，此即所谓"我命在我"③，从
而超越生死、与天同寿。当然，近溪此说的立意所指与道教不
同，其谓"身可以同天"，并不意味着长生不死，而是指一种精神
生命的价值实现，意味着"物我同仁"④"天人合一""万物一体"
之精神境界的实现。同样是身心"原不相离"或"身心合一"，在
道教理论特别是内丹理论中，可以是指向炼气化神、结成圣丹的
一种标志，然在近溪那里，则是指个体生命之道德价值的实现，

---

① 《一贯编·孟子下》，第 322 页。
② 以上见《一贯编·孟子下》，第 326 页。
③ 按，"我命在我"原为道教的一个常见术语，如梁代道士陶弘景引《仙
　　经》曰："我命在我，不在天。"（《养性延命录》卷上《教诫篇》第一，第
　　7 页）近溪则用以解释孟子的"尽心知性知天"，如："我命在我，而我即
　　天矣。"（《一贯编·孟子下》，第 325 页）近溪此说非常重要，在身心观
　　中"命"的意义如何确立，这里不及深究。
④ 《一贯编·孟子下》，第 327 页。

是达到"知天""事天"之精神境界的一种标志。故在近溪看来，"养身"与"养天"乃至于"通天"并非不可转换。

虽然从人体的结构看，"心在身中"[①]，心是身体构造的一部分，而心只有"方寸"之大，身则可以达到"七尺"[②]，就此而言，身大心小。但重要的是，从生命价值的角度看，其实却是"心大身小"，心是"大体"，身是"小体"。因此，是"心以宰身"还是"心以从身"，就将成为是"气质化为天命"还是"天命沦为气质"的决定因素。近溪指出：

> 识其心以宰身，则气质不皆化而为天命耶？昧其心以从身，则天命不皆化而为气质耶？心以宰身，则万善皆从心生，虽谓天命皆善，无不可也；心以从身，则众恶皆从身造，虽谓气质乃有不皆善，亦无不可也。故天地能生人以气质，而不能使气质之必归天命。（《一贯编·孟子下》，第 311 页）

总之，在近溪的身心理论当中，可以看到身与心在原初意义上是不相分离的，身心原本是合一的。所谓"身心灵妙""形神俱妙"，即含此义。但就身心结构而言，身/心毕竟有对应关系，心对身是主宰，身对心而言是载体。举例来说，耳目口鼻是身，所以能视听言动者则取决于心。基于这一认识，是"心以宰身"还是反过来"心以从身"，就将意味着身心能否达到理想状态，也是决定人心之善恶走向的关键。可见，身体在近溪那里，存在着极

---

① 按，这一看法与程伊川的"心要在腔子里"这一观点相同。不过在晚明时代，这一命题却被扭转过来，比如祝世禄（号无功，1540—1611）便提出了"身在心中"的命题（《明儒学案》卷三十五《泰州学案四·祝子小言》，第 851 页）。黄宗羲评价道"实发先儒所未发"（同上）。然而以吾之见，祝无功此说的根本用意仍在于凸显"心大身小"这一传统的身心观念，故与历来的形拙观念亦有相通之处，并无特殊新意。

② 参见《一贯编·孟子下》，第 322 页。

不稳定的因素,仍是需要不断加以改造的对象。就此而言,其身
体观仍有传统的形拙观念的色彩。但须注意的是,构成身体的
要素——气质虽被视作有走向恶的可能,然而近溪又坚持认为
身体或气质之本身并不直接等同于"恶",恶只是一种后天的人
为现象,是放弃心灵对身之主宰而一味盲从于身的结果而已。
从根本上说,身体或气质绝不是可有可无、应当抛弃的东西,原
初由"父精母血"凝结而成的身体以及同时带来的气质,其本身
是了无分别的,本无所谓善也无所谓恶。这里的观点涉及对孟
子的"形色天性"等命题的理解,以下我们将进入对这些问题的
讨论。


### 三 形色与天性

"形色"与"天性"这对概念出自《孟子·尽心上》:"形色,天
性也;惟圣人然后可以践形。"历来对此的解释,歧义纷出。①与
此相关的还有告子的一组命题:"食色性也""生之谓性"②,同样
也令后世学者为之颇费言词。朱子便曾表示程明道的解释"'生
之谓性',性即气,气即性,生之谓也"③非常费解。④朱子认为告
子的思想实质是"以知觉运动为性",但是"孟子当时辨得不恁地
平铺,就他蔽处拨启他;却一向穷诘他,止从那一角头攻将去,所
以如今难理会。若要解,煞用添言语"⑤。何谓"添言语"? 朱子

---

① 参见杨儒宾:《儒家身体观》第三章"论孟子的践形观",台北"中央研究
　院"中国文哲研究所,2002 年,第 131—135 页。
② 均见《孟子·告子上》。
③ 《河南程氏遗书》卷一,《二程集》,第 10 页。
④ 如:"'生之谓性'一条难说,须仔细看。此一条,伊川说得亦未甚尽。"
　(《朱子语类》卷九十五,第 2425 页)
⑤ 《朱子语类》卷五十九,第 1376 页。

认为须添一"理"字,庶可讲得通:"生之谓性,生之理谓性。"①显然,这是一种"添言语"的解释方法,与近溪主张"得口气"的解释方法略有不同,详见后述。

朱子对"形色天性"的理解是:"人之有形有色,无不各有自然之理,所谓天性也。"②意谓非"形色"本身,而是"形色"中之"理"才可谓是"天性"。不用说,在朱子哲学的义理系统中,"形色"相当于"气质之性","天性"则等同于"天命之性"。依此思路,故"形色"不能直接等同于"天性"。若依孟子原文,"形色天性"则是一种定义式的判断,其中无须其他文字注入,其本身就可以理解为理由充分自足的命题。然而在朱子看来,如此则于孟子学之义理造成极大的伤害。理由有二:一、对于"形色天性"及"生之谓性",若不注入"理"字来转换解释,则完全有可能导致气质即天性、生即性的结论;二、为了解决生与性之间的义理缠绕,应导入"气质之性"这一概念,唯有如此,庶可在义理上合理解释"形色天性"。

那么,对于上述"添语言"的解释方法以及气质概念的导入,近溪又是如何看的呢?且看下文:

> 气质之说,主于诸儒而非始于诸儒也。"形色,天性也",孟子固亦先言之也。且气质之在人身,呼吸往来而周流活泼者,气则为之。子今欲屏而去之,非惟不可屏,而实不能屏也。况天命之性,固专谓仁义礼智也已,然非气质生化呈露发挥,则五性何从而感通,四端何自而出见也耶?故维天之命,充塞流行,妙凝气质,诚不可掩,斯之谓天命之

① 《朱子语类》卷五十九,第1376页。并参见同上书,第1377页。
② 《四书章句集注》,第360页。

性,合虚与气而言之者也。是则无善而无不善,无不善而实
无善。所谓赤子之心,浑乎其天者也,孟子之道性善,则自
其性无不善者言之。故知能爱敬,蔼然四端,而曰"乃若其
情,则可为善",盖谓性虽无善,而实无不善也。告子则自性
之无善者言之,故杞柳湍水,柔顺活泼,而曰"生之谓性",了
无分别。若谓性虽无不善而实无善也。要之,圣贤垂世立
教,贵在平等中庸,使上智者可以悟而入,中才者可以率而
由。若如告子云性,则太落虚玄,何以率物?……此孟子所
以深辨而力挽之,夫固未尽非之也。(《一贯编·孟子上》,
第 309—310 页)

这段叙述包含了几层思想内涵。首先近溪指出"气质之说"始于
孟子,即孟子"形色"概念;接着近溪强调"气质之在人身",是构
成人之生命的要素,不能也不可加以"屏去"。理由是天性非气
质不能"呈露发挥",若无气质,"五性"不能感通、"四端"无由发
现。可以说,这是一种"形著体现"之观念,质言之,亦即"气以呈
性"之观念。①这一观念表述非常关键,由此还引发出"天机"与
"嗜欲"、"天理"与"人欲"之关系如何重新界定等重大问题,这
里暂不讨论。关于"气质之性",近溪承认作为一个概念可以成
立,但是这一概念的发明权在孟子而不在宋儒。他指出宋代以
来有一个流行说法,以为"孟子只说得一边,须补以气质方
备"②,近溪表示决不敢苟同,因为气质一说乃是孟子的发明,依

---

①　这里借用了牟宗三在归纳五峰——蕺山一系的思想特质时所提出的
"形著原则"说,即"以心著性"说(参见《心体与性体》第三部第三章,上
海古籍出版社,1999 年,第 369 页)。

②　《一贯编·孟子上》,第 311 页。按,此说二程发其端,朱子据此指出:
"孟子终是未备。"可分别参见《河南程氏遗书》卷六;《朱子语类》卷五
十九,第 1388 页。

据便是"形色,天性也"。

问题是,如果说孟子的"形色"是指气质,那么为什么孟子又要猛烈抨击告子的"生之谓性"说?"生"字不也可以理解为气质吗?有人就此问题向近溪提了出来:"问:告子谓'生之谓性'与'食色,性也',何为孟子不取?且极辨其非耶?"对此,近溪指出这是对孟子文本的严重误读,他说道:

> 学者读书,多心粗气浮,未曾详细理会,往往于圣贤语意不觉错过。即如告子此人,孟子极为爱敬,谓"能先我不动心"。夫不动心,是何等难事!况又先于孟子也耶!想其见性之学与孟子未达一间,止语意上少圆融,而非公都诸子之可概论也。今且道"生"为之言,在古先谓:"太上其德好生""天地之大德曰生""生生之谓易",而"乾则大生,坤则广生""人之生也直","生"则何嫌于言哉?至孟子自道,则曰:"日夜所息,雨露之养,岂无萌蘖之生?乐则生矣,生则恶可已?"是皆以生言性也。……"目之于色,口之于味,性也,有命焉",是亦以食色言性也。岂生之为言,在古则可道,在今则不可道耶?生与食色在己则可以语性,在人则不可以语性耶?要之,"食色"一句不差,而差在仁义分内外,故辨亦止辨其义外,而未辨其谓食色也。若夫生之一言,则又告子最为透悟处,孟子心亦喜之而犹恐其未彻也。(《一贯编·孟子上》,第319—320页)

按照以上近溪所说,孟子不啻是告子的最大理解者。近溪认为,孟子对告子的批评只是集中在告子的"仁内义外"说[1],对于告子所揭示的"生"之一字,孟子不但没有指斥,反而"心亦喜之而

---

[1] 《孟子·公子丑上》:"未尝知义,以其外也。"

犹恐未彻"。什么原因呢? 一是因为从儒家经典及古代文献中可以找到大量文献依据,可以证明"生"之一言为古人所常道,亦为孟子所认可;另一原因则涉及近溪自己的"生生"观念,此一观念与"万物一体"论有关,将在第六节再做专门讨论。应当看到,与朱子给出的告子形象大为不同,近溪所理解的告子成了孟子的盟友,其"生之一言"简直就是令孟子也欢喜不已的普世真理。显然,近溪的这一判断应当是其思想立场的反映。

由于近溪的告子解释与传统之见相比几乎是颠覆性的,故而马上招致了人们的质疑:"先生说'形色天性'一章,闻与众不同,何如?"对此,近溪答道:

> 其说也,无甚异。但此语要得孟子口气。若论口气,则似于形色稍重。而今说者多详性而略形,更觉无意味也。大要亦自世俗同情,皆云此身是血肉之躯,不以为重。及谭性命,便更索之玄虚,以为奇崛。轲氏惜之,故曰:"吾此形色,岂容轻视也哉? 即所以为天性也。"[1]惟是生知安行,造位天德如圣人者,于此形色方能实践。实践云者,谓行到底里,毕其能事……。只完全一个形躯,便浑然是个圣人。心浑然是个圣人,始可全体此个形色。(《一贯编·孟子下》,第331—332页)

首先须注意的是"得口气"一说,这是近溪再三强调的解释学方法[2],意谓不能盲从传统注疏,而要详细领会"圣贤语意"。应当说,近溪的"得口气"与朱子的"添语言",表面上看似不同,其实却有一致性。因为无论是"得口气"还是"添语言",其根本用意

---

[1]　按,"故曰"下引孟子语,不见《孟子》,实是近溪的一种理解,故难以判断引文至何处结束,现据上下文脉,姑以此断句。

[2]　又如:"凡看经书,须先得圣贤口气。"(《一贯编·孟子下》,第314页)

都在于深入抉发文本的思想意涵,反对就字解字。就此而言,近溪和朱子在经典解释的方法论上都坚持以义理解经的基本态度。问题在于在"得口气"和"添语言"的背后还存在着更为本质的东西,亦即各自的思想立场。

近溪基于他的思想立场,对"形色天性"做出了全新的解释,认为"孟子口气"重在"形色",这一解释非常重要,可谓独树一帜。他在"轲氏惜之"的后面所引孟子的几段原话,实际上应当视作近溪对"孟子口气"的一种创造性诠释,尤其是"于此形色方能实践"一说,则完全可以看作是近溪自己的观点。对照本节开头所引朱子的解释,便可看出近溪所云"而今学者多详性而略形",显然是指朱子以来的诠释传统。朱子用"自然之理"来解释孟子"形色天性",其"口气"重在"天性"。这在近溪看来,未免索然"无意味也"。那么近溪为何强调孟子口气重在"形色"?

其实,这与他的这一观点有关:"天性"不能脱离"形色"而存在,"形色"是展现"天性"的基础和条件,无视"形色"而只讲性命实是"玄虚"之空谈;因此在实践论上,必须将"天性"落实在"形色"之上,于"形色"上加以切身的实践,最终实现"只完全一个形躯""全体此个形色"的目标。近溪的这一诠释思路,亦即我们上面提到的"形著体现"的观念,或可称为"形著原则"。在此"形著原则"中,身/心作为一种结构关系,彼此互为关联,而其立足点却在"身"。虽然就近溪的心学立场而言,"心"具有绝对的价值,然而近溪同时也认为心不能孤立于身而独自存在。因此可以这么说,就价值论的角度看,心大身小,故须强调"心以宰身";就实践论的角度看,身重心轻,故应即"形色"而"践形",如此才能体现生命的意义和价值。须指出的是,近溪以"完全形躯""全体形色"来诠释孟子的"践形"观具有独特的意义,反映出近溪重视"形"及"身"在实践领域中的基础性地位。故近溪强调指出："便须把孔子之仁者人也，孟子之形色天性，细细体认，我此个人如何却是仁，我此个形色如何却即是天性。"[①]显然，这是将"形色天性"直接解释成形色即天性，揭示了形色问题在孔孟传统中的重要性。

由上可见，近溪通过对"孟子口气"的解读，旨在强调"形色"不仅在存在形式上构成"天性"之基础，而且在实践方法上，"形色"是"天性"的"实落之处"。由此我们可以说，在近溪的"身心"观当中，"身"的重要性得到了充分的重视。从历史上看，近溪对于孟子重"形"的重新发现，当有重大的思想意义。其意义在于：近溪不唯对于宋儒以来未免详性而略形、重天命而轻气质的思想倾向提出了批评，同时，针对阳明心学以来重本体而略工夫之思想现象，近溪也以自己独特的观点主张，提出了具有切实意义的解决方案。然而也须看到，尽管"身"在实践方法上具有重要地位，但是这并不意味着"身"之本身就构成终极价值之主要内涵，换言之，"身"主要具有体验意义上的价值。一方面，从身心结构来看，心性离不开身形，无身形则性命便成空谈；另一方面，在以形显性、以身显心的形著模式中，心性仍然是追求的终极目标，是实现道德价值之根源所在。在上一节我们曾指出在"心以宰身"抑或"心以从身"的行为抉择过程中，具有决定性作用的无疑是"心"。"心"不仅是作为一种道德意识，具备主宰身体的能力，而且其本身在价值论上处于优先的地位。虽然近溪竭力主张身体在实现心性价值的过程中具有实践论意义，但归根结底，近溪仍然坚持"心以宰身"而反对"心以从身"。

---

① 《会语续录》卷下，第 295 页。

## 第六节 天心观

### 一 问题由来

通过以上的讨论，我们看到"心"的问题在近溪思想中是一核心问题，这里将要考察的"天心"问题亦不例外，而这一问题又与儒学的宗教性问题有关。[①]通过对天心问题的考察，能使我们对近溪思想的特质有更为全面的了解，我们将发现近溪思想中的中国传统宗教意识是相当浓厚的。

首先从何谓"天心"这一问题说起。从词源上说，"天心"一词可上溯到《尚书》，但其中仅出现一次，即《咸有一德》所载："克享天心，受天明命。"若就观念史的角度看，在以《尚书》为代表的商周文化时代，作为神格的"天"是频繁出现的，如"天叙""天秩""天讨""天聪明"[②]，甚至还有与"天心"意思大体相当的"帝心"[③]，等等。经过春秋以后儒家学说的洗礼，这些具有原始意味的宗教观念在孔孟思想体系中衍生出一套有关天命、天性、天道的思想言说，从孔子"唯天为大"[④]的赞赏，到孟子的天赋良知说，他们相信天既是一种自然之天，又是一种意志之天。在天人感通的存在模式中，天赋予人以某种秩序、属性、本质，给予人以一种道德本性；人之于天则应采取这样的态度：敬天、畏天、知

---

① 按，关于儒学的宗教性问题，学界已有诸多讨论，仅举以下三篇：牟宗三：《中国哲学的特质》第十二讲"作为宗教的儒教"，上海古籍出版社，1997 年；杜维明：《论儒学的宗教性——对〈中庸〉的现代诠释》，武汉大学出版社，1997 年；刘述先：《论宗教的超越和内在》，载《二十一世纪》，1998 年 12 月号。另可参见任继愈主编：《儒教问题争论集》，宗教文化出版社，2000 年。

② 《尚书·皋陶谟》。

③ 据《论语·尧曰》引"汤诰"语。

④ 《论语·泰伯》："巍巍乎！唯天为大，唯尧则之。"

天、事天、奉天。天既是人们敬畏的对象,同时又是与人之心性相通相感的存在,所以"天之明命"也可以在存有形式上表现为人之本性,《中庸》的"天命之谓性"应当是这一观念的典型表述。事实上,在先秦儒家的理论建构中,"天命"与"人性"在存有论上紧密关联的这套观念非常突出也非常重要,成为后来儒家建构其心性学说的重要理论基础。[①]

若就近溪而言,他的天心观其实与《周易》"复,其见天地之心"之观念直接有关。那么,何谓"天地之心"?二程有一个经典解释:"天地以生物为心。"[②]这一解释几乎成了宋明儒者的共识,当然亦为近溪所接受。程伊川更有一句名言:"圣人本天,释氏本心。"这句话的前半段则是:"《书》言'天叙''天秩',天有是理,圣人循而行之,所谓道也。"[③]可见,其所谓"天"乃是指"天理""天道"。对"天"的这一理性解释可谓是宋明理学家的共同思路,"天"是宇宙秩序乃至是社会秩序、人心秩序的存在依据。

在宋代哲学家当中,比起二程来,邵雍对"天"更是情有独钟,其言"天"者,充满了一种介乎哲人与诗人之间的丰富想象,例如:"天心""天意""天人""天真""天道""天和""天理""天机""天时""天根""天数""天性",等等[④],不一而足。关于"天心",

---

[①]　参见牟宗三:《心体与性体》上册,第198—203页。

[②]　《河南程氏外书》卷三,《二程集》,第366页。按,此一解释受到朱子的极大关注,并得到朱子的认同。其实,从时间上说,略早于二程,欧阳修在《易童子问》中,既已提出了"天地以生物为心"(《欧阳修全集》,第563页)的命题。从以下所述将会看到,以"生"来理解"天地之心",几乎成了宋明儒者的普遍观念。

[③]　《河南程氏遗书》卷二十一下,《二程集》,第274页。

[④]　当然还远不止这些。参见三浦国雄:《伊川击壤集の世界》,载《东方学报》第47册,1975年,第133页。

他有两首名诗:"天心复处是无心,心到无时无处寻;若谓无心便无事,心中何故却生金?"[①]"冬至子之半,天心无改移,一阳初动时,万物未生时。"[②]显然,"天心"是从"天地之心"化约而来,讲的是宇宙生化问题。朱子对邵雍《冬至吟》称赞备至:"康节此诗最好""可谓振古豪杰",同时却以"年年岁岁是如此,月月日日是如此"来解释"天心无改移",其意不甚明确,细按朱子之意,"天心"即伊川所说"天地生物之心"的意思[③]。

除邵雍而外,对"天心"有较多论述的,要数张载。其云:

> 复言"天地之心",咸、恒、大壮言"天地之情"。心、内也,其原在内时,则有形见;情则见于事也,故可得而名状。……大抵言"天地之心"者,"天地之大德曰生",则以生物为本者,乃天地之心也。地雷见天地之心者,天地之心惟是生物,天地之大德曰生也。……自有天地以来以迄于今,盖为静而动。天则无心无为,无所主宰,恒然如此,有何休歇?(《横渠易说》上经,《张载集》第113页)

张载结合《周易·系辞》"天地之大德曰生"来解释"天地之心",突出了"生"及"生物"的含义,将"天地之心"理解为"以生物为本"之"心",这一解释与上述二程"天地以生物为心"以及邵雍"天地之心者,生万物之本也"[④]的思路基本一致。不过相比之下,张载的论述更为明确。他用"无心无为,无所主宰"来具体解释"生物之心",这是说天地造化是一自然过程,其中本无人为意志参与其间,故可说天地本无心。然而天地又确有"其心",亦即

---

① 《击壤集》卷八《寄秦伯镇兵部》。
② 《击壤集》卷十八《冬至吟》。
③ 《朱子语类》卷七十一,第1793、1790、1792页。
④ 《观物外篇》下《自余吟》。

"以生物为心",因为天地若无"其心",则天地"生生"造化之意便无由显现。在此意义上,"天地之心"就是生物之"心"。

张载又说:"天本无心,及其生成万物,则须归功于天。曰:此天地之仁也。""天无心,心都在人之心。"①这里有两点值得关注:一是张载在天地之心——生物之心这一解释框架中,加进了"仁"的概念,二程及至朱子、张南轩在围绕"仁"的问题展开论说之际,"天地以生物为心"或"天地生物之心"的命题成为他们的一个主要分析视角,并由此产生了诸多观点不尽一致的"仁说"②。另外一点是,张载强调由人心以观天心,故他主张:天本"无心",由人心而得以见矣。这一点又与张载"大其心"说发生关联。他认为,通过"大其心",即扩充人心的作用,最后就能达到"熟后无心如天"③——亦即"无心"境地。这一"无心"境地是克服"有心"之囿限,能与"天之虚"同在的境地。故云:"无心之妙非有心所及也。"④所谓"无心",就天而言,盖指"天无意",所谓"天不能皆生善人,正以天无意也"⑤,亦即此意;就人而言,则是指虚其心,消除心中"意、必、固、我"的人为意识、主观成见。要之,张载强调"无心""无意"既是"天地之心"的根本特征,同时也是人心所必须努力达到的一种境界。

关于张载的"大其心"与"合天心"的问题⑥,朱子有比较冷

---

①　《经学理窟·气质》,《张载集》,第 266、256 页。

②　参见《朱熹集》卷六十七《仁说》。顺便指出,将"仁"与"生"结合起来进行考察的,也许要数宋代理学的开山祖师周濂溪,其曰:"天以阳生万物,以阴成万物。生,仁也;成,义也。"(《通书·顺化第十一》,第 22 页)对其中"生,仁也"的思想有所继承且更有发挥者,当数程明道,观其《识仁篇》,便可知之。

③　《经学理窟·气质》,《张载集》第 269 页。

④　《横渠易说·系辞上》,《张载集》第 189 页。

⑤　同上注。

⑥　参见《正蒙·大心篇》,《张载集》第 24 页。

静客观的评述：

> "大其心，则能遍体天下之物。"体，"犹仁体事而无不
> 在"①。言心理流行，脉络贯通，无有不到。苟一物有未体，
> 则便有不到处，包括不尽、是心为有外。盖私意间隔而物我
> 对立，则虽至亲且未必能无外矣。"故有外之心，不足以合
> 天心。"（《朱子语类》卷九十八，第 2518 页）

这段评述非常平稳，从中看不到朱子自己对"天心"的解释态度，
这也反映出"天心"一说对朱子而言，并不具有重要的思想意义。
不过，朱子对"大其心"说也有批评："若便要说天大无外，则此
心便瞥入虚空里去了。"②这是因为对于任何企图夸大心的作
用，朱子总是抱有非常敏感且强烈的反对态度。

至于阳明之言天言心，屡屡见之，不足为奇。他也曾说"天
意"，但是否使用过"天心"一词，目前尚无确切答案，或许可以从
他的诗中找到记录，但即便如此，"天心"一词不足以构成阳明思
想的核心概念，这一点大概是可以确定的。我们知道，阳明有
"心即天""人心是天渊"等著名命题③。其所谓"天"是作为心休
存在的本原性意义而被强调的，这显然与人性得之于天这一儒
学观念有关。要之，就宋明思想史来看，有关"天心"的解释基本
趋于理性，原初的宗教意味已很淡薄。然而到了近溪那里，不仅
"天心"成了非常关键的核心概念，而且"天"的意义在近溪的诠
释中，也发生了重大的转变，它既有"天地之心"的宇宙论含义，

---

① 张载语，见《正蒙·天道篇》。按，朱子对此深表赞赏，参见《朱子语类》
卷九十八，第 2509—2510 页。
② 《朱子语类》卷九十八，第 2519 页。
③ 分别见《王阳明全集》卷六《答季明德·丙戌》，第 214 页；《传习录》卷
下，第 222 条。

又有天的意志这层宗教含义。在后一层意义上,"天心"成了"天地神祇"的另一种表述,甚至是神灵意志的代名词。

## 二　天心人心

首先来看一段有关"天心"的简短论述:"夫子之为教,与颜子之为学,要皆不出仁礼两端。而仁礼两端,要皆本诸天心一脉。"[1]显然,值得关注的是"天心一脉"这个提法。何谓"天心一脉"? 近溪指出"仁,人心也。心之在人,体与天通,而用与物杂",重要的是,善观仁者之心,如此便是"心即天也",反之,则"心即物也"。[2]要之,人心之所以能化为天心,其依据就在于人心中有一颗"仁心",而此"仁心"在本质上与"天心"是相通相感的,原因在于人心具有"生生不已"的特征。这里又涉及"心"与"生"的关系问题。近溪指出:

> 殊不知天地无心以生物为心。今若独言心字,则我有心而汝亦有心,人有心而物亦有心,何啻千殊万异! 善言心者,不如把个"生"字来替了他,则在天之日月星辰,在地之山川民物,在吾身之视听言动,浑然是此生生为机,则同然是此天心为复。(《一贯编·易》,第 178 页)

诚然,所谓"天地之心,以生物为心",是宋儒以来的一个普遍共识,在这一点上,近溪所见殊无新意。不过,近溪主张以"生"字来代替"心"字,意谓从"生"的角度来理解和把握"心"的含义,则是近溪的独到见解。他认为,单言"心"字,人有人之心,物有物之心,千差万别、面目殊异,难以卒言,因此不若就其"心"之本

---

[1]　《旰坛直诠》卷上,第 59 页。
[2]　同上书,第 64—65 页。

质而言，"生"便是"心"之本质，也是天地之心的本质，把握了生生之机，也就意味着实现了天心之复。故云：

> 宇宙之间，总是乾阳统运吾之此身，无异于天地万物，而天地万物亦无异于吾之此身。其为心也，只一个心，而其为复也，亦只一个复。《经》云："复，见天地之心。"则此个心即天心也。（《一贯编·易》，第 178 页）

这是对"天心"的一个明确界定——亦即"天地之心"。具体而言，"天心"是指"乾阳"（复卦中一阳之爻）。故"天心"之"复"，实即复卦的"一阳来复"。这是就"复"卦的阳爻来解释"天心"，应当是"天心"概念的原初意义。故云复卦的"天地之心"也就是"天心"。然而近溪对天心还有两层意思的理解，一是突出了"心"的主体性意义；一是认为天心亦有"知"。先来看第一层意思：

> 此"心"（按，指"天地之心"）字与寻常心字不同。大众在此，须用个譬喻他，才明白。盖人叫做天地的心，则天地当叫做人的身，如天地没人为主，却像人睡着了时，身子完全现在，却一些无用，天地间一得个尧舜孔孟主张，便像个人睡醒了一般，耳目却何等伶俐，身体却何等快活，而家庭内外却何等齐整也耶！（《近溪子集》卷书，第 194 页）

这里用比喻性的说法，把天地之心喻作"人心"，天地喻作"人身"，指出如果天地没有"心"为之作主，则天地之身犹如昏睡一般，不能呈现任何意义，一旦有"心"为之作主，如同天地间有个"尧舜孔孟"出来主张一番，则人人便如梦得醒一般，个个无不耳目伶俐、身体快活、家庭整齐。因此，天心须为天地作主，如同圣人之心须为人心作主一样；天地之心和圣人之心"与寻常'心'字不同"，却有唤醒天地、赋予人身以价值意义的能力。总之，天有

天心,人有人心,此"心"是决定天地之有价值、人身之有意义的
依据。若无此"心",则天地人身将永远处于昏睡状态,宇宙和人
文的价值意义也将无由呈现。在此意义上,天心和人心都是一
种"本心"。

问题是,人心能为人身作主,是因为人心有知,而天心要为
天地作主,是否也有"知"的存在? 这就引出了天心的第二层意
思。近溪的结论是:"虽乾坤亦是此个知字"[1],其依据是《周
易·系辞上传》:"乾知大始,坤作成物。"他指出:

> 人心既是以知作主,而天心却不是以知作主耶? 止因
> 今世认知不真,便只得把主字来替知字,不想天若无知也,
> 做主不成也。《易》谓"极深研机",又谓"穷神知化",俱是因
> 此知体难到圆通,故不得不加许多气力,不得不用许大精
> 神。今学者才各理会得通,便容易把个字眼来替,只图将就
> 作解,岂料错过到底也。(《近溪子集》卷数,第 212 页)

此处所说的"知",源自《周易》"乾知",但在近溪的概念体系中,
又相当于上述第四节中所看到的"精气载心"与"灵知宰身"这对
概念中的"灵知",以及"精气之身"与"心知之身"这对概念中的
"心知"[2],也就是"心体"与"知体"这对概念中的"知体"。近溪
认为,《周易》所以说"极深研几""穷神知化",便是因为在天地
运动、宇宙生化之过程中,"知"起着关键的作用。而"乾知"与德
性意义上的"知体"是同一实指,并无本质区别。也就是说,人文
世界中的"知体",亦即宇宙世界中的"乾知";伦理学意义上的
"良知",亦即宇宙论意义上的"灵知"。基于这一观点,作为"生

---

[1] 《近溪子集》卷数,第 211 页。
[2] 参见《一贯编·易》,第 185—186 页。

物之心"的天心亦必有"知",因其有"知",故能为天地"作主"。人们只知冥冥中有一种主宰的力量存在,便把"主"字来替"知"字,"将就作解",却不知"主"字之主体实即"知"字。

至此,我们已不难了解,近溪强调"天心"观念之用意所在,一方面,"天心"作为"生物之心",是宇宙之"本心",另一方面,通过"乾知大始、坤作成物"的生化过程,"天心"则可成为人之"本心"所以存立的形上依据。同样,"乾知""坤成"也可说是"天地人之所以为命""天地人之所以为性""天地人之所以为心者"的最终依据。①而"乾知"通过"显发""明通"的作用过程,便能彰显出人之性、人之命的意义,由此又可以说:"心之外无性矣""心之外无命矣"②。显然,在近溪看来,若无宇宙之"天心",则道德之"人心"便失去了存立的根据。具体的论证步骤是:人心有知,天心亦有知;人心有"知体"为之作主,天心亦有"知体"为之作主。由此可以说,天心与人心"只一个心",都是"本心"。究极而言,若从生物之心"生生不已"的角度来看,天心与人心在原初意义上,是融通为一的,因为两者都是在生生不已的过程中得以形成,并由此以显。③正是在此意义上,近溪说不如以一个"生"字来代替"心"字,当然这是一种极端的说法,事实上两者是不能互相替代的。

既然天心与人心在本来意义上并无二致,因此重要的是,如何做到以人心事天心,以人道事天道。用近溪的话来说,就是"吾心其心,而道其道",便能达到"与天为徒"的精神境界。我们

---

① 《近溪子集》卷射,第119—120页。
② 同上书,第120页。
③ 程明道亦云:"一人之心即天地之心,一物之理即万物之理,一日之运即一岁之运。"(《河南程氏遗书》卷二,《二程集》,第13页)。

知道,孔子曾说过:"吾非斯人之徒与而谁与?"这句话集中地表现了孔子的人文关怀。不过,"与人为徒"固属重要,但是若就个人的精神境界而言,"与天为徒"①也应当是提升和完善自己理想人格的追求目标,最终实现"心固天心,人亦天人"②的精神境界。这又是近溪思想的独特之处。他指出,一方面由"天心之神发"而下贯至天地人,以成就人之心、人之性、人之命;另一方面,若人能"极深研几""穷神知化",便能做到心其天心、性其天性、命其天命,及其"终焉"就能实现"与天为徒""人亦天人"之理想境界。换种说法,亦即在"身不徒身""心不徒心"的身心合一的意义上,成就"圣不可知之神人"。③

　　要而言之,对近溪来说,"天心"概念非常关键。这一概念的提出以及围绕这一概念所展开的思想论说,极大地丰富了阳明以来有关"心"的问题的哲学探讨。众所周知,良知心体是阳明哲学的主要标志,阳明虽有"心即天"的命题,也有将心之为心的本源性问题上诉于"天",以"天"作为人心以及人性之形上依据的哲学思路,但是"天心"概念在阳明心学中显然未受注意。对阳明来说,也许只要阐明人同此心、心同此理,良知天理、千古遍在,人人具足、个个圆成,便已足够为其心学架构提供充分论证。然而近溪则不然,他首先从宇宙生成模式着眼,力图从中找到宇宙本体的所在,其结果是,他从"天地生物之心"这一概念中发现"生生之仁"便是宇宙的本质、人心的本质,乃至是人的本质。进而他还发现,从工夫体验、精神境界的角度看,"与人为徒"和"与

---

① 亦可称为"与造化为徒",反义词则是"与凡尘为徒"(《一贯编·易》,第185页)。
② 《近溪子集》卷射,第120页。
③ 《一贯编·易》,第186页。

天为徒"存在着双向涵摄、彼此相与的可能性,而且在更高层次上,"与天为徒"是应当努力且能够实现的终极目标。这是因为人心以天心作为本体条件——"心固天心",所以人也就必能实现"人亦天人"的理想境界。所谓"天人"亦即"与造化为徒",与宇宙生命融为一体。

应当说,在近溪的观念中,"天心"实即宇宙本体的含义,而"天心"的指归却在于"天人"。由于"天心"概念的提出,使得近溪的心学理论具有更为浓厚的宇宙本体论的色彩,与阳明努力建构的道德本体论,在言说方式上已然趋于不同。在近溪看来,光讲良知是不够的,人心的存在依据必须诉诸天心。由此思路推演下去,必然会得出这样的结论:人心不是自在自足的,须由天心提供保障。同时也须看到,有关"天心""天人"的问题讨论不可避免地指向超越领域的问题、终极关怀的问题,用近溪的术语言之,亦即"将来鬼神之关"的问题。

## 三 魂只去来

当近溪提出"天心"概念之时,他还面临如何回答鬼神世界的问题。先来看一段对话:

> 或曰:"天者群物之祖,其妙变化而行鬼神,通人心而善感应,亦无足为异矣。兹欲'祈天永命',不识亦有其要乎否?"罗子曰:"约哉问乎! 盖天地之大德曰生,是生之为德也。脉络潜行,枢机统运,上则达乎重霄,下则通乎率土。物无一处而不生,生无一时而或息。……夫物无不生,天之心也;生无不遂,天之道也。吾心其心,而道其道,是能与天为徒矣。夫既与天为徒,则感应相捷影响,而长生不为我得耶!"(《一贯编·易》,第 189 页)

这里提出了"祈天永命"的问题,此一问题是建立在"天者群物之祖"这一天道观念之上的。①按提问者的思路,"天"具有一种神秘力量:"妙变化而行鬼神,通人心而善感应。"近溪答以"约哉问乎",这是对上述观点的认同。接着,近溪从"天地之大德曰生"的角度,阐述了"天之心"即意味着"物无不生"的观点,指出只要以人心事天心,以人道事天道,便能"与天为徒"。天与人在感应模式中彼此互现,宇宙与人生的相互影响自能"相捷"而无不应验,在此意义上,人便可以获得"长生"。当然,这里所说的"长生"与道教所谓的形体意义上的"长生不老"并不相同,而是指某种精神上的超越。

由上可见,近溪将"祈天永命"这一原本属于宗教领域的问题纳入天人感应的观念模式中,以求得一种合理的解释。至于感应"相捷"之几,实即"生生之几",于是,又同"以生物为心"的天心问题发生关联,而天心则构成了"祈天"的一种观念支撑。其中,涉及了"天"与"神灵"的关系问题。关于这一问题,近溪结合《周易》"精气为物、游魂为变"②这一观点来展开论述,提出了"形有生死而魂只去来"的基本观点,其曰:

> 问:"'精以为物,游魂为变',其意何如?"罗子曰:"'精气为物',便指此身;'游魂为变',便指此心。所谓形状即面目也,因魂能游,所以始可以来,终可以返,而有生有死矣。然形有生死而魂只去来。所以此个良知灵明,可贯通昼夜,

---

① 按,"天者群物之祖"乃是董仲舒的哲学用语。可分别参见《春秋繁露》的《顺命》《观德》等篇。《汉书》卷五十六《董仲舒传》引董仲舒语:"天者群物之祖也。"或许由此而使该语为古代中国知识人所熟知。
② 见《周易·系辞上》"易与天地准"章。

变易而无方,神妙而无体也。"①曰:"魂之游,既闻命矣。不知其游而去也,果真有天宫地府之说耶?"曰:"四书五经,其说具在。……则魂之游于天宫地府之间,又敢谓其无耶?后世只因认此良知面目不真,便谓形既毁坏,灵亦消灭,遂决言人死不复有知,将谓天地神祇亦只此理,而无复有所谓主宰于其间者。呜呼!若如此言,……虽人之贤者诚敬亦无自生。至于愚者,则怠慢欺侮,肆然而无忌惮矣。其关于世教人伦甚不小小,故不敢不冒昧详说也,知我罪我,其共亮之。"(《一贯编·易》,第184—185页)

由其"不敢不冒昧详说"推知,近溪在内心之中也深知所谓"游魂为变""天宫地府"之说未免与孔子以来"不语怪力乱神"的儒学传统有所不合。但近溪却利用另外一些儒家经典资料,做出了创造性的解读,他认为从四书五经当中就可以找到灵魂、上帝、天宫地府、天地神祇之客观存在的证明。这种创造解释还表现在对孔子的"敬鬼神而远之"这一观点的解释。近溪说道:

夫子于鬼神深叹其德之盛,岂有相远之理?且洋洋在吾上,在吾左右,体物而不遗也。又谁得而远之?窃意"远"字不作去声,正是幽深玄远。如《中庸》引诗所谓"神之格思,不可度思"之云也。如此,则不惟己之敬谨益至,而谄事之意亦恐无所施矣。语意更觉妥帖。(《一贯编·易》,第185页)

这完全是近溪式的重在"得口气"的解释方式。他通过对"远"字的重读,将"远"字的"远离"义解读成"幽深玄远"义,动词被解读成了感叹词、形容词,具有实指性的用语被解读成了一种描绘

---

① 按,此句承自《周易·系辞上》"易与天地准章":"神无方而易无体。"

性的语言,从而否认了历来将此句理解为孔子对神灵问题持存而不论之态度的解释。如果单独地看,"远"字也许有上述二重含义,但在"敬鬼神而远之"这一表述的脉络当中,"远"字显然是承"敬"字而言,二字均应读作动词,这是符合语言习惯的正常读法。近溪以"洋洋在吾上,在吾左右"这一孔子对祭祀问题的看法作为旁证,却有意忘却了"子不语怪力乱神"等孔子对鬼神问题的表态,显然近溪对孔子"文本"的解读做了某种脉络转换,是一种跳跃式的"重读",而这种重读正是近溪建构其思想体系所必需的解释策略。在他看来,天宫地府以及天神地祇的实在性,完全可以从经书中得到历史证实,更为重要的是,神灵的存在既能使贤人君子以诚敬之心事奉上天,又能使凡夫俗子不敢肆无忌惮而有所收敛。因此神灵的问题对于"世教人伦"而言,实在关系重大。可见,有关神灵问题的证明,不是单纯的学术问题,而是关涉到现实的社会政治问题。可以说,这一观念反映的正是"神道设教"的传统观念。[①](详见后述)

关于"精气为物,游魂为变",朱子有一解释,可与近溪之见互为参看。朱子《周易本义》释"易与天地准"章曰:"易者,阴阳而已。幽明、死生、鬼神[②],皆阴阳之变,天地之道也。……阴精

---

① 按,在有关"敬鬼神而远之"的解读方面,与近溪之见颇为相近者,可以李卓吾为例。其云:"夫神道远,人道迩。远者敬而疎之,知其远之近也,是故惟务民义而不敢求之于远。……故又戒之曰:'务民之义,敬鬼神而远之。'夫有鬼神而后有人,故鬼神不可以不敬。"(《焚书》卷三《鬼神论》,第92页)这是将"远"字读作"近"字的相对之义,即"遥远"之义。在鬼神问题上,卓吾与近溪之见非常接近,他认为后世讳言鬼神,其因在于"未尝通于幽明之故而知鬼神之情状",并认为"小人之无忌惮,皆由于不敬鬼神。"(同上)可见,有关鬼神的信仰问题最终与社会政治问题密切相关,这是卓吾与近溪的一个重要共识。

② "幽明、死生、鬼神",语见《易·系辞上》"易与天地准"章。

阳气,聚而成物,神之伸也;魂游魄降,散而为变,鬼之归也。"①王龙溪对《周易》该章的解释也承袭了朱子的观点,他指出:"易者,阴阳而已,幽明、生死、鬼神,皆阴阳之变。"②根据这一解释,"游魂"无非是阴阳二气的一种变化状态,而不能成为天宫地府、天神地祇之观念的证明。这一观点当是宋明儒者对儒家经典做理性解释的一个范例。③可见,在宋明儒学传统中,以理性态度来解释儒家经典乃其主流,而有关灵魂、鬼神等问题则大多被归入气的问题领域,儒者试图做出客观的解释。现在,当罗近溪面对"魂之去向"的问题时,就必然遇到一个重大的挑战,对原有的儒学思想资源以及自宋代以来基本定型的诠释传统,如何从理论上做出相应的诠释转向。近溪的一个基本手法是:通过他的"得口气"的解释方法,将某一类的思想资源重新捡出并重新组合,或通过对个别字义的有意"曲解",然后试图做出符合己意的解释上的整合。在这一解释过程中,便会发生某些脉络转换的现象,以及某些新概念的引入。比如,在上述引文中,近溪所说的"所以此个良知灵明……"这一提法,从前后文脉来看,良知概念的引入,非常唐突,而且这里所说的"所以",也不合文句脉络,令人不明所以。上文讲形神的生死和去来,接着便以"所以"一词相接,如此一来,良知似乎与形神之间有一种"所以然"的必然关系? 显然,这里存在着脉络上的转换。因为就近溪而言,以良知概念导入形神关系问题的讨论是非常重要的,其目的是批评"形既毁坏,灵亦消灭"的传统观念,而且他还追根寻源

---

① 《朱子公易说》卷十《系辞上传》。
② 《龙溪王先生全集》卷八《易与天地准一章大旨》,第385页。
③ 又如张载对"游魂为变"一说,持严厉批判之态度,较朱子的诠释态度更显激进。参见《正蒙·乾称篇》第十七,《张载集》第64页。

指出这是由于"认此良知面目不真"。这里的"良知"也经过了脉络转换,其内涵所指业已发生变化,显然已非"知善知恶"这一伦理学意义上的概念,而成了可以"贯通昼夜""神妙无体"的一种实体化概念。[①]

近溪相信,在形神关系问题上,通过良知概念的介入,可以合理地解释为何说"知幽明""知死生""知鬼神"以及"通乎昼夜之道而知"[②],进而提出了"心知之身"这一关键概念,与此对应的则是"精气之身"。"心知之身"一说,上面已有涉及,这里不论。简言之,所谓"心知"意同介入形神问题中的"良知",而所谓"心知之身",则与"精气之身"这一形体意义上的"身"不同,而是指游魂或鬼神相对于"心知"而言也是一种形体。质言之,形—神并不单纯地等同于身—心,而是在良知灵明无不贯通的意义上,形—神均可成为良知之载体。这一观点非常重要,由此引申出"游魂为变"即"知识变化"之说。其曰:

> 吾人之生,原阴阳两端,合体而成。其一,则父母精气、妙凝有质,所谓"精气为物"者也;其一,则宿世灵魂、知识变化,所谓"游魂为变"者也。精气之质,涵灵魂而能运动,是则吾人之身也,显现易见而属之于阳;游魂之灵,依精气而露知识,是则吾人之心也,晦藏难见而属之于阴。(《一贯编·易》,第 185 页)

这是说,人是由阴阳二气构成的,阳者构成人的身体,阴者化作人的灵魂;前者可以解释"精气为物",后者可以解释"游魂为变"。引人注目的是,近溪用了"知识变化"以及"依精气而露知

---

① 关于良知的实体化问题,可参见吴汝钧:《儒佛会通与纯粹力动理念的启示》,载台北《中国文哲研究集刊》第 21 期,2002 年。

② 《易·系辞上》"易与天地准"章。

识"的表达方式,所谓"知识",在此当指相对于"形体"而言的"心知"。既然人是由精气和灵魂、形体和心知所构成,那么,从工夫的角度看,人又应该怎么做? 近溪接着说道:

> 人能以吾之形体,而妙用其心知,简淡而详明,流动而中适,则接应在于现前,感通得诸当下。生也而可望以入圣,殁也可望以还虚。其人将与造化为徒焉已矣。若人以己之心思而展转于躯壳,想度而迟疑,晓了而虚泛,则理每从于见得,几多涉于力为,生也而难望以入圣,没也而难冀以还虚。其人将与凡尘为徒焉已矣。(《一贯编•易》,第185页)

可见,近溪特别强调立足于形体而妙用其心知这一观点。反过来说,如果只是立足于"心思"而转展其形体,虽能每每得见一个"理"字,最终却难以"入圣",难以"还虚"。由此可以判断近溪思想中的形体,绝不是负面的、应当弃绝的、并加以克制的对象,同时,对于只重视"心知"的作用而忽略或蔑视自己的"身体"存在这一观点,则是近溪所竭力反对的。近溪的这一观点,正与他对孟子的"形色天性"说的判断——"重在形色"相一致。所谓"以吾之形体而妙用其心知",当与即"形色"以体认"天性"之思路一致。

值得注意的是,注重对于身体的意义开发和显示,反对采用压抑、克制这一否定方法,这一思维向度令人想起颜山农对近溪的教导:"制欲非体仁""放心体仁"。的确,形体既然是人之存在的基本要素,是展现人之本质和价值的基础,因此,必须做到"完全一个形躯"。近溪的这一思想,应当说在宋明理学史上占有极重要的地位。宋代以来的儒学思想,虽在心性问题上歧见纷杂,不尽一致,但是在克去人欲以恢复人之本质这一点上,无论是程朱还是陆王,却保持了基本一致。此一观点建筑在这样一种观念的基础之上:形色(包含形体和欲望之意)是一种负面的存在,是妨碍实现人之天性的罪魁祸首。因此要真正实现人的价值,恢复人之本性,则必须通过对形色的全面克制才有可能。在此思路之下,形色毫无正面意义之可言。近溪通过对孟子"形色天性"这一命题的重新解释,实现了某种价值转换:形色不再是只具负面价值的存在,而应当承认形色也具有正面的意义。

## 四　上帝监临

我们知道,"上帝"或"天帝"是上古中国宗教文化中的重要概念,不论是作为祖先神,还是作为至上神,一般都被理解为具有超自然、超世间的神秘力量,是高高在上的令人恐惧、畏怖的神秘存在。在孔孟以后的儒家学说中,有关上帝或天帝的讨论并没有构成主流传统,但也绝不能说,儒学思想对上帝观念做出了明确的否定。一般说来,以孔孟为代表的儒家学说对于神灵等宗教问题采取的是一种存而不论、敬而远之的哲学态度,他们所关注的是如何在重建人文社会方面有益的心性理论和礼乐制度。及至宋代道学,儒家学者颇为关注理气心性等抽象的哲学问题,相对来说,对于鬼神、灵魂、上帝等问题的讨论并不构成这一时代的思想主题。同样,有关"天"的问题的探讨也大多限于"天理""天道""天命""天性"等问题领域之内,就总体倾向而言,道学家们所言的"天",是在"在天为理,在人为性"的命题意义上,认为人之心性的本质构成源自于"天",换言之,是天之理下贯至人的心性,从而构成人的本质。这一思路基本上属于孟子的天赋良知说,"天"是性善理论结构中,用来证明人的道德来源或道德本性的一个概念,"天"之本身是否具有人格力量或意志力量,则是论域之外的问题。

然而,在近溪的观念当中却有着浓厚的宗教意识,以下不妨来看几段这方面的资料:

> 帝固尊高难见,则实日监在兹。(《一贯编·易》,第 183 页)

> 此个莫见莫显之体,虽率汝自家心性,然却是天之明命,而上帝监临之也。(《近溪子集》卷书,第 176 页)

> 盖天之与人本无二体,吾人视听言动,皆帝则之所必察。彼谓惠迪吉而从道凶,作善祥而作恶殃,毫发弗差,影响不忒。夫岂漫无所主于其上耶?古先贤帝哲王,祀天享帝,谓赫赫皇皇,质之临之,是以暗室屋漏,雷声潜见,神道设教而天下自服也。呜呼?微之显天人之不可掩也如此夫!(《罗明德公文集》卷五《勖鳌溪书院诸生》,第 76 页下—77 页上)

> 所以君子必戒慎必恐惧,正以天命之性即上帝临之,无敢或贰其心焉耳。(同上书卷五《勖叔台耿学宪定力》,第 80 页上)

> 劝吾民多积善,天公报应疾如箭,积善之家庆有余,若还积恶天岂眷?(同上书卷五《勖百姓二十条》,第 81 页上)

> 上帝时时临尔,无须臾或离,自然其严其慎。(《近溪子集》卷礼,第 65 页)

由上可见,在近溪的观念当中,上帝、天公完全是一个有意志的人格神,是凌驾于人类之上的至高存在,而且无时无刻不在"监临"着人类的活动。那么,这样一种上帝信仰、报应观念在近溪的思想体系中,究竟如何与其儒学的人文主义信念得以共存,这是一个值得探讨的问题。

首先须注意的是,罗近溪对天心、天意、天公乃至上帝观念、报应思想的强调,是在怎样的思想背景中产生的? 很显然,近溪作为泰州后学,大而言之,作为阳明后学中的中坚人物,他所直接面对的是如何理解和解释阳明以来的种种心学问题。而阳明的心学理论中有一个主要观点是,人们之所以能够成就自己,实现真己的道德理想和价值,其依据是内在于人心中的良知良能。这一理论告诉人们:一方面人们只要根据自己的良心去行动实践,则其行为就自然合乎天则,合乎伦理规范;另一方面,人们的一言一行无不在良知心体的监督和掌控之下,是良知心体保证了人们行为的合伦理性。也就是说,良知的存在形式具有双重性:既是内在于人心的存在,同时又是超越于个体之上的普遍存在。但是,这样一种良知心学理论存在着一个严重的吊诡现象。当人们把自己的一切行为斥诸于良知心体之时,良知心体是唯一的评判标准,一切外在的伦理规范均须通过人心法庭的裁判才能获得自身的有效性,对于任何个体的行为过程来说,人心良知具有最终的审判权,如此一来,保证行为的合伦理性以及判断这一行为的是非对错就是同一个主体:本心或良心。也就是说,本心良知可以同时扮演两个角色:既是行为的主导者,又是行为的判定者。这一理论告诉人们:一方面良知是行为必然趋善的保证,能够觉察行为的错误并且加以自我纠正;另一方面,既然行为及其行为判断的主体是同一个"良知",那么任何一种主体行为的过失都必须诉诸用一个主体来加以裁决。这就将导致"以心治心"的严重后果。借用台湾学者王汎森的说法,此即:"'心'同时作为一个被控诉者和控诉者,殆如狂人自医其狂。"这一现象"象征着在道德实践中'心即理'学说所面临的理论危机"[1]。这一

---

[1] 参见王汎森:《明末清初的人谱与省过会》。

分析值得深思。

现在,近溪强调在人心之上还存在着"上帝",虽然上帝"尊高难见",但却又确确实实地无时无刻不在监视着我们,他相信这一观点正可纠正上述那种"以心治心"的奇怪现象。他想告诉人们:人在自信本心的同时,也必须对上帝保持一颗敬畏之心;人的行为过失不仅人的本心自会察觉,而且上帝也会察觉。正是基于这一观点,近溪对良知学说所产生的于"敬畏天命处,未加紧切"①这一思想现象提出了严肃批评。其次,在上帝"日监在兹"的观念模式中,还有一个问题是近溪不得不加以认真思考的,此即:天心与人心的关系是否便是上帝与人的关系?从根本上说,"良知心体,神明莫测,原与天通","此心在人,原是天地神理,寂之与感,浑然具在。言且难以着句,况能指陈而分析之也耶?……即心而言,其初只是一样。"意谓人心与天心具有同质性,而无须强加分别。然而就人心之本源来说,人之心源自于天,故曰:"知与能,皆天所以与我也。"②故而"天心"观念十分重要。然而在近溪反复强调的语气中可以窥看到,在近溪意识中的"天心"并不仅仅意指"天地之心",还具有"天意"这层含义,甚至还具有宇宙心、无限心之含义。显然,近溪强调和突出"天心"的重要性,其目的之一在于:将宇宙心与一般意义上的分别心、经验心区别开来。要之,其目的是要为"心"确立一个绝对的权威,意图以"天心"之超越性来统率和限定"人心",并且用"日监在兹"的说法,来强调上帝或上天的意志作用。就此看来,"天心"具有某种实体的意义、常住不变的特性,是宇宙以及人心的

---

① 《一贯编·中庸》,第 293 页。
② 《一贯编·易》,第 187、188 页。

根源性存在,甚至是宇宙变化运行的法则。

　　须指出的是,近溪强调"天心"观念的用意在于:必须在人心中树立起一颗"敬畏之心",以便衡定和掌握人心的方向。结合阳明后学的思想状况来看,在"当下即是""良知自知"的思想氛围之下,一味追求"自信本心""一任本心",而未免缺乏一种"对越上帝""小心翼翼"的敬畏心态,以至出现了一种"打破敬字"的思想现象①,近溪批评当时在心学思潮存在一种于"敬畏天命处,未加紧切"的现象,当有所指。而近溪试图以"天心"观念来拯救此一缺失,应当说,这是近溪的问题意识之所在。至于该说在理论上是否具有现实有效性,则是另一层次的问题。

　　在笔者看来,以上帝"日监在兹"之说,警示人们不可一味自任本心,已经与心学的义理方向未免偏离,而完全有可能导致这样一种结果:道德人格的完善须依赖于外在超越的力量,而良知就在心中这一心学的基本信念也将发生根本转向,转而相信在人心之外之上,还有上帝的存在,而且上帝可以主宰人类的命运。当然,在近溪的上帝观念中,带有诸多自先秦特别是尚书时代以来的原始自然宗教的色彩,与西方神学传统中的上帝观念不尽一致。西方的上帝是外在超越的,远离俗世之上的,具有普遍意志的至上神,而近溪的上帝则是在天人感应、轮回报应这一基本观念的框架中被理解的,也就是说,近溪所理解的上帝虽有意志作用,能够监督人类行为并施之以奖惩,但究极而言,上帝并非是至上的作为世界创造主的人格神,而是与人类世俗生活密切相关的存在。尽管如此,有一点却是相同的,上帝是一种超

―――――――――――

①　如顾宪成即已指出:"东坡讥讽伊川曰:'何时打破这敬字。'愚谓:'近世如王泰州座下颜、何一派,直打破这敬字矣。'"(《小心斋札记》卷九,第240页)

越力量,是他力而非自力的终极存在。既不是内在于人心中的道德律令,也不是天赋良知,而是令人敬畏的外在对象,具有惩恶赏善的超越能力,并且影响"相捷",报应"如箭",毫发弗差,须臾不离,简直令人可怖可畏。

不过,当近溪说上帝"日监在兹"的时候,其所谓"上帝"是一种外在于人心的存在,而当近溪讲"天则"或"帝则"与人心之关系问题时,却又坚持认为帝则即存在于人心之中。有人提问道:"文王在帝左右,果是事实否?"近溪答曰:

> 《孝经》云:"严父莫大于配天,则周公其人也。"岂以周公之圣把父作一恍惚形模,以疑天下万世也?盖人之生死乃作一团神理,出于帝天,所以《易》谓:"帝出乎震"。又谓:"神也者,妙万物而为言者也。"既曰帝之出、神之妙,则文王在帝左右也,明矣。但此有个大头脑。周公后咏文王曰:"不识不知,顺帝之则。"则我之则即帝之则,帝之则即我之帝,非有二也。(《一贯编·诗》,第208页)

上帝是凌驾于人之上的绝对存在,而"帝则"则又内在于人之心中。此亦天心人心"总是一个心"这一观念。所以说"帝天之命主于人心,皆的论也"[①]。此外,宣扬"上帝日监在兹"还出于政治上的考虑,由畏上帝而衍生出畏大人,由畏大人而引申出畏君权,进而畏圣言。近溪从畏天命讲起,这样说道:

> 如君子知天命而畏之,则上帝日监而兹,恐惧何所不至? 由是而畏大人,便是权归君相,体统正而朝廷尊;由是而畏圣言,便自学本六经,师道立而善人多。诸君敢谓《中庸》之既明而太平之不立见也哉? 如小人不知天命而不畏

---

① 《会语续录》,《近溪子集》,第269页。

之,仰则谓太虚为茫昧,而祸福都无所主;俯则谓民生为冥顽,而知能一无足观,肆言无忌,独逞己长。……外慕荣宠,狎大人之威严,而道揆法守几至荡然,侮圣言之隆重,而谣辞诐说充塞途路,诸君可谓《中庸》之不讲,而太平之能永保也哉?(《会语续录》,第271页)

可见,是否信从"上帝日监在兹",是否怀有"畏天命"的宗教感情,这关系到社会上的秩序安定,政治上的长治久安,而且也关系到俗世的幸福和灾祸。反过来说,如果不畏上帝、不畏天命,就将必然导致不畏"大人"、不畏"君相"、不畏"圣言",进而导致帝国的"体统"丧失、朝廷的"尊严"丧失,并且还将导致下层民众"肆言无惮,独逞己长";道德法律,荡然无存;异端邪说,甚嚣尘上。如此以往,天下何以永保太平!以上种种现象,绝非是理论上的假设,在近溪看来,几乎就是现实社会中的现实情景,特别是秦汉以降更是如此。

最后须指出,孔子曾引《尚书·汤诰》:"帝臣不蔽,简在帝心。"[1]但关于"帝心"一词,孔子并没有做出明确的解释。值得注意的是朱子的解释,他释"简在帝心"为"惟帝所命"[2],释"简"字"如天检点数过一般",并指出:"善与罪,天皆知之。尔之有善,也在帝心;我之有罪,也在帝心。"[3]按照朱子的理解,"帝心"就是上帝的意志,具有检视人类善恶的能力,而且这也是孔子所深信的。[4]可见,不唯近溪,即便被认为是儒学史上最具理性精神

[1]　《论语·尧曰》。
[2]　《四书章句集注》,第193页。
[3]　《朱子语类》卷五十,第1215页。
[4]　值得一提的是,清儒刘宝楠曾用"天心"来解释孔子的"天命",他指出孔子所言"天生德于予""知我者其天",旨在"明天心与己心得相通也"(《论语正义》卷二,第45页),尽管《论语》全篇并无"天心"一词。

如朱子者,亦在上帝洋洋乎在上、如临左右这类宗教问题上,持有某种程度的肯定态度,这一点值得我们深思。据此以观,我们似乎可以说,在大多数儒家学者的心灵深处,他们相信冥冥之上存在着上帝,上帝的意志能够到达地上人间,而且具有监督人类行为的超越能力。这从一个角度说明,中国古代宗教意识不绝如缕,绵延存在于儒家士大夫的精神世界当中。由此出发,我们将容易讨论接下来的问题,亦即近溪思想的宗教性问题。

## 五 宗教趋向

从历史上看,上述近溪的上帝观念当渊自先秦时代的原始宗教,比如"上帝日监在兹",其实与《诗经·大雅》"天监在上,有命既集""皇矣上帝,临下有赫,监视四方,求民之莫"等宗教观显然是有渊源关系的。当他讲到三代社会流行的"帝天"说的时候,总会流露出一种向往之情,他说:

> 三代以前,帝王所以为治,圣贤所以为学,必先以"维皇降衷,民有恒性","天生蒸民,好是懿德",而云"天地之性,民为贵焉"。总是知天命而畏之,戒谨恐惧。不惟自己不敢怠忽,即上下一体于臣人民物,亦不敢或至伤残。……所以曰:"从古帝王以人道待人。"又曰:"帝天之命,主于人心。"皆的论也。其后至于春秋战国又极而至于秦皇楚霸,则草稚禽糜,无所忌惮极甚,而莫可反矣。(《会语续录》卷上,第269页)

这段话典型地反映了近溪的宗教观。在他看来,以春秋战国为分际,春秋之前的三代社会,人们充满着对帝天的敬畏之情,这种感情到了战国时期渐渐丧失,秦汉以后已然不复存在,以致人们在帝天的神灵之前,"无所忌惮极甚"。接着近溪叙述道:只有到了"我明",复又"天开日朗",这是因为"高皇(按,即朱元璋)之心精独至,故造物之生理自神"。①也就是说,到了朱明王朝,一切恢复如初,简直就是三代社会的再现。结合上述近溪对"神道设教"的肯定和强调,以及他对宗教之于"世教人伦"关系重大等表述来看,近溪的宗教意识中带有浓厚的现世目的、政治意图,这是显而易见的。

关于儒学的宗教性问题,杜维明曾指出,儒学的宗教性特征表现为这样一种特定的取向:"天人之间的互动性使我们有可能把超越体察为内在""从而使人性的内在性便获得了一种超越的意涵""在儒学意义上我们同天地'盟约',就是要充分实现作为天自身之终极转化的人性"②。我们注意到,杜维明以《中庸》文本作为考察儒学宗教性问题的一个特殊诠释视角,确是别具慧眼。这与罗近溪将《中庸》"天命之谓性"视作孔子原创的思想,并以此作为"君子知天命而畏之,则上帝日监在兹"的主要理据,在致思方向上或有某种一致之处。显而易见,"天命之谓性"这一天人互相涵摄的思维方式极有可能导致儒家学者对"天命"的超越性做出某种人文化的理解和诠释。不过,就近溪而言,在他的宗教意识中,"上帝"或"天命"虽具有规范和制约人心的终极存在的意义,却未必含具与人之存在处于"盟约"关系的含义,也未必表明人性的内在性可以获得超越的意义。相反,从近溪屡屡表示的"将来神鬼之关"的观点来看,其对神灵世界及其生命世界的理解,并非由超越/内在的模式可以充分说明。事实上,近溪所理解的"上帝"是原始儒家包括道家、道教所共有的观念,

① 《会语续录》卷上,第 269 页。
② 杜维明:《论儒学的宗教性——对〈中庸〉的现代诠释》,第 110、111 页。

更为宽泛地说,是文化中国之传统中的宗教观念,而非是儒家的特有观念。揭示并明确这一点,对于我们思考儒学宗教性问题相当重要。

诚然,近溪对儒家文化抱有强烈的自我认同意识,他往往从儒家文献中引经据典,以此证明"上帝时时临尔"是儒学的固有观念。然而,如果我们透过这些言说的叙述方式,进而观察近溪自己的生命体验、宗教实践,那么就会发现,问题并非这样简单。依笔者之见,近溪思想中有浓厚的宗教意识,这一点并不可怪,也无可否认,但这并不直接意味着近溪的宗教意识就只能以儒学作为其唯一的思想来源,事实已如上述,近溪对神灵世界的肯认,其中杂有诸多宋末以来在文化中国的社会底层中开始流行的"功过格"思想因素,他相信的"神鬼之类"、因果报应等观念,绝非是宋代以来儒学的主流传统所能容纳,其中有着浓厚的民间宗教、世俗伦理等思想因素。因此,当他以"帝天之命"为审视角度来讨论诸如"游魂为变"等神灵问题时,可以认为这反映了儒学意义上的宗教性观念,但其中也不乏有佛教的轮回观念以及道教的天宫地府等观念。也就是说,我们不能仅以儒学宗教性这一概念设定来审视和判断近溪思想中的宗教性因素。毋宁说,近溪宗教观的基本特征是儒释道以及民间宗教的糅合混融。

唐君毅对儒学与宗教之关系问题有一个观点,很适合于我们思考近溪思想的宗教性问题,他说:"唯诸儒皆非如孔孟之承天道以开,而是由人道以立天道,故非承上以启下,而是启下以立上。在宋明儒思想中,天人交贯,宗教融于道德,宗教终不成独立主义文化领域。"尽管宋明儒的宗教意识常常以与道德相融的形式表现出来,故而缺乏独立的宗教精神,然而"无论孔孟对天之态度及对天之言说,如何与西方宗教不同,然要可指同一形

而上之超越而客观普遍之宇宙的绝对精神,或宇宙之绝对生命,
而为人之精神或生命之最后寄托处也"。反过来说,如果儒学只
有人道或心性论,"而无天道天心之观念",那么"人之心性或人
道之文,即皆在客观宇宙成为无根者。……诸个人之心,亦将终
不能有真心贯通之可能与必要,宇宙亦不能真成一有统一性之
宇宙"。①唐氏此说虽非针对近溪而言,然近溪思想中的天心、天
帝之观念又确确实实是指向宇宙之绝对生命,是为人心和生命
建立一个"最后寄托处",在这个意义上可以说,近溪思想具有宗
教性特征。比如,我们可以来看一段近溪的叙述:

> 此心真体,原本乎天;天心何有,原宰于神。其布护虽
> 显诸仁,而几微则藏诸用。莫说耳目见闻到此俱废,即思虑
> 之精巧自是难容。真个千层铁壁,莫喻其坚;万里云霄,曷
> 尽其远! 必遇至人,方才有个入路。(《一贯编·孟子上》,
> 第 307 页)

这是说,心本源于天,天心即是神灵主宰,人类的一切知识见闻、
聪明才智在神灵世界的面前毫无用武之地,它是一种真实的存
在,但却是无法用语言去形容、去把捉,其"坚"超过千层铁壁,其
"远"高过万里云霄。唯有遇到旷世奇人的指点,才有可能窥其
堂奥。近溪继而说道:

> (后世诸儒)先初起志,爱好便宜,于日用寻常中妄作情
> 识。既作情识,强生见解,视灯影而忽多红黄,瞰渊日而遽
> 增光耀。遂指浮游之念,谓是心源;且说计较之端,名为灵
> 窍。视诸尘寰逐欲之徒、仕路希宠之辈,便为学好。无奈觅

---

① 以上分别见《中国文化之精神价值》,台湾正中书局,1979 年,第 530、
448、449 页。

真不着,乃就假而不疑;入室无从,乃傍门而遽止。去圣愈远,离道愈深。间一二明眼者,痛心相呼,期图共济,反诋为狂妄而疾之。(《一贯编·孟子上》,第 307 页)

从这段充满激情的叙述中,可以看到近溪之极力揭橥"天心"观念的问题意识之所在,他是为了从观念上根本扭转在"情识"中日益迷惘失落的人心走向。在他看来,若要扭转人心的错误走向,须要重振人们对天心、天命的信仰和敬畏,而不能光靠内心良知自助。我相信,近溪批评阳明后学末流"其论良知血脉,果为的确,而敬畏天命处,未加紧切",绝非泛泛之言,而是基于他自己对天命的一种信仰而抒发的肺腑之言。由其对天心、天命的强调揭示,可以说明其思想并没有停留在内心良知的问题上,而是对某种终极问题也抱有深切的关怀。所谓"终极"问题,特指广义上的宗教信仰问题。①如果允许将此用语放在中国宗教文化的语境中来考察,那么可以说近溪的天心观、天命观所反映的便是与终极问题有关的一套观念学说。

如上所述,近溪所说的上帝既非道德律令,也非天赋良知,而是凌驾于俗世之上的、具有赏善惩恶之能力的神格存在。事实上,近溪从一开始,他所利用的主要是《尚书》《诗经》时代的宗教资源,他所借助的上帝、天公观念毋宁是一种真实的神灵存在,其基本设想是"神道设教而天下自服",表现出其对宗教的社会政治功能的重视。由此以观,近溪思想中的宗教性因素是不容否认的。他认为"敬畏天命"、现世报应等观念会有助于人们树立在现世行善的信念,并且相信宗教通过与世俗伦理的结合具有巨大的社会功能,这正是近溪强调"上帝日监在兹"的一个

---

① 按,指著名神学家蒂利希对宗教做出的简明定义。

思想原因。

## 第七节　结语

### 一　万物一体

我们已经知道，罗近溪有一个基本认识，以为孔孟宗旨在于"求仁"。同时我们也已指出，对孔孟宗旨的这一认同，事实上表明近溪亦以"求仁"为自己的思想宗旨。在宋明儒学史上，在"仁"的问题上，以程明道《识仁篇》"万物一体之仁"的观点为标志，确立了仁学思想在宋明道学传统中的一个基本原型。[①]阳明以来的心学传统在"仁说"问题上大都以明道思想为依归，阳明的万物一体论尤其如此。就近溪思想而言，他的万物一体论以阳明、明道为其私自资源，在理论形态上更接近于明道。近溪曾经断言："有宋大儒，莫过明道"，可见其对明道思想非常看重[②]，其中明道的"识仁之说"尤为近溪所赞赏。他认为，明道的"学者须先识仁"以及以"万物一体"释"仁"的观点，可以上溯至"孔门求仁宗旨"以及孟子的"万物皆备于我"的观念模式。同时，他也指出"仁果万物一体而万世一心也已"[③]，这是将明道的"万物一体"与阳明的"万世一心"相融合，以"一心"释"仁"来补充以"一体"释"仁"。近溪指出：

> 有宋大儒，莫过明道。而明道先生入手则全在"学者须
> 先识仁"，而识仁之说则全是"万物皆备于我"一章，令学者

---

[①] 明道的"仁说"虽与程朱一系有别，特别是朱子对其仁学中的"一体"说、"知觉"说有严厉批评（参见《朱熹集》卷六十七《仁说》），但是将"仁"理解为"天地生物之心"，理解为宇宙生生之意，在这一点上，程朱理学亦有基本的认同。

[②] 参见第三章第三节以及《盱坛直诠》卷上，第67—68页。

[③] 《罗近溪先生全集》卷三，第3页下。

于孔门求仁宗旨明了,则看孟氏此章之说,其意便活泼难穷矣。盖天本无心,以生物而为心;心本不生,以灵妙而自生。故天地之间,万万其物也,而万万之物莫非天地生物之心之所由生也。天地间之物,万万其生也,而万万之生亦莫非天地之心之灵妙所由显也。谓之曰"万物皆备于我",则我之为我也,固尽品汇之生以为生,亦尽造化之灵以为灵。此无他,盖其生其灵,浑涵一心,则我之与天,原无二体,而物之与我,又奚有殊致也哉?(《一贯编·孟子下》,第 327 页)

这里,近溪用明道的"识仁""体仁"来解释孟子的"万物皆备",其中含有近溪自己重仁思想的因素。历来认为,明道用"生生之理"来解释"万物皆备"以及"万物一体"之观念,同时亦以此来解释"仁者,浑然与物同体",这一解释思路具有典范意义,奠定了宋明儒者对"万物一体"观的解释方向。①近溪将明道的仁说与孟子的万物一体说相提并论,正是看到明道的以"生生"释仁的解释思路表明"生生之理"与"万物生意"可以相通,在近溪看来,以"生生之理"才能合理地解释"万物皆备"或"万物一体"之观念。重要的是,在近溪看来,孔门"求仁"宗旨正可从孟子的"万物皆备"及明道的"识仁之说"获得明确的理解,换言之,万物一体说与求仁宗旨是可以互为印证的。所以,紧接着上述引文,近溪又说:"是为天地之大德,而实物我之同仁也。"②意思是说:"生生"正是"物我之同仁"的根据。以此推之,"万物皆备""万物一体"也无非是"物我同仁"之境界。

---

① 按,陈荣捷指出:生生观念虽自古有之,然二程"以生生形容理,在中国哲学史上,此为首次"。(《朱子评老子与论其与"生生"观念之关系》,载《朱学论集》第 111 页)此说值得一参。

② 《一贯编·孟子下》,第 327 页。

近溪接着又从身心的角度，进一步对天地生物之心与"我身"的关系进行了阐述，显示出近溪的独到见解：

> 反而求之，则我身之目诚善万物之色，我身之耳诚善万物之音，我身之口诚善万物之味，至于我身之心不诚善万物之情也哉？故我身以万物而为体，万物以我身而为用。其初也，身不自身，而备物乃所以身其身；其既也，物不徒物，而反身所以物其物。是惟不立而身立，则物无不立；是惟不达而身达，则物无不达。盖其为体也，诚一；则其为用也，自周。此之谓君子体仁，足以长人，亦所谓仁人顺事而恕施也。岂不易简？岂非大乐也哉？……故欲思近仁，惟在强恕；将图行恕，必务反身。然反身莫要于体物，而体物尤贵于达天，非孔门求仁之至蕴，而轲氏愿学之的矩也与哉！

（《一贯编·孟子下》，第 327 页）

在这段论述中，"我身以万物为体，万物以我身为用"的观点非常重要，是其万物一体观的一个主要特征。意思是说，我与物、身与心是互为体用、彼此涵摄的关系。在此场合，"我身"既是指耳目口鼻之形体，亦含指"我身之心"；同样，"万物"既是指天地万物，亦含指"天地之心"。因此，我与物的关系，实即身与心的关系；我以物为体，同时也意味着我之心以物之身为体，反之亦然。可以看出，近溪的万物一体观及其体仁方法是建立在他的身心观之基础上的，这一点与明道有所不同，显示出近溪思想的独特风格。可以说，经过他的重新解释，进一步抉发了"万物皆备""万物一体"的思想意蕴。

近溪还从良知良能的角度来论述天人合一、万物一体的原理，他指出："天之与人，其体原是一个，则所知所能，其执亦原是一般。今且于人的知能讲得明白,便造化知能不愁无入处也。"①应当说,这是以阳明良知说为基础的万物一体论。然而,由于近溪思想特重一"仁"字,而其思想归趣亦在于"求仁",因此其对万物一体之论述,在理路上更接近于明道的仁学思路。这表现在近溪以"生生"言仁,亦以"生生"言万物一体,这与阳明以良知遍在、人同此心的角度来论述万物一体就有所不同。比如,近溪指出:

> 夫仁,天地之生德也,天地之大德曰生,生生而无尽曰仁。而人则天地之心也,夫天地亦大矣,然天地之大,大于生,而大德之生,生于心。生生之心,心于人也。……非生生之仁之为心焉,则天地万物之体之用斯穷矣。奚自而一之能贯?又奚自而贯之能一也。是圣门求仁之宗也。吾人宗圣之仁以仁其身,而仁天下于万世也。(《盱坛直诠》卷上,第47—49页)

依此说,由于万物无不"生生",故人与人、物与我,乃至天地万事万物,无不相感相应,无不贯通联属。因此,"生生"又是宇宙万物、人伦社会的感应模式。正是在此意义上,所以说:"善言心者,不如把个'生'字来替了他。""孔门《学》《庸》全从《周易》'生生'一语化将出来。"(俱见前引)要之,"求仁"是孔门宗旨,"识仁"是明道的"入手"之处,而"生生"则是"求仁"、"识仁"乃至是实现"万物一体之仁"的理据之所在。同时,近溪也指出:"乾坤合德,而莫非吾心生生之仁,贯彻于人己之间,至一而匪二,浑合而弗殊者也。"②可见,"生生之仁"其实也就是心之本质。由此

---

① 《会语续录》卷下,第303页。
② 《盱坛直诠》卷上,第54页。

看来,"万物一体"亦须以"宇宙一心"作为自己成立的依据。

从比较的角度看,阳明的"万物一体"论与明道的仁学思想有一个最大的不同,亦即阳明此论有一个观念基础:良知遍在理论。同时,阳明的万物一体论还有一个重要的面向,也是明道所欠缺的,那就是阳明把万物一体论扩展到了社会政治领域,推演出了"视天下犹一家,中国犹一人"的结论。①阳明的"天下一家,中国一人"这一观念对罗近溪产生了深刻的影响,他指出:

> 圣人不是自欺的人,只见得人者天地之德,又见人者天地之心。我即德天地之德,人亦德天地之德;我既心天地之心,人亦心天地之心。以天地之德为德,即欲人同天地之德;以天地之心为心,即欲人同天地之心。……故曰"中心安仁",天下是一个人。又曰"吾非斯人之徒与而谁与"! 不得不耐也,亦不忍不耐也。噫! 仁以人之,杨子亦言之。不人则不仁,不仁则不人。未有人而不以天下为一家、以中国为一人也。故曰非意之也,知人情也。(《一贯编·礼》,第209—210页)

这样一种"天下一家,中国一人"②的观点,充分表明近溪的"万物一体"论具有浓厚的普世主义倾向,而这一观点又是建筑在天人一体、良知遍在这一理念之基础上的。无论是从良知,还是从仁的角度,都可以推出天下一家、中国一人的结论。由此出发,人己物我、上下贵贱、舆皂胥吏、父老生儒、郡邑僚属,乃至一郡一国、天下万世,无不"浑然一样",无不"相通相济","若识得此一段意思,便识得当时(按,指孔子时代)所谓'天下归仁'者,是说天

---

① 《王阳明全集》卷二十六《大学问》,第968页。
② 按,"天下一家,中国一人",出自《礼记·礼运》。朱子亦曾以此来归纳张载《西铭》之大旨,参见《朱熹集》所收《朱熹遗集》卷三《西铭论》。

下之人都浑然在天地造化、一团灵明活泼之中也。"就个人来说，若能"承当得来，便自无我无人、无远无近，而浑然合一"①。可见，依照万物一体的原理，完全可以实现"大同"社会的理想。②由于万物一体是建立在良知遍在、人无不仁这一信念之基础上的，所以归根结底，"大同"社会之所以能够实现的根据就在于人心中的一点良知、一点仁心。换言之，天下"大同"乃是人心的本质趋向。近溪相信，基于人心的善良本质，必然开创出人人君子、人己合一的理想社会。

应当说，由孟子的"万物皆备"经明道的"万物一体之仁"、阳明的良知遍在的"万物一体"论，再到近溪的天下国家"浑然一样"的"万物一体"论，在总的精神上虽然基本一致，但在论述重点上已有几层转换。尤其是阳明的场合，他将仁者"浑然同体"的万物一体论拓展至"明明德""亲民"以及治平天下这一涉及政治、社会的问题领域，强调了万物一体论对于实现"大同"社会之理想具有非常重要的理论意义。阳明之后，王心斋亦特别注重阐发万物一体的重要性，指出："夫仁者以天地万物为一体，一物不获其所，即已之不获其所也。务使获所而后已。是故人人君子，比屋可封，天地位而万物育，此予之志也。"③这是将万物一体论表述为实现"人人君子，比屋可封"的思想前提。心斋的"万物一体"论虽略显简略，但可以说是上承阳明而下启近溪。

当然，近溪之论"万物一体"，又有其独特之处。他由明道上溯至孔孟，从孔子的"求仁"宗旨出发，强调指出："此个仁德与此

---

① 以上，见《盱坛直诠》卷上，第189—192页。
② 按，阳明的万物一体论已明确指出"全其万物一体之仁"，可以"济于大同"（《传习录》卷中，第183条）。
③ 和刻本《王心斋全集》卷四《勉仁方》，第7页下。

个人身,原浑融胶固、打成一片,结成一团。"近溪以仁德与人身原本"浑融一片"作为立论的基点,由此得出结论说:人我一体、打成一片,"我喜亲人""人喜亲我""立必俱立,成不独成"。而且,他还借孔子的名义,宣称孔子"只一念在于吾侪",因而吾侪亦"万世归依"孔子,这是说,孔子与我们同在:"心心相照,终古如生。"在此意义上可以说,孔子与我们成为"一体"①。可以看出,这样一种言说方式的"万物一体"论,不论是在明道、阳明还是在心斋那里,都是绝无仅有的。

对近溪来说,万物一体论所指向的不仅仅是为了实现个人的精神境界,更为主要的是要求个人必须承担起社会责任,换言之,个人价值的实现须以担当社会、成就他人密切联系起来;个人的"富贵繁华"犹如梦幻,如何实现"天下一家、中国一人"之理想才是最为重要的。作为实现这一理想的重要手段,应当积极参与社会,与人相聚讲学,广泛结交朋友,这是因为"朋友讲学一节,真是人生救性命大事,非寻常等伦也"②。要之,从"万物一体"到"天下一家",可以看出"万物一体"既是宇宙与人心的存在模式、是仁者的精神境界,同时又具有伦理学、政治学的指向和意涵。从宇宙存在模式的角度看,"万物一体"所指涉的是人与物、人与人之间彼此感通、互相连属的存有方式;从观念形态的角度看,"万物一体"建筑在仁学思想的"生生"这一基本理念之上;从伦理实践的角度看,既体现了亲亲、仁民、爱物的实践次序,又突出了"立必俱立,成不独成"的实践目标。从"万物一体"论所含具的社会政治学的意涵来看,其终极目标是为了实现"天

① 以上见《近溪子集》卷御,第155页。
② 《近溪子集》卷御,第153页。

下一家、中国一人"的大同社会,换言之,万物一体与政治上的大同理想密切相关,万物一体作为一种理念可以为大同理想提供哲学基础。

总之,我们可以发现万物一体论基本上包含了两个层面的观念:一、万物一体论可以由一体之仁、生生原则、良知遍在这一具有包容性、统合性、普遍性之特征的观念推出,以此作为宇宙、社会、人生的存有论基础;二、万物一体论由宇宙论向伦理学、政治学领域的延伸和拓展的过程中,强调了"视人犹己、视国犹家"的伦理意识,并倡导"公是非、同好恶"①的公正原则,以及"以正自持""不偏其心"②的实践原则。显而易见,这两种观念是密切相关的,前者作为一种普遍性的基本理念,可以合理地推导出后者的结论。但在某些人看来,在这里的推衍过程中,应当完成一个命题转换:从"爱有差等"转向"爱无差等"。从伊川、朱子到阳明、近溪都不断遇到这样的提问。③的确,如何既能从个人的立场出发做到"推己及人",同时又能从他人的角度着眼做到"视人犹己";同样,既要做到"待疏若亲",以此表明个人的道德情感亦具普遍意义,同时又要注意与"爱无差等"这种完全有可能导致视路人为亲人、视亲人为路人之危险倾向的泛爱主义区别开来?对于这些问题,"万物一体"的理论模式能否提供有效的解答方案,这是值得思考的一个课题。从根本上说,近溪的基本思路是:在由己及人、由下向上、由家至国的道德实践的推进过程中,最终必然能够体现万物一体之仁的理想社会。可以说,作为宇宙与人心的存在模式的"万物一体"如何化为"天下一家""中国

---

① 《传习录》卷中,第 179 条。

② 《一贯编·孟子下》,第 313 页。

③ 如:"体仁是浑然同体,与兼爱何别?"(《一贯编·易》,第 175 页)

一人"的社会模式,这是近溪"求仁"宗旨的最终归趣,这一点是可以确定无疑的。

## 二　政治化取向

先来回顾一下近溪弟子杨复所对其师的一段评述:

> 罗子之学,实祖述孔子而宪章高皇。盖自江门(按,指陈白沙)洗著述之陋,姚江(按,指阳明)揭人心之良,暗合于高皇而未尝推明其所自,则予所谓莫知其统者也。姚江一脉,枝叶扶疏,布散寰宇,罗子集其成焉。(《太史杨复所先生证学编》卷三《论学书》,第347—348页)

这段话的要点有三:一、"祖述孔子";二、"宪章高皇";三、集阳明之大成。第一和第三点,这里不论,我们将集中讨论第二点。"高皇"即明代开国皇帝明太祖朱元璋。依笔者之陋见,在明代以前的中国儒学史上,将一位儒家学者与当朝皇帝相提并论,而且以为皇帝也有一种学术"传统",不能"合于高皇"乃是因为"莫知其统",这类说法是闻所未闻的。①从杨复所的上述说法以及罗近溪的一些言论中,令人感到在近溪周围的思想圈内,有一种独特而奇怪的氛围正在形成和弥漫。②那么,杨复所又为什么说

---

① 例如,杨复所弟子佘永宁甚至说:"噫! 尧舜千五百年而有孔子,孔子千五百年而有高皇,其间治乱相寻,道统相继,历数有在,匪偶然者。"(《刻证学编叙》,《太史杨复所先生证学编》卷首,第250页)由朱元璋直续孔子这一所谓的"道统"观,在儒学史上可谓是破天荒之论。更有甚者,接续朱元璋者乃是罗近溪。又如佘永宁在该《叙》中还说道:"盖我师(按,即杨复所)之学寔得之明德罗子,罗子祖述仲尼、宪章高帝,师承其脉。"(同上)如此言论,已完全超出了学术的范围。

② 这里可以举两个例子:一是杨复所,一是管东溟。复所受其师编撰《太祖圣谕演训》的影响,作《圣谕翼》(《太史杨复所先生证学编》卷首),为明太祖编校《御制集》(即《明太祖集》),并作注解,附以《训行(转下页)

近溪之学"宪章高皇"？以下结合近溪自己的论述，力图从其思想内部来分析其中的一些原委。

接下来我们不妨来耐心地看几段近溪对"高皇"及其"圣谕"的评述：

> 高皇帝真是挺生圣神，承尧舜之统、契孔孟之传，而开太平于兹，天下万万世无疆者也。（《一贯编·大学》，第278页）

> 惟我太祖即真是见得透彻，故《教谕》数言，即唐虞三代之治道，尽矣。惜当时无孔孟其人佐之，亦是吾人无缘即见隆古太平也。（《一贯编·孟子下》，第330页）

> ……孔子倦倦为政以德，只是志大道之公也。试观我高皇《六谕》，普天率地，莫不知日用平常，仰事俯育，此正王道平平、王道荡荡也。宁非遍为尔德哉？（《一贯编·诗》，第208页）

> 某尝谓：高皇《六谕》真是直接孔子《春秋》之旨，耸动忠孝之心。不必言距杨墨，人人知君父之恩之罔极也。宁非

---

（接上页）录》，序刻于明万历二十五年，见藏于日本内阁文库。《训行录》内分上中下三卷，收入朱元璋的诏诰、榜文以及训谕条文等，复所附以详细解说，大多吹捧之词，不堪入目。再说管东溟，其人对于近溪以及复所张皇讲学、积极用世之心态不无严厉批评，而他也是朱元璋的积极吹捧者，用高攀龙的话来说，这叫"和合时势"（《高子遗书》卷八上《答泾阳论管东溟》），亦即今人所谓"趋势付炎"之意。话虽尖刻，但有文献依据。例如，管东溟对"高皇帝"的"三教政策"也是推崇备至，兹录其一言，聊以备考："唐宋以来，未有以天子并尊三教之宗，著为令甲者，而自我圣祖始。开国二百余年，亦未有以儒生阐圣祖之大，贯二氏于儒道中者，而自愚与杨少宰贞复（按，即杨复所）子始矣。贞复盖圆之以圆宗，而愚兼方之以矩。"（《问辨牍》卷之元集《答吴侍御安节丈书》，第658—659页）

世道一大治,而天下后世获甦生也哉!(《一贯编·孟子上》,第 312 页)

怀智问道,子曰:"《圣谕六言》,尽之。"问功夫,曰:"《圣谕六言》,行之。"请益,曰:"《圣谕六言》,达之天下。""如斯而已乎?"曰:"《六言》达之天下,尧舜孔孟,其犹病诸?"(九州大学本《近溪子集·庭训下·言行遗录》,第 2 页上)

智问修身,子曰:"舍《圣谕六言》而修,是修貌也,非修身矣。"(同上)

孔子谓"仁者人也","亲亲之为大焉",其将《中庸》、《大学》已是一句道尽。孟子谓"人性皆善","尧舜之道孝弟而已矣",其将《中庸》《大学》亦是一句道尽。然未有如我太祖高皇帝《圣谕》数语之简当明尽,直接唐虞之统,而兼总孔孟之学者也。往时儒先每谓天下太平原无景象,又云皇极之世不可复见。岂知我大明开天,千载一日,造化之底蕴既可旁窥举世之心,元亦从直指尽数九州四夷之地,何地而非道?尽数朝野蛮貊之人,何人而非道?虽贫富不同,而供养父母则一;虽贤愚不等,而教训子孙则一;虽贵贱不均,而勤谨生理则一。故芳至不才,敢说天下原未尝不太平,而太平原未尝无景象。(《一贯编·总论》,第 220 页)

然其皇极世界,舍我大明,今日更从何求也哉?故前时皆谓千载未见善治,又谓千载未见真儒。①计此两段原是一个,但我大明更又奇特。盖古先多谓善治从真儒而出,若我朝则是真儒从善治而出。盖我太祖高皇帝天纵神圣,德统

---

① 按,"前时皆谓",系指程伊川之说,语见《河南程氏文集》卷十一《明道先生墓表》,《二程集》,第 640 页。

君师,只孝弟数语,把天人精髓尽数捧在目前,学问枢机顷刻转回脚底。……窃谓论治于今日者,非求太平之为难,而保太平之为急;谈学问于今日者,不须外假乎分毫,自是充塞乎天地。此样风光,百千万年,乃获一见,而吾侪出世忽尔遭逢于此,不思仰答天恩,勉修人纪,敢谓其非夫也已!敢谓其非夫也已!(《一贯编·总论》,第220页)

乃天幸笃太祖高皇帝,神武应期,仁明浴日,浊恶与化俱徂,健顺协时通泰,孔孟渴想乎千百余年,而《大易》《春秋》竟成故纸! 大明转移于俄顷呼吸,而大统真脉皎日当天,况兹圣子神孙,方尔振振绳绳,则我臣庶黎元亦可皥皥熙熙。芳自弱冠登第以逮强仕,观京师近省,其道德之一,风俗之同,不须更论。及部差审录而宣大山陕,取道经由,至藩臬屯田而云贵川广,躬亲巡历,不惟东南极至海涯,且西北直临塞外,每叹自有天地以来,惟是我明疆土宏廓。至尊君亲上、孝父从兄,道德虽万里而无处不一;衣冠文物、廉耻内外,风俗虽顷刻而无时不同。故前谓皇极之世,自尧舜三王以来,惟我明足称独盛。(《一贯编·易》,第197—198页)

以上所示只是摘录,并非全部。不用说,已足以让人感到冗长。在此有必要撮其要点,做以下几点归纳。

首先,在近溪看来,"高皇"是"挺生圣神"或"天纵神圣"。所谓"圣神"或"神圣",意思相同,直接翻译的话,就是已经成了神的圣人。在近溪这里含有两重含义:既把"高皇"圣人化,又把圣人神化——也就意味着皇帝的神化。在中国历史上,把皇帝圣人化,并把圣人神化,却是古已有之,渊源颇长,自中国第一个皇帝——秦始皇登基以来,便已开始。关于这一问题,已有学者做了深入详细的研究①,在此无须赘言,仅就"圣神"一词的渊源,略做介绍。圣与神二字连用合并为固定用词,似是始见于汉代王充《论衡·问孔》:"夫古人之才,今人之在也。今谓之真杰,古以为圣神。"为何以圣为神,王充亦有说明:"儒者论圣人,以为前知千岁,后知万世。有独见之明,独听之聪。事来则名,不学自知,不问自晓。故称圣则神矣。"②这是说,由于儒家圣人无所不知、无所不能,故称其为"神"。其实若从圣人"先知"之角度而言,早在先秦就有不少先例,此不烦引。总之,近溪称"高皇"为"圣神",却也不算是什么"新发明"。同时也须指出,近溪称"高皇"为"圣神",与他自己是否真的相信"高皇"即是圣人和神人,似乎是两回事,他是把"高皇"符号化、象征化了,至于这一符号的真正实体——朱元璋是否具备圣人的材质或神人的能力,则是另外一回事。尽管如此,不容否认的是,近溪如此到处宣扬,在其内心深处显然有着政治上的目的,或者说怀有将自己的言说合法化的目的,因为从他演绎《圣谕》的一系列文章和讲话来看,其中的观点几乎全是近溪自己的,而不是"高皇"的。他是借"高皇"之名,以成其宣扬己说之实。换言之,他是利用"高皇"《圣谕》之名义,将他自己的有关"孝弟慈"等一套思想学说政治化、体制化。说白了,近溪是想在自己的一套学说之上按上一个"最高指示"的烙印。

其次,近溪把"高皇"放在孔孟以来儒家"道统"的历史传承中来进行定位。我们曾经介绍过,就纯学术史的角度而言,近溪承认自孔孟之后,能接续其统者为程明道、陆象山、王阳明。至

---

① 参见萧璠:《皇帝的圣人化及其意义试论》,台北《中央研究院历史语言研究所集刊》第 62 本第 1 分,1993 年。

② 《论衡·实知》。以上所引王充语,均转引自上揭萧璠论文,第 20—21 页。

于陆王之间,近溪只是隐晦地提到:"入我朝来,尊崇孔颜曾孟,大阐求仁正宗"①,并没有直接点出"高皇"之名。然而,在以上介绍的几段论述当中,近溪毫无顾忌地坦言高皇"承尧舜之统、契孔孟之传""直接孔子《春秋》之旨""直接唐虞之统,而兼总孔孟之学者也",也就是说,高皇是孔孟以来第一人,孔孟的"求仁宗旨",到了高皇那里,才真正得到了发扬光大。他的依据就是高皇所说的六句话:"孝顺父母,恭敬长上,和睦乡里,教训子孙,各安生理,勿作非为。"他认为自从孔孟揭示出"求仁宗旨"以来,历史上还从未有过哪种学说,比得上这六句话"简当明尽"。因此,若要修身,只要遵循这六句话就足够了;若讲治国,只要依此六句话去做,便能"达之天下"。也就是说,这六句话已经和盘托出了由"修身齐家"至"治国平天下"的全部道理。

最后,我们可以看到,近溪基于上述的认识,他对现实的政治状况充满了一种乐观的情绪,甚至认为有明一代足以与尧舜"三代"相媲美:"自尧舜三王以来,惟我明足称独盛。"也就是说,高皇开创的朱明一代简直就是历来为人们所称道、所祈盼的中国古代的"理想国"——三代社会。我们知道,所谓"三代"社会,虽然是历代儒家学者津津乐道的理想社会,但这只是一个遥远的记忆、美好的理想而已,没有哪一个人真正相信现实的当今社会就是理想的三代社会,毋宁说,"千五百年之间,……尧舜三王周公孔子所传之道未尝一日得行于天地之间"(朱子语)、"学绝道丧,人心陷溺"(王阳明语),乃是儒家士人的一般共识。基于历史沉沦、人心不古这一对现实的认识,儒家士人往往对现世社会、当朝政治持有一种冷静的、理性的批判精神。正是出于这

---

① 《盱坛直诠》卷上,第68页。

一批判精神,所以"往时儒先每谓天下太平原无景象,又云皇极之世不可复见"。针对于此,近溪宣称,儒家经典中的仁礼思想"二千年来尚未见人说破",到了我大明太祖高皇帝及其"圣子神孙"们的时代,却能接续"真脉",并由此呈现出一片太平盛世之景象;普天之下,不论是"九州四夷"还是"朝野蛮貊",不论是"东南西北"还是"海涯塞外",虽然"贫富不同""贤愚不等""贵贱不均",然而道德风俗"无处不一""无时不同""此样风光,百千万年,乃获一见",简直就是一派"天下大同""万物一体"的美好景象。而且近溪极力声明:以上所说,乃是自己"生平快睹"的经验感受,绝非是夸大其词。

总之,我们可以清楚地看到近溪思想中所特有的社会观、政治观、历史观。当然,这些观点自有他的哲学基础,归结而言,"仁者人也""人性皆善""能身复礼"便是他的基本哲学观念,由此推衍展开,便导致了他的乐观浪漫的理想主义伦理观、价值观。他对社会、政治、历史的看法,都是以这些哲学观念作为其理论依据的。然而必须指出,他对当朝皇帝的极力赞美、对圣谕六言的过分颂扬,足以说明其思想的政治化倾向特别明显和突出。儒学传统中固有的现世关怀在近溪身上被表现为对现实的乐观肯定,而儒家学者历来对现实社会以及政治状况所应有的批判精神却未免有所缺失。

本来,就儒学传统而言,政治在价值上是次要的,如果没有道德的政治则是应该受到批判的,人们在道德与政治、思想与体制之间,往往保持一种独立的态度和批判的精神,而思想受到政治体制的打击,在历史上也屡见不鲜。但是另一方面,儒家士人始终对社会和政治抱有强烈的关怀,在他们看来,政治作为道德的一种延伸,可以作为实现价值的一种手段。由此以观,近溪热切关注思想与政治的互动,亦属情有可原。同时也应看到,虽然近溪通过借助高皇的名义,欲将自己的一套学说在政治层面上加以渲染、推广,从而表现出其思想有依附于体制的一面,然而历史地看,在儒家的思想观念中,儒者与君主、思想与体制的关系取决于"天下有道"。而要变"天下无道"为"天下有道",儒家士大夫一方面应当抱有"以道格君"①的理想和胆识,另一方面也要积极推行"得君行道"的政治策略。若就近溪思想之本质来看,其思想归趣仍然是以仁学为根基的道德理想主义,而并不表明其思想本身已沦为政治工具。诚如余英时所言,我们绝不能以现代的观点看待理学家的"得君行道"的政治活动,"讥笑他们对'君'抱着太多的幻想"。②

## 三 历史评价

我以为对近溪思想的总体评价,可以从这样三个角度来展开:一、以"求仁"为宗旨、以"孝弟慈"为核心内容、以万物一体为指归的儒家伦理学;二、以"天心"观为基础,以敬畏天命、神灵信仰为指归的宗教伦理学说;三、以化俗为目的的讲学活动,以宣讲"圣谕六言"、制定"乡约"为主要内容的社会政治思想。若单从哲学观念史的层面看,近溪思想在有关心性理论的基本构造上,仍然未能超出阳明心学理论的格局。同时我还认为,相对于阳明的那一套心学话语而言,近溪思想的特异之处同时也是

---

① 譬如,元儒许衡(号鲁斋,1209—1281)积极参与元初新政的变革,被后人称赞为"以道格君"(刘岳申:《申斋集》卷四《与吴草庐书》)的典型。其实,王心斋的"出入为师"说,亦当视作"以道格君"的之典型观念。

② 余英时:《朱熹的历史世界》下篇第八章"理学家与政治取向",第55—56页。

其思想的独特意义之所在应当是:他的仁孝学说、身心理论、天心观念、宗教关怀、政治意识以及参与社会的担当精神。

就近溪对良知问题展开论述的方式而言,我们不妨套用牟先生的话来说,如何使良知得以"当下呈现",亦即:如何在当下即刻的生活场景中"因时"地展现良知,这应当是近溪思想的主要问题意识之所在。与此相应,近溪所面临的一个问题是,如何能够做到"一切放下、破除光景",这是实现良知"当下呈现"的关键。进而言之,又如何能够做到"一切放下、破除光景",这则是一个"自信从""自觉悟"的问题——也就是能否自信本心、直从"源头心"悟入的问题,同时也是能否相信赤子之心、常人之心、当下之心就是本心良知的问题。而要从根本上解决这些问题,关键又在于树立起对孔子"仁者人也"、孟子"人性本善"的一种绝对信仰。也就是说,人之本心之所以可以信赖,是因为人人都是"仁者"、人人都是"性善"的。因此,为学宗旨就在于"求仁",为学方法就是回归孔孟。"孔孟两夫子心事,只有天知",二千年来未见有人道破,其实"求仁"就是孔孟的"心事",就是孔孟的宗旨。

从以上有关良知、本心等问题的一系列论述中可以看出,近溪最终将问题归结到"求仁"这一点上,"仁"成了近溪思想的核心主题。同时也可看出,近溪的问题意识与阳明已有所不同。诚然,近溪对"仁"之问题的重大关注以及深入追问,是要回到孔孟以及程明道的仁学立场,是为了实现"万物皆备于我""万物一体之仁"的理想境界而预设的理论前提,然而若将近溪的问题意识放在阳明心学的语境中来考量的话,我们还会发现,近溪之所以将"仁"的问题揭示出来,其目的之一是要解答良知作为人心之所以能判断是非的道德意识的理据究竟何在这一根本问题。

在近溪看来,仁即人心,因此仁才是良知的真实内涵、是"良知真体"。也正因此,所以近溪一方面对于阳明揭示人心良知的意义有充分的肯定,另一方面,也隐晦地指出阳明"只单说个良知",并对阳明欲以良知来解决《大学》问题,而未能回到孟子本身表示了不满。至于为何不满,近溪并没有展开具体的论证,这就需要我们后人从哲学史的角度来进行解释。事实上,从以上对近溪思想的内在思路的梳理已经可以看出,他对阳明的良知学不是采取解释者的立场,这一点正是近溪与龙溪的最大不同之处。龙溪对阳明的良知理论既有继承又有新的开发,但龙溪思想的归趣在于重构良知心学的解释系统;反过来说,阳明学之于龙溪,在义理方向上及其思想规模上,均对龙溪起到了规范的作用,龙溪一生恪守心学立场,为使心学话语不至于中断失落而努力。近溪与龙溪在如何看待阳明心学理论这一点上,已显示出态度上的不同,近溪可以坦然面对阳明之后的"同志先达"进行批评,这在龙溪一辈的年代,则是难以想象的。对于近溪来说,不是如何解释良知,而是如何呈现良知,才是关键的问题;"只单说个良知",这是无济于事的。由此也就可以解释近溪为何竭力主张回归孔孟、守住"仁宗"的思想缘由。

然而"仁义"只是"虚名",孝弟才是仁义之实。所以"求仁"又必须落实在孝弟的行为之上,甚至可以说"孔孟之言,皆必归会孝弟"。近溪一方面利用了孔子"孝弟者为仁之本"的思想资源,一方面又以《大学》"孝弟慈"并举作为理论依据,再结合自己长期以来对人性问题的实际观察,得出了一家之中、一国之中,从"缙绅士夫"到"群黎百姓"无不"孝弟慈"的结论,进而推导出"孝弟慈"是天底下的"三件大道理"、古先帝王的"三件大学术"这一观点。基于这一观点,近溪认为应该对孔孟以来"为政以德"的道德—政治哲学做一补充解释:"若泛然只讲德学,而不本之孝弟慈,则恐于民身不切。"也就是说,作为家庭伦理的"孝弟慈"原则完全可以推广到社会—政治领域,乃至天下国家的所有一切领域,用今天的话来说,可以上升为普世性伦理原则。所谓"天下一家、中国一人""万物一体而万世一心",正可为这一普世性伦理原则提供一种理念支撑。

从宇宙论的角度看,"万物一体"是一种宇宙存在模式,是"天地生物之心"(天心)自然造化的结果,换言之,也是"一体生化"之仁的必然形式;同时,"万物一体之仁""一体生化"之仁又是保证社会—家庭的人伦纽带得以联结起来的观念基础。总之,宇宙、社会、人生的存在方式及其彼此的感通方式,都可以由"万物一体"理论来加以合理的解释。本书以"万物一体"作为全篇论述的末章,目的就在于明确指出"万物一体"以及"万物一体之仁"的理论既是近溪思想的立足点,又是其整个思想所指向的最终目标。

以上主要从良知、仁孝、一体等问题的角度出发,对近溪思想的内在思路做了一些回顾性总结。除此之外,还有另外一些层面的问题,比如人心存在的宇宙论依据的问题。近溪以"天心"作为其核心概念,着重讨论了人心与天心、与人为徒和与天为徒的关系问题,其中又牵涉到了"将来鬼神之关"这一宗教性问题。首先须指出的是,有关"天心"的讨论,与"仁"的问题是有关联的,天心就是"天地生物之心",而"仁"也就是"天地生物之心",因此通过"生生"观念,"仁"与"天心"同样具有了宇宙论的意味。究极而言,天的问题也就是仁的问题以及人的问题。这是近溪讨论"天心"问题的基础。由此出发,近溪通过对"天心"观念的深入抉发,揭示了"与天为徒"这一"天人合一"境界的实现对人的存在来说,具有决定性的意义。近溪强调:人心以天心作为自身存在的依据,故从本来意义上说,人心也就是天心,两者具有同一性、感通性,所谓"心只一个心""心固天心",亦即此意。因此,从理论上说,人完全有可能成为"天人";但是现实状态中的人,在自己的今生今世,却总是不免为"一念炯炯"所困扰、为"沈滞胸襟"的"一念景光"所迷惑,不能做到"以天明为明",反而"翻为鬼窟",死后便会坠入"鬼界"。用近溪的话来说,这就是"将来鬼神之关"(或"将来神鬼之关")。在近溪看来,这是人必须在今生今世做出决定的问题。用我们的话来说,也就是带有宗教性意味的人生终极问题。对这一问题的思考,近溪是建立在"形有生死,魂只去来"这一观念基础之上的。换言之,在生命世界之上或之下,还有一个鬼神世界,是人的生命的延续,其中又分为天堂和地狱这两个不同的世界,亦即所谓的"天明"世界和"幽阴"世界。那么,在今生今世的行为又如何能够决定自己在未来世界的命运呢? 为此,近溪又特别强调了"性善一着,圣凡之关"这一观念,也就是说,必须坚定"性善"的信念,积极地行善去恶,善行的积累将决定自己是成就圣人还是终身为凡。要之,"圣凡之关"也就是"鬼神之关"。可见,对于"魂只去来""鬼神之关"这一宗教观念的强调,目的却是为了促使人们在现世建立一种正确的生活态度,同时也是为了警示人们:圣一凡、鬼一神之间的紧张对立,将最终取决于人们自己对善一恶的抉择。由此亦可看出,近溪的终极关怀仍然落脚在儒家的伦理观、价值观。

当然,近溪强调"将来鬼神之关"的观点亦有其外部缘由,一是针对阳明之后的"先达同志"只讲良知,而于"敬畏天命处,未加紧切"这一思想现象,近溪认为有必要加以纠正,因为在近溪看来,人若无对天命的"敬畏"之心,势必导致人心任由"情识"所驱使,其结果将是"去圣愈远,离道愈深";另外一点是,有关生死、鬼神的问题对于"愚者"来说,也具有现实的教化意义,否则会令那些愚昧无知之人毫无畏惧、"怠慢欺侮,肆然而无忌惮"。因此,"将来鬼神之关"的终极问题与"世教人伦"的政治问题实在关系重大。作为这套学说的另一支柱,近溪又强调了"上帝日监在兹"以及"天公报应疾如箭"的观念,明确指出在人心之上存在着掌控、监视一切的神灵,人的一切行为(甚至包括念虑意识)无不受到监控,而且必然会遭到"报应"。不容否认,这套观念与古代中国的宗教传统是一脉相承的,我们从先秦时代的各种古文献中,很容易找到这套观念的思想根源。就近溪的时代背景而言,这套观念或许与宋代以后兴起的"功过格"思想以及民间宗教有一定的思想渊源。

行文至此,我们可以明了近溪思想中的宗教性特征非常明显。如果再结合其思想的政治化取向来看(在此不一一回顾细述),那么我们可以说,以"上帝临尔""日监在兹"之说,警示人们不可一味自任本心,当朝皇帝就是"挺生圣神",并且要求人们必须绝对服从《大明律》,这已经与提倡良知自主性的心学理论发生了偏离。因为由良知主宰一切的心学理论是不需要"上帝"这一观念的,对外在权威的服从也必须听命于内心良知,或者说必须置于内心良知的审视之下。由此亦可以说,近溪思想中的上述这些因素的存在,意味着自阳明以来的心学运动开始发生某些转向,他开始将关注的目光由良知本心的领域转向社会政治乃至宗教信仰等领域,以为人心亦有必要借助政治的、宗教的外在力量来约束自己,而不是仅仅依靠人心自助。应当说,这是将阳明心学推向极端的一种学说形式。

　　当然总的说来,近溪思想既有泰州学之风格(比如,重视孝弟、乐学等思想风格),对阳明学也有深刻了解和认同意识,在思想上对泰州学和阳明学又有进一步的推演和发展,特别是显示出欲以"仁学"来深化和补充阳明的良知理论。他所着力阐发的有关"求仁宗旨""孝弟慈""赤子之心""即身言仁""一体生化""形色天性""全体身躯""形神俱妙""天心天人""上帝日监"等一套观念学说无疑具有非常独特的风格,也在一定程度上拓展了阳明心学理论的议题。而贯穿他一生的未免略带神秘色彩的悟道体验,以及积极从事讲学化俗的社会实践,也处处体现出泰州派下的心学家的行事乖张之作风。从历史上看,在其思想中所发生的某种转向迹象毕竟是发生于心学内部的一种历史发展之趋势,并不意味着近溪之学放弃了以良知为核心主题的心学理论。从其思想的总体格局以及基本性格来看,仍然未脱心学的义理范围,其思想在明代思想发展史上应当占有重要的历史地位。

# 第八章　结论:关于泰州学派定位问题的几点探讨

　　以上,我们对泰州学派主要人物的思想及其问题进行了大致的考察,最后应当对泰州学派的历史定位提出我们的看法。以下,从几个方面着手,来谈一谈泰州学派究竟应如何定位等问题。

　　**一、关于"泰州学派"的名称问题。**的确,泰州学派中有诸多"民间学者"或"布衣儒者",在明代中晚期的思想界异常活跃,造成了广泛的社会影响,这与心斋本人以"布衣"身份积极推动化民成俗的教化活动有关。而在当时的阳明门下及其后学,已有一些学者将心斋及其所开创的泰州学派视为一种另类存在,并展开了严肃的批评。① 这从一个方面表明"泰州学派"作为一个思想流派在当时已被人所意识到,他们所称的"安丰之学",即是我们今天所谓的"泰州之学",由此做一简单的引申,便可顺利推出一个概念:"泰州学派"。然而,从学术思想史的角度看,"学

---

① 这里仅举一例,万廷言指出:"近时讲学君子一闻良知,或少悟性体,即抗然以圣自居,视人伦物理更无不可能者。以故风俗浮靡,学问粗浅,其端皆起于安丰(按,即泰州)之学。愚夫穉子一闻其说,即居之不疑,良可慨叹。"(万廷言:《学易斋集》卷五《与徐克贤》第二书,东京尊经阁文库藏明刻本,第 18 页下)

派"概念注重的是传授关系或地域关系(如明清之际的"浙东学派"),从哲学思想史的角度看,"学派"概念应当主要是指拥有共同哲学信念的一种思想群体,譬如当我们使用"阳明学派"一词时,意思是比较明确的,它主要是指对阳明学有着基本认同的一种思想群体,而它可以是超越传授或地域之关系的(如南宋的"事功学派"亦复如是)。而泰州学派所具有的共同信仰之基础乃是阳明心学,广而言之,他们可以都是儒学的信徒,这一点毫无置疑的余地,在此意义上我们可以说,泰州学派无非是阳明学的一个流派而已。但是也需要注意的一个事实是,泰州学派的主要成员的思想与实践都表现得非常的不同,颜、何两人作为一个突出的例子且不论,一庵思想之于心斋已有转手之迹象,而近溪思想更是无法用心斋思想来涵盖。也就是说,从心斋开始,经东厓、一庵,到山农、心隐,最后发展到近溪,除了东厓尚能恪守"家学"以外,我们发现这批人的思想性格竟然都风格各异。所以,假设泰州学派的一贯精神须以心斋之思想精神作为判准,如同假设阳明学派的一贯精神须以阳明之思想精神作为判准一样,那么不得不承认,心斋思想属于阳明心学派,而他所开创的泰州学派也没有独立于阳明心学以外的一贯之传统可言。具体到颜、何两人而言,我认为他们的思想在总体上并未背离孔孟儒学的传统,这是就思想大背景这一角度而言的,但却很难说体现了泰州学的一种精神,因为我们根本无法证实他们的思想与行为便是泰州学之精神的体现。我们只能在相对的意义上,指陈泰州后学的某些观点具有泰州学派的特色,譬如他们大多注重"乐学""师道""孝弟"等观点主张,而"安身""保身"这一最具特色的构成心斋思想之核心重点的观念却在其后学流变中并未得到理论上的进一步伸张。故此我以为,"泰州学派"一词可以局限于学术史范围，而并不宜将"泰州学派"夸大成为独立于阳明心学之外的思想学派。至于王一庵、罗近溪，其思想更是显示出与心斋泰州学不同的面向，特别是近溪的问题意识与其说是来自心斋，还不如说是直接来自阳明，故他所开创的一套思想规模，更是难以所谓"泰州学派"一词来涵盖，但是这并不妨碍我们认可其"泰州学派"的传人身份。

**二、以往的泰州学派研究。**就晚近国内外学术界的研究状况来看，有关王心斋以及泰州学派的思想研究已有不少成果积累。美国学者狄百瑞(Wm. T. de Bary)将心斋及其所代表的泰州学派之思想视作明代思想史上提倡"个人主义"(individualism)的典型。[1]日本学者岛田虔次认为从王阳明—王心斋—李卓吾的思想脉络中可以发现"近代思维"的萌芽。[2]嵇文甫将心斋和龙溪并论，认为他们都是"王学左派"，该派"把当时思想解放的潮流发展到极端"，在心学历史上所具有的"极高地位"是不可抹杀的，他指出心斋思想是"从阳明万物一体的思想一脉演来"，其根本特质在

---

[1]　参见狄百瑞的论文：《晚明思想中的个人主义和人道主义》，载《中国哲学》第七辑，生活・读书・新知三联书店，1982年。他一方面坚持认为，在传统中国(特别是明代)出现的"个人主义"问题与近代西方的关于"个人的本性和作用"这类问题非常接近，另一方面他也承认，在传统中国有两种不同类型的个人主义：一种是远离社会的"私人"的个人主义(如隐士或出家者)，一种是"积极"而又"公开"的个人主义，其特征是注重与他人、家庭以及国家的关系，由此来"确立个人的地位或私利"(第178页)。但难以否认的是，狄百瑞的考察是以西方的自由主义传统为其主要背景，他所揭示的individualism意义上的"个人主义"含有浓厚的西学背景，与儒家的"为己"之学毕竟相距甚远。狄百瑞有关中国近世思想之研究，可参见其著：*The Liberal Tradion in China*，The Chinese University of Hong Kong，1983；日文版《朱子学と自由の传统》(山口久和译)。

[2]　参见岛田虔次：《中国における近代思维の挫折》，中译本《中国近代思维的挫折》(甘万萍译)。

于"尊身主义""自我中心主义"。①钱穆认为,在阳明良知学是一种"社会大众的哲学"这一特定意义上,可以认定"泰州一派为王学唯一的真传"。②唐君毅则认为"泰州之学之精神"虽然"不易论也",但相对于其他王门之学而论,则可说泰州学之精神在于"直面对吾人一身之生活生命之事中讲学",而且心斋之学"重在心之向在此身上事,而非重在心之向于其自己",这一点正与其他王门"直重在心上用工夫之学,有毫厘之差"③。牟宗三认为,心斋"比龙溪怪诞多了。他讲学立义并不遵守阳明底轨范;他的一些新说,如对于格物的讲法,也只是一说而已,并无什么义理上的轨道";同时,牟宗三也指出,心斋"以为道眼前即是,主平常,主自然,全无学究气,讲学大众化,故其门下有樵夫,有陶匠,亦有田夫。他又特别重视了阳明'乐是心之本体'一语,因此,平常,自然,洒脱,乐,这种似平常而实是最高的境界便成了泰州派底特殊风格,亦即成了它传统宗旨"。④劳思光的观点则是批评性的,他尖锐地指出泰州祖师心斋必须对晚明思想的混乱负责:"泰州学派日后有颜山农、何心隐之流,随利欲之念而横行无忌,皆心斋混乱不明之说所启也。黄梨洲但谓诸'非名教所能羁络',尚属宽恕之词。实则颜、何诸人荒诞邪僻,但凭意气横行,全失儒学规矩;自以为能'立本'又能'安天下',而不过自堕为狂妄诡诈一派,卒之身亦不能保,可笑亦可叹也。"所以说,心斋实是"阳明学之旁支异流"、"启后学之大颠倒之迷乱说法"。⑤侯外

---

① 嵇文甫:《晚明思想史论》第二章,第16、17、23—24页。
② 钱穆:《宋明理学概述》,第327页。
③ 唐君毅:《中国哲学原论·原教篇》,第382页。按,着重号原有。
④ 牟宗三:《从陆象山到刘蕺山》,第282、283页。
⑤ 劳思光:《新编中国哲学史》(三上)第五章"后期理论之兴起及完成",台北三民书局,2003年,第463、465页。

庐等人认为心斋所开创的泰州学派具有"平民性"特征，是一个不同于阳明学派的独立学派，其思想特质表现为"尊身""安身"等主张，肯定"私欲"的合理性，反映了庶民阶层的利益和要求，极大地推动了晚明社会的思想解放。[①]以上这些观点虽不尽一致，但有一点是共同的（除劳思光以外）：他们大多对泰州学派的思想做出了非常积极的评价，尽管其中观察和论述的角度各有偏差。

　　另外，根据日本学者森纪子的研究，在 20 世纪 20 年代初期，学术界有两位重要人物对泰州学派的思想可谓推崇备至，一是梁漱溟，一是朱谦之。梁在其成名著《东西文化及其哲学》（1921 年）一书中，论及晚明泰州王氏父子时，说道："心斋先生和东崖先生最合我意。心斋先生以乐为教，行事作处甚有圣人样子。"这是因为在梁看来，泰州王氏之学所主张的"乐学"，最为符合孔子之学的精神，而孔子的生活就是"绝对乐的生活"[②]。对于梁来说，孔子的乐学精神还与孔子思想的核心概念"仁"，就是"本能、情欲、直觉"的三位一体这一根本认识有着重要关联，也与他在伯格森、叔本华等哲学的影响之下，主张生命哲学、情感哲学这一思想立场的确立有关。根据梁漱溟后来的回忆，他对《论语》中充满乐观之气氛的发现，以及在与《王东崖语录》相遇之后所受到的思想冲击，使他最终放弃了"出家"的愿望而皈依儒学。[③]在梁的影响下，朱谦之也由早期的虚无主义者、无政府主义者，向儒家思想回归，并对泰州学派也表现出了极大的推崇之情，对于朱谦之来说，他发现孔子哲学的仁的精神就是一种"万物一体之仁""生生不息"之精神的体现。梁和朱都以为自己

---

① 　侯外庐主编：《中国思想通史》第四卷（下）第二十二章。
② 　《东西文化及其哲学》，商务印书馆，1929 年，第 138、137 页。
③ 　《梁漱溟全集》第二卷《我的自学小史》，山东人民出版社，1990 年，第 698 页。

的这一"新发现",可以与当时西方传来的生命哲学等"新思潮"结合起来,从而为中国文化的出路提供一个新方向。①应当说,森纪子的这一研究有相当的参考价值,而从梁漱溟以及朱谦之的身上或许可以看到泰州学派之思想在当代的思想意义。

在我看来,以上所列各位大家的观点各有长处。狄百瑞的研究企图从中国的近世历史中寻找出西欧的"近代性"(modernity)因素,作为一种跨文化研究,自有其一定的学术价值,然而这种以西方的近代模式来观察中国历史的研究方法,终究不免是一种后设的理论假设。岛田的中国研究非常精深,他以京都学派的"近世"说作为对中国近世思想的一个解释理论,极富参考之价值,他的研究有一个根本立场,亦即以一种"发展史观"来分析中国近世儒学,然而当他运用"启蒙""解放"等一套观念来解析明代心学思想的"发展"谱系之际,却也不免落入西学模式。嵇文甫的研究有一个新视角,他主张打破社会史、经济史以及方法论各自为政的研究格局②,把王学及其后学的思想放在整个晚明社会的大环境中加以深入考察,从而对王学尤其是王门左派做出了极高的评价,认为具有"思想解放"的时代意义,关于这一点,我在后面将有讨论。钱穆和唐君毅的观点非常平实,特别是唐先生以"以心安身"作为心斋学的特殊风格,可谓中其肯綮,唯于泰州后学缺乏必要的探讨。牟宗三先生以为心斋比龙溪"怪诞多了",仅此一语,足可见在牟先生的判教系统中,心斋不足为阳明之正统,故其思想的理论意义也是十分有限的。劳思光之

① 以上,参见森纪子:《泰州学派の再发见——虚无主义から唯情主义へ》,《转换期における中国儒教运动》,京都大学出版会,2005年,第213—252页。
② 参见嵇文甫:《左派王学·序》,第3页。

说则有哲学史家的某种偏见，他的评判重"理论标准"而轻"历史标准"[1]，从根本上说，他对泰州学派之思想缺乏深入体贴之了解。侯外庐等人的观点，一度成为学术界的主流观点，直到20世纪80年代中叶《宋明理学史》问世前后，仍然有相当的影响。随着近年来学术领域的多元开放已蔚然成风，侯先生为代表的观点也开始成了讨论的对象，特别是"平民性"一说与"世俗化""启蒙说"的解释理论相关联，似乎有必要做全面的重新考察。但不可否认的是，以侯外庐先生为代表的中国思想研究在将社会史、经济史与思想史互为贯通这一方面做出了颇有意义的努力，仍然具有参考之价值。

　　**三、何谓"思想解放"？** 在泰州学派的研究领域，早在20世纪初，刘师培（1884—1919）在有关心斋思想的研究中就已有了类似的看法[2]，新文化运动前夕的1915年，吴虞（1872—1949）发表的《明李卓吾别传》[3]，也有相近的观点。不过，刘、吴两人的研究都是在"反清复明"以及批判儒教这样一种时代背景之下的产物[4]，这与30年代的嵇文甫的研究态度和思想立场有

---

[1]　参见劳思光：《新编中国哲学史》（三上），第二章"宋明儒学总论"，第45—60页。

[2]　刘师培：《泰州学派开创家王心斋先生的学术》，载《中国白话报》，第17期，1904年。参见李妙根编：《刘师培论学论政》附录〈刘师培生平和著作系年〉。次年11月，刘又发表了《王艮传》。以上这两篇文字大概算得上是近代学术史上首次以王心斋为研究对象的专题论文。

[3]　《进步》九卷三期，1916年。后收入《吴虞文录》卷下。

[4]　据吴虞的好友、日本著名汉学家青木正儿（1887—1964）的说法，吴虞是有"感于明李卓吾非议孔子底精神"而撰写此文的。这句话颇能反映当时一些激进的中国知识分子欲对受清廷压制的明代思想人物加以重新评估的强烈愿望。参见青木正儿：《吴虞底儒教破坏论》，《支那学》二卷三号。

着很大的不同,尽管后人大多认为以"思想解放"一词来评价泰州学派的历史意义是嵇文甫的明代思想研究的主要立场,也是其研究成果的重要贡献之一。50 年代后,侯外庐等人的研究也大致沿用了"思想解放"这一说法,或以"思想启蒙"一词代之①,其意则同。顺便提一句,1920 年,梁启超在《清代学术概论》这部名著中甚至认为清代学术(其主流为考据之学)亦具有某种"思想解放"的意义,只是其形式表现为"以复古为解放"②。要之,"思想解放"一词在 20 世纪初直至 50 年以后的数十年间,有着极其浓厚的时代背景——亦即与在中国近代化进程中,人们面对传统与现代的时代困境,往往倾向于不惜牺牲传统、批判传统,以求得时代进步这一社会心态有关。时至今日,我们是否也可以用"思想解放"来评估泰州王学呢? 则当另有深说。饶有兴味的是,以西欧"近代"主义为观察视角,对中国近世思想有积极评价的狄百瑞却在 1991 年发表的论文中,针对"思想解放"这一评估方式(特别是针对岛田虔次的近世儒学研究)进行了严厉的批评,斥之为"'解放史观'(Liberationist)意识形态的专制"③,虽未免言之过激,然亦值得吾人深思。

　　所谓"思想解放",它基本上是一个属于社会史或政治史的

---

① 可参见侯外庐《中国早期启蒙思想史——十七世纪至十九世纪四十年代》(人民文学出版社,1956 年),该书前身为 20 世纪 40 年代初完成出版的《中国近代思想学说史》,后编入《中国思想通史》第五卷。

② 他这样说:"第一步,复宋之古,对于王学而得解放;第二步,复汉唐之古,对于程朱而得解放;第三步,复西汉之古,对于许郑而得解放;第四步,复先秦之古,对于一切传注而得解放。"(《清代学术概论》,《梁启超论清学史二种》(朱维铮校注),复旦大学出版社,1985 年,第 6 页)

③ 参见狄百瑞:《与人为徒》,转引自伊东贵之:《"秩序"化的诸相——清初思想的地平线》,《中国的思维世界》,江苏人民出版社,2006 年。

概念,具有浓厚的发展史观以及历史目的论的色彩。从学理上说,"思想解放"应当是指对传统思想的摆脱,其含义应当包括形式和内容两个层面。就思想史的角度而言,11 世纪出现的新儒学运动以创造性的阐释为形式和内容的"义理之学",是对汉唐以来唯以文字训诂为核心的"汉学"(相对于"宋学"而言)的思想解放。同样,以阳明学为中心的"明学"的角度看,也无疑是对宋代以来以程朱为代表的章句注疏之学的一种深刻批判。他们认为儒学的真生命、真价值并不存在于章句注疏的形式中,而应当是直接地存在于每个人的心灵当中,因此在形式上同样强调以创造性诠释来建构义理之学的阳明心学相对于程朱理学而言,无疑也具有某种"思想解放"的意义。阳明的不以孔子之是非为是非,以为程朱的经典解释为"洪水猛兽"(指对世道人心而言,是一场深刻的思想灾难)等观点主张,也无疑具有"思想解放"的历史意义。然而这里所谓的"思想解放",只是一种相对意义上的说法,因为就整个中国传统文化的背景看,这种"解放"并不意味着从儒学传统中摆脱出来,只是儒学思想内部的一种历史发展之必然,而并未触及儒学的实质内容。若按嵇文甫的说法,这是一场由阳明心学发动的"道学变革"运动,意谓这是"道学"内部的一场"革命",所以他所说的"思想解放"一词在这里的确切含义并不涵指政治文化或社会体制的"革命"这层意义。

在我看来,阳明心学(包括泰州学派的思想)在当时的确产生了某种"思想解放"的历史作用,但这只是相对于程朱理学而言,至于说这种"思想解放"预示着中国社会的历史发展开始走向"近代",对人们的整个价值观念产生了革命性的影响,则纯属观念想象,无疑过分夸大了思想对社会历史之进程的作用。因为无论是心学还是理学,其思想的形式和内容仍然属于儒学,因此严格说来,阳明心学(包括泰州学派的思想)对儒学传统并不具有实质性的"思想解放"的意义,而只是"道学"(或"理学")内部的一场革新运动。所以我认为,心学思想的历史意义与其说表现为"思想解放",还不如说表现为加速推动了儒学的"世俗化"以及"社会化"的转向进程;与其说心学家们扮演了"革命家"的角色,意图打破已成桎梏的"儒教"(意同"名教")的观念体系,还不如说他们大多是道德严格主义的信奉者,他们一方面鼓吹"本来圣人"说,似乎否认了"变化气质"的必要性,然而另一方面,他们又竭力宣扬在当下的一念之机,加以严格的审查和自我监督,并且宣扬在当下生活中的行善积累将是决定"成圣"还是"成凡"、"成鬼"还是"成神"的关键(如罗近溪)。总之,无论是阳明心学还是泰州王学,他们所掀起的一场声势浩大的思想运动无疑是儒学内部的一场革新运动,其意义表现为:极大地加速了儒学的社会化、世俗化的进程。从根本上说,他们的理论与实践是要为重构社会、平治天下奠定儒学传统的价值基础和道德基础。因此,"承流孔孟"、"倡明圣学"(如山农)、"回归孔孟"(如心隐、近溪)成了他们的一个强有力的思想口号。须注意的是,他们并不是说要求回到孔孟的原典上,而是主张返回到孔孟之学的精神上,这与清初以降在"以经释经"这一宗旨的指引下,要求回归孔孟的那种原典主义主张不可相提并论。

四、世俗化问题。这是一个谈论最多且众说纷纭的老问题。这一问题本身并不复杂,但是却被说得有些复杂,因为这一问题往往与这样几个关键词发生关联:"近世""平民主义""庶民阶层""民众化""市民社会"等等。我想其中的"近世""平民"是更为关键的概念,但在这里不必做观念史的专门考察。我们知道日本"京都学派"(系指其中的东洋史学派)自内藤湖南

第八章　结论:关于泰州学派定位问题的几点探讨

(1866—1934)开创以来,有一个著名的学说,欧美史学界称之为"内藤假说"(Naito Hygothesis),他从政治、经济、文化等角度,提出了"唐宋变革说",又称"宋以后近世说",意谓唐宋之际标志着中国社会由中世转向近世。关于其立论的具体内容,这里不宜详细讨论①,要而言之,其中的一个最为重要的观点是:唐代的贵族社会发展而成了宋代的平民主义社会,一切思想文化上的深刻变化均以这一社会发展为主要背景,由于科举制度的完善,因此士绅亦可从平民中崛起,士绅阶层已大不同于世袭门阀而更为接近于平民社会,他们的立身行世不再需要血缘、门第等外缘性因素作为依凭,这样一批人所组成的上层社会有一个坚定的信念:儒学的价值观念应当是与世俗、社会、生活相即不离的。与此同时,在整个社会的基层也发生了深刻的变化,各种教育机构层出不穷,得到了很大的完善,如官学、书院、私塾,等等,意味着儒学思想作为一种教化体系日益深入民间、扎根于民众。因此对于宋代以后兴起的"新儒学"来说,孔孟儒学从来就不是"经院哲学",也从来就不是只讨论那些抽象玄远的形上问题的学说体系,它总是一方面面向大众社会,另一方面又面向上层,冀望着以自己的一套学说建构国家、平治天下。可见,所谓"世俗化"从来就是儒学的本来性格,尤其是唐宋变革以来,随着新儒学运动的发生和开展,儒学的世俗性特征就变得日益凸显,到了明代阳明学的时代,更是推波助澜,一场轰动上下、风靡朝野的心学运动、讲学运动乃至乡约运动此起彼伏,蔚为壮观,

①　参见《内藤湖南全集》卷十《中国近世史》,筑摩书房,1969年。中文方面则可参见内藤湖南:《概括的唐宋时代观》,载《日本学者研究中国史论著选译》第一卷"通论",中华书局,1992年;宫崎市定:《东洋的近世》,载《日本学者研究中国史论著选译》第一卷"通论"。

意味着儒家思想文化的迅速下移以及在士农工商中的全面渗透，形成了一股不可阻挡的思想潮流。在此意义上可以说，儒学的世俗化运动在宋明时代迎来了前所未有的历史机遇，在明代中晚期得到了进一步的深化和开拓。由此以观，泰州学派在"士民"（或称"士庶"）①中间开展的化民成俗的教化活动自有其深刻的社会经济及思想文化之背景。换种说法，宋明儒学的"世俗化"趋向在泰州学派诸子身上得到了集中的体现。

余英时曾有一个非常明确的判断，他指出"韩愈在《原道》这篇划时代的大文字中便是要使儒学能重新全面地指导中国人的社会生活"，"韩愈所倡导的正是后来宋明新儒家所谓'人伦日用'的儒学"，"韩愈的努力未尝不表现着儒家的'入世转向'，也就是使儒学成为名副其实的'世教'"。②这里所说的"世教"，系从佛教而来，是指"世俗谛""世间法"，原为佛教所否定，而"新儒学"却正要反其道而行之，重新展示儒学的"入世精神"，直至阳明学的出现，新儒家的伦理"才走完了它的社会化的历程"③。应当说，这是一个很有见识的论断。事实上，"世俗"一词，早在先秦时代就已出现，《孟子·梁惠王下》既以"世俗"概指民间，以与"王室"相对④，《荀子·正论》中更是大量出现"世俗之为说者"的叙述方法，其意亦指民间或世间而言。在佛学中，"世俗"

---

① 按，所谓"士民"，意指"士人"和"庶民"这两个阶层，而合成一个词汇，变为一个特殊用语，在泰州学派那里是被经常使用的，譬如颜山农在"急救溺世"的对策中，曾使用"富豪士民"一词，一庵晚年则"朝夕与士民讲学"，近溪讲学则往往是"缙绅士民一时云集"。
② 《中国近世宗教伦理与商人精神》，新版《士与中国文化》，第418—419页。
③ 同上书，第449页。
④ 按，又见《孟子·离娄下》。

又称为"俗世"，泛指"世间"，大致属于一个贬义词，所以佛学的宗旨就在于"出世间"。宋代新儒学的"入世"转向，标志着儒学开始大步迈入"世俗化"的进程。后人以"世俗化"来概括和评价阳明学以及泰州学派的思想精神，这是有充分根据的判断。我以为，如果抛开欧洲中世纪宗教传统中的"世俗"与"神圣"相对而言这一概念的界定方式，就中国传统的"世俗"概念之含义来看，所谓"世俗化"完全可以理解为"即世间性"这一人生态度、价值取向，那么可以说这原本就是儒学特别是新儒学的一个固有特质。

**五、政治化取向。**以上我们在探讨心斋及近溪的思想学说之时，发现他们的思想言论有一种政治化取向，这不仅表现为他们对政治问题的关心，更为重要的是，他们将自己的某些观点学说化为政治言论，具体表现就是他们竭力将朱元璋的"圣谕六言"与自己的一套道德教化紧密结合起来，不仅在讲学中加以演绎推广，而且作为一种地方的政策指定，将其渗透至"乡约"当中。在泰州学派那里，对于"圣谕六言"进行演绎并大加赞赏，始于心斋，但还是比较隐讳的，一庵及山农则已经非常自觉，并撰有专文加以申说①，到了近溪那里，他不仅对"圣谕六言"有极高的评价，而且对朱元璋的吹捧已经到了无以复加的地步，近溪弟子杨复所以及再传佘永宁更是变本加厉。需要指出的是，这种政治化取向，并不表示思想沦为政治工具，而只是表明泰州学子对政治问题的关切非常显著。事实上，儒学思想历来有一重要特质，那就是学与政的关系问题从来就是儒者所关心的重要议题。可以说，学外无政、政外无学、政学合一等思想口号在阳明

---

① 参见《一庵遗集》卷下《乡约谕俗诗六首》《又乡约六歌》；《颜钧集》卷五《箴言六章》。

学时代之所以出现，既有时代的社会背景，亦有儒学的思想渊源。就其时代背景而言，学与政的问题其实就是良知理论与社会政治如何能实现互为联动的问题，这一问题已然成了阳明心学家的一个时代课题；就儒学的思想渊源而言，儒学的一个基本关怀：个人的道德理想如何在社会政治方面呈现其意义？由此也就决定了儒家士人在实现"为己之学"的理想之同时，也必须考虑如何使自己的人生于社会有益，并通过在社会政治层面的运作实现人生的意义，因此对宋明儒者来说，那种"弃人伦、遗事物"的佛老之学、那种"自了汉"式的人生取向是不足取的。应当说，泰州学派诸子对政治所表现出来的莫大关心正是基于这样一种传统儒学的信念，而且他们相信即便作为"布衣儒者"，也是可以大有作为的，只要人生在世，就断然不能遁世隐居、独善其身，东厓临死前，留下遗言"尔等惟有讲学一事付托之"，近溪等人宣称"讲学孚友"乃是吾人一生的唯一一件"大事"，理由就在于此。

我们说，从心斋的"王道论"，到山农的"救溺世""格君相"①，再到近溪的"圣谕演训""宪章高皇"，的确表现出了与其他王门学派的不同之处。换言之，在泰州学子的身上，其思想学说的政治化倾向表现得尤为明显突出，这应当与阳明心学以来的儒学转向——亦即儒学的社会取向日益加速——有着密切关联。当然也须看到，泰州学子的这种政治关心，仍然停留在建言献策的层面，其中的一些建议也不免显得"幼稚"；同时由于对现实政治抱有一定程度的幻想，却也使得儒家学者固有的现实批判精神未免有所缺失，这在近溪身上更有集中的表现。但是总

① 《颜钧集》卷八《寄在朝八老》，第67页。

的来说，在他们身上，那种积极参与政治、担当社会的思想意识有着非常强烈的表现，这一点却是不容置疑的。即便是提出"明哲保身"论的王心斋，表面看来他对当代的现实政治的态度相当保守，要求士人以"保身"为上，与现实政治保持一定距离，他的逻辑是"身且不保"，遑论其他！然而我们从他的《王道论》以及《鳅鳝赋》这两篇文字中却可看出，心斋在"万物一体"的观念支撑之下，那种对社会与政治的热切关怀实在是非常突出的，近溪亦复如是。

**六、宗教性问题。**关于儒学的宗教性问题，我们在第七章第五节当中已有讨论，这里不再赘述。通过以上对泰州学派诸子的总体考察，我们有一个很大的发现，他们的思想与实践竟有不少宗教性的因素，尤其以山农和近溪为甚。余英时曾有一个重要的观察结论，他指出阳明后学之"近禅"倾向应当从阳明王学的身上寻找原因，由于"新儒家的伦理因阳明学的出现才走完了它的社会化的历程"，从而使得"新儒家也深入民间"，正是在此思想背景之下，"通俗文化中才会出现三教合一的运动"，他强调指出只有明白了这层道理，"阳明后学之'近禅'便不值得大惊小怪了"。①王汎森沿着这条思路，通过对晚明清初的一些思想家的研究，他发现当时许多儒家学者同样也热衷于某种"化儒学为宗教"的活动，例如清初许三礼的"告天"之学无疑有着将儒学

---

① 《中国近世宗教伦理与商人精神》，新版《士与中国文化》，第449—450页。按，关于"通俗文化"（popular culture），余英时指出这是与"上层文化"（elite culture）相对而言的一个概念，又称"第二文化"，但在中国传统中两者的界线却很难划分，士大夫固然有其"上层文化"，但他们同时也浸润在"通俗文化"中，他认为明清时代出现的对"天地、鬼神、报应"等观念的强调，足以证明在当时的士大夫社会中的确"形成了他们的'第二文化'"（同上书，第483页）。

宗教化的企图,而许三礼提出这一学说也自有晚明以来的通俗文化作为其思想背景。①应当说,余、王的这一研究工作具有相当重要的意义,为我们理解晚明心学以及泰州学派之思想的整体风貌很有裨益。

我们知道,心斋的二场梦曾被黄景昉指斥为"荒唐",近溪受"泰山丈人"的点化,则遭到了孙奇逢等人的批评,而发生在近溪二子身上的奇异怪事更是受到时人的多方指责,甚至传说近溪身后有所谓的"尸解"现象,而这也竟成了当时可资谈兴的一个话题,而山农、心隐在讲学的"道坛"上故作神秘的行事作风,也不断引起后人的非议。种种迹象表明泰州一派(除东厓、一庵以外)在深入民间宣扬道德教化的同时,他们自身却实行着宗教性的实践,而这些"神秘体验"竟成了他们在讲会上宣扬"因果报应""敬畏天命"的一种依据。他们一方面在民间积极鼓吹一种观念:人人即圣人,常人即圣人,另一方面却要告诉人们相信冥冥之上有上帝的存在,上帝日监在兹,天公报应疾如箭,所以千万不可忽略自己的一言一行,包括内心的一切意识活动。由此可见,泰州学派诸子无疑地在推动儒学的宗教化进程中,扮演了十分重要的角色。更为重要的是,儒学的宗教化进程与其世俗化、平民化之进程是密切相关、同时并进的,而这一思想史现象不仅发生在阳明后学内部,甚至构成了晚明社会的一种时代风气,并对清初思想也产生了某种影响。近溪家庭中的那种浓厚的宗教气息,绝不是孤立的现象,只有放在当时儒学宗教化的时代氛围中才能获得较为合理的解释,例如其师山农的思想就有明显的宗教取向,他经常向民众宣扬鬼神、报应等观念,他说"天

---

① 王汎森:《明末清初儒学的宗教化》,载《晚明清初思想十论》,复旦大学出版社,2005年,第63页。

网虽恢恢,难容不忠族。明则有王诛,幽则有鬼戳"①;他在解读"圣谕六言"这部政治文献时,就对其中的第六条"毋作非为"做了这样一番演绎:"倚恋衙门结怨仇,已身漏网子孙忧。请观造恶欺天者,几个儿孙得到头。"②显然,宗教性与政治性的思想取向在山农那里得到了一种奇妙的组合。

诚然,从阳明至心斋再到近溪,其价值观的基础并未改变,稍有变化的则是他们的着眼点——即受众对象,由士人精英转向一般大众,以及他们的观念叙述方式的转变——由抽象玄理转向日常生活。他们竭力主张"百姓日用即道",并冀望在追求"愈平常愈本色"的过程中,来实现伦理生活的价值和意义。问题在于当他们面向民众进行说教之际,他们发现不但程朱的那一套"居敬穷理"的说教缺乏诱惑力,而且一味宣扬良知自救也是远远不够的,如何让人们能够真正做到"敬畏天命",却能收到事半功倍的效果,而宗教便能充分发挥这样的社会功能。近溪之所以一再强调"天心"观念以及"敬畏天命"的重要性,同时也并不讳言"上帝日监""神道设教",其因之一即在于此。更为重要的是,从山农到近溪,其思想的宗教性倾向,自有他们的"内在经验"作为深厚的基础。

总而言之,通过以上的初步研究,笔者发现泰州学派的整体思想状态非常复杂多样,任何历史上对其中某一人物的思想衡定难以照样适用于对其他泰州学人的历史定位。例如其中思想个性最为鲜明的王艮、王栋、罗汝芳的思想格调就非常不同,很难说他们的思想学说体现出铁板一块那样的一致性、同质性。

---

① 《颜钧集》卷七《劝忠歌》,第57页。
② 《颜钧集》卷五《箴言六章自注:阐发圣谕六条》,第42页。

因此,本书对于"泰州学派"一概念的认同,主要落在该学派成员的师承传授的关系上,事实上这个学派的构成呈扩散性特征,并没有形成一整套严密意义上的思想义理系统。本书所着重的观察方法乃是通过对其中个体思想家的言论与践行做一番细部解剖,以求深入其内而后略窥全豹。就结论而言,我们也只能从大致上对其总体的思想风貌做一初步的评估,我以为泰州学派的思想旨趣表现为将儒学平民化、世俗化;他们的思想取向则表现为社会取向、政治取向乃至于宗教取向;他们的思想立场大多有取于阳明心学的"现成良知""圣愚无间",同时又有"回归孔孟""倡明圣学"的思想诉求;王艮所开创的通过讲学以化民成俗、实现"人人君子"的那份理想与精神构成了泰州学派的"家风"。若就其局部而言,他们中有不少人怀有强烈的社会参与意识,往往显得行为怪诞、个性张扬,越出了社会名分,故被视作"狂人""异端",在身前死后就不断受人非议,甚至被骂作"名教罪人",然而我们却不能以"反其道而行之"的思维逻辑,据此断定他们这些人必然是反抗体制的儒教叛徒,更不能将某些人不合儒学规范的言行放大成为泰州学派的整体图像、本质特征。其实即便"异端之尤"如颜钧、何心隐,他们对于儒学的核心价值观念(例如仁孝)不唯信而不疑而且是身体力行的。从历史上看,他们自身既是阳明心学以来儒学世俗化运动的产物,同时又由于他们的出现,极大地推动了阳明心学运动向下层社会的迅速渗透以及儒学世俗化的整体进程。

以上,我们从六个方面对于应如何评价泰州学派思想的问题谈了一些看法,当然这些看法是探索性的,并不能涵盖泰州学派之思想在历史上以及在后人的研究中所存在的所有问题。应当说,自 20 世纪初以来,人们往往根据自己的思想立场或解释理论,对泰州学派思想提出了各种意见和评价,在晚明思想研究领域引起争议之多可谓甚矣,乃至于有些观点彼此不容、互相对立,有的大肆贬低,有的竭力褒扬。然而不得不说,对泰州学派这一思想群体的整体性研究却是十分贫乏的,至今尚未见既有缜密的文本解读又有深刻的解释力度的研究专著问世。我的研究工作也仅止于将泰州学派放在宋明儒学及阳明心学的思想背景中,着重于对思想文本的内在义理做较为深入细致的解读与探讨,努力做到历史的把握与思想的呈现相结合。我期待着今后以某种更为有效的解释理论或审视角度,来全面地揭示出泰州学派思想的历史意义,至少能对其中个别思想家的历史地位做出符合史实的评估。

# 附录 "名教罪人"抑或"启蒙英雄"?
## ——李贽思想的重新定位

　　万历三十年（1602）三月十五日，在都城北京的一所监狱里，有一位76岁的老翁，用一把剃刀隔断了自己的喉咙，在气息奄奄之际，狱吏问他为何自绝，老翁淡然答道："七十老翁何所求?"次晨，溘然长逝。

　　老翁名叫李贽。"七十老翁何所求"看似平淡，但其中透着些许悲凉。李贽是个悲观中人、性情中人，其性格暴烈，眼里揉不得沙子，他在被捕之后，已对凡俗尘世不再有任何的眷恋。

　　李贽之死，给世人以一种莫名的悲壮感，这是一个时代的悲剧。当时人说他"背叛孔孟"（冯琦），甚至是"名教之罪人"①，近人则将他视作晚明启蒙运动的一面旗帜。对李贽思想的历史定位，如何衡断，颇值深思。

## 一

　　李贽自刎一时间成为爆炸性新闻，很快传遍北京城，渐渐扩散至全国，在社会上引起了两种截然不同的反响。

---

① 于孔兼：《愿学斋忆语》卷三。

在这当中,可能多数人都认为他的死是罪有应得,例如后来成为东林党领袖的顾宪成便曾经嘲笑道:李贽在南京讲学时期,常以率性而行、"当下自然"为思想口号,但到了北京被人抓了后,"便手忙脚乱,没奈何却一刀自刎",这怎么称得上是"当下自然"?①更有一些夸张的说法,认为李贽的学说"好为惊世骇俗之论,务反宋儒道学之说。……后学如狂,不但儒教溃防,即释宗绳检,亦多所清弃"②,而其影响已到了"举国趋之若狂"的可怕地步,更严重者,"今日士风猖狂,实开于此"。③因此,李贽之死并不足为惜。

最初向朝廷写报告,要求通令逮捕李贽所罗列的罪状主要有两条:一是思想问题,一是私生活问题。这是欲置人于死地而常用的老套手法。具体言,在思想方面,李贽的言论著述"狂诞悖戾""惑乱人心";在私生活方面,李贽勾引士人妻女乃至与妓女"白昼同浴",行为不检点到了令人瞠目的地步。

不过,这份报告引起万历皇帝注意并被其批准的也许是最后一条耸人听闻的理由:说李贽此人若只在地方上活动,其影响较有限,可据说此人已到了距皇城脚下不足四十里的通州,恐怕此人一旦进入京城,必带来扰乱人心的社会灾难,故须立即采取果断措施,将其捉拿归案,速速押送至原籍所在地,同时须将他的所有著作全部收缴,加以"烧毁",以免"贻祸后生",如此则"世道幸甚"。④

写这份报告的是后来被称为东林党人的张问达。向来以

---

① 顾宪成:《顾端文公遗书》卷十四《当下绎》。

② 沈瓒:《近事丛残》卷一。

③ 朱国桢:《涌幢小品》卷十六。

④ 引自顾炎武:《日知录》卷十八《李贽》。

为,东林党有政治正义感,批评和对抗朝廷政治腐败很有一股勇气,但就是这样一批人,他们也容不得任何所谓的"异端"思想。同样,明末清初的所谓三大"进步"思想家顾、王、黄,也就是顾炎武、王夫之和黄宗羲他们三人对李贽的批判也丝毫不留情面,黄宗羲在《明儒学案》这部明代思想史的著作中,甚至完全无视李贽的存在,没有给他安排任何的位置,采取了一字不提的策略。①

当然,为李贽打抱不平的人也不少,有些是朝廷的地方大员,如漕运总督刘东星、御史马经纶,大多为江南士人或心学派传人,如周汝登、陶望龄等,最著名的是公安三袁之一的袁中道,他在所撰写的《李温陵传》②一文中列举了李贽在五个方面为一般人所不及的特点,其中一条说李贽气节刚健,"不为人屈",总之,李贽之死的主要原因是由于其"才太高,气太豪"的缘故,道出了李贽为人为学的强烈个性。

张师绎在《李温陵外纪序》中说,李贽被捕后,因不堪忍受羞辱,故"引刀自裁",天底下不论识与不识者,无不闻之痛心、潸然泪下,且李贽的《焚书》《藏书》《说书》等书忽然变得"洛阳纸贵",人们都想一睹为快,这让人明白一个道理:"以语言文字杀天下士者,非徒无益,而反助之名。"③可见,17世纪的人也懂得一点社会心理学的道理:当朝以思想罪杀人,不但于事无补,反而使被封杀者名满天下。几十年之后,清初顾炎武也承认:"虽

---

① 只是在《明儒学案》卷十四,黄宗羲谈到阳明再传弟子徐用检的时候,提到李贽之名,称李贽在北京"折节向学"于徐用检,并从他那里得知王畿之名以及阳明之书。

② 袁中道:《珂雪斋近集文抄》卷八。

③ 潘曾纮编:《李温陵外纪》卷首。

奉严旨,而其书之行于人间自若也。"①讲的也是社会心理的反弹效应。

在今天看来,李贽是中国思想史上的一位特立独行、具有强烈反叛精神的思想家。所以,到了 20 世纪初的启蒙运动时期,李贽的名字从人们的历史记忆中突然被唤醒,人们纷纷颂扬他的反叛精神②,有的日本学者称他为前近代中国的"近代思想"萌芽期的代表人物③,有的中国学者则认为李贽是晚明启蒙思潮的一位勇敢斗士。④

那么,李贽究竟何许人也?

## 二

1527 年,李贽出生于福建泉州的一个商人家庭。他的号有不少,最著名的是"卓吾"。

---

① 《日知录》卷十八《李贽》。又如李贽死后七年即 1609 年,焦竑在《续藏书序》中就说:"宏甫(李贽)殁,遗书四出,学者争传诵之。"(《续藏书》卷首)这便是社会心理的反弹所致。

② 例如 1915 年的吴虞《明李卓吾别传》,1934 年的铃木虎雄《李卓吾年谱》。

③ 例如 1949 年的岛田虔次《中国近代思维的挫折》。

④ 例如 1945 年的侯外庐《中国近世思想学说史》,后改名为《中国近代启蒙思想史》重版。晚近以来的李贽研究则不胜枚举,仅举三例:张建业:《李贽评传》(修订本),福建人民出版社,1992 年;陈清辉《李卓吾生平及其思想研究》,台湾文津出版社,1993 年;沟口雄三:《李卓吾:一个正统的异端》(原著日文版:《李卓吾:正统を步む異端》,集英社,1985 年),孙军悦译,收在《沟口雄三著作集:李卓吾·两种阳明学》,生活·读书·新知三联书店,2014 年。另作为史学研究的《万历十五年》(中华书局,2007 年增订本),作者黄仁宇专辟一章《李贽:自相冲突的哲学家》,认为李贽的时代并不存在西方近代宗教改革或文艺复兴的历史条件,因此我们不能把李贽想象为"类似条件下的欧洲式的人物"(第 190 页)。这是值得听取的意见。

李贽是一位堂堂正正的儒家士大夫，30 岁的时候便得中举人，但他却放弃进士的考试，而以举人身份进入仕途，他自称这是为养家糊口所迫。他一生做了十几年的官，一直做到官衔正四品的云南姚安知府，也可算是地方高级官员了。不过，他在三年任期结束后，厌倦了仕途生涯，竟然宣布退出政坛，从此退隐江湖，时年 54 岁。

1581 年春，他辞官之后，却不回福建老家安度晚年，而是从云南直接赶往湖北的黄安县，寄寓在亦师亦友的耿定理的家里。耿定理有一位兄长叫耿定向，是一位比李贽的官做得更大的朝廷大官员，也是当地的地方豪绅，在思想上，两人颇为不合，在此后的一段时期内，发生了激烈的思想冲突，此当别论。在黄安期间，李贽在生活上，得到了耿氏家族以及周柳塘、梅国桢等其他朋友的资助，开始了他晚年讲学著述的生活。从 55 岁一直到逝世为止的二十多年，可以说李贽度过了一段安稳而又精彩的也是最受争议的岁月。

按李贽自己对一生的评估，五十前后的两段人生判若两人，"五十以前真一类犬也"，意思是说，五十岁以前，尽管有过一段仕宦生涯，但却活得像一条狗，五十以后，辞官隐退，才活得像一个人。李贽能说出这种话，无疑是对人生的深刻反思。

依李贽对人生的思考，五十以后才是其人生的真正开始。在此过程中，1588 年 62 岁的时候，他又有一个惊人之举，剃发为僧，其因据说有一天，他突然觉得头很痒，而又懒于梳理，但他有点洁癖，于是就索性剃光头发，不过胡须还是留着。大约在此之前几年的 1585 年，由于好友耿定理的逝世，又由于各种原因，他与耿定向之间发生了一些不愉快，于是，他便从黄安迁居麻城，1588 年他住进了周柳塘等朋友为其修建的位于麻城龙潭湖的芝佛院。此后,他便以老僧自居。只是他照常喝酒、照常吃肉,名为出家,其实跟普通人的生活没什么两样。①

按照传统儒家的观念,人之体肤授诸父母,故不能毁伤,否则便是不孝。然而这种传统观念对晚年李贽而言,已没有任何管束的效力。对他而言,他之所以剃发为僧,并不意味着其在思想上皈依佛门,而是出于他向来讨厌受人管束,更不愿受那些个烦琐教条之管束的缘故,故索性住进寺庙,远离尘世,不受管束,以求安静。他的大部分著作便是在入住芝佛院期间完成并刊刻行世的。可见,晚年李贽,弃官隐居,快意人生,率真任性。

他晚年对自己的思想性格有段自我表白:称自己性格很急、外表高傲;喜欢写文字,但措辞鄙俗粗陋;内心狂妄、行为乖张且不喜社交;但待人却有一副热心肠,做事往往"随波逐流",说话往往"口是心非";因此,经常不受人待见,被人讨厌。②他坦承:"我平生不爱属人管",正因如此,所以"受尽磨难,一生坎坷";我的一生即便以"大地为墨",也难以写尽。③可以看得出,李贽是一位性格孤傲、行为乖张、言论大胆、冷眼看世界的"怪杰"。当然,他是一位思想家,更是一位社会批评家。那么,在 16 世纪中国,为什么会出现这么一位"异端"人物呢?

---

① 有个生动例子可作说明,1601 年,好友袁中道到通州来看望李贽,劝其戒荤吃素,否则"恐阎王怪怒",李贽不悦,直言:"孟子不云七十非肉不饱? 我老,又信儒教,复留须,是宜吃。……我一生病洁,凡世间酒色财半点污染我不得。今七十有五,素行质鬼神,鬼神决不以此共见小丑,难问李老也。"(《续焚书》卷二《书小修卷后》)这就是不信鬼不信邪而又自称笃信儒教的李贽。

② 《焚书》卷三《自赞》。

③ 《焚书》卷四《豫约·感慨平生》。

## 三

我们有必要讲一下李贽所处的时代思想背景。众所周知，在 16 世纪，明代社会掀起了一场心学思想运动，这场运动发轫于 16 世纪 20 年代初，以阳明学的出现为标志。自此以往，王阳明的"门徒遍天下"，而阳明学则"流传愈百年"①。由于阳明心学"别立宗旨"，而与官方意识形态的朱子学"背驰"，大有取代朱子学的发展势头。不过，就在阳明学"其教大行"的另一方面，却也导致"其弊滋甚"②的后果，这是说，阳明学一方面具有鼓动天下的思想效应，与此同时也产生了许多思想流弊。李贽就身处在这样一种变幻纷纭、跌宕起伏的时代思潮的氛围当中。

阳明学作为晚明的一场思想运动，与阳明后学的发展演变有着密切的关联。在阳明后学的发展史上，出现了各种有关阳明学的解释理论，导致了阳明王门的学派分化，正如清初思想家黄宗羲在《明儒学案》中的划分，主要有浙中王门、江右王门、泰州学派这三大派系，这是按照出身地域所做的划分，若按思想倾向来划分，又有左中右三派，特别是"王门左派"的王畿（浙中王门）以及王艮（泰州学派的开创者），在晚明社会的影响甚大，一般认为心学末流的各种思想流弊主要就是指"二王"。③

按黄宗羲的判断，阳明学因为有王畿和王艮而"风行天下"，同时又因为这两个人物而导致阳明学"渐失其传"，而且他还严

---

① 《明史·儒林传》。按，"门徒遍天下，流传愈百年"的前半句早在李贽的时代已是常识，如李贽就说过"当时阳明先生门徒遍天下"（《焚书》卷二《为黄安二上人三首》）。

② 同上注。

③ 参见嵇文甫：《左派王学》，开明书店，1934 年；吴震：《阳明后学研究》（增订本），上海人民出版社，2016 年。

厉指出，泰州学派的后人个个"能赤手以搏龙蛇"，最终导致的结局是"非名教之所能羁络矣"。①可以想见，在正统士大夫的眼里，泰州学派的思想流弊十分严重，已经到了叛离儒家正统的严重地步。

当然，这不过是黄宗羲个人的思想判断，若放在今天来看，泰州学派的思想是否表明对儒学价值观的叛离，应当可以另作一番讨论。例如有的人反其道而行之，借用黄宗羲的上面这番话，倒过来解读，以此反证泰州学派中人，仿佛个个都是反叛儒家传统、敢于与时代倒行逆施的英雄人物。这是不是有点过度解读呢？值得深思。

李贽一生的思想形成及其发展与阳明后学有着种种直接或间接的关联，他最为推崇的思想人物是王畿，其次则是王艮。他对王畿不吝赞美之词，作出了极高的评价："三教宗师"②"圣代儒宗"③；而称王艮在阳明门下为"最英灵""真英雄"④。当然，他还非常欣赏泰州传人王襞和罗汝芳等。不过，他真正接触到阳明学，是在四十以后了，据其回忆，是在北京当礼部司务官的时候，受"友人李逢阳、徐用检之诱"，才得知"龙溪王先生语"以及"阳明王先生书"，其时已经"年甫四十"⑤了。

但李贽"学无常师"，这是他自己说的一句"实语"⑥，故在师承上，与浙中王门或泰州学派都没有直接的传承关系。他与王艮之子王襞见过面，对他格外欣赏，甚至称其为"师"。但李贽向

①　《明儒学案》卷三十二《泰州学案》。
②　《续焚书》卷一《与焦弱侯》。
③　《焚书》卷三《王龙溪先生告文》。
④　《焚书》卷二《为黄安二上人三首》。
⑤　《阳明先生道学抄》附《阳明先生年谱后语》。
⑥　《焚书》卷二《为黄安二上人三首》。

来不拘一格,他还称比他小 7 岁的朋友耿定理为"师",这里的"师",在很大程度上,非指学术传承之"师",而是指心有灵犀、气味相投的"心师"(李贽语)。更奇特的是,若在"原其心"而非"论其迹"的前提下——意谓就其心灵处而非行事处着眼,那么,何心隐以及传说置其于死地的张居正这两位"二老皆吾师"。①可见,李贽在师友观问题上,秉持着一种非常开放的态度,而迥异于传统的师道友伦的观念。②因此,我们不必在思想学派上把他归入泰州学派的传人。只是在思想倾向上,李贽与泰州学派有一定的亲近性,这一点不必讳言。

## 四

泰州学派的开创者王艮出身淮南的灶丁,属于名副其实的一介草民,故其学派成员也往往来自社会下层,包括农夫、樵夫、陶匠以及小商人等,几乎各色人等都有。而这些人聚集在一起,形成一种思想团体,在阳明良知学的旗帜下,在底层社会鼓动心学思想,产生了一个非常特殊的现象,推动了经典知识的儒学走向民间,发生了儒学大众化、平民化的重要转向。这股思想新动向表明,儒学向来就有的世俗化特征,终于在 16 世纪晚明社会得到了进一步的凸显,反映出"后王阳明"时代的儒学思想已经由精英儒学向民间儒学发生深刻的转化。

王艮不但亲炙阳明门下,而且由于年龄较大、社会阅历较丰富,故在王门当中很有知名度。他把自己的儿子王襞送到浙江王畿那里,拜王畿为师;江右王门的右派人物罗洪先是位状元出

---

① 《焚书》卷一《答邓明府》。
② 参见吴震:《泰州学派研究》,中国人民大学出版社,2009 年,第 33—34 页。

身的大官员，他曾亲自到淮南去拜访王艮，聆听教诲，王艮赠以《大成学歌》，成为学林一时佳话。可见，王门中有不少士大夫对王艮都很尊重。

有趣的是，不仅李贽称赞王艮是"真英雄"，上面提到的李贽的思想对手耿定向也很推崇王艮，特意为王艮写了一篇传记，叫《王心斋先生传》，说王艮的学问深得"孔氏家法"，其思想归趣"不堕玄虚，衷然孔氏正脉"①，这是非常正面积极的评价。也正由此，所以，王艮的思想影响所及，上到"王公名卿"——即儒家士大夫，下至"樵竖陶工"——即一般老百姓，产生了普遍效应。何以故？因为王艮讲学注重"修身立本"，这就很贴近"庶民"，所以能够"法天下""传后世"。②

切近庶民的学术观点还有另一层面的表现，即有关阳明良知学的问题。王艮与王阳明曾有一场对话很著名，涉及良知普遍性的哲学问题。在这场对话中，王艮提出了"满街都是圣人"③这一著名观点，这个观点未免有点惊世骇俗。因为按照这个说法，无疑是满街老百姓都是儒家最为推崇的至上人格——"圣人"。然而从思想层面看，这一命题蕴含的思想深意在于表明，每个人即便是普通百姓，内心深处都充分具备成为圣人的内在本质——"良知"。

不用说，良知乃是阳明学的一个思想标志，同时也是阳明后学的身份认同的一大标志。良知不是指某种好的知识——譬如能做一手好菜的料理知识，而是指每个人内心具备的善良的道德本心，是待人接物、为人处世的道德标准，而且是人人都有的

---

① 《耿天台先生文集》卷十四。
② 同上注。
③ 《传习录》下。

好善恶恶的"自家准则"(王阳明语)。在这个意义上可以说,任何人不管其身份地位的高低贵贱,在良知面前都是一律平等的。王艮对此当然有充分的领略,所以才会说出"满街都是圣人"这样的话。

显然,王艮的这个说法,讲了王阳明想讲而未讲,但又不得不讲的思想命题。从哲学上看,这个命题是本体论命题,在晚明心学思潮中产生了广泛影响,出现了诸如"圣凡一律""圣凡平等"乃至"无圣无凡"等命题,都是就本体立论的命题;若从工夫论的角度看,则可说"即凡成圣"或"即用求体"(阳明语)。而这一观点也是王艮所强调的重点。例如,王艮所说的"百姓日用即道"便蕴含这层意思。这是告诉我们,儒家所讲的圣人之道这类终极存在,其实就体现在普通百姓的日常生活当中,并不是什么抽象高妙、难以把握的东西。说得平实一点,道即事,事即道(王艮语)。所以,天道良知不仅是人的生命本质,而且应当也必须落实为一种生活方式,因为它们就存在于人的人伦日用当中,并通过人伦日用才能实现其本身的价值和意义。

## 五

从王阳明到王艮,对儒家经典中"良知"概念的阐发,很贴近庶民生活,这显然对李贽有深刻影响。1582 年,李贽写了一篇重要文章《童心说》,专门阐发此义。

> 夫童心者,真心也。
> 夫童心者,绝假纯真,最初一念之本心也。
> 若夫失却童心,便失却真心;失却真心,便失却真人。①

---

① 以上见《焚书》卷三《童心说》。

这些都是李贽在《童心说》开宗明义所讲的几句话。里面所说的"本心""真心"这类概念都是阳明心学的固有术语。李贽用"童心"作比喻，代指良心、本心，实质就是指良知而已。

良知概念来自孟子。孟子说："人之所不学而能者，其良能也；所不虑而知者，其良知也。"按此说法，人的良知良能不需要通过后天的学习思虑，而是天生具有的，这叫作"天赋"说。孟子认为，每个人的基本德性如仁义礼智是根诸本心而有的，是人之所以为人而区别于禽兽的天生丽质——基本德性，而且是超越经验理性的道德理性。

为证明这一点，孟子又说："孩提之童无不知爱其亲者，及其长也，无不知敬其兄也。"这里的"知"就是良知。这是说，孩提之童的"童子"无不知晓一个道理：爱自己的亲人（这一点符合儒家德目"仁"）以及尊敬自己的兄长（这一点符合儒家德目"悌"）。所谓"爱"和"敬"的道德情感，其根源就在于良知，并构成良知的基本内涵。这表明，自孟子以来，儒家就有一个基本观点，认为童子之心天生就具备良知本心，不仅如此，在后天的生长环境中，还必须不断扩充仁义礼智等道德本性。具体的步骤和做法有许多，但根本方法是：尽心知性知天，存心养性事天。这是说，在实践上，立足心性，在境界上，上达天道；最终实现"天人合一"的终极目标。

如果上述说法是儒学的传统观念，那么，李贽强调童心即真心、即本心的说法，应当符合孟子以来直至阳明的心学传统。只是李贽的侧重点凸显了"真"的重要性。"真"这个字本身，在先秦时代其实并不是儒家所用的概念，而是道家喜欢的术语——如"真人"。但儒家历来强调的"诚"这一概念，其中应已内含"真"的含义，如"诚者，天之道""诚意""诚身"等命题中的"诚"，无非就是"真实无妄"(朱子语)之意;在阳明,他将良知本心直接视作"真心"或"真己"——即真正的自己,同样是在强调良知本心为最真实的存在。可见,李贽讲的童心、真心都可在阳明心学的语境中得到理解。

若进一步追溯,李贽的童心说与泰州学派的思想主张也有重要关联。举例来说,王艮有一个重要观点:"即事是道",认为"道"就在"事"中,上面提到的"百姓日用即道"命题便是由此推论而来。为进一步解释这个命题,王艮打了一个比方,譬如"僮仆之往来、视听、持行、泛应动作处,不假安排"①,这是说,你们看这位端茶待客的童仆的一举一动拿捏得恰到好处,丝毫不乱而又不假思索,这就说明即便没有多少学问知识的童仆,他的内心也有规矩准绳的"道",并体现在具体的"往来、视听、持行"等日常行为中。根据黄宗羲的记载,据说坐在一旁的听众,闻之无不"爽然"②,顿时明白了"百姓日用即道"的道理。

王艮此说及其所举的案例,受到了泰州后学罗汝芳的关注,上面提到过罗汝芳也是李贽心仪的一位思想家。罗汝芳在与朋友的一场对话中,曾提出"捧茶童子却是道也"的命题,然身旁的一位友人却公开质疑道:难道此童子"小仆"也知道儒家的"戒慎恐惧"等为人处世的道理吗? 稍停片刻,罗汝芳反问道:从茶房到这里的大厅一共有多少台阶? 众答:共三层;罗汝芳接着说:大家看,这童子走过许多门槛阶梯,却没有打破一个茶碗,此为何故? 若童子什么都不知,他又"如何会捧茶"? 且"捧茶"动作又何以能做到纹丝不乱、确切无误? 话到此处,罗汝芳挑明了一

---

① 《王心斋先生遗集》卷三《年谱》。
② 《明儒学案》卷三十二。

个观点:"童子日用捧茶"的"知"就是孟子说的"不虑而知",这个"知"就是"天之知"。①至此,一旁听众才终于明白"童子捧茶即是道"所内含的哲理。此所谓"天之知",实即阳明心学的良知。

不论是"日用百姓即道"还是"童子捧茶即道",话虽讲得浅显直白,然其中所蕴含的哲理无非是:天道具有无所不在的普遍性,良知也同样具有无所不在的普遍性;正由此,一个人的言行举止、日常生活乃至童子捧茶,无不体现出行为者心中的良知。

# 六

根据阳明心学理论,良知之在人心,无所不在,如太阳一般,"千古一日",超越时空,永恒普遍,故良知必存在于所有人的内心。由此以观,李贽所说的童子之心即大人之心,童心即良心,良心即真心。而李贽此说或与孟子"大人者不失其赤子之心"的儒学传统观点必有思想渊源,这应当不是过度的诠释。要之,在阳明学时代,李贽提出"童心说"应当与阳明心学有着直接关联。这从一个侧面可以了解李贽为何会大力推崇王阳明等一大批心学人物的个中缘由。

可是,《童心说》原本是李贽为其好友焦竑重刻《西厢记》而写的一篇序文,看上去不像是一篇专题性的哲学论文,其重点不在于概念的辨析或观点的论证。这也许跟李贽虽有明锐的思想洞察力,却不擅长理论思辨有关。而他的思想洞察往往表现为思想批判,有学者据此认为李贽的《童心说》跟任何传统儒学,即便是宋明时代的道学或心学都无任何思想渊源,相反,是对整个

---

① 罗汝芳:《明道录》卷三。

儒家传统特别是道学思想的猛烈批判。依据是《童心说》的末尾一段文字：

> 夫《六经》《语》《孟》，非其史官过为褒崇之词，则其臣子极为赞美之语。又不然，则其迂阔门徒、懵懂弟子，记忆师说，有头无尾，得后遗前，随其所见，笔之于书。后学不察，便谓出自圣人之口也，决定目之为经矣。孰知大半非圣人之言乎？……然则《六经》《语》《孟》乃道学之口实，假人之渊薮也，断断乎不可语于童心之言，明矣。

这无疑是对《六经》《论语》《孟子》等儒家权威经典的严厉控诉以及深刻怀疑，特别是最后一句"道学之口实""假人之渊薮"，更是将批判矛头直指宋明时代的道学。有关李贽的道学批判，我们稍后再说。就上面李贽的说法来看，儒家经典的历史来源十分可疑，推而论之，所有古代文献都将变得不可置信，因此，若将此类经典视作"童心之言"则断然不可。换言之，每个人只要坚信自己的"童心"即可，切不可将儒家经典看作"童心之言"的权威依据。

以上观点应当是李贽写作二千余言的《童心说》的核心旨意之所在，反映出李贽思想的批判性。据此，时人以为李贽言论"惊世骇俗""狂诞悖戾"进而招致"惑乱人心"，似非空穴来风。然此等议论只不过是传统士大夫严于异端正统之辩，出于"卫道"意识所使然。尽管李贽在骨子里有某种反叛性，上述那段文字可谓展现得淋漓尽致，然而是否由此便可反证李贽是一位近代意义上的鼓吹人性解放、颠覆传统的思想家，则须另做一番学术考察。

# 七

事实上，儒学思想特别是发展到宋明理学的时代，对政治社会、知识权威保持某种思想批判性,而非一味地屈从于政治或经典的权威,应当是儒家文化传统的一种精神体现。如所周知,自先秦孔孟以来,就已形成"以道抗势""以德抗位"的批判性传统。

我们且从孔子说起。孔子在回答弟子有关大臣"事君"应以什么为原则的问题时,孔子明确说道:"所谓大臣者,以道事君,不可则止。"(《论语·先进》)此即说,若君子违背了"道"的原则,则臣子可以不从。故对儒家而言,应遵守的政治原则是:"天下有道则见,无道则隐。"(《论语·泰伯》)可见,在孔子原创的儒家思想中,"道"被置于世俗权势之上,这已然是明显不过的事实。

《荀子·子道》是主要记载孔子与弟子之间对话的一篇文字,其中有一段记载:"传曰:'从道不从君,从义不从父。'……虽尧舜不能加毫末于是矣。"这里的"传曰"不详出自,若对照上面孔子在《先进》篇中跟弟子的对话来看,大致是指孔子的说法,应该不会是无端的揣测之词。所谓"从道不从君",显然含有"以道抗势"的含义,而后面一句"虽尧舜不能加毫末于是",更凸显出此政治原则的绝对性,反对任何对威权政治的盲从。荀子在另一篇《臣道》中也说:"传曰:'从道不从君。'此之谓也。故正义之臣设,则朝廷不颇。……"这里又一次强调了"从道不从君"的观点,彰显了"以道抗势"这一儒家政治哲学的重要意义。

孟子更强调"自得"之学的重要性,突出了仁义内在的良知主体性,他在政治上应如何处理君臣关系的问题上,指出:"以位,则子,君也,我,臣也,何敢与君友也;以德,则子事我者也,奚可以与我友也。"(《孟子·万章下》)这便是著名的"以德抗位"说,这与孔子的"以道抗势"说可谓相得益彰,共同构成了早期原典儒家对政治权威的独立性、批判性原则。孟子的另一段话更典型地反映了这一观点:"古之贤王好善而忘势,古之贤士何独不然？乐其道而忘人之势。"(《孟子·尽心上》)可见,道与德显然比位与势更为崇高、更为根本。

及至11世纪宋代道学复兴之初,道学家便通过重建儒家"道统",从而将象征儒家精神性之传统的"道统"置于世俗王权的"政统"之上,一方面,政治合法性须根源于"道统",另一方面,任何一个朝代的君子都无法依凭王权威严将"道统"窃为己有;因此,自孟子以降,儒家"道统"便发生了中断,汉唐时代任何一位再英明的君主也不能是"道统"的接续者,而唯有自觉承担起"圣人之学"并有思想原创性的儒家士人才有接续的资格。①至于象征学术儒家之传统的"学统"更是儒家知识人自觉承担的目标。故元代儒者杨维桢断言"道统,政统之所在也"②,不仅构成了宋明时代儒者的一般共识,而且是宋明理学政治思想史上一个划时代的标志性观点。

可以说,作为精神儒学(不同于学术儒学及民间儒学的一种形态)的批判性特质正是在宋明理学的时代,获得了发扬光大的契机。王阳明自然也不能逸出这一时代的思想氛围。从某种意义上可以说,阳明心学在哲学精神上所体现出来的批判性,在整个宋明时代,没有任何一家学说能出乎其右。即便在16世纪中国,一些正统儒家士大夫包括固守朱子理学的传统学者,面对王阳明基于心学立场而对经典与权威的批判性挑战,也大多闻之色变、惊叹不已。

## 八

下面不妨举例来略做说明。例如,自宋代以来,佛老异端而

---

① 参见朱子:《中庸章句序》。
② 杨维桢:《三史政统辨》。

儒家正宗的所谓异端正统之辩便不绝于耳。然在阳明看来，这完全是先入为主的主观偏见，若从心学立场来审视，则良知心体是超越儒释道三教藩篱的普遍存在，因此，所谓异端正统绝不能仅以佛老的理论关怀不同于儒家来设准，而应当以是否认同良知心体为理论判准。更重要者，作为良知心体的儒家之道不仅存在于经典知识当中，更展现为每个人的言行举止、日常生活当中，由此出发，何谓异端何谓正统就有必要作重新审视，阳明指出：

> 与愚夫愚妇同的，是谓同德；与愚夫愚妇异的，是谓异端。①

> 良知良能，愚夫愚妇与圣人同。②

阳明后学中著名的"二王"——王艮、王畿对阳明此说心领神会，表达了基本认同，甚至有更进一步的阐发。王艮说："圣人之道，无异于百姓日用，凡有异者，皆是异端。"③王畿则几乎重复阳明的语气，指出："同于愚夫愚妇为同德，异于愚夫愚妇为异端。"④并进一步阐发道："著衣吃饭，无非实学。"⑤

那么，对"二王"无不推崇的李贽呢？其实，他也有一句名言："著衣吃饭即是人伦物理。"⑥比较而言，语虽不同，意则一

---

① 《传习录》下。

② 《传习录》中。

③ 王艮：《王心斋先生遗书》卷一《语录》。

④ 《王畿集》卷首《王龙溪先生传》。

⑤ 《王畿集》卷十二《与丁存吾》。

⑥ 《焚书》卷一《答邓石阳》。在阳明后学中，类似论调层出不穷，而非李贽一人之见。如一向以为比较稳健的王门修正派邹守益亦云："穿衣吃饭，步步皆实学。"（《邹东廓先生文集》卷五《简方时勉》）另一位阳明弟子程松溪也说："日用间视听言动，都如穿衣吃饭，要饱要暖，真心略无文饰，但求是当。"（《程文恭公遗稿》卷十四《复王龙溪书》）（转下页）

致。但须注意的是,这句话并不像有些学者所认为的那样,是在自然人性论意义上的对欲望的直接肯定。表面看,李贽用"即是"这一判断词,将"著衣吃饭"与"人伦物理"直接联系了起来。然就其思想实质而言,从二王到李贽,他们所强调的毋宁是:"人伦物理"或"圣人之道"必在日常生活中得以展现,如果脱离了人的穿衣吃饭等日常活动,则伦理或天道就会变成虚悬的设定、抽象的假说,儒学也就成了不接地气、脱离现实的教条而已,这正是李贽所担忧的;反过来说,穿衣吃饭等日常行为也需要"理"或"良知"来加以范导,只有在良知的指引下,人欲的活动才不至于偏离方向。

其实,以上这些说法都旨在表明一个观点:良知心体内在于所有人的言行之中,以心学之术语言,所谓言行即生活中的庸言庸行。所以阳明说:"良知亦只是这口说,这身行。"[①]对此是否认同,才是判断异端正统的唯一标准,故愚夫愚妇的庸言庸行不一定等于"异端",儒家精英的理论言说也不一定等于"正统"。显而易见,这是对佛老异端、庶民愚昧等传统观念的一种颠覆,其思想效应大致有二:一是三教融合思潮的涌现,促进了儒学的多元化、开放性的发展;一是对"愚夫愚妇"等平民百姓的庸言庸

---

（接上页）王艮之子王襞同样指出:"养衣吃饭,此心之妙用也。"（《东厓王先生遗集》卷上《上敬庵许□司马书》）甚至李贽的思想论敌耿定向也承认:"夫人孝出弟,就是穿衣吃饭的。这个穿衣吃饭的,原自无声无臭,亦自不生不灭,极其玄妙者,人苦不著不察耳。"（《耿天台先生文集》卷三《与周柳塘》）可见,道之妙用就在"穿衣吃饭"的日常生活中这一观点,在阳明心学时代几乎是各家各派的一项共识。而这一观点并不意味着对"道"的排斥或否定,从而导向"欲望肯定论"（如沟口雄三:《中国の私と公》,研文出版,1995 年,第 14 页）。

① 《传习录》下。

行亦应加以积极的肯定和引导,从而加速了儒学的民间化、世俗化的发展。

正是在这样一种别开生面的时代思潮的氛围中,故李贽对于所谓"异端"有不同于传统的理解,而且敢于坦然面对,他甚至自嘲是"异端"①。然这种自嘲并非意味着李贽在思想上采取了反儒的立场,更多意味着李贽有一种不合时流、独立不羁的性格。

再比如,阳明以下的几段话,也有很强的思想冲击力:

> 夫道,天下之公道也;学,天下之公学也,非朱子可得而私也,非孔子可得而私也。②

> 夫学贵得之心。求之于心而非也,虽其言之出于孔子,不敢以为是也,而况其未及孔子者乎? 求之于心而是也,虽其言之出于庸常,不敢以为非也,而况其出于孔子者乎!③

可见,阳明是普遍主义者。他坚信圣人之道、圣人之学具有普遍客观性,而不能由任何知识权威所垄断,无论他是孔子还是朱子。在阳明看来,"道"或"学"都具有公共性,非儒家的私有财产,应是公共社会的共同财富。从哲学上说,这是因为良知存在"无间于圣愚,天下古今之同也"④的普遍必然性的缘故。

本来,"理者,天下公共之理也"(朱子语),应是宋明理学家的一项重要共识。基于这一观念,故任何历史之陈说、经典之记述,即便是圣人之言论,都必然是向任何人所开放的,也都必然存在创造诠释乃至理论拓展的空间。唯有如此,历史文化才具

---

① 《焚书》卷一《复邓石阳》《答焦漪园》。
② 《传习录》中。
③ 同上注。
④ 《传习录》下。

有与时俱进的发展可能性。不然的话,若墨守陈说、故步自封,这在阳明看来,犹如"今日之崇朱说"者(指朱子学说),其必导致种种"学术之弊"的盛行,禁锢人们的思想,日积月累,其后果恐怕会像"洪水猛兽"一般,这才是名副其实的"以学术杀天下后世"。①这段话看似说得十分严厉,仔细体会应可看出,这是阳明基于普遍主义心学立场必得出的结论。然而,由于其矛头所指乃是当时官方的朱子学,故在社会上引起了轩然大波。

一般而言,阳明学是以反朱子学的面貌出现的,故在当时,王阳明遭到来自各方的强大阻力可想而知。然而,阳明基于公道公学的普遍主义立场,提出了不能以孔子之是非为是非、不能以朱子之是非为是非的观点,甚至将朱子学的流行比作"洪水猛兽",这对后世坚守朱子学之立场者来说,真可谓"情何以堪?"如清儒汤斌尽管在朱王对抗的问题上,立场比较温和,然他也坦率指出:"阳明尝比朱子于'洪水猛兽',是诋毁先儒莫如阳明也。"不过,"阳明之诋朱子也,阳明之大罪过也。于朱子何损?"②

上述王阳明的观点所透露的思想批判性,是否对李贽有直接的影响,这里不好说亦不必去寻找对应的线索。但是,若将李贽对儒家经典的大胆质疑、对道学人物的坦率批评放在阳明心学的时代语境中看,那么,我们就不会感到有何讶异。

# 九

上面提到,宋代道学重建"道统",欲将"道统"置于"政统"之上,凸显了儒学的批判性精神。经韩愈《原道》开创的"原型道统

---

① 《传习录》中。
② 汤斌:《汤文正公全书》卷二《答陆稼书》。

论"，孟子之后，道统突然失传，直至宋代程颐重拾道统话语，将孟子之后的接续者定位为程颢，而最终重建"道学道统论"者无疑是朱子，他所建构的道统谱系为：孔子—孟子—周敦颐——程颢、程颐。及至朱子门人黄榦、元代朱子后学吴澄又将朱子添入程颐之后，建立了道统的一套完整谱系。

然而，王阳明基于对程朱理学的批判，他并不完全认同朱子建构的道学道统，而重新提出了"心学道统论"①，即阳明于1511年所说的"颜子没而圣人之学亡"②这一惊世骇俗的观点。此说在社会上不胫而走，引起了剧烈反响，甚至阳明后学中人亦多有疑问，因为这个谱系重构完全推翻了韩愈及程朱以来的传统观点：孟子之后，道统才发生了中断。

如果说，颜渊之后，孔子为代表的儒家圣人之学已经失传，那么，将置孟子于何种地位？若将孟子排除在道统谱系之外，那么，对孟子之后的接续者程朱之学在道统历史上又将如何安排？因此，颜子没而圣学亡的论点，真可谓一石激起千层浪，阳明弟子也纷纷表示难以理解，比如王畿就坦承：阳明此说是一"险语"，而且是儒学史上的"千古大公案"。③至于如何证成此说，显然需要以阳明心学立场为视域，来重新审视儒学史始有可能，只是关于这一点，这里已无法细述。④

令人颇感兴味的是，李贽的道统观竟在暗地里承袭阳明，重

---

① 韩愈的"原型道统论"、程朱的"道学道统论"以及阳明的"心学道统论"，当然是笔者在比较意义上提出的一种名称而已。
② 《王阳明全集》卷七《别湛甘泉序》。
③ 《王畿集》卷一《抚州拟岘台会语》，卷十六《别言赠梅纯甫》。
④ 参见吴震：《心学道统论——以"颜子没而圣学亡"为中心》，《浙江大学学报》2016年第3期(网络版)；更完整的版本则可参见吴震：《儒学思想十论——吴震学术论集》，孔学堂书局，2016年，第125—151页。

申了心学道统论:"自颜氏没,微言绝,圣学亡,则儒不传矣。"不仅于此,他还进一步指出:

> 况继此而为汉儒之附会,宋儒之穿凿乎? 又况继此而以宋儒为标的,穿凿为旨归乎? 人益鄙而风益下矣。无怪其流弊至于今日,阳为道学,阴为富贵,被服儒雅,行若狗彘然也。①

显然,李贽的语气更为断然决绝、火力十足,几乎将先秦以降的汉唐诸儒及至宋明道学家一网打尽,表现出强烈的反叛性。

但问题是,李贽不把由孔门以后的儒学历史乃至当时的儒学现状放在眼里,那么,阳明一系的心学又将置于何地? 其实,在上述这段批判文字中,李贽坦露了一个观点,他认为,儒学不传之后,"诸子虽学,未尝以闻道为心也,则亦不免士大夫之家为富贵所移尔矣。"这里的"以闻道为心"之说则又是源自阳明,因为阳明所作的"颜子没而圣学亡"的判断中,有一个根本前提是能否"见圣道之全"或"道之全体"②,在阳明看来,颜子已然是真正的"见道"者。

所谓"见道"并不取决于知识见闻的增广扩充,而取决于是否就自家心体上去体认;若将子贡与颜回进行比较,这一点便显得十分明显:"子贡多学而识,在闻见上用功,颜子在心地上用功,故圣人问以启之。"③更重要者,阳明认为在孔门中唯颜回对良知已有充分把握,依据是《易传·系辞下传》记录的孔子称赞颜回的一段话:说颜子"有不善未尝不知,知之未尝复行也"。其中的"知",按阳明的理解,必是良知而无疑,因为一个人能真正

---

① 《初潭集》卷十一《释教》。
② 《传习录》上。
③ 同上注。

运用"良知"而做到"未尝不知""未尝复行"，这是何等境界，绝非常人之能所为。故阳明断言："孔子无不知而作，颜子有不善未尝不知。此是圣学真血脉路。"①这一断语很重，不可轻易放过，所谓"真血脉路"既涵指道统谱系，更是指儒学真精神，这应当是阳明重建心学道统论的主要思想缘由。

至此我们终于明白，上述李贽的道学批判，其中隐伏一条阳明心学的理路，已是毋庸置疑的事实。只是李贽的那套话语将重点放在批判而非论证，于是，便使得后人误以为其道学批判也囊括阳明学在内，其实，他的上述道学批判的理论依据正出自阳明的"心学道统论"，此诚不可不辨。

李贽痛恨道学家，而且在他的道学批判中，往往专提道学而不及理学或心学，尽管在 16 世纪末期，理学或心学已在学界出现并逐渐流行，如王阳明就说过"圣人之学，心学也"②。对此，李贽不可能不知。然而，李贽在逝世前两年的 1600 年完成了《阳明先生道学抄》，他把阳明学似亦看作一种"道学"，于是，"道学"在李贽那里似乎有了双重标准。他在差不多同时完成抄录了《阳明先生年谱》之后，对自己一生的思想性格有一个回顾性总结："余自幼倔强难化，不信道，不信仙释。故见道人则恶，见僧则恶，见道学先生则尤恶。"③这应当是充分可信的思想自述。不过，按其道学批判的标准，王阳明及其后学中的王畿、王艮、王襞、颜山农、何心隐、罗汝芳等一干人物都不在其痛恨的

---

① 《传习录》下。
② 《王阳明全集》卷七《象山文集序》。
③ 李贽：《阳明先生年谱后语》。按，《阳明先生道学抄》八卷（附《阳明先生年谱》二卷）在李贽去世七年后，有万历三十七年（1609）武林继锦堂刻本行世。

"假道学"的行列之中。李贽在最晚年对阳明语录及阳明年谱的抄录,充分表明李贽对阳明学抱有一种自觉的认同意识。①

可见,李贽的道学批判不是无的放矢,而有一种特定的标准,主要有几条:好名好利、欺天罔人、无才无学,等等。他说:

> 道学其名也。故世之好名者必讲道学,以道学之能起名也。……欺天罔人者必讲道学,以道学之足以售其欺罔之谋也。②

> 夫唯无才无学,若不以讲圣人道学之名要之,则终身贫且贱焉,耻也。此所以必讲道学以为取富贵之资也。③

至此,李贽思想的时代批判精神显露无遗。

然须指出,我们从上述批判中,难以找到具体的义理分析或概念论证。所以,李贽的批判勇气固然可嘉,然他似乎并不明白批判的武器不能代替武器的批判这层道理,即他的批判是否真正触及儒学思想的实质是不无疑问的。事实上,我们应当这样来理解李贽的道学批判,亦即他的批判并非意味着全盘反儒、反传统,更主要的原因在于他对当时某些儒学现象的强烈不满,正如上面我们所看到的"流弊至于今日,阳为道学,阴为富贵,被服儒雅,行若狗彘"这类话语,更多的是一种情绪的宣泄,这才符合李贽的个性。至于这类批判有何理论力度,则可另当别论。

---

① 例如李贽晚年在与友人的书信中抑制不住自己手抄阳明语录及其《年谱》的喜悦之情:"我于《阳明先生年谱》,至妙至妙,不可形容。"(《续焚书》卷一《与汪鼎甫》)"《阳明先生年谱》及《抄》在此间梓,未知回日可印否?想《年谱》当有也。此书之妙,千古不容言。"(《续焚书》卷一《与方伯雨》)据此,李贽在思想上对阳明的认同,便可得到充分的印证。
② 《初潭集》卷二十《道学》。
③ 《初潭集》卷十一《释教》。

## 十

最后讲几句,权作结论。

回看李贽一生,其性格乖张,其言词刻薄,而又喜骂人,他是性情中人而非严格意义上的哲学家,因其性情刚烈,故其人生导致毁誉参半的结局。但在思想上,他同阳明一样,是一位普遍主义者,他也认定圣人之道、圣人之学乃是天下之公器,并可超越圣凡之藩篱,故说:"耕稼陶渔之人既无不可取,则千圣万贤之善,独不可取乎? 又何必专学孔子而后为正脉也?"①同时,他也认为阳明学的"满街都是圣人"说揭示的是放诸四海而皆准的道理,儒佛两教都无不认同:

> 圣人不责人之必能,是以人人皆可以为圣。故阳明先生曰:"满街皆圣人。"佛氏亦曰:"即心即佛,人人是佛。"夫惟人人之皆圣人也,是以圣人无别有不容已道理可以示人也。②

但是,普遍主义不等于绝对主义,可以超越抽象的绝对主义形式,向多元普遍主义发生转变。唯如此,故今人不必"专学孔子",亦可与佛教对话。推而言之,儒教可以向其他宗教文化或思想智慧开放。李贽最为欣赏的阳明心学家王畿所言"以良知范围三教",应当便是立足于儒教的一本多元主义的思想宣言。

这样看,就可理解李贽所言"又何必专学孔子而后为正脉"绝不意味着在文化价值观上的反孔、反儒或反传统,恰是对儒学的包容性多元理解。思想多元未必就是解构形态的相对主义,

---

① 《焚书》卷一《答耿司寇》。
② 同上注。

而是基于"人人之皆圣人也"的普遍性立场,故谓多元普遍性,而其普遍性又立足于儒学价值而兼容佛老智慧,故谓一本多元性。

在我们看来,李贽思想中的所谓"反叛性",更多是承阳明心学的批判精神而来,表现出对墨守成规、唯书本为是的威权主义的排拒和指斥。若将李贽定位为前近代中国的早期启蒙思想家,则可能是源自现代性的某种观念预设或"启蒙情结",而非真实的历史判断。从学术思想史的角度看,近承王畿、远绍阳明、学主童心、融通三教,庶几可为李贽思想作最后的历史定位。①

至于晚明东林党人于孔兼以"名教罪人"为李贽盖棺定论,一如其同党张问达等人必欲置李贽于死地而后快,只是表明儒家精英对异端正统之辩过于敏感,对精神儒学的批判性以及心学主张的主体独立性缺乏思想认同,对晚明心学旨在重建秩序的世俗化运动更无同情了解,然而我们却不能由此反证,李贽成了公然反叛孔孟儒学、大胆推翻传统价值的"英雄"。

归结而言,他是晚明心学时代的悲剧性人物,其思想具有强烈的批判性,只是这种批判性具有多大程度的理论深度及思想力度,不宜估计过高;其思想与其他心学人物(如王畿和罗汝芳)相比,缺乏理论的系统性,故在当时社会究竟有多少影响,亦不宜过分夸大。若将李贽思想置于晚明心学时代的背景看,其意义或许在于:他对道学人物的批判以及所遭遇的反批判,预示

---

① 关于李贽与王畿的关系,可参见李贽三篇文字:《龙溪小刻》(《李温陵集》卷十)《龙溪先生文抄序》(同上书卷十一)《王龙溪先生告文》(同上)。至于李贽的三教观,集中反映在其《三教归儒说》(《续焚书》卷二)一文中,文章题名为"三教归儒"而非"三教合一",这点须格外注意,表明儒学(李贽有时称之为"圣教",见其文《续焚书》卷二《圣教小引》)仍是李贽思想之归趣。有关李贽思想的历史定位,另可参见陈清辉:《李卓吾生平及其思想研究》,台湾文津出版社,1993年。

着心学时代行将结束,心学运动所推动的儒学世俗化将重新被扭转至儒学精英化、知识权威化的方向发生转变。

　　所以说,李贽是时代的悲剧,然悲剧在历史上会不断上演,它并不是推动历史向前的动力。

# 征引文献

## 【古典文献】

陶弘景:《养性延命录》,上海古籍出版社刊影印本。

欧阳修:《欧阳修全集》,北京:中国书店,1986 年。

周敦颐:《周敦颐集》,北京:中华书局,1990 年。

程颢、程颐:《二程集》,北京:中华书局,1981 年。

张君房:《云笈七签》,北京:书目文献出版社,1992 年。

张　载:《张载集》,北京:中华书局,1978 年。

邵　雍:《击壤集》,文渊阁四库全书本。

罗大经:《鹤林玉露》,北京:中华书局,1983 年。

朱　熹:《四书章句集注》,北京:中华书局,1983 年。

朱　熹:《四书或问》,上海:上海古籍出版社、合肥:安徽教育出版社,2001 年。

朱　熹:《朱熹集》,成都:四川教育出版社,1996 年。

朱　熹:《朱子语类》,北京:中华书局,1985 年。

薛　瑄:《薛瑄集》,太原:山西人民出版社,1990 年。

陈献章:《陈献章集》,北京:中华书局,1987 年。

王守仁:《王阳明全集》,上海:上海古籍出版社,1992 年。

王守仁:《传习录》,见陈荣捷:《王阳明传习录详注集评》,台北：学生书局，1983 年。

罗钦顺：《困知记》，北京：中华书局，1990 年。

韩邦奇：《苑洛集》，文渊阁四库全书本。

徐爱、钱德洪、董沄：《徐爱、钱德洪、董沄集》（钱明编校），南京：凤凰出版社，2006 年。

邹守益：《邹东廓集》（董平编校），南京：凤凰出版社，2006 年。

邹守益：《邹东廓先生文集》，《四库全书存目丛书》集部第 66 册。

欧阳德：《欧阳南野先生文集》，明嘉靖三十七年序刻本。

聂　豹：《双江聂先生文集》，明刊云丘书院藏本。

王　畿：《龙溪王先生全集》，京都中文出版社刊和刻本。

王　畿：《王畿集》（吴震编校整理），南京：凤凰出版社，2007 年。

罗洪先：《念庵罗先生文集》，明隆庆元年胡直序刻本。

罗洪先：《石莲洞罗先生文集》，明万历四十四年陈于廷序刻本。

罗洪先：《罗念庵先生文集》，清雍正元年刊石莲洞藏本。

罗洪先：《念庵罗先生文录》，清光绪十二年喻震孟序刻本。

陈九川：《明水陈先生文集》，《四库全书存目丛书》集部第 72 册所收抄本。

王　艮：《王心斋先生遗集》，民国元年刊袁承业编校本。

王　艮：《重镌心斋王先生全集》，明万历年间陈履祥序刊，清初覆刻。

王　艮：和刻本《王心斋全集》，京都：中文出版社（无出版年）。

王　衣等:《明儒王东堧东隅东日天真四先生残稿》(附见《心斋遗集》)。

王　襞:《东厓王先生遗集》,《四库全书存目丛书》集部第146册所收明万历刻明崇祯至清嘉庆间递修本。

王　栋:《一庵王先生遗集》,《四库全书存目丛书》子部第10册所收明万历三十九年抄本。

林　春:《林东城集》,台北"中央图书馆"藏明嘉靖二十五年王畿序刻本。

韩　贞:《韩贞集》(附见《颜钧集》)。

颜　钧:《颜钧集》,黄宣民点校,北京:中国社会科学出版社,1996年。

何心隐:《何心隐集》,北京:中华书局,1960年。

赵贞吉:《赵文肃公文集》,东京内阁文库藏明万历年间刻本。

邓豁渠:《南询录》,黄宣民标点,载《中国哲学》第十九辑,长沙:岳麓书社,1998年。

张元忭:《不二斋文选》,明万历三十一年序刻本。

胡　直:《衡庐精舍藏稿》,文渊阁四库全书本。

郭汝霖:《石泉山房文集》,明万历二十五年郭氏家刻本。

罗汝芳:《盱坛直诠》,台湾"中国子学名著集成"第44册收明万历三十七年刻本。

罗汝芳:《近溪子集》《续集》,《四库全书存目丛书》集部第129、130册收明万历十五年杨起元序刻本。

罗汝芳:《近溪子集》,日本九州大学藏本。

罗汝芳:《罗明德公文集》,东京内阁文库藏明崇祯五年陈懋德序刻本。

罗汝芳:《罗近溪先生全集》,明万历四十六年刘一焜叙刻本。

罗汝芳:《近溪罗先生一贯编》,《四库全书存目丛书》子部第86册收明长松馆刻本。

罗汝芳:《太祖圣谕演训》,东京尊经阁文库藏明刻本。

李　材:《观我堂稿》,明万历十五年顾宪成序刻本。

孟化鲤:《孟云浦集》,明万历二十五年张维新叙刻本。

万廷言:《学易斋集》,东京尊经阁文库藏明刻本。

张居正:《张太岳文集》,上海:上海古籍出版社,1984年。

周汝登:《东越证学录》,台北文海出版社影印明万历三十三年序刻本。

耿定向:《耿天台先生文集》,台北文海出版社影印明万历二十六年序刻本。

耿定向:《耿天台先生全书》,民国十四年石印本。

杨起元:《太史杨复所先生证学编》,《四库全书存目丛书》子部第90册。

刘元卿:《山居草》,台北"中央图书馆"藏明万历二十一年安成陈相国序刻本。

邹元标:《愿学集》,文渊阁四库全书本。

李　贽:《焚书》,北京:中华书局,1975年。

焦　竑:《焦氏笔乘》,上海:上海古籍出版社,1986年。

焦　竑:《澹园集》,北京:中华书局,1999年。

焦　竑:《国朝献征录》,上海:上海书店出版社,1987年。

方学渐:《心学宗》,《四库全书存目丛书》子部第12册所收清康熙年间刻本。

方学渐:《东游纪》,《四库未收书辑刊》四辑第21册所收清光绪十四年刻桐城方氏七代遗书本。

　　吕　　坤:《呻吟语》,《四库全书存目丛书》子部第 13 册所收明万历二十一年刻本。

　　袁　　黄:《两行斋集》,东京内阁文库藏明天启四年刻本。

　　管志道:《师门求正牍》,明万历二十四年管志道自序本。

　　管志道:《从先维俗议》,明万历三十年自序本。

　　管志道:《惕若斋集》,明万历二十四年自序本。

　　管志道:《问辨牍》,《四库全书存目丛书》子部第 87 册。

　　刘斯原:《大学古今本通考》,台北中国子学名著集成所收明万历间刊本。

　　邹德涵:《邹聚所先生外集》,《四库全书存目丛书》集部第 157 册。

　　王时槐:《友庆堂合稿》,《四库全书存目丛书》集部第 114 册所收清光绪三十三年重刻本。

　　史桂芳:《史惺堂先生遗稿》,《四库全书存目丛书》集部第 127 册,明万历二十七年史简等刻史氏增修本。

　　王之垣:《历仕录》,《四库全书存目丛书》史部第 127 册收清康熙四十一年王氏家塾刻本。

　　沈懋学:《郊居遗稿》,明万历三十三年序刻本。

　　李豫亨:《推篷寤语》,《四库全书存目丛书》子部第 85 册。

　　伍袁萃:《林居漫录》,台北伟文图书出版社刊影印本。

　　唐鹤征:《宪世编》,《四库全书存目丛书》子部第 12 册。

　　杨时乔:《杨端洁公文集》,《四库全书存目丛书》集部第 139 册。

　　许孚远:《敬和堂集》,东京内阁文库藏明万历二十二年序刻本。

顾宪成:《顾端文公遗书》,清康熙年间曾孙贞观集成刻本。

顾宪成:《小心斋札记》,台北广文书局 1975 年刊影印本。

叶向高:《苍霞草》,扬州:江苏广陵古籍刻印社,1994 年。

袁宏道:《袁宏道集笺校》,钱伯城笺校,上海:上海古籍出版社,2008 年第 2 版。

沈德符:《万历野获编》,北京:中华书局,1959 年。

黄景昉:《国史唯疑》,上海:上海古籍出版社,2002 年。

刘宗周:《刘子全书》,清道光年间刻本。

吴柴庵:《寤言》,台北伟文图书出版社刊影印本。

王启元:《清署经谈》,台北"中央研究院"历史语言研究所傅斯年图书馆藏明天启三年序刊本,北京:京华出版社,2005 年影印。

顾炎武:《日知录集释》,上海:上海古籍出版社,1985 年。

黄宗羲:《明儒学案》,北京:中华书局,1985 年。

黄宗羲:《宋元学案》,北京:中华书局,1986 年。

黄宗羲:《黄宗羲全集》,杭州:浙江古籍出版社,1992 年,2005 年增订版。

李　颙:《二曲集》,北京:中华书局,1996 年。

全祖望:《鲒埼亭文集选注》,黄云眉选编,济南:齐鲁书社,1982 年。

全祖望:《全祖望集汇校集注》,上海:上海古籍出版社,2000 年。

黄虞稷:《千顷堂书目》,上海:上海古籍出版社,1990 年。

孙静庵:《明遗民录》,杭州:浙江古籍出版社,1985 年。

陆世仪:《陆子遗书》,清光绪二十五年刻本。

汤　斌:《汤斌集》,郑州:中州古籍出版社,2003 年。

李光地：《榕村全书》，《文渊阁四库全书》本。

李　绂：《穆堂别稿》，《续修四库全书》集部第 1421—1422 册。

邵廷采：《思复堂文集》，杭州：浙江古籍出版社，1987 年。

焦　循：《孟子正义》，北京：中华书局，1987 年。

章学诚：《文史通义》，仓修良编，上海：上海古籍出版社，1993 年。

刘宝楠：《论语正义》，北京：中华书局，1982 年。

恽　敬：《大云山房文稿》，《续修四库全书》第 1482 册，上海：上海古籍出版社，2002 年。

陈子龙等辑：《皇明经世文编》，《续修四库全书》第 1657 册所收明崇祯刻本。

陈仁锡：《皇明世法录》，《四库禁毁书丛刊》史部第 14 册所收明崇祯刻本。

## 【今人论著】

陈荣捷：《论朱子之仁说》，载《朱学论集》，台北：学生书局，1982 年。

陈荣捷：《朱子评老子与论其与"生生"观念之关系》，载《朱学论集》。

陈　来：《有无之境——王阳明哲学的精神》，北京：人民出版社，1991 年。

陈　来：《现代中国哲学的追寻——新理学与新心学》，北京：人民出版社，2001 年。

陈　来：《中国近世思想史研究》，北京：商务印书馆，2003 年。

陈　来：《古代宗教与理论——儒家思想的根源》，北京：生活·读书·新知三联书店,1996 年。

程玉瑛:《晚明被遗忘的思想家——罗汝芳(近溪)诗文事迹编年》,台北:广文书局,1995 年。

杜维明:《道、学、政——论儒家知识分子》,钱文忠、盛勤译,上海:上海人民出版社,2000 年。

杜维明:《论儒学的宗教性——对〈中庸〉的现代诠释》,武汉:武汉大学出版社,1997 年。

古清美:《慧庵论学集》,台北:大安出版社,2004 年。

龚　杰:《王艮评传》,南京:南京大学出版社,2001 年。

郭正忠主编:《中国盐业史(古代编)》,北京:人民出版社,1997 年。

侯外庐主编:《中国思想通史》第四卷(下),北京:人民出版社,1960 年。

侯外庐:《中国近代思想学说史》,上海:生活书店,1947 年。

侯外庐:《中国早期启蒙思想史——十七世纪至十九世纪四十年代》,北京:人民出版社,1956 年。

侯外庐、邱汉生、张岂之主编:《宋明理学史》,北京:人民出版社,1987 年。

黄一农:《两头蛇——明末清初第一代天主教徒》第七章,上海:上海古籍出版社,2006 年。

黄宣民:《颜钧及其"大成仁道"》,载《中国哲学》第十六辑,长沙:岳麓书社,1993 年。

黄淑龄:《明代心学中"光景论"的发展研究》(硕士论文),台湾大学中文所,1995 年。

嵇文甫:《左派王学》,上海:开明书店,1934 年。

嵇文甫:《晚明思想史论》,北京:东方出版社,1996 年再版。

梁启超:《清代学术概论》,《梁启超论清学史二种》,朱维铮校注,上海:复旦大学出版社,1985年。

梁漱溟:《东西文化及其哲学》,上海:商务印书馆,1929年。

梁漱溟:《梁漱溟全集》,济南:山东人民出版社,1990年。

劳思光:《新编中国哲学史》,台北:三民书局,2003年第3版。

李明辉:《儒家与康德》,台北:联经出版事业公司,1990年。

李剑雄:《焦竑评传》,南京:南京大学出版社,1998年。

刘师培:《刘师培论学论政》,李妙根编,上海:复旦大学出版社,1990年。

刘述先:《论宗教的超越和内在》,载《二十一世纪》,1998年12月号。

刘述先:《朱子哲学思想的发展与完成》增订第3版,台北:学生书局,1995年。

林其贤:《李卓吾事迹系年》,台北:文津出版社,1988年。

吕妙芬:《阳明学士人社群——历史、思想与实践》,台北:"中央研究院"近代史研究所,2003年。

罗秉祥:《未知宗教,焉知道德——一个有关生死学的考察》,载《宗教与道德之关系》,北京:清华大学出版社,2003年。

牟宗三:《心体与性体》,上海:上海古籍出版社,1999年。

牟宗三:《从陆象山到刘蕺山》,台北:学生书局,1979年。

牟宗三:《中国哲学的特质》,上海:上海古籍出版社,1997年。

蒙文通:《中国历代农业产量的扩大和赋役制度及学术思想的演变》,载《古史甄微》第五卷,成都:巴蜀书社,1999年。

彭国翔:《周海门的学派归属与〈明儒学案〉相关问题之检

讨》,载台北《清华学报》新三十一卷第三期,2001 年 9 月。

彭国翔:《王心斋后人的思想与实践——泰州学派研究中被忽略的一脉》,载《国学研究》第十四辑,北京:北京大学出版社,2004 年。

钱　穆:《宋明理学概述》,台北:学生书局,1977 年。

钱　穆:《中国学术思想史论丛》第 7 册,合肥:安徽教育出版社,2004 年。

钱　明:《阳明学的形成与发展》,南京:江苏古籍出版社,2002 年。

钱　明:《王一庵的主意说及其对泰州王学的修正》,载《哲学门》第二卷第二册,2001 年。

钱茂伟:《姚江书院派研究》,北京:中国社会科学出版社、文化艺术出版社,2005 年。

容肇祖:《容肇祖集》,济南:齐鲁书社,1989 年。

任继愈主编:《儒教问题争论集》,北京:宗教文化出版社,2000 年。

唐君毅:《中国哲学原论·原教篇》,台北:学生书局,1984 年。

唐君毅:《中国哲学原论·导论篇》,北京:中国社会科学出版社,2005 年。

唐君毅:《中国文化之精神价值》,台北:正中书局,1979 年。

王汎森:《晚明清初思想十论》,上海:复旦大学出版社,2005 年。

王汎森:《明末清初的人谱与省过会》,载台北"中央研究院"历史语言研究所集刊》第 63 本 3 分,1993 年 7 月。

王汎森:《清初思想趋向与〈刘子节要〉——兼论清初蕺山学

派的分裂》,载台北《"中央研究院"历史语言研究所集刊》第
68 本第 2 分,1997 年 6 月。

王汎森:《明代心学家的社会角色——以颜钧的〈急救心火〉
为例》,载《郑钦仁教授荣退纪念论文集》,台北:稻乡出版社,
1999 年。

吴　虞:《吴虞文录》,上海:上海东亚图书馆,民国十年。

吴　虞:《吴虞集》,成都:四川人民出版社,1985 年。

吴汝钧:《儒佛会通与纯粹力动理念的启示》,载台北"中央
研究院"中国文哲研究所《中国文哲研究集刊》第 21 期,2002 年
9 月。

吴　震:《杨慈湖をめぐる阳明学の诸相》,载东方学会《东
方学》第 97 辑,1999 年 1 月。

吴　震:《现成良知——简述阳明学及其后学的思想展开》,
载《中国学术》第 4 辑,北京:商务印书馆,2000 年 10 月。

吴　震:《聂豹·罗洪先评传》,南京:南京大学出版社,
2001 年。

吴震主编:《中国理学》第四卷,上海:东方出版中心,2002 年。

吴　震:《阳明后学研究》,上海:上海人民出版社,2003 年。

吴　震:《明代知识界讲学活动系年:1522—1602》,上海:
学林出版社,2003 年。

吴　震:《王阳明著作选评》,上海:上海古籍出版社,
2004 年。

吴　震:《十六世纪中国儒学思想的近代意涵——以日本学
者岛田虔次、沟口雄三的相关研究为中心》,载《东亚文明研究学
刊》第 2 期,2004 年 12 月。

吴　震:《罗汝芳评传》,南京:南京大学出版社,2005 年。

徐复观:《中国思想史论集》,上海:上海书店出版社,2004 年。

萧　璠:《皇帝的圣人化及其意义试论》,载台北《"中央研究院"历史语言研究所集刊》第 62 本第 1 分,1993 年 3 月。

杨儒宾:《儒家身体观》,台北:"中央研究院"中国文哲研究所筹备处,2003 年第 2 版。

杨儒宾:《理学家与悟——从冥契主义的观点探讨》,载刘述先主编:《中国思潮与外来文化——第三届国际汉学会议论文集》,台北"中央研究院"中国文哲研究所,2002 年。

杨天石:《泰州学派》,北京:中华书局,1980 年。

余英时:《中国思想传统的现代诠释》,南京:江苏人民出版社,1989 年。

余英时:《论戴震与章学诚》(增订本),北京:生活·读书·新知三联书店,2000 年。

余英时:新版《士与中国文化》,上海:上海人民出版社,2003 年。

余英时:《朱熹的历史世界——宋代士大夫政治文化的研究》,北京:生活·读书·新知三联书店,2004 年。

余英时:《宋明理学与政治文化》,台北:允晨文化,2004 年。

余敦康:《内圣外王的贯通——北宋易学的现代阐释》,上海:学林出版社,1997 年。

游子安:《劝化金箴——清代善书研究》,天津:天津人民出版社,1999 年。

郑吉雄:《易图象与易诠释》,台北:喜玛拉雅基金会,2002 年。

张学智:《明代哲学史》,北京:北京大学出版社,2000 年。

张　亨:《〈论语〉中的一首诗》,载《台大中文学报》第八期,1996 年 4 月。

钟彩钧:《泰州学者颜山农的思想与讲学——儒学的民间化与宗教化》,载《中国哲学》第十九辑,长沙:岳麓书社,1998 年。

朱越利:《〈太上感应篇〉与北宋末南宋初的道教改革》,载《世界宗教研究》1983 年第 4 期。

狄百瑞:《晚明思想中的个人主义和人道主义》,载《中国哲学》第七辑,北京:生活·读书·新知三联书店,1982 年 3 月。

狄百瑞:*The Liberal Tradion in China*,The Chinese University of Hong Kong,1983;日文版《朱子学と自由の传统》(山口久和译),东京:平凡社,1987 年。

狄百瑞:《与人为徒》,林文孝译,载《中国——社会与文化》第六号,东京:东京大学中国学会,1991 年。

包筠雅:《功过格——明清社会的道德秩序》,杜正贞等译,杭州:浙江人民出版社,1999 年。

## 【日文论著】

内藤湖南:《内藤湖南全集》,东京:筑摩书房,1969 年。

内藤湖南:《概括的唐宋时代观》,黄约瑟译,载《日本学者研究中国史论著选译》第一卷"通论",北京:中华书局,1992 年。

宫崎市定:《东洋的近世》,黄约瑟译,载《日本学者研究中国史论著选译》第一卷"通论",北京:中华书局,1992 年。

岛田虔次:《中国における近代思维の挫折》,东京:筑摩书房,1949 年。中译本《中国近代思维的挫折》,甘万萍译,南京:江苏人民出版社,2005 年。

酒井忠夫:《中国善书の研究》,东京:弘文堂,1960 年。

荒木见悟:《佛教と儒教——中国思想を形成するもの》,京都:平乐寺书店,1963 年;东京:研文出版,1993 年。

荒木见悟:《明代思想研究》,东京:创文社,1972年。

荒木见悟:《中国心学の鼓动と佛教》,福冈:中国书店,1995年。

荒木见悟:《明末宗教思想研究——管东溟生涯思想》,东京:创文社,1979年。

荒木见悟:《赵大洲の思想》,东京:二松学舍大学阳明学研究所《阳明学》第4号,1992年,后收入《中国心学の鼓动と佛教》。

荒木见悟:《邓豁渠的出现及其背景》,《中国哲学》第十九辑,长沙:岳麓书社,1998年。

冈田武彦:《王阳明と与明末の儒学》,东京:明德出版社,1970年。中译本《王阳明与明末儒学》,吴光、钱明等译,上海:上海古籍出版社,2000年。

山井涌:《〈明儒学案〉考辨》,吴震译,载吴光主编:《黄宗羲论——国际黄宗羲学术讨论会论文集》,杭州:浙江古籍出版社,1987年。

小山正明:《关于明代的十段法(一)》,载《文化科学纪要》(千叶大学文理学部)10,1968年。

小野和子:《明季党社考——东林党と复社》,京都:同朋舍,1996年。中译本《明季党社考》,李庆、张容湄译,上海:上海古籍出版社,2006年。

藤康信:《大礼问题と王阳明の弟子の關与について》,载《王阳明全集》卷十《解说》,东京:明德出版社,1987年。

佐野公治:《王心斋の资料について》,国文学刊编《爱知县立大学文学部论集》第22号,1971年,名古屋:爱知县立大学文学部国文学科。

佐野公治:《明代知识人の一侧面——罗近溪の隐された人

间像》,载《东海学园国语国文》第 42 号,1992 年。

荒木龙太郎:《王心斋新论——思惟构造の观点から》,载《中国哲学论集》第 22 号,日本九州大学:中国哲学研究会,1996 年 12 月。

滨岛敦俊:《围绕均田均役的实施》,载《日本学者研究中国史论著选译》第六卷,北京:中华书局,1993 年。

三浦国雄:《伊川击壤集の世界》,载京都大学人文科学研究所《东方学报》第 47 册,1975 年。

柴田笃:《许敬庵の思想——朱子学と阳明学の间をめぐって》,载《荒木见悟教授退休纪念:中国哲学史研究论集》,福冈:苇书房,1981 年。

森纪子:《何心隐论》,载京都大学《史林》六十卷五号,1977 年。

森纪子:《盐场の泰州学派》,载京都大学人文科学研究所《东方学报》第 58 册,1986 年。

森纪子:《转换期における中国儒教运动》,京都:京都大学出版会,2005 年。

吉田公平:《陆象山と王阳明》,东京:研文出版,1990 年。

丸桥充拓:《"唐宋变革"史の近况から》(《唐宋变革史的研究近况》),载佐竹靖彦主编:《中国史学》第十一卷,2001 年 10 月。

伊东贵之:《"秩序"化的诸相——清初思想的地平线》,陈都伟译,孙歌校,载沟口雄三、小岛毅主编:《中国的思维世界》,孙歌等译,南京:江苏人民出版社,2006 年。

伊东贵之:《从"变化气质论"到"礼教"》(周长山译),载沟口雄三、小岛毅主编:《中国的思维世界》,孙歌等译,南京:江苏人民出版社,2006 年。

# "吴震著作集·阳明学系列"后记

　　值此上海人民出版社推出我的"著作集"四书之际，需要写篇总的后记，讲一下这几本书的成书过程以及修订情况。

　　1982年我在复旦哲学系攻读中哲硕士学位时，就开始从事阳明学特别是阳明后学的研究，至今正好是40年。20世纪80年代末进入日本京都大学博士后期课程，更是将精力集中在阳明后学研究领域，并以此为题提交了学位论文。此后经过翻译、修订、增补的漫长过程，同名博士论文《阳明后学研究》终于在上海人民出版社出版(2003年)，迄今将近20年；十余年后又经较大幅度的修改增订，同在该社刊行(2016年)。若再加上《明末清初劝善运动思想研究》(修订版)在该社的出版(2016年)，可以说，我的学术著作跟上海人民出版社有着很深的缘分。这次该社推出我的"著作集"，以"阳明学系列"命名，收入四部有关阳明学的研究著作，于我而言，这是莫大的荣幸，也是对自己40年来学术研究生涯的一个总结。

　　《阳明后学研究》(以2016年增订版为例)共分九章，主要以人物个案研究为主，涉及王龙溪、钱德洪、罗念庵、聂双江、陈明水、欧阳南野、耿天台，其中，念庵和双江是从旧著《聂豹·罗洪先评传》(2001年)中抽出，龙溪、德洪、天台三章则在日本留学时已作为单独论文发表,这些人物个案的研究在当时大陆中国哲学界尚属首次。只是王龙溪一章的研究偏重于其思想与道教的互动问题,未涉入其心学理论本身,这是由于序章"现成良知"和第一章"无善无恶"(先后发表于刘东主编《中国学术》第 4 期,商务印书馆,2000 年;《中国学术》第 13 期,商务印书馆,2003 年)这两章不同于人物个案研究而是以问题史考察为重点,几乎就是以龙溪思想为核心而展开的。自龙溪指出"先师提出良知二字,正指见在而言","见在良知"或"现成良知"的问题便成为王门争辩的核心议题,形成了各种王门良知说,而龙溪推演阳明晚年"四句教"而得出"四无说"的观点,更是在王门以及晚明思想界引发了聚讼纷纭的激烈争辩,可以说在阳明学的发展史上,龙溪思想是理解阳明学的重要参照坐标,占有重要的历史地位。此次收入"著作集",删去附录《心学道统论》一文,新增"王时槐论"一章,该文原是《聂豹·罗洪先评传》中的附论,也应算作当时研究阳明后学的成果之一。

在《阳明后学研究》出版同年,学林出版社刊出我的另一部书《明代知识界讲学活动系年:1522—1602》,为配合本"系列"名称,特将"明代知识界"改为"阳明学时代"。在该书初版后记中,我曾说这本书其实是我研究阳明后学的"副产品",这是实话。但正由于是"副产品",所以不免受到 20 世纪八九十年代原始文献资料尚未大量刊行出版的局限,迫使我的资料收集采用了近乎"手工业作坊"的方式,全靠平时跑图书馆得来,虽不至于"上穷碧落下黄泉",但确实做到了"动手动脚找材料"(傅斯年语)。然后通过阅读整理,累积起数十万字晚明士人社群(以王门为主)推动讲学活动的资料,才有上述《系年》之作。时过境迁,21 世纪的当下,不仅明代文献的整理出版有了爆发式增长,而且可以凭借电子人文技术，坐在电脑前就可从各种文献资料库瞬间获取大量的古籍文献资料。在如此优越的条件下，按理对这部旧著应作全面的修订，然而近年来科研教学等各种事务缠身，其压力之重，想必在学术圈内者可以谅察，这导致我根本无法抽身进行修订。幸运的是，素昧平生的江苏师范大学兰军博士热衷于明代讲学活动的研究，经人介绍，他自告奋勇承担了《系年》的全面修订工作，并新增了近8万字的材料。所以在此必须郑重地向兰军博士表示衷心感谢！不过需要说明的是，兰军博士新增部分大多是根据"阳明后学文献丛书"等新出的各种标点本进行收集整理的，与我的原著主要使用原刻本不同。

《系年》一书关注16世纪20年代以降80年间，以阳明后学为主的士人社群如何积极投身社会讲学的活动状况，而这场讲学运动具有跨地域以及超越身份限制的特征，通过儒家精英的这些讲学活动使得儒家经典知识得以转化为士庶两层社会都能普遍接收的常识，加速了儒学世俗化的转向；同时也使我们发现那些心学家投身讲学表现出某种宗教传教士一般的热诚，这在整个中国历史上是非常少见的。在他们的观念中，有必要重新接续孔子"席不暇暖"从事讲学的思想精神，而儒家讲的"万物一体之学"更有必要转化出"万物一体之政"，并通过"政学合一"的互动方式来推动社会秩序的重建。质言之，阳明心学倡导个体精神的自我转化只是初级目标，通过自我转化以推动社会转化，并使这种双重转化得以同时推进，以实现社会转化和秩序安定，才是心学理论乃至儒家思想应追求的终极目标。

《泰州学派思想研究》（收入吴光主编"阳明学研究丛书"，中国人民大学出版社，2009年，原书名无"思想"两字）是我研究阳明后学的最后一项计划，至此，我对阳明后学的三大板块：浙中、江右、泰州的研究,总算告一段落。绪论"泰州学派的重新厘定"对黄宗羲《明儒学案》"泰州学案"所设立的思想标准进行了批判性反思,指出黄宗羲一反其设计六大"王门学案"的标准——即以地域出身和师承关系为设准,在"泰州学案"的设定中,他将出身地域不同、又无明确师承关系的一些人列入"泰州学案",遂致整部"学案"成了一锅"大杂烩"。李卓吾且不论,因为黄宗羲在《明儒学案》中完全无视他的存在,姑就泰州学案所列的赵大洲、耿天台、管东溟、周海门等人物思想来看,他们何以跟王心斋开创的泰州学派有关是令人怀疑的。在对"泰州学案"作出重新厘定之后,我将视角集中在王心斋、王东厓、王一庵、何心隐、颜山农、罗近溪六人身上,着重探讨了心斋和近溪,其中心斋虽只占一章,然此章篇幅长达全书三分之一强,近溪一章大约占了四分之一,这是从《罗汝芳评传》(2005 年)中抽出的。趁此次新版,增加一篇前年所作《"名教罪人"抑或"启蒙英雄"?——李贽思想的重新定位》(《现代哲学》第 3 期,2020 年)一文,庶几可为泰州学派研究画上句号。尽管李贽算不上泰州学派中人,然通过对其思想的定位,或可为我们重新观察泰州学派提供另一条思路。我的看法是,骂李贽为"名教之罪人"(于孔兼语)、对泰州学人作出"遂复非名教之所能羁络"(黄宗羲语)这类"定谳"式的判语,这不过是儒家精英对活跃于底层社会的民间儒家学者所显示的一种傲慢,并不意味着泰州学人真有反儒学、反传统的所谓"启蒙精神"。

《〈传习录〉精读》是我 1999 年为博士生开设"传习录精读"课程的讲稿,后经反复讲述和文字修订,由复旦大学出版社刊行于 2011 年。不知何故,出版之同年便连续印刷 4 次,此后由于所谓"电子书"悄然上市,该书就再也没有了加印或重版的机会。

其实,这部讲稿并不算通俗性读物,尽管在讲述时需要考虑基本知识的普及,但重点却放在对阳明心学思想体系的深入解读,因而打乱了《传习录》文本条目的次序,将其纳入到阳明学的思想结构中进行了重新组合,目的在于揭示阳明学的义理构架及其思想内涵。因而题名中的"精读"只是意指通过对《传习录》的深入解读,以展示阳明心学的哲学意义及其所蕴含的"问题"。此次收入"著作集",另增两篇近年写的文章《论王阳明"一体之仁"的仁学思想》(《哲学研究》2017 年第 1 期)和《作为良知伦理学的"知行合一"论——以"一念动处便是知亦便是行"为中心》(《学术月刊》2018 年第 5 期),以图本书的阳明学研究得到进一步充实。

以上四书收入我的"著作集"之际,未作任何文字的修订,新增几篇附录及相应的篇幅调整,已如上述。各书的文字校对则由苏杭博士后、郎嘉晨、崔翔博士生以及范旭和曹宇辰硕士生代劳,对于他们的辛苦付出,我要表示感谢!虽然各书原有的后记被一并取消,但其中写下的"鸣谢词"则永远有效。最后衷心感谢上海人民出版社原社长,现任上海市社联党组书记、专职副主席王为松先生,承其关爱,本"著作集"才得以问世;感谢上海人民出版社赵伟、任健敏等编辑朋友,使我很荣幸能将自己近40 年来的阳明学研究之成果奉献给广大读者。

吴 震

2022 年 11 月 18 日

**图书在版编目(CIP)数据**

泰州学派思想研究/吴震著.—上海:上海人民
出版社,2023
(吴震著作集. 阳明学系列)
ISBN 978 - 7 - 208 - 17999 - 8

Ⅰ.①泰… Ⅱ.①吴… Ⅲ.①泰州学派-研究 Ⅳ.
①B248.35

中国版本图书馆 CIP 数据核字(2022)第 194444 号

**责任编辑** 赵 伟 任健敏
**封面设计** 胡 斌 刘健敏

吴震著作集·阳明学系列
**泰州学派思想研究**
吴 震 著

出 版 上海人民出版社
      (201101 上海市闵行区号景路 159 弄 C 座)
发 行 上海人民出版社发行中心
印 刷 上海盛通时代印刷有限公司
开 本 635×965 1/16
印 张 35.25
插 页 5
字 数 390,000
版 次 2023 年 1 月第 1 版
印 次 2023 年 1 月第 1 次印刷
ISBN 978 - 7 - 208 - 17999 - 8/B · 1660
定 价 148.00 元